本书为安阳师范学院"十四五"规划教材建设项目成果

创业法律实务

主编◎宋汉林

郑州大学出版社

图书在版编目(CIP)数据

创业法律实务 / 宋汉林主编. --郑州:郑州大学出版社,2024.4
ISBN 978-7-5645-8359-0

Ⅰ.①创… Ⅱ.①宋… Ⅲ.①企业法-中国-高等学校-教材 Ⅳ.①D922.291.91

中国版本图书馆 CIP 数据核字(2021)第 238180 号

创业法律实务
CHUANGYE FALÜ SHIWU

选题策划	王卫疆	封面设计	苏永生
责任编辑	宋妍妍	版式设计	苏永生
责任校对	樊建伟	责任监制	李瑞卿

出版发行	郑州大学出版社	地　　址	郑州市大学路40号(450052)
出 版 人	孙保营	网　　址	http://www.zzup.cn
经　　销	全国新华书店	发行电话	0371-66966070
印　　刷	郑州市今日文教印制有限公司		
开　　本	710 mm×1 010 mm　1/16		
印　　张	23.25	字　　数	418 千字
版　　次	2024 年 4 月第 1 版	印　　次	2024 年 4 月第 1 次印刷
书　　号	ISBN 978-7-5645-8359-0	定　　价	69.00 元

本书如有印装质量问题,请与本社调换

编写委员会

主　编　宋汉林

副主编　魏思婧　谷景志

编　委　(按姓氏笔画排序)

　　　　王振生　李东宝　李旭明

　　　　李慧峰　李曙衢　胡　伟

　　　　姬蕾蕾　梁燕婷　魏晓立

目 录

第一章　创业与法律 ································· 1
　　第一节　创业法律环境 ····························· 2
　　第二节　创业法律风险 ····························· 12

第二章　创业组织法律实务 ························· 28
　　第一节　创业法律主体的选择 ····················· 29
　　第二节　创业法律主体的设立 ····················· 39
　　第三节　创业法律组织的治理 ····················· 46

第三章　创业融资法律实务 ························· 56
　　第一节　创业融资渠道选择 ······················· 57
　　第二节　创业融资实务操作 ······················· 65
　　第三节　创业融资风险识别 ······················· 73
　　第四节　创业融资风险防控 ······················· 79

第四章　创业人力资源管理法律实务 ················ 87
　　第一节　创业人力资源法律规范 ··················· 88
　　第二节　创业人力资源法律实操 ··················· 93
　　第三节　创业人力资源法律风险及防控 ············ 113

第五章　创业合同法律实务 ······················· 124
　　第一节　创业合同类型选择 ······················ 125
　　第二节　创业合同实务操作 ······················ 127

第三节　创业合同风险识别 …………………… 133
第四节　创业合同风险防控 …………………… 136

第六章　创业税收法律实务 …………………… 147
第一节　创业涉税类型分析 …………………… 147
第二节　创业税收实务操作 …………………… 156
第三节　创业税收风险来源和识别 …………… 159
第四节　创业税收风险防控 …………………… 163

第七章　创业知识产权法律实务 ……………… 173
第一节　创业知识产权类型 …………………… 174
第二节　创业知识产权业务实操 ……………… 177
第三节　创业知识产权风险识别 ……………… 183
第四节　创业知识产权保护程序 ……………… 186

第八章　创业市场监管法律实务 ……………… 203
第一节　创业市场监管法律规范 ……………… 204
第二节　创业市场监管法律实操 ……………… 207
第三节　创业市场监管法律风险及防控 ……… 233

第九章　电子商务创业法律实务 ……………… 245
第一节　电子商务创业法律规范 ……………… 246
第二节　电子商务创业法律实操 ……………… 255
第三节　电子商务创业法律风险及防控 ……… 275

第十章　创业退出法律实务 …………………… 284
第一节　创业退出法律规范 …………………… 285
第二节　创业退出法律实操 …………………… 292
第三节　创业退出法律风险及防控 …………… 298

第十一章 创业争议解决法律实务 …… 309
第一节 创业法律争议类型化 …… 311
第二节 创业法律争议解决机制 …… 316
第三节 创业法律争议解决实务指引 …… 323

参考文献 …… 358
后记 …… 360

第一章

创业与法律

【案例导入】

秦某在某市某大学读书,读大四的时候,获得美天通信科技工程设备有限公司(以下简称"美天"公司)在高校推进 CDMA 校园卡业务的信息,便准备创业。

秦某注册了想云科技有限公司(以下简称"想云"公司),并以"想云"公司的名义与"美天"公司签订《CDMA 校园卡销售协议》。协议规定:"想云"公司的权利是在某大学销售手机及手机卡,但同时"想云"公司需要对用户信息资料的真伪承担保证责任,如果"想云"公司组织发展的用户信息是伪造的,"美天"公司不仅可以对不真实用户停机,而且"想云"公司还要承担不真实用户所有的欠费款。

"想云"公司组织发展了 4000 余名用户。秦某可以从"美天"公司得到 10 万余元的报酬。"美天"公司向秦某支付了 2 万元之后,联通公司却发现"想云"公司组织发展的客户信息资料有相当部分是不真实的,甚至有的不是校园用户,是使用学校外人员的身份证办理的校园卡,于是出现大批用户欠费的情况。根据合同的约定,"美天"公司要赔偿联通公司 400 多不良用户的欠费 52 万余元,联通公司还要扣除"美天"公司 400 多部虚假用户的手机补贴款 36 万余元。"美天"公司于是把"想云"公司及秦某告到法院,并提出诉讼请求,要求"想云"公司及秦某承担 52 万余元的赔偿款、赔偿不良手机用户的补贴差价 6 万余元以及没有归还的手机款 15 万余元,共约 100 万元。

一审法院认定秦某和"想云"公司共同承担100万元的赔偿责任。秦某不服判决,上诉到二审法院要求改判。但二审法院经审理后,维持了原判。[①]

这个案例为正处于创业热情中的大学生们敲响了警钟。大学生创业已经成为一种新的就业方式,国家鼓励大学生创业,并给予政策优惠、资金扶持等方面的支持。但是,我国是社会主义市场经济体制,是法治经济,这就要求计划创业的大学生们,必须具有风险意识、法律意识。创业风险无处不在,无时不有。所以,高等院校在加强指导学生创新创业教育的同时,还需要重视对他们法律意识的培养,使他们在签署合同、洽谈业务的过程中严格依照法律、法规及政策的有关规定规范创业行为,降低创业风险。

大学生创业在当前尤为时尚,但许多计划创业或者正在创业中的大学生法律意识淡薄,法律知识欠缺,如果不对他们进行规范的创业法律教育,可能会出现创业没有成功却背负了一身债务的结局,给本人和家庭带来沉重的负担。商场有风险,创业需谨慎。

第一节 创业法律环境

创业是指创业者基于已经占有的人力、物力、财力、技术、管理等资源,通过自身的努力,对其占有的资源进行整合,实现较好的社会经济效益的过程。美国学者杰夫里·提蒙斯(Jeffry A. Timmons)在其所著的创业教育领域的经典教科书《创业创造》(New Venture Creation)中指出:创业是一种思考、推理结合运气的行为方式,它为运气带来的机会所驱动,需要在方法上全盘考虑并拥有和谐的领导能力。

当前,国家鼓励并支持大学生创新创业,但是,大学生的创新创业活动必须在法律、法规规定的范围之内进行,否则将会给创业带来巨大的风险。创业法律环境主要包括市场自由、市场准入和创业政策等三个方面。

一、市场自由

市场自由主要由经营自由、合同自由和竞争自由三部分组成。

[①] 刘丹、李扬:《校园卖手机造成联通损失,大学生被判赔百万》,《南京日报》,2006年2月15日。

（一）经营自由

经营自由是指市场主体在不违反国家法律的基础上所拥有的调配使用自己的人力、物力、财力，自行组织生产经营的权利。[①] 我国法律、法规明确规定了市场经营者所享有的权利，主要包括以下几种。

1. 依法经营权

所谓经营权，是指市场经营主体对国家授予其经营管理的财产所享有的占有、使用和处分的权利。经营权在通常情况下，属于所有者本人，但也可以根据法律、行政命令和所有者的意志转移给他人。所谓依法经营权是指市场经营主体在市场经营的过程中依照登记核准的范围，独立行使法律赋予的经营自主权，不受其他单位、团体、个人的非法干涉。

2. 财产所有权

市场经营者对其所经营的财产享有财产所有权，继承人对其经营的财产享有继承的权利。所有权意味着人对物最充分、最完全的支配，是最完整的物权形式。《中华人民共和国个人独资企业法》（简称《个人独资企业法》，下同）第5条规定："国家依法保护个人独资企业的财产和其他法益。"

3. 劳动用工权

市场经营者在自主经营的过程中，依照法律有权招收企业职工，也有权辞退企业职工，但是，企业经营者在行使这些权利的时候必须依法进行。《个人独资企业法》第6条规定："个人独资企业应当依法招用职工，职工的合法权益受法律保护。个人独资企业职工依法建立工会，工会依法开展活动。"

4. 土地使用权

我国土地管理法明确规定，国家所有的土地以及农民集体所有的土地，可以给单位或者个人依法使用。企业经营者具备法定条件，依照法定程序对国有土地或集体所有的土地所享有的占有、使用和有限处分的权利。《个人独资企业法》第24条明确规定："个人独资企业可以依法申请贷款、取得土地使用权，并享有法律、行政法规规定的其他权利。"

5. 拒绝摊派权

企业有拒绝任何机关和单位摊派的权利。《个人独资企业法》第25条规定："任何单位和个人不得违反法律、行政法规的规定，以任何方式强制个人独资企业提供财力、物力、人力；对于违法强制提供财力、物力、人力的行为，个人独资企业有权拒绝。"

[①] 邓辉：《创业法学》，复旦大学出版社，2015年版，第31页。

我国法律、法规赋予市场经营主体的合法权利还有：名称权、机构设置权、产品定价权、利润分配权、签订合同权、知识产权、外贸权等。

（二）合同自由

合同，又称契约，是指平等的民事主体之间设立、变更、终止民事权利义务关系的协议。合同自由是指合同当事人依法所享有的缔结合同的自由和权利。合同自由是贯穿合同法始终并具有重要意义的问题。市场经营主体合同自由的权利主要包括：有权选择缔结合同内容的自由；有权确定对方当事人的自由；有权变更、撤销合同以及选择合同形式、救济方式的自由等。依据《中华人民共和国民法典》（简称《民法典》，下同）第469条的规定，合同双方当事人签订合同的主要形式有书面形式、口头形式或者其他形式等。

书面形式是指合同当事人以书面文字的方式规定合同的内容。《民法典》第469条规定："书面形式是合同书、信件、电报、电传、传真等可以有形地表现所载内容的形式。以电子数据交换、电子邮件等方式能够有形地表现所载内容，并可以随时调取查用的数据电文，视为书面形式。"书面形式主要适应于合同标的数额较大或者具有重要内容的合同。合同当事人之间可以约定是否使用书面形式签订合同，但是法律规定或者当事人明确约定合同的签订必须采用书面形式的，应当采用书面形式。我们建议大学生在创新创业的过程中，签订合同时尽量使用书面形式进行，并特别注意保存合同的原件。

口头形式是指当事人之间以口头语言表示的合同形式。口头形式主要包括电话、口头承诺等。口头形式主要适应于标的数额较小的合同。由于口头形式操作简便，在实践中被普遍使用。但是这种形式在当事人之间发生纠纷的时候取证较为困难。采用录音设备录制的录音资料作为证据来使用，必须符合我国法律的规定。在录音的内容中必须有双方当事人自愿订立合同的表述，否则录音资料不能作为证据使用。

其他形式是指通过默示的民事行为表现的形式。这种默示的形式不像书面、口头形式那样直观，当事人订立合同的意思需要依法推定，即可以通过当事人实施的民事行为进行推定以确定双方是否具有签订合同的意愿，以此认定合同的成立。

（三）竞争自由

竞争是指市场经营主体为了提高经济效益，实现经济目标，在市场环境中与其他经营主体所进行的较量的过程。竞争无处不在，无时不有，竞争是一个古老的社会现象，自从有了人类社会就产生了竞争。亚当·斯密曾指出,竞争如果是自由的,人与人之间相互排挤,就会促使每一个人勤奋、努力地工作,并把自己的工作做得更好。

竞争机制在市场经济的环境中越来越具有重要的促进作用,它会使社会生产与社会需求相平衡、相适应。其积极作用主要表现为:①可以最大限度地促进劳动要素的能量,调动劳动者的工作积极性,激励劳动者自觉地培养劳动技能和提高劳动能力;②可以自动、有效地调节工资报酬与劳动力供求之间的关系,使生产劳动力在不同部门之间进行合理的流动;③通过优胜劣汰的竞争机制,使得资源向优胜的地区、优胜的产业和优胜的部门流动,从而更加优化资源的配置;④随着竞争的深入,生产者的产品价格就会越来越低,产品质量也会越来越提高,将有益于广大消费者,同时,也会促进劳动就业。

竞争也有消极的作用,其主要表现为:①竞争发展的结果可能导致垄断,而垄断反过来又限制了竞争,从而破坏了市场"看不见的手"的自发调节作用;②竞争的无序可能会造成资源的浪费;③竞争可能会导致两极分化;④竞争可能会破坏社会秩序。

因此,竞争自由并不是完全依靠市场的"看不见的手",竞争自由必须限定在一定的范围之内。为了保证竞争自由的有序进行,国家必须借助政府"看得见的手"去规范竞争行为,调整竞争关系。所以,在市场的竞争环境中,反对不正当竞争,防止并避免垄断的发生。

二、市场准入

市场准入,也叫市场准入管制,是指国家和政府准许公民和法人进入市场,从事商品生产经营活动的条件和程序规则的各种制度和规范的总称。[①]

市场准入制度是国家和政府对市场竞争所采取的干预、调节措施,是一国政府进行经济管理的重要制度。

(一) 市场准入制度的立法模式

不同的国家,由于其政治体制、经济体制以及意识形态的不同,一国政府对经济管理的态度及手段也不相同,对于市场准入的立法制度及模式也有差别。

1. 自由放任模式

自由放任模式是指政府对市场经营主体进入市场从事经营活动采取不

[①] 邓辉:《创业法学》,复旦大学出版社,2015年版,第31页。

限制、不干预的政策。也即生产经营者进入市场进行生产、销售等活动,法律不予禁止,采取自由放任的立法模式。这种模式的优点是能较快地刺激经济的发展,但是其弊端也是明显的。这种模式必然会出现无序的竞争,从而导致垄断。在资本主义初期阶段,西方有些国家曾经采用这种立法模式。

2. 特许主义模式

特许主义模式是指国家通过制定专门的法律、法规或者发布命令的方式规范市场经营主体进入市场的模式。主要包括:①市场经营主体通过国家元首签发命令的方式进入市场;②市场经营主体须经国家特许的方式进入市场;③市场经营主体须由国家制定的专门法律、法规的许可进入市场。

特许主义模式的优点是有利于国家的宏观调控,充分调动市场主体生产经营的积极性、主动性。但是,这种模式的缺点是阻碍经济的发展,影响统一市场的形成,甚至出现主管机关滥用职权、徇私舞弊的现象。同时由于这种模式对市场经营主体的市场准入进行了非常严格的限制,所以,特许主义模式逐渐被抛弃。

3. 准则主义模式

准则主义模式是指通过立法机关制定的法律明确规定市场经营主体设立的必要条件,市场主体只要依照法律的规定符合法定的条件,而不需要经过行政审批直接登记成立的模式。许多国家采用准则主义模式的同时,也加强对市场准入的限制。既通过法律、法规严格规定设立市场主体进入市场的条件,又通过法院及行政机关强化对市场经营主体市场准入的监督。

准则主义模式分为早期的单纯准则主义和后来的严格的准则主义。单纯准则主义是指市场经营主体设立的条件由法律明确规定,只要符合法定条件的就可以成立,而不需要政府部门的批准;严格的准则主义是指严格规范市场经营主体成立的条件,同时增加法院判定设立或者政府机关登记设立的监督。

4. 行政许可主义模式

行政许可主义,又称核准主义,是指市场经营主体经过政府行政机关的批准方可成立。行政许可主义模式的优点是能够有效地控制市场主体的滥设,但是如果政府机关关于市场主体的准入控制过于严格,则不利于经济的发展。所以,行政许可主义模式的适用范围逐渐缩小。

5. 混合模式

混合模式是指根据市场主体的性质或市场主体拟从事的市场经营活动的类型,分别采用核准主义和准则主义的市场准入模式。

根据我国现行立法的规定,目前我国关于市场准入制度的立法模式是混合模式。

(二)市场准入制度的原则

1. 公开

公开是当代法治的重要特征,通过公开法律制度会使其更具有公信力,会使人们自觉地形成信任法律制度、崇尚法律制度以及遵守法律制度的良好习惯。市场准入法律制度的公开,会使人们清楚地知道国家在禁止什么行为,在限制什么行为以及在鼓励什么行为,增强了人们的可预测性,从而规范了市场主体的资格与行为,促进市场的健康发展。公开市场准入制度,不仅要求公开其内容,而且要求公开其程序、结果等,使这种制度的运行能更好地接受群众的监督。反之,如果市场准入制度不向社会公开,具有随意性,就会造成市场主体的不可预测性,破坏法治的权威,损害政府的形象,也容易滋生腐败。

2. 合法

市场准入制度的合法性是指各行政主体应当按照法定的程序和权限严格执行,依法行政。市场准入制度的合法性主要包括立法的合法性与司法的合法性。市场准入制度的立法应当符合依法治国的精神,符合《中华人民共和国立法法》的规定,以及符合我国立法体制的要求。市场准入制度的创立必须是法律和行政法规,如果地方性法规在与上位法不相抵触的情况下,也可以在本行政区域内制定市场准入制度。

3. 适度

市场准入制度的创立不能臆断,更不能随意,必须符合我国的国情,符合我国经济发展的客观规律,符合我国社会主义市场经济发展的方向和基本要求,利用好市场机制的调节作用,掌握市场准入的适度性。适度原则,概括起来就是"市场优先""自律优先""事后机制优先"的原则,即能够通过市场机制解决的,应当依靠市场;市场解决不了的,但是可以通过行业自律解决的,应当依靠行业自律;通过事后监督可以解决的,可以不采用市场准入的方式规制。[①]

4. 效益

由于市场准入制度的实施需要成本,如立法成本、执法成本以及市场经

---

① 于国民:《市场准入制度的宗旨和原则》,《辽宁经济》2006年第3期,第62页。

营主体的成本等,所以,市场准入制度的创设及运行应当注重效益原则,其收益要高于成本。市场准入制度的实施必须加强过程管理,科学管理,提高效益。市场准入实施的各部门之间要相互配合、相互协作,规范简便的工作流程,提高工作效率,为市场主体提供便利的条件。

（三）市场准入制度的基本形式

市场准入制度的基本形式主要包括以下三个方面：

1. 一般市场准入制度

一般市场准入制度是指市场经营主体进入市场进行生产经营活动都必须遵守的条件、程序和规则。一般市场准入制度主要通过登记制度来完成,即市场监督管理部门对市场经营主体进入市场的条件进行审查,经审查符合条件的方可注册登记,从事市场生产经营活动。

根据《中华人民共和国市场主体登记管理条例》(简称《市场主体登记管理条例》,下同)的规定,市场主体的一般登记事项包括:①名称;②主体类型;③经营范围;④住所或者主要经营场所;⑤注册资本或者出资额;⑥法定代表人、执行事务合伙人或者负责人姓名;等等。

2. 特殊市场准入制度

特殊市场准入制度是指市场经营主体进入特殊市场从事特定的生产经营活动所必须具备的条件、程序和规则。其主要形式是审批许可制度。审批许可制度是指政府相关部门对从事特定的生产经营活动的市场主体进行审查,符合法定的条件的,允许市场准入的制度。如从事食品生产经营的,由食品药品监督管理部门审批;从事烟草业经营的,由烟草专卖行政管理部门审批;等等。

审批许可之后,市场经营主体的生产经营活动的行为属于合法的行为,依照法律的规定有权从事审批许可范围内的生产经营活动,任何机关、团体、单位、个人都不得干涉。审批许可是我国管理经济的重要措施,但是,目前我国审批许可制度也存在一定的弊端,比如缺乏法律规范、行政管理效率不高、资源配置低效、市场竞争受限等,这些弊端阻碍了生产力的发展。因此,需要对审批许可制度进行改革。当前,为了促进创业,国务院多次做出取消和调整行政审批项目等事项的决定,大大降低了市场进入的门槛。

3. 涉外市场准入制度

涉外市场准入制度是指对外国资本进入国内市场从事生产经营活动而必须具备的条件、程序和规则,或者对本国资本进入国际市场从事生产经营活动必须具备的条件、程序和规则。涉外市场准入制度的科学设计及实施,不仅有利于国家更好地引进国外的优良资本、先进技术和管理经验,而且有利于国内资本走向海外市场,加强国际经济合作,维护国民经济的健康发展。

(四)负面清单制度

市场准入负面清单制度是指国家以清单的方式详细列出我国不允许生产经营的项目以及限制生产经营的项目,清单没有列出的项目,市场主体可以平等依法进入的制度。采用负面清单制度,对于扩大市场主体的准入自由、减少政府管制、激发市场主体的活力都具有重要的意义。

1. 主要类型和适用对象

负面清单的类型主要包括市场准入负面清单和外商投资负面清单。市场准入负面清单是指国务院以清单方式明确列出在中华人民共和国境内禁止和限制投资经营的行业、领域、业务等,各级政府依法采取相应管理措施的一系列制度安排。市场准入负面清单以外的行业、领域、业务等,各类市场主体皆可依法平等进入。外商投资负面清单是指减少外资限制措施,有效利用外资推动经济高质量发展。

负面清单的适用对象为境内外的全部市场主体,并具有统一的管理制度。外商投资负面清单仅适用于境外的市场主体在我国境内的投资经营行为,是针对外资市场准入的特别规定。

2. 制定原则

负面清单制度制定的原则包括:①法治原则。市场准入负面清单的制定和实施必须坚持法治原则,法律、行政法规明确规定的,严格依照规定执行;没有明确规定但确实需要纳入市场准入负面清单的事项,要组织专家进行科学评估,方可依照法定程序提请制定或修订法律、法规。②安全原则。市场准入负面清单的制定和实施必须坚持国家安全观,把保障我国经济安全作为重点。③渐进原则。市场准入负面清单的制定和实施必须符合我国经济社会发展的实际,符合经济发展的客观规律,充分论证、循序渐进、分步实施。④必要原则。市场准入负面清单的制定和实施应当尽量简化,并确属必要。⑤公开原则。市场准入负面清单的制定和实施要坚持公开、公平、公正的原则,成为具有稳定性、可预期的法律制度。

三、创业政策

创业政策是指政府为了鼓励市场经营主体的创新意识和创业精神,提高其创业能力而实施的各种激励政策措施。2014年9月,时任国务院总理李克强在达沃斯论坛上发表了重要讲话,首次提出了"大众创业、万众创新"的构想。2015年,国务院发布的《大力推进大众创业万众创新若干政策措施的意见》指出:推进大众创业、万众创新是促进社会经济发展新动力的必然选择,是扩大就业、富民强国的重要措施,是激发全民创新创业的有效途径。同时,该文件还规划了大众创业、万众创新的总体思路。在全国迅速掀起了创新、创业的热潮。

创业政策的目的是鼓励创新创业、支持创新创业,政府通过文化、政策、法律、法规等各种工具和手段刺激创业者创业。依照《国务院关于进一步做好新形势下就业创业工作的意见》(国发〔2015〕23号)、《国务院办公厅关于深化高等学校创新创业教育改革的实施意见》(国办发〔2015〕36号)以及2022年9月7日召开的国务院常务会议等文件或会议精神的规定,高校毕业生自主创业优惠政策主要包括以下几种。

(一)税收优惠政策

国家实施更加积极的促进就业创业税收优惠政策,将企业吸纳就业税收优惠的人员范围由失业一年以上人员调整为失业半年以上人员。高校毕业生、登记失业人员等重点群体创办个体工商户、个人独资企业的,可依法享受税收减免政策。高校毕业生在毕业年度内(指毕业所在自然年,即1月1日至12月31日)创办个体工商户、个人独资企业的,可以持当地人社部门核发的就业创业证,3年内按每户每年8000元为限额依次扣减其当年实际应缴纳的营业税、城市维护建设税、教育费附加和个人所得税。大学毕业生毕业后注册的小微企业,依照国家的有关规定可以享受相关的税收支持政策。

(二)创业资金、贷款和贴息支持政策

国家鼓励社会组织、公益团体、企事业单位和个人设立大学生创业风险基金,以多种形式向自主创业大学生提供资金支持,提高扶持资金使用效益。高校毕业生毕业后自主创业的,在创业注册地按照政策规定可以申请创业担保贷款,申请贷款的额度为10万元人民币。国家鼓励银行和其他金融机构,按照贷款基础利率,并且考虑风险分担原则,合理规定贷款利率,对

个人发放的创业担保贷款,如果在贷款基础利率基础上上浮3个百分点以内的,政府规定由财政对创业担保贷款给予贴息。

根据2022年9月7日召开的国务院常务会议精神,对创业担保贷款人因疫情遇困的可展期1年还款,增加中小微企业信用贷、续贷等;加大对创业投资的政策支持;政府投资的孵化基地尽其所能免费供给初创企业场地。会议同时指出,企业是创新主体,要实施阶段性减税政策支持创新。对于高新技术企业购置设备的,允许一次性税前全额扣除并100%加计扣除;对现行按75%税前加计扣除研发费用的,统一提高到100%,鼓励改造和更新设备;对于企业出资科研机构等基础研究支出,税前全额扣除。

(三)免收有关行政事业性收费政策

大学生毕业两年以内,从事个体户经营(除国家限制的行业外)的,自大学毕业生在主管部门第一次注册登记之日起三年内,政府免收取登记类、管理类和证照类等有关行政事业性收费。

(四)享受培训补贴政策

加大创业培训力度。利用各类创业培训资源,开发针对不同创业群体、创业活动不同阶段特点的创业培训项目,把创新创业课程纳入国民教育体系。高校毕业生在毕业学年(即从毕业前一年7月1日起的12个月)内参加大学生创业培训的,按照大学毕业生参加培训,获得创业培训合格证书或就业、创业的情况,根据有关规定给予培训补贴。

(五)免费创业服务政策

高校毕业生如果具有创业意识和要求,可享受获得政府组织的"一条龙"创业指导免费服务。高校要建立健全学生创业指导服务专门机构,做到"机构、人员、场地、经费"四到位,对自主创业学生实行持续帮扶、全程指导、一站式服务。健全持续化信息服务制度,完善全国大学生创业服务网功能,建立地方、高校两级信息服务平台,为学生实时提供国家政策、市场动向等信息,并做好创业项目对接、知识产权交易等服务。积极落实高校学生创业培训政策,研发适合学生特点的创业培训课程,建设网络培训平台。各地根据自己的情况,建设一批大学生创业孵化基地,并对基地内的大学生创业企业提供服务。

(六)取消高校毕业生落户限制政策

2022年12月22日,时任国务院总理李克强主持召开国务院常务会议,部署深入推进以人为核心的新型城镇化措施,提出除极少数超大城市外,全面放开高校毕业生、技术工人、留学归国人员等落户限制。国务院已颁布《居住证暂行条例》，各地要结合本地实际，抓紧制定居住证实施细则。

高校毕业生可以在创业注册地办理落户手续，但是，超大、特大城市、直辖市的落户注册须按有关规定执行。如杭州市2023年5月8日开始实施的高校毕业生落户政策明确规定，对已经在本市区落实就业单位的35周岁以下(不含本数)的普通高校大专学历毕业生，可在市区办理落户；45周岁(不含本数)以下普通高校硕士研究生可按"先落户后就业"的原则，在市区办理落户。

(七)改革教学和学籍管理政策

为了鼓励高校大学生创新创业，国家对高等院校的学籍管理规定作出重大调整。设置合理的创新创业学分，建立创新创业学分积累与转换制度，将学生开展创新实验、发表论文、获得专利和自主创业等情况折算为学分，将学生参与课题研究、项目实验等活动认定为课堂学习。为有意愿有潜质的学生制订创新创业能力培养计划，建立创新创业档案和成绩单，客观记录并量化评价学生开展创新创业活动情况。优先支持参与创新创业的学生转入相关专业学习。对大学生在校期间具有自主创业的意愿和要求，可以实行弹性学制，延长学生学业年限，允许学生调整学业进度，保留学籍休学创新创业，设立创新创业奖学金，方便大学生创业。

第二节　创业法律风险

改革开放40多年来，我国先后经历了5次大的创业浪潮，随着"大众创业，万众创新"这一双创政策的实施，促进了创新创业事业的巨大发展，也掀起了"草根创业"的又一波浪潮。随着一大批草根人通过成功创业实现了人生逆袭，也预示着创业越来越成为人们实现人生梦想的途径。

创业是不拘泥于当前资源条件的限制对机会的追寻，将不同资源组合以利用和开发机会并创造价值的过程。[①] 在创业过程中，创业活动处于激烈的市场竞争中，也面临着来自企业内外各方面的风险，有学者指出，创业机会同时伴随着风险，"创业者要善于识别风险，搞清可能的风险收益，并敢于

[①] 吴晓义：《创业基础理论、案例与实训》，中国人民大学出版社，2014年版，第109页。

承担风险。阅遍中国的创业大佬,还没有发现没有遇到过风险的人"。① 具体来说,有系统风险和非系统风险。系统风险即创业环境的不确定性带来的风险,诸如商品市场需求及竞争的不确定性、生产要素市场供给的不确定性、国家法律及政府政策规制的不确定性等带来的风险;非系统性风险即创业者自身行为的不确定性带来的风险,诸如创意可实施性的不确定性、创业团队能力的不确定性带来的风险等。②

一、创业法律风险

创业是创办及经营企业的过程,除了要受经济规律制约外,也要受各种法律的制约。《汤姆商法教程》指出:"那些踏入商业世界的人,会发现他们要服从数不清的法律和政府规定。"③因受到主客观因素的影响,必然遭遇各种各样的法律风险,作为一个重要的风险形式,也是创业组织在生产经营中必然要面对和防范的。

根据《巴塞尔新资本协议》的规定,法律风险包括但不限于因监管措施和解决民商事争议而支付的罚款、罚金或者惩罚性赔偿所导致的风险敞口。法律风险与信用风险和市场风险不同,存在于企业业务活动和经营管理的各个方面,在企业提供产品与服务、从事交易或签署协议、与监管主体产生联系过程中可能产生的风险都可描述为法律风险,且具有一定的隐蔽性。法律风险管理依赖全面准确地掌握风险信息,利用科学的方法和技术,有效地量化风险,科学合理地缓释风险。④

按照不同的分类标准,法律风险可以分为直接和间接、内部和外部、客观和主观、作为和不作为等四种风险类别。法律风险是因违反法律而产生的法律后果,因此,通过增强主动性、前瞻性、计划性和时效性,可以有效地加以防范和控制;经过风险分析评估、风险控制管理、风险监控更新三个阶段,从而构建起比较完善的企业法律风险防范机制。⑤

---

①李家华:《创业基础》(第 2 版),清华大学出版社,2015 年版,第 73 页。
②同上。
③苏瑜:《创业不可不防的法律风险》,化学工业出版社,2010 年版,第 1 页。
④《商业银行应创新法律风险管理机制》,http://finance.china.com.cn/roll/20130515/1468603.shtml,2022 年 5 月 3 日访问。
⑤《企业法律风险》,https://baike.so.com/doc/285107-301861.html,2022 年 5 月 3 日访问。

二、创业法律风险存在的现实表现

(一)存在于创业活动的各个阶段

随着创业活动的不断增多,涉及创业组织的各种司法案件不断涌现。不仅在大学生创业群体中存在,而且在较为成熟的企业中同样存在;不仅在创业初始阶段存在,而且存在于经营的其他阶段。例如,福建厦门某大学生阿伟租赁校内食堂的咖啡厅,不久创业失败,可因为盲目签订承包合同,虽被厦门集美法院判决解除双方合同,但仍要支付并赔偿原告承包金及各项损失5万余元。"拼多多"起诉"拼兜兜"侵犯商标权和不正当竞争,上海徐汇区法院认定被告"拼兜兜"运营公司构成侵权和不正当竞争,赔偿原告70万元。[1]

(二)劳动争议案件的日渐增多

大量的劳动争议案件的增多,也表明创业法律风险的普遍存在。2019年前三季度,北京市受理劳动人事争议案件9.3万余件,同比增长37.4%;结案率达到90.2%,其中调解率达到50%。[2] 2017年,重庆法院共受理各类劳动人事争议案件40 425件,审结36 435件,结案率为90.13%。[3] 2017年,宁波市共受理劳动争议案件2.7万件,涉及劳动者4万人,其中各级仲裁机构立案受理1万件,涉及劳动者1.8万人。[4] 广东中山市中级人民法院2016年度受理劳动纠纷案件1408件,2017年共受理劳动争议案件1635件,同比增加227件;2018年1月至4月,共受理劳动争议案件288件。[5]

(三)行政部门劳动保障监察执法力度的加强

2019年8月17日,人力资源和社会保障部颁布了《人力资源社会保障部关于进一步规范人力资源市场秩序的意见》,从加强日常监督管理、加大

---

[1]《拼多多起诉拼兜兜不正当竞争,后者被判赔偿70万元》,https://www.sohu.com/a/389211208_100117963,2022年5月3日访问。

[2] 陈旭:《北京发布2019年劳动人事争议仲裁十大典型案例》,https://news.china.com/domesticgd/10000159/20191105/37354373.html,2022年5月3日访问。

[3]《最新:重庆高级人民法院十大劳动争议典型案例》,https://www.sohu.com/a/229887935_305502,2022年5月3日访问。

[4]《宁波发布2017十大劳动争议典型案例》,http://news.sina.com.cn/c/2017-11-18/doc-ifynwnty4596015.shtml,2022年5月3日访问。

[5]《中山市中级人民法院通报2017年度十大劳动争议典型案例》,https://gd.qq.com/a/20180516/008891.htm,2022年5月3日访问。

劳动保障监察执法力度、健全信用激励约束机制、提升公共服务水平等四个大方面,共分12个专题,提出加强对人力资源市场秩序的规范和监管。其中第6个专题指出,要注重防范和化解市场秩序失范风险。具体措施包括以下四个方面:

(1)注重发挥人力资源行业协会作用,探索依托行业协会倡议签署行业自治公约、实施"红黑名单"制度、发布行业指导价等,加强行业自律。

(2)建立警示约谈制度,对服务不规范存在较高违法违规风险、人民群众举报投诉比较集中、多次发生违规失信行为等人力资源服务机构的法定代表人、主要负责人、直接责任人等,进行警示约谈,通过约谈帮助其明确法律法规有关规定,督促其及时整改纠正违规失信问题,警示其进一步增强守法诚信意识。

(3)各级部门要通过主动加强监督检查、组织服务对象评议行风、受理群众举报投诉等途径和方式,及时发现和纠正人力资源市场领域违规失信问题,防止苗头性问题演化为违法违规行为、个别问题蔓延为局部甚至普遍问题。

(4)对群众反映强烈、社会影响恶劣的违法违规突出问题,要及时开展集中整治,把影响和危害降低到最小程度。[①]

(四)法院对风险防范的积极引导

各级社会保障部门和法院除了发布各类指导性案例外,每年都筛选并公布各种典型案例,比如十大典型劳动争议案例,大大提高了各类创业者的重视程度。除此之外,法院甚至公布专门针对民营企业的法律风险防控提示书,以此来提高各类民营企业系统防范法律风险的能力。2019年1月,重庆高级人民法院召开新闻发布会,首次通报民营经济司法保护的相关情况,首次发布《2018年度民营经济司法保护情况报告》白皮书和《重庆法院民营企业法律风险防控提示书》,而且在全国高级人民法院尚属首例。[②]

(五)检察院通过开展公益诉讼加强监管

2017年6月,修改后的民事诉讼法和行政诉讼法将公益诉讼制度写进法律,这标志着公益诉讼检察制度正式确立。至2018年11月,全国基层检

---

① 《人力资源社会保障部关于进一步规范人力资源市场秩序的意见》,http://www.mohrss.gov.cn/gkml/zcfg/gfxwj/201909/t20190905_332897.html,2022年5月4日访问。
② 《中国法院首次发布:民营企业法律风险防控提示书》,http://www.senior-rm.com,2022年5月3日访问。

察院办理公益诉讼案件已实现全覆盖。截至2019年9月,已有25个省级检察院单设了公益诉讼检察机构,市、县两级检察院组建了专门机构或专门办案组。仅仅在食品药品安全领域,立案相关公益诉讼案件71 464件,占立案总数的33.28%。针对保健食品药品虚假宣传问题部署开展专项监督,立案相关公益诉讼案件1139件。针对网络餐饮无证经营、超范围经营、配送餐品保管不善等问题,督促市场监管部门严格监管,督促网络平台加强行业自律,近6万家不合格网络餐饮店铺得到整改。① 在互联网领域,杭州市拱墅区检察院作为公益诉讼起诉人,对李某夫妻俩网售不符合食品安全标准的"减肥产品"侵害消费者权益案,依法向杭州互联网法院提起民事公益诉讼,诉请二人共同承担销售价款十倍的惩罚性赔偿,并向社会公众赔礼道歉,得到了法院的支持。②

2018年5月,山东省滨州市滨城区人民检察院在履行公益监督职责中发现,"美团""饿了么""百度外卖"等网络餐饮服务第三方平台及辖区内多家入网餐饮服务提供者存在未依法公示食品经营许可证、量化分级信息以及公示的食品经营许可证超过有效期限未及时更新等行为,违反了《网络餐饮服务食品安全监督管理办法》第9条、第10条的规定。滨州市滨城区食品药品监督管理局作为本地的食品药品监督管理部门,对上述问题监管不到位,致使网络餐饮食品安全隐患长期存在,侵害了社会公共利益。2018年6月8日,滨城区检察院向区食药局发出诉前检察建议书,督促其对相关网络餐饮服务第三方平台和入网餐饮服务提供者未依法公示和更新相关信息的行为进行监管。2018年9月3日,滨城区检察院依法向滨城区人民法院提起行政公益诉讼,请求确认区食药局对"美团""饿了么""百度外卖"三家网络餐饮服务第三方平台及辖区内的入网餐饮服务提供者未公示和更新食品经营许可证等相关信息怠于履行监管职责的行为违法。2019年1月9日,滨城区人民法院作出判决,支持了检察机关的诉讼请求。区食药局表示今后将加强网络餐馆服务第三方平台监管,全力维护人民群众"舌尖上的安全"。③

---

①《全国基层检察院实现公益诉讼全覆盖》,http://www.chinanews.com/gn/2019/10-24/8987801.shtml,2022年5月4日访问。

②田凯:《拓展检察公益诉讼范围思考》,https://www.spp.gov.cn/spp/llyj/201912/t20191217_441603.shtml,2022年5月4日访问。

③《第十五届(2019年度)中国十大影响性诉讼发布》,http://iolaw.cssn.cn/fxyjdt/202004/t20200413_5113006.shtml,2022年5月4日访问。

三、创业法律风险形成的主要原因

(一)创业者法律风险意识淡薄

创业者因为风险意识淡薄,对可能出现的风险麻痹大意,防范能力低下,会带来法律风险。2007年11月1日,《长沙晚报》报道,《几把锁锁死创业路 律师:大学生创业前应学习相关法律》,湖南某大学4位梦想创业的大学生,每人凑齐4000元,准备在校园附近开一间精品店。当他们和房屋转租者签好转让协议,对店面进行装修时,房东突然出现并进行阻挠。16 000元创业资金已经花光,门面却无法开张。因为法律知识不足,法律意识淡薄,导致房东不同意其转租,因此租来的房屋不能正常开业经营,损失无法收回。

(二)创业者法律知识缺乏

在创业活动中,要签订各种各样的合同,如果缺乏知识就会产生法律风险。2019年4月,《厦门日报》报道,《咖啡厅经营不善 停业后还要赔钱:这名大学生签合同时盲目接受违约金、定金条款,导致违约金过分高于损失》。大学生自主创业,盲目签订合同,遇到纠纷怎么办?近日,集美法院公布一起发生在高校校园内大学生自主创业失败引发的合同纠纷。法院一审判决双方的合同解除,大学生阿伟应支付并赔偿原告承包金及各项损失5万余元。

(三)创业者实施程序不当

在创业活动中,各种活动都有严格的法律规定。如劳动合同到期,要续签书面劳动合同,如需变更劳动合同,也应当采用书面形式;解除劳动合同,要经过工会同意,法定解除合同时须提前30日书面通知员工等,如果不遵守这些程序规定,就会带来法律风险。如肖某2008年3月入职DDC公司,双方签订了一份为期3年的劳动合同,合同中特别约定:如违反公司规章制度,情节严重,公司有权提前解除劳动合同,且无须支付经济补偿金。2009年1月9日,肖某接到DDC公司的一份解雇通知,解雇理由是肖某上班时间经常聊天,根据DDC公司规章制度,三次以上在上班时间上网聊天的视为严重违纪,公司可解除劳动合同。肖某辩解,他一直不知道DDC公司有该规定,公司从未将规章制度的内容向其公示。DDC公司称规章制度已向其公示,但无法举证规章制度公示的事实。

(四)创业者未尽到审查义务

创业者在招录员工过程中,应该尽到自己的审查义务,《中华人民共和国劳动合同法》(简称《劳动合同法》,下同)第8条规定,"用人单位招用劳动者时,应当如实告知劳动者工作内容、工作条件、工作地点、职业危害、安全生产状况、劳动报酬,以及劳动者要求了解的其他情况;用人单位有权了解劳动者与劳动合同直接相关的基本情况,劳动者应当如实说明"。如果对持有假学历证书、患有职业病和原来单位签订有竞业协议的应聘者审查不严,而录用了他们,则会造成多种风险。例如,录用了签订有竞业协议的员工,则面临连带赔偿责任。2014年11月,成都某电子科技公司正式录用了林先生,并办理了入职手续,入职时公司并未知晓林先生与前公司签订了竞业协议。2011年,林先生被重庆某机械公司录用为机械工程师,2014年9月20日劳动合同到期,其入职时签订了竞业限制条款,约定"林先生工作范围内涉及公司机密,将来如果离开公司,在1年期限内不得从事或经营同类业务,也不得到与公司有竞争关系的同类企业工作"。机械公司的业务经营范围遍及重庆、四川、贵州和云南等地,因此协议中不仅有同业限制,也规定了竞业地域。2015年2月,林先生被重庆某机械公司起诉至法院,认为其违反了竞业限制协议,要求返还已支付的竞业限制补偿款并支付10倍于补偿款的金额作为违约金,同时,要求成都某电子科技公司承担连带责任。法院裁决林先生支付机械公司违反竞业协议违约金,成都某电子科技公司承担连带赔偿,并要求林先生继续履行竞业限制条款内容。

四、创业法律风险存在的阶段性表现

(一)创业组织设立时期的法律风险

创业者所能选择的组织形式,主要包括个体工商户、合伙企业、个人独资企业、有限责任公司等几种形式,需要对各自承担的法律后果熟知后,再谨慎做出选择。根据《个人独资企业法》《中华人民共和国合伙企业法》《中华人民共和国公司法》(分别简称《合伙企业法》《公司法》,下同)等相关法律规定,不同形式的组织和个体,创业者所要承担的法律责任并不一样,在选择时要根据自己的实际情况做出合理选择。

个体工商户的债务,属于个人经营的以个人财产承担,属于家庭经营的以家庭财产承担。如个人独资企业的投资者,要以其个人财产对该组织形式的债务承担无限责任。例如,大学毕业后,小王以个人独资形式投资15万元设立了一家化妆品销售店,但因进货不慎导致购买使用了其产品的李某一家中毒。根据《个人独资企业法》第31条的规定,个人独资企业财产不足以清偿债务的,投资人应当以其个人的其他财产予以清偿。结果,为给李某一家治病,他将店里的全部货物及房产都处理后仍不能偿清李某一家的治疗费用,而估计要彻底痊愈,还需要付出12万元。因个人独资企业从事工商业活动时,投资人承担不限于其投资的无限责任,所以,小王还要对后续12万元的治疗费承担法律责任。

合伙企业对其债务,应先以其全部财产进行清偿;合伙企业不能清偿到期债务的,合伙人承担无限连带责任。合伙企业又分为普通合伙企业和有限合伙企业。普通合伙人对合伙企业债务承担无限连带责任;有限合伙企业由普通合伙人和有限合伙人组成,普通合伙人对合伙企业债务承担无限连带责任,有限合伙人以其认缴的出资额为限对合伙企业债务承担责任。

有限责任公司的股东以其认缴的出资额为限对公司承担责任,股份有限公司的股东以其认购的股份为限对公司承担责任。未依法登记为有限责任公司或者股份有限公司,而冒用有限责任公司或者股份有限公司名义的,或者未依法登记为有限责任公司或者股份有限公司的分公司,而冒用有限责任公司或者股份有限公司的分公司名义的,由公司登记机关责令改正或者予以取缔,可以并处10万元以下的罚款。在公司的注册过程中,如果虚报注册资本取得公司登记的,由公司登记机关责令改正,处以虚报注册资本金额5%以上15%以下的罚款,情节严重的,撤销公司登记或者吊销营业执照;如果用提交虚假材料或者采取其他欺诈手段隐瞒重要事实取得公司登记的,由公司登记机关责令改正,处以5万元以上50万元以下的罚款,情节严重的,撤销公司登记或者吊销营业执照。在交付出资的资金过程中,公司的发起人、股东要按实际缴纳而不能虚假出资,未交付或者未按期交付作为出资的货币或者非货币财产的,由公司登记机关责令改正,处以虚假出资金额5%以上15%以下的罚款。

(二)创业组织运行过程中的法律风险分析

1. 签订合同中的法律风险

合同是平等主体的自然人、法人、其他组织之间设立、变更、终止民事权利义务关系意思表示一致的协议。合同一经订立,就对当事人产生了合同的法律约束力,即法律赋予合同对当事人的强制力,当事人如违反合同约定的内容,便产生相应的法律后果,包括承担相应的法律责任。合同法律风险主要指在合同订立、履行过程中遭受利益损失的可能性。创业者在创业过程中不可避免地要签订各种合同,如租赁合同、买卖合同、运输合同、劳动合同等,如果缺乏对合同法律知识的了解,导致主体资格不合法,内容不合法,则可能给自己带来各种各样的风险。从主观上来说,企业内部在合同主体方面没有遵守我国相关法律法规的条款内容来行使权利和履行义务,最终导致企业造成经济损失、合同纠纷等情况的发生;从客观上来说,在外部的法律环境以及社会环境变化因素的影响之下导致合同之中出现法律风险。签订合同中的法律风险一般包括以下几种:

(1)合同签订前的法律风险。企业在签订合同之前出现的法律风险,主要包括企业没有做好对对方的资质和信用审核的工作,且代理权限的范围不清楚等。

(2)合同内容之中的法律风险。企业在签订合同的过程当中,对于合同中的部分条款内容没有进行约定或者约定较为模糊的情况,分别是合同生效的时间、合同效力的持续时间、合同数量以及质量条款、价款或者报酬条款、履行合同的期限、保密协议的条款以及生效条件的约定。例如,小张毕业后创业,加盟了一家品牌洗衣干洗店。一天,一名客户送来了一套名牌西装需要干洗,洗衣店出具给客户一张洗衣店统一的收据,收据上载明,"洗衣费15元,洗衣如果发生毁损、遗失,赔偿衣服费用的2倍"。可是衣服在运往总店的途中发生遗失,现客户要求赔偿,赔偿多少呢?小张认为,赔偿标准收据中有规定,赔偿衣服费用的2倍,这个衣服费用指的是洗衣费15元,所以小张同意赔偿30元。客户不同意,客户说他看了收据认为是赔偿衣服价格的2倍,而衣服的购买价格是3200元,客户要求干洗店赔偿6400元。《民法典》合同编相关规定指出,对格式条款的理解发生争议的,应当按照通常理解予以解释。对格式条款有两种以上解释的,应当作出不利于提供格式条款一方的解释。格式条款和非格式条款不一致的,应当采用非格式条款。根据此规定,干洗店需要赔偿6400元。因此,在拟订合同时,需要对语言措辞和细节仔细推敲,避免因为合同内容对自己不利产生不必要的纠纷。

(3)合同履行过程之中的法律风险。在合同之中对于某些条款内容出现不约定或者约定模糊的情况,分别是涉及第三方的合同履行条款、三个抗辩权、代位权及撤销权以及后合同义务。①

(4)因为合同形式不当,约定不明造成风险。因为口头合同往往会因举证不能而导致自己非常被动,所以一般应采取书面形式订立合同,还要尽可能将条款约定明确,以避免产生歧义而带来法律风险。

在人力资源管理中,即使用人单位和劳动者双方未签订书面劳动合同,当员工发生工伤,企业也并不能免除自己的法定责任。2017年11月,河南淅川某商贸公司录用郑州籍司某,双方并未签订书面合同,只口头约定了工

---

① 梁静飞:《企业合同法律风险的一般情况与有效防范》,http://china.findlaw.cn/lawyers/article/d676101.html,2020年5月5日访问。

资。2017年12月某天,司某在工作期间受伤,当即被送往淅川县医院住院治疗,后又转诊到郑州等地治疗。其被南阳市人力资源和社会保障局认定为工伤,伤残等级鉴定为8级。2019年7月,经淅川县劳动争议仲裁委员会仲裁,终止双方之间的劳动关系,由该公司一次性支付司某伤残补助金、医疗补助金、伤残就业补助金、住院治疗费、鉴定费等费用。2019年8月,该公司向法院起诉,要求撤销裁决书部分裁决内容,依法判决并重新确认被告的工伤保险待遇。法院判决由该公司赔偿司某医疗费、交通费、住院伙食补助费、上班期间工资、一次性伤残补助金、伤残工伤医疗补助金、伤残就业补助金等共计22万余元。

2. 侵犯知识产权的法律风险

知识产权是指人们就其智力劳动成果所依法享有的专有权利,通常是国家赋予创造者对其智力成果在一定时期内享有的专有权或独占权。知识产权从本质上说是一种无形财产权,他的客体是智力成果或是知识产品,是一种无形财产或者一种没有形体的精神财富,是创造性的智力劳动所创造的劳动成果。它与房屋、汽车等有形财产一样,都受到国家法律的保护,都具有价值和使用价值。有些重大专利、驰名商标或作品的价值也远远高于房屋、汽车等有形财产。[1] 我国的知识产权法是由《中华人民共和国著作权法》《中华人民共和国商标法》和《中华人民共和国专利法》(分别简称《著作权法》《商标法》《专利法》,下同)三部法律构成的。

《中华人民共和国刑法》(简称《刑法》,下同)规定了侵犯知识产权罪,包括:①假冒注册商标罪。即未经注册商标所有人许可,在同一种商品上使用与其注册商标相同的商标,情节严重的,处3年以下有期徒刑或者拘役,并处或者单处罚金;情节特别严重的,处3年以上7年以下有期徒刑,并处罚金。②销售假冒注册商标的商品罪。销售明知是假冒注册商标的商品,销售金额数额较大的,处3年以下有期徒刑或者拘役,并处或者单处罚金;销售金额数额巨大的,处3年以上7年以下有期徒刑,并处罚金。以及非法制造和销售非法制造的注册商标标识罪、假冒专利罪、侵犯著作权罪、销售侵权复制品罪、侵犯商业秘密罪等,构建起了知识产权刑法保护制度。如果单位犯本罪的,对单位判处罚金,并对其直接负责的主管人员和其他直接责任人员,依照规定处罚。例如前文所述的"拼多多"起诉"拼兜兜"商标侵权和不正当竞争案,由于原告未能就被告不正当竞争造成的实际损失或违法所得

---

[1]《知识产权》,https://baike.so.com/doc/5366160-5601865.html,2022年5月5日访问。

向法院提供直接证据证明,上海徐汇区法院认定被告"拼兜兜"运营公司构成侵权和不正当竞争,酌定按照法定赔偿方式确定赔偿金额,判决"拼兜兜"停止不正当竞争行为,在报刊媒体上发表声明、消除影响,赔偿原告经济损失60万元、为制止侵权支出的合理开支10万元,共计70万元。

3. 人力资源管理中存在的法律风险

随着一系列法律法规的颁布、修订和完善,从劳动合同、事实劳动关系、就业歧视、合法纳税、社会保险费缴纳、工伤认定、女工保护等诸多方面,织就了一张比较严密的保护用人单位和劳动者权利与义务的法网,意味着我国对企业用工的监管越来越完善。在用人的各个环节,都潜伏着不同的风险。例如,在招录员工阶段,涉及就业歧视、招录不符合年龄要求的员工、未尽到审查义务而录用了未解除劳动合同的员工或与原单位签订有竞业限制的员工、原有职业病的员工、事实劳动关系、不及时签订劳动合同、不办理社会保险等;在企业管理中,涉及违法解除劳动合同、违章指挥、休假、工资支付、未尽到对女工的保护义务、不及时办理员工离职手续等,这些都会造成法律风险。例如,1995年3月28日,某集团公司录用杨某担任某汽车技术服务中心轿车车间副主任、技术服务部主任,并签订了自1995年3月28日到2005年3月28日止的为期10年的劳动合同。1996年6月11日,杨某向服务中心递交了调离申请,但并未征得其同意,当日就离岗到第三人某汽车公司技术服务中心上班。某集团公司请求仲裁,并提出,杨某立即返回某集团公司继续履行劳动合同,赔偿培训费用,第三人某汽车公司技术服务中心承担连带赔偿责任等请求。仲裁委作出解除劳动合同,但杨某赔偿经济损失、违约金、培训费等共计10 243.74元,第三人某汽车公司技术服务中心赔偿申诉人某集团公司33个月的经济损失共计89 419.63元。

4. 企业纳税不合法带来的法律风险

依法纳税是公民的神圣职责,也是公民的一项法定义务。企业税务风险是指企业的涉税行为因未能正确有效地遵守税法规定,而导致企业未来利益的可能损失,其具有主观性、必然性、预先性等特点。如果企业的纳税行为不符合税收法律法规的规定,应纳税而未纳税、少纳税,从而面临补税、罚款、加收滞纳金甚至刑罚处罚等风险。[1]《中华人民共和国企业所得税法》《中华人民共和国个人所得税法》《中华人民共和国税收征收管理法》(分别简称《企业所得税法》《个人所得税法》《税收征收管理法》,下同),以及《刑

---

[1]《税务风险》,https://baike.so.com/doc/4414514-4621808.html,2022年5月5日访问。

法》等法律,都明确规定了依法纳税的义务,以及违反相关规定要承担的法律后果。例如,用工单位承担法定扣缴义务,如果不按规定扣缴则要承担相应法律责任,就会给企业带来风险。《个人所得税法》第19条规定,纳税人、扣缴义务人和税务机关及其工作人员违反本法规定的,依照《税收征收管理法》和有关法律法规的规定追究法律责任。《税收征收管理法》第61条规定,扣缴义务人未按照规定设置、保管代扣代缴、代收代缴税款账簿或者保管代扣代缴、代收代缴税款记账凭证及有关资料的,由税务机关责令限期改正,可以处2000元以下的罚款;情节严重的,处2000元以上5000元以下的罚款。《刑法》规定了危害税收征管罪,包括:逃税罪,抗税罪,逃避追缴欠税罪,骗取出口退税罪、偷税罪、虚开增值税专用发票、用于骗取出口退税、抵扣税款发票罪,虚开发票罪,伪造、出售伪造的增值税专用发票罪,非法出售增值税专用发票罪,非法购买增值税专用发票、购买伪造的增值税专用发票罪;虚开增值税专用发票罪、出售伪造的增值税专用发票罪、非法出售增值税专用发票罪,盗窃罪和诈骗罪,持有伪造的发票罪等具体罪名。例如,逃税罪规定,纳税人采取欺骗、隐瞒手段进行虚假纳税申报或者不申报,逃避缴纳税款数额较大并且占应纳税额10%以上的,处3年以下有期徒刑或者拘役,并处罚金;数额巨大并且占应纳税额30%以上的,处3年以上7年以下有期徒刑,并处罚金。扣缴义务人采取前款所列手段,不缴或者少缴已扣、已收税款,数额较大的,依照前款的规定处罚。对多次实施前两款行为,未经处理的,按照累计数额计算。有第一款行为,经税务机关依法下达追缴通知后,补缴应纳税款,缴纳滞纳金,已受行政处罚的,不予追究刑事责任;但是,五年内因逃避缴纳税款受过刑事处罚或者被税务机关给予二次以上行政处罚的除外。单位犯危害税收征管罪的也规定了处罚措施,单位犯本法第201条、第203条、第204条、第207条、第208条、第209条规定之罪的,对单位判处罚金,并对其直接负责的主管人员和其他直接责任人员,依照各该条的规定处罚。

线上经营虽然比较灵活,众多商家为了达到利润最大化,在交易过程中存在违规操作,游走在法律"红线边缘"的现象,但是其交易行为同样受税务法律的调整。如被称为"网店偷税第一案"的"彤彤屋"偷税案,"彤彤屋"为上海某策划公司建立的一个销售婴儿用品的网站,店主张某采用不开具发票、不记账等方式,以图逃避税收,并认为网上所有的人都是如此交易。经上海市普陀区国家税务局税务核定,该策划有限公司于2006年6月至12月销售货物,含税金额人民币289.5万余元,不含税销售金额人民币278.4万余元,应缴增值税人民币11万余元。上海市普陀区法院对该策划公司以偷税罪判处罚金10万元;同时以偷税罪判处张某有期徒刑两年,缓刑两年,罚金6万元。

如被称为"海外代购逃税第一案"的"离职空姐海外代购逃税案"。2010—2011年,李某从韩国免税店买回化妆品,然后放到淘宝店上销售,涉案的化妆品共计偷逃海关进口环节税109万元。2013年1月17日上午,北京市第二中级人民法院开庭重审,重审后作出判决,以犯走私普通货物罪,判处李某有期徒刑3年,并当庭将已经取保候审的李某收监。其余两名同案犯被判有期徒刑2年4个月和2年6个月。根据我国关于走私普通货物罪的规定,走私货物、物品偷逃应缴税额在50万元以上的,处10年以上有期徒刑或者无期徒刑,并处偷逃应缴税额1倍以上5倍以下罚金或者没收财产。

随着《中华人民共和国电子商务法》(简称《电子商务法》,下同)的实施,线上经营行为的纳税监管将越来越规范。电子商务平台经营者应当依照税收征收管理法律、行政法规的规定,向税务部门报送平台内经营者的身份信息和与纳税有关的信息,并应当提示那些不需要办理市场主体登记的电子商务经营者按照规定办理税务登记。对不依法纳税者,电子商务平台经营者不按照规定向市场监督管理部门、税务部门报送有关信息的,有关主管部门要责令限期改正,逾期不改正的,处2万元以上20万元以下的罚款,情节严重的,责令停业整顿,并处10万元以上50万元以下的罚款。

5. 超范围经营带来的法律风险

对于各类型企业,必须在核准登记的经营范围内从事经营。个人合伙可以起字号,依法经核准登记,在核准登记的经营范围内从事经营。企业法人应当在核准登记的经营范围内从事经营。《中华人民共和国企业法人登记管理条例施行细则》第63条第4款规定:超出核准登记的经营范围或者经营方式从事经营活动的,视其情节轻重,予以警告,没收非法所得,处以非法所得额3倍以下的罚款,但最高不超过3万元,没有非法所得的,处以1万元以下的罚款。同时违反国家其他有关规定,从事非法经营的,责令停业整顿,没收非法所得,处以非法所得额3倍以下的罚款,但最高不超过3万元,没有非法所得的,处以1万元以下的罚款;情节严重的,吊销营业执照。

例如,大学生喜欢电子商务,但有些大学生因为不熟悉电子商务的相关法律法规而导致超范围经营。2009年1—2月,重庆市渝中区工商分局查处了两起大学生因为超范围经营的案例。几名大学生一起创业,从事网站建设服务,直到工商执法人员找到他们,他们才知道,从事网站建设服务需要办理电信相关增值服务的许可。

几名大学生一起创办的一家科技有限公司,因营业执照核准登记的经营范围中并无食品销售,也未取得卫生许可证,但在一个月之内销售了"生命阳光纯牛初乳""金装多美滋多领加金盾延续配方奶粉""金装多美滋多乐加金盾婴儿配方奶粉"等各类乳制品,总金额达到2141元。工商分局认定,该公司属超出核准登记经营范围擅自从事应当取得许可证的违法经营行为。"这几名大学生把网站做得很漂亮,但却不知道销售奶粉需要卫生许可证,这说明他们对从事电子商务的相关法律不熟悉,从而导致违法",因负责人态度较好被从轻予以罚款2000元的处罚并责令改正。因此,实体店办理工商执照后,即使在线上售卖也必须按照工商执照许可范围进行经营,不能超出。

现在,线下餐饮店进行线上售卖的现象非常普遍,但是如超出经营范围的行为则造成法律风险。2020年4月23日,山东淄博市张店区多家餐馆、便利店因超范围经营被通报处罚。张店区某米线店的《食品经营许可证》登记经营项目为"热食类食品制售",并无冷食类食品制售项目,却在美团外卖平台经营"麻辣金针菇""凉拌海带丝"等四种食品,因违反了《网络食品安全违法行为查处办法》第16条第1款的规定,构成入网食品经营者超过许可的经营项目范围从事食品经营的违法行为,被处以罚款5000元。

6. 违法经营带来的法律风险

创业者如果违法情节轻微,可能仅仅被处以罚款,但如果违法情节严重,则要面临各种刑事处罚。公司的发起人、股东在公司成立后,抽逃出资的,由公司登记机关责令改正,处以所抽逃出资金额5%以上15%以下的罚款。2020年4月23日,山东淄博市张店区多家餐馆、便利店因超范围经营被市场监督管理局通报处罚。经调查,某便利店当事人经营超过保质期食品共计5袋,投诉人购得1袋过期产品,执法人员现场扣押4袋超过保质期在售食品,涉案产品货值金额为30.0元,违法所得1.2元,处10 000元罚款。某炒货店当事人经营的"Megoluk(提拉米苏)""Heibai(提拉米苏)"两款产品内外包装标签均未标注中文,也未加贴中文标签,违反了《中华人民共和国食品安全法》第97条的规定,构成经营标签不符合食品安全法规定的预包装食品的违法行为,处以罚款6000元。北京市第二中级人民法院公布的2010年度十大典型案件中,因创业成名的黄某却因严重违法而被列在榜首。2007年9月至11月间,黄某将人民币8亿元私自兑购并在香港收取了港币8.22亿余元。黄某在重大资产置换或重组信息公告前,于2007年4月至6月间,使用他人股票账户购买股票,账面收益额超过3亿余元。2006年至2008年间,直接或指使他人向国家机关工作人员行贿款、物共计价值人民币400余万元。经审理认为,被告人黄某的行为构成非法经营罪、单位行贿罪、内幕交易、泄露内幕信息罪,判处有期徒刑14年,并处罚金6亿元,没收个人财产2亿元。

(三)创业组织终止的法律风险分析

创业组织的终止是指创业组织主体资格的消灭,主要原因包括解散、倒闭、违法经营被吊销营业执照等。如果创业组织终止,须到工商局去办理注销登记,并在税务局备案。

用人单位被依法宣告破产,用人单位被吊销营业执照、责令关闭、撤销或者用人单位决定提前解散而导致劳动合同终止的,用人单位应当向劳动者支付经济补偿;企业应当在办理注销登记前,就其清算所得向税务机关申报并依法缴纳企业所得税。未按照规定的期限申报办理税务登记、变更或者注销登记的,由税务机关责令限期改正,可以处 2000 元以下的罚款;情节严重的,处 2000 元以上 10 000 元以下的罚款;用人单位的社会保险登记事项发生变更或者用人单位依法终止的,应当自变更或者终止之日起 30 日内,到社会保险经办机构办理变更或者注销社会保险登记。在清算前或清算期间隐匿或转移财产,逃避债务的,依法追回其财产,并按照有关规定予以处罚;构成犯罪的,依法追究刑事责任。在前文所述的"拼多多"诉"拼兜兜"运营公司商标侵权一案中,"拼兜兜"公司辩称其成立后没有实际经营,2015 年被工商行政管理部门认定为空壳公司。被诉平台一直处于在线测试状态,虽然技术上可由商家自由进驻商城,但事实上没有商家入驻,没有收益,也没有给原告公司造成损失。但仍被法院认定构成侵权,被判处赔偿 70 万元。

创业组织终止的,企业法人如属于恶意逃避债务,仍然可能面临诉讼风险。公司股东滥用公司法人独立地位和股东有限责任,逃避债务,严重损害公司债权人利益的,应当对公司债务承担连带责任。例如,2003 年 9 月 25 日,广东省高级人民法院《关于企业法人解散后的诉讼主体资格及其民事责任承担问题的指导意见》(粤高法〔2003〕200 号)中指出,企业法人被工商行政管理部门吊销营业执照、未经清算被注销、被撤销或企业自动歇业和视为自动歇业的,应认定该企业法人解散。企业法人解散后至其债权债务清理完毕前,法院应认定该企业法人为清算法人,具备民事主体资格。原告向法院提起诉讼,要求清算义务人对未经清算的清算法人的债务承担责任的,法院应追加清算法人为共同被告。清算义务人在向工商行政管理部门办理企业法人的注销登记手续时,虚构该企业法人的债权、债务已清结的事实,导致该企业法人被注销的,清算义务人应当在该企业法人注册资金范围内就该企业法人的债务向债权人承担赔偿责任。

【项目训练】

溧水县创业明星、黑莓产业带头人孙某因"借钱"无度,输掉了事业输掉了人生。2007年至2009年间,孙某为缓解企业资金压力沾上高利贷,后失去控制,借下4000多万元无力偿还,东窗事发后,检方指控他非法吸收公众存款。孙某一审被判处有期徒刑5年6个月。6月17日,溧水法院公开开庭审理此案。检方指控孙某兄妹犯非法吸收公众财产罪。律师认为检方认定的涉案金额过高,"非法吸收公众存款的'公众'必须是不特定的对象,只有向不特定的对象吸收资金,才是构成本罪的一个要件,向诸如家人、亲友、本单位职工等对象吸收资金的,不应构成本罪。本案中,孙某有1700多万是向朋友、同学和合作伙伴借的,应当予以扣除"。律师同时希望法庭考虑到孙某借款的初衷以及一贯良好的社会口碑,对他从轻量刑处罚。7月2日,溧水法院对此案作出一审宣判。

法官没有采信律师关于"涉案金额过高"的辩护意见,认为,孙某兄妹当时竭尽所能向他人借款,并没有考虑借款对象的身份,尽管其中部分借款对象与他们有某种特定的关系,但仍不能排除在社会公众之外。对于律师提出的"孙某曾多次受政府嘉奖,此次非法吸收的存款未用于个人挥霍享受,归案后有明显悔罪表现"的辩护意见,法官查证属实,予以采纳。最终,判处孙某有期徒刑5年6个月,罚金人民币40万元;孙某妹妹有期徒刑1年,罚金人民币5万元。[①]

项目训练要求: 请按照本案案情,分组进行模拟审判,要求参与实训学生分立案庭成员、合议庭成员、书记员、原告及其代理人、被告及其代理人、法警等角色进行前期准备,撰写本案诉讼文书,设计模拟庭审程序,开展模拟法庭活动,并在模拟法庭结束后,按照律师卷、法院正卷等方式整理提交本案诉讼案卷材料。

---

① 《大学生创业失败的案例》,https://www.0734zpw.com/n45003.html,2022年5月5日访问。

第二章 创业组织法律实务

【案例导入】

姜某独资经营一家货运企业,企业运营已经20余年,其间朋友田某一直担任独资企业的经营管理人员。随着年龄增长,姜某觉得经营企业力不从心,就想要退休养老,但是姜某有三名子女,把企业交给任何子女,都有可能引发家庭矛盾,不然的话就必须改变个人独资企业的企业形式。姜某苦思冥想都找不到最好的解决办法,遂到本市某律师事务所找律师进行咨询,他向律师表达了他的诉求如下:两个儿子各自拥有35%的企业份额,女儿拥有30%的企业份额;三个子女从未参与过企业的经营管理,所以对企业的运营一无所知,老友田某一直是自己的左膀右臂,为了企业继续平稳运营,同时也希望给老友一个安身立命的工作机会,希望老友继续参与企业的运营;另外,因为货运企业存在一定的经营风险,存在发生交通事故并需要赔付的可能,所以姜某不希望自己的儿女因为经营企业面临巨额赔付的情形;最后,希望新的企业不要承担过高的税负。

律师提出如下建议:因为姜家三个子女都要拥有企业份额,所以企业没有办法继续保持个人独资企业形式;如果企业改为普通合伙企业形式,企业权益结构方面没有问题,也不需要缴纳企业所得税,税负也较低,但是普通合伙企业要求所有合伙人都要参与经营,而且所有普通合伙人都要对合伙企业的债务承担无限连带责任,这不符合姜某的要求;如果成立有限合伙企业,企业权益结构方面没有问题,也不需缴纳企业所得税,税负也较低,姜家三个子女可以以有限合伙人身份承担有限责任,且不需要承担无限连带责任,只以自己的合伙企业份额承担有限责任即可,但是有限合伙企业必须有一名以上的普通合伙人,这个(些)合伙人需要对合伙企业的债务承担无限连带责任,目前并不存在这样的人选;律师建议可以采用有限责任公司的形式,在权益结构方面,姜某两个儿子分别持股比例为35%,女儿持股比例为30%;在风险承担方面,姜家的三个子女分别以自己的出资额为限承担有限责任;在公司管理方面,由三个子女组成公司的董事会,可以聘请老友田某担任公司的总经理,并担任法定代表人;在税负方面,虽然公司需要缴纳企业所得税,但对于规模不算太大的姜氏企业,满足小微企业年度应纳税所得额不超过300万元、从业人数不超过300人、资产总额不超过5000万元的三个条件。根据《国家税务总局关于落实支持小型微利企业和个体工商户发展所得税优惠政策有关事项的公告》,年应纳税所得额不超过100万元的部分,企业所得税的征收率是2.5%;年应纳税所得额100万~300万元的部分,企业所得税的征收率是10%;企业所需要承担的税负并不高。为此,律师根据姜某的需求拟定了注销个人独资企业,成立有限责任公司的法律意见书。

当事人姜某对律师提供的法律意见较为满意,开始着手注销原企业,注册新的有限责任公司。

第一节 创业法律主体的选择

创业法律主体是指创业者在创业开始时选择的所经营企业的形式,商事主体的首要特征就是商事主体由商法法定,其次需要其依法具有商事能力,最后要求商事主体的身份或资格经商事登记而取得。所以创业者在进行创业主体选择时,只能设立符合法律规定的企业形式。

企业的组织形式反映了企业的性质、地位和作用,表明一个企业的财产构成、内部关系以及与外部经济组织之间的联系方式。[①] 目前,我国法定的创业组织形式主要有四类:个体工商户、个人独资企业、合伙企业和公司。

一、个体工商户

个体工商户是指创业者用个人财产或家庭共有财产作为资本,依法核准登记并在法定范围内从事工商业活动的经营者。《民法典》第54条规定:

[①] 杨春宝、程强:《公司全程法律风险防控实务操作与案例评析》,中国法制出版社,2019年版,第298页。

"自然人从事工商业经营,经依法登记,为个体工商户。"实质上,个体工商户就是一般的自然人经过特定形式和程序进入商事领域,被商法确认而成的法律主体。[①] 对于创业者而言,个体工商户开办的费用较低,设立程序也相对简单,所以成为我国市场经济发展中最活跃的市场主体,2021年,全国新设个体工商户1970.1万户,占新设市场主体(2134.8万户)的68.2%,同比增长17.2%,截至2021年年底,全国登记在册个体工商户已达1.03亿户,约占市场主体总量的2/3。这是一个历史性突破。

二、个人独资企业

(一)个人独资企业的概念与特征

个人独资企业是指由一个自然人投资,财产为投资人所有,投资人以其个人财产对企业债务承担无限责任的经营实体。个人独资企业是由单个自然人投资创办的非法人经济组织,投资人在为投资行为以后并未丧失对所投财产的所有权,并对企业的经营与管理事务享有绝对的控制权与支配权,当企业发生债务时,投资人以其所有个人财产对企业债务承担无限责任。

(二)个人独资企业与个体工商户的区别

个体工商户与个人独资企业都属于商个人的范畴,两类主体有很大的相似性,首先它们都是由一个自然人投资设立的,其次这两类企业都没有法人资格,所以企业没有独立的财产,也没有独立的偿债能力,投资人在投资之后均未丧失投资财产的所有权,企业的管理与收益都归属于投资人,企业的债务也由投资人独立承担无限责任。但两者也存在较多的差异:

第一,企业注册成立的依据不同。个体工商户的成立及运行依据的是《个体工商户条例》和《个体工商户登记管理办法》,而个人独资企业的成立及运行依据是《个人独资企业法》。

第二,成立的条件与开办费用的大小不同。个体工商户由于其经营规模较小,所以成立的条件要求也较低,只需要提供投资人的户籍证明或者身份证明,提供个体工商户营业场所证明,提供非国家党政机关工作人员身份证明,即可向市场监督管理机关申请营业执照。另外开办的费用金额微小,开办的手续也较为简单。《个人独资企业法》要求设立个人独资企业应当具备下列条件:投资人为一个自然人;有合法的企业名称;有投资人申报的出

[①] 范健:《商法学》,高等教育出版社,2019年版,第46页。

资;有固定的生产经营场所和必要的生产经营条件;有必要的从业人员。并且要求由投资人或者其委托的代理人向个人独资企业所在地的登记机关提交设立申请书、投资人身份证明、生产经营场所使用证明等文件。委托代理人申请设立登记时,应当出具投资人的委托书和代理人的合法证明。个人独资企业开办的费用金额也没有要求,投资人可以根据所投资的企业的运营规模自行决定。开办的手续也不烦琐。

第三,享有的权利不同。个体工商户可以凭营业执照及税务登记证明,依法在银行或者其他金融机构开立账户,申请贷款,个体工商户还可以根据经营需要招用从业人员。而个人独资企业享有的自主经营权更加广泛,如可以依法设立分支机构,取得土地使用权,发布广告以及印刷商标,等等。

第四,承担民事责任的除斥期间不同。个体工商户解散之后的债务承担不存在五年除斥期间的问题,而个人独资企业解散后,原投资人对个人独资企业存续期间的债务仍应承担偿还责任,但债权人在五年内未向债务人提出偿债请求的,该责任消灭。

第五,企业消灭的清算程序不同。个体工商户无需清算程序,个体工商户不再从事经营活动的,到登记机关办理注销登记即可。个人独资企业解散,应由投资人自行清算或者由债权人申请人民法院指定清算人进行清算。

三、合伙企业

(一)合伙企业的概念

传统理论认为合伙只是合伙人之间的一种法律关系,而非独立的法律主体。随着社会经济的不断发展,合伙逐渐成为一种重要的组织形态,许多国家都将其视为公司法人之外最为重要的一类商事主体,它是由各合伙人为实现共同目的而相互约定,实现共同约定的联合体,他们共同出资,共同经营,共享利润,共担风险,普通合伙人对合伙经营产生的债务承担无限连带责任,有限合伙人对合伙企业经营所产生的债务以出资额为限承担有限责任。合伙企业一般无法人资格,不缴纳企业所得税,缴纳个人所得税。我国《合伙企业法》第 2 条规定:"本法所称合伙企业,是指自然人、法人和其他组织依照本法在中国境内设立的普通合伙企业和有限合伙企业。普通合伙企业由普通合伙人组成,合伙人对合伙企业债务承担无限连带责任。本法对普通合伙人承担责任的形式有特别规定的,从其规定。有限合伙企业由普通合伙人和有限合伙人组成,普通合伙人对合伙企业债务承担无限连带责任,有限合伙人以其认缴的出资额为限对合伙企业债务承担责任。"其中普通合伙企业又包含特殊的普通合伙企业。

(二)合伙企业的特征

现行的合伙企业法界定了较多种类的合伙企业类别,它们均有自己独特的法律特征,各类合伙企业的共同特征表现在以下几方面:

第一,各类合伙企业均属于《民法典》所规定的非法人组织。按照《民法典》第102条第1款的规定,所谓非法人组织,是指不具有法人资格,但是可以依法以自己的名义从事民事活动的组织。

第二,各类合伙企业的设立均要以合伙协议为基础。合伙企业包含两个方面的关系:一是合伙协议关系,二是合伙组织。合伙协议关系是确定合伙人之间的权利义务关系的协议,是调整合伙企业内部关系的依据,合伙协议依法由全体合伙人协商一致,以书面形式订立,订立合伙协议应当遵循自愿、平等、公平、诚实信用原则。

第三,合伙企业的设立在满足法律规定的实质条件之后,必须经过国家企业登记管理机关的登记程序,办理企业登记。登记机关在接到企业登记申请20日内作出是否登记的决定,对符合《合伙企业法》规定条件的,应准予登记,并发放合伙企业营业执照,合伙企业的营业执照签发日期,为合伙企业成立日期。合伙企业领取营业执照前,合伙人不得以合伙企业名义从事合伙业务。

第四,各类合伙企业在存续期间的所得,不需要由企业缴纳企业所得税。《企业所得税法》第1条规定:"在中华人民共和国境内,企业和其他取得收入的组织(以下统称企业)为企业所得税的纳税人,依照本法的规定缴纳企业所得税。个人独资企业、合伙企业不适用本法。"合伙企业的所得只需要各个合伙人分别缴纳个人所得税。

(三)普通合伙企业

普通合伙企业是指两个以上的投资人以合伙协议为基础建立的,共同出资,共同经营,共享利润,共担风险的非法人企业。合伙企业作为共同企业,合伙人的人数不能少于2人,合伙人可以分为自然人合伙人和非自然人合伙人,自然人合伙人必须具有完全民事行为能力,并且不可以是法律法规禁止从事营利性活动的主体。非自然人合伙人不能由国有独资公司、国有企业、上市公司以及公益性的事业单位、社会团体充当。全体合伙人必须签订规定合伙企业重大事项和界定各个合伙人权利义务关系的合伙协议,合伙协议必须采用书面形式,并由全体合伙人签署。各个合伙人必须向合企业出资,基于出资行为才能置换合伙人身份,合伙人既可以以可估价、可转让的财产和财产权利出资,也可以以劳务、技术进行出资。所有的现物出资都必须经过评估作价。合伙企业作为市场主体之一,必须有自己独立的名称,从而以自己的名义参与民商事活动,合伙企业名称中应当标明"普通合伙"字样,根据主体类型法定原则,在普通合伙企业的名称中,一般不能出现"公司"字样,也不能出现"有限""有限责任"字样。普通合伙企业应该具备企业的生产经营场所,其法律意义等同于"住所"。普通合伙企业的设立申请人需向企业登记机关进行设立申请,企业登记机关准予登记的,发给营业执照,营业执照核发之日标志着合伙企业的成立。

《合伙企业法》允许设立特殊普通合伙企业,以专门的知识和技能为客户提供有偿服务的专业服务机构可以设立为特殊普通合伙,必须在其名称中标明"特殊普通合伙"字样,以区别于普通合伙企业。如果一个合伙人或者数个合伙人在执业活动中因故意或者重大过失造成合伙企业债务的,应当承担无限责任或者无限连带责任,其他合伙人以其在合伙企业中的财产份额为限承担责任,合伙人执业活动中因故意或者重大过失造成的合伙企业债务,以合伙企业财产对外承担责任后,该合伙人应当按照合伙协议的约定对给合伙企业造成的损失承担赔偿责任。合伙人在执业活动中非因故意或者重大过失造成的合伙企业债务以及合伙企业的其他债务,由全体合伙人承担无限连带责任。

(四) 有限合伙企业

有限合伙企业是由一个或一个以上承担无限责任的合伙人和一个或一个以上负有限责任的合伙人共同投资设立的合伙企业,全体合伙人的总人数为2人以上50人以下,有限合伙企业的合伙人分普通合伙人和有限合伙人两种,其中至少有1人以上为普通合伙人,普通合伙人的资格要求与普通合伙企业一致,对有限合伙人没有特殊的条件要求。有限合伙企业成立的法律基础仍然是全体合伙人共同签署的合伙协议,以规定合伙企业重大事项及界定各合伙人之间权利义务。因为有限合伙人只以自己的出资额为限对合伙企业的债务承担有限责任,因此对合伙企业事务的管理丧失了决策权,不得成为合伙企业的执行管理人。无论普通合伙人还是有限合伙人取得合伙人身份的前提是向合伙企业出资,对有限合伙人的出资要求更为严格,有限合伙人不可以以不具备偿债能力的劳务、技术进行出资。有限合伙企业的名称中必须冠以有限合伙字样。

四、公司

(一)公司的概念

公司是依照法定程序和条件设立的,持续性地从事营利性活动的企业法人。根据我国《公司法》的规定,我国的公司包括有限责任公司和股份有限公司两种。有限责任公司是指股东的出资构成公司的资本,公司以其全部资产对公司的债务承担无限责任,股东以出资额为限对公司的债务承担有限责任的企业法人。股份有限公司是指股东出资构成公司的资本,把公司所有的资本分成等额的股份,公司以其所有资产对公司的债务承担无限责任,股东以持有的股份对公司的债务承担有限责任的企业法人。

(二)公司的法律特征

1. 公司的法人性特征

《民法典》第76条规定,以取得利润并分配给股东等出资人为目的成立的法人,为营利法人。营利法人包括有限责任公司、股份有限公司和其他企业法人等。公司作为最典型的法人类型,体现了法人的最基本特征。首先,公司需要依法设立,此依法不仅指的是要适法,而且要遵守法律规定的公司市场准入制度。其次,公司必须具备独立的财产,公司最初的财产来源于股东的出资,股东一经出资便丧失了出资财产的所有权,公司拥有了独立的所有权,公司的财产与股东的所有权相互分离。再次,公司必须有自己独立的名称,组织机构和经营场所,公司的名称是公司区别于其他主体的标志,公司作为独立的法人,虽然有独立的法律人格,但因为是拟制主体,必须有独立的内部组织机构帮助公司形成并对外表达意思表示,公司必须有独立的经营场所实施公司的经营活动。最后,公司必须能够以自己独立财产对外承担民事责任,公司作为独立的法人,要对自己的债务承担独立责任,这与股东的有限责任相对应,这意味着,股东只要履行股东的出资义务,公司的债务就不能及于股东的任何个人财产。

2. 公司的营利性特征

《民法典》第76条规定,以取得利润并分配给股东等出资人为目的成立的法人,为营利法人,营利法人包括有限责任公司、股份有限公司和其他企业法人等。营利法人的设置一般采取准则主义,不需要其他特别的许可,公司作为营利法人以人和人的结合为基础,通过从事经营活动而谋取利润,公司取得的利润需要向成员进行分配。公司的设立及运作都是为了谋求经济利益,其营利性特征实质上是股东设立公司目的的反映,公司只有以营利为目的,实现公司利益最大化。在公司终止以后,如果有剩余财产,一般要返还给出资人、设立人或法人的成员。公司只有以营利为目的,法律承认并保护公司的营利性,才能鼓励投资者,从而促进市场经济的发展。

3. 公司的社团性特征

社团法人的基本特征是法人的设立以人与人的结合为基础,社团法人的收入必须用于社团成员的分配。公司属于社团法人,公司的社团性表现在公司一般情况下由两个以上的投资人出资设立,而且其表现为明确的团体组织性。

(三)有限责任公司

有限责任公司又称有限公司,是指由法律规定的一定人数的股东所组成,公司以其全部资产对自己的债务承担无限责任,而股东仅以其出资额为限对公司债务承担有限责任的企业法人。有限责任公司的股东人数有法定限制,一般为1人以上50人以下,发起人可以是自然人,也可以是法人或非法人组织。有限责任公司只可以采用发起设立的方式,所以公司的资本只可以在发起人内部认购,而且有限责任公司的股份不可以随便向外转让,所以使得有限责任公司的经营状况无须对外公开,经营具有封闭性,所以有限责任公司又被称为封闭式公司。

(四)股份有限公司

股份有限公司又称股份公司,是指由发起人发起设立的,公司的资本分成等额的股份,公司以其全部资产对公司的债务承担无限责任,股东以持有的股份为限对公司的债务承担有限责任的企业法人。股份有限公司的发起人人数众多,为2人以上200人以下,要求有半数以上的发起人在中国境内有住所。发起人可以是自然人,也可以是法人或非法人组织。股份有限公司的设立方式不仅包括发起设立还有募集设立,所以股份有限公司可以通过对外发行股份的方式向社会募集资本,投资者可以通过购买股票的方式成为股份有限公司的股东,投资者之间进行股份的转让也较为自由,从而使得股份有限公司具有最广泛的社会性,这就要求股份有限公司经营状况须不断向社会公众公开,股份有限公司也被称为开放性公司。

五、不同创业组织形式的优势与劣势

(一) 个人独资企业的优势与劣势

1. 个人独资企业的优势

个人独资企业作为小微企业,法律对企业没有设置最低资本限额的要求,企业的注册程序也比较简单,市场进入的门槛较低,投资者选择这一创业形式注册企业的成本较低,也比较容易注册成功;作为商事主体中的单独企业,个人独资企业的投资人仅为一个自然人,包括投资人的出资以及企业经营的利润在内的个人独资企业名下的所有财产,投资人都拥有独立的所有权,并且对企业的经营具有绝对的控制权与支配权;《企业所得税法》第1条规定:"在中华人民共和国境内,企业和其他取得收入的组织为企业所得税的纳税人,依照本法的规定缴纳企业所得税。个人独资企业、合伙企业不适用本法。"所以个人独资企业的盈利只需要作为投资者的经营所得缴纳个人所得税即可。

2. 个人独资企业的劣势

个人独资企业作为小微企业,企业的融资渠道非常狭窄,只能从单个自然人那里获得投资,所以企业发展壮大的难度也较大;因为企业设立比较简单,所以对于已经成立并运营的企业,企业的转让也较为困难;个人独资企业的债务完全归属于企业的投资人,一旦企业经营不善,企业在经营的过程中所发生的债务将及于投资人的个人财产,一次小小的投资有可能使投资人血本无归,投资风险巨大。

(二) 合伙企业的优势与劣势

1. 合伙企业的优势

合伙企业虽然较之于个人独资企业规模较大,但仍属于中小企业的范畴,法律对企业也没有设置最低资本限额的要求,出资方式的要求也较为宽泛,企业的注册程序并不复杂,市场进入的门槛也较低,投资者选择这一创业形式注册企业的难度也较小;合伙企业的投资人不仅可以是自然人,也可以是除国有独资公司、国有企业、上市公司以及公益性的事业单位、社会团体以外的企业法人或非法人企业,有限合伙制度的引入,降低了有限合伙人的投资风险,刺激了投资者的投资信心,所以融资能力较之于个人独资企业明显增强;合伙企业的利润分配按照合伙协议的约定办理,合伙协议未约定或者约定不明确的,由合伙人协商决定,协商不成的,由合伙人按照实缴出资比例分配,无法确定出资比例的,由合伙人平均分配,创业者可以根据以上方式直接分享利润;合伙企业由全体合伙人共同经营,所有的合伙人都可以对自己投资的企业事务进行决策,为了完善企业的治理结构,提高企业的治理效率,还可以选任合伙企业执行人对合伙企业进行治理;《企业所得税法》第1条规定:"在中华人民共和国境内,企业和其他取得收入的组织为企业所得税的纳税人,依照本法的规定缴纳企业所得税。个人独资企业、合伙企业不适用本法。"所以合伙企业的盈利只需要作为投资者的经营所得缴纳个人所得税即可,投资者承担的税负较低,不存在双重征税的问题。

2. 合伙企业的劣势

合伙企业在融资能力上明显优于个人独资企业,但较之于公司,因为资产有限,所以从银行得到商业贷款的机会较少,而且没有公募的机会,融资能力较弱;投资者想要收回投资时,需要对退伙前合伙企业的债务承担无限连带责任之后才可以,程序上比较复杂和困难,而且要按照合伙协议约定或者由全体合伙人决定退还货币还是退还实物,存在着投资的实物没有办法收回的风险;最后,无论何种形式的合伙企业,至少要存在一名普通合伙人对合伙企业的债务承担无限连带责任,投资风险较高。

(三)有限责任公司的优势与劣势

1. 有限责任公司的优势

有限责任公司的规模相对较小,投资者人数要求也较少,公司设立程序简便,组织机构简单;有限责任公司兼采了无限公司和有限公司的优点,同时又克服了它们的不足。一方面,有限公司具有无限公司的人合性特点,股东相互了解信任,而这些股东又不必像无限公司股东那样承担无限责任,另一方面,有限公司又具有股份有限公司资合性的特点,股东既对公司债务承担有限责任,又无须像股份有限公司股东那样,以放弃对公司业务的管理权作为代价;因为有限责任公司的融资在发起人内部,所以公司的财务情况亦无须对外公开,有利于公司保持商业秘密。

2. 有限责任公司的劣势

有限责任公司作为一种重要的创业形式,其存在的最大的弊端为企业的融资能力不强,有限责任公司只能采用发起设立的方式,这就意味着有限责任公司只能向发起设立公司的50人以下的发起人融资;另外,公司作为独立的法人,其拥有独立的法人财产权,除非特殊情况,投资的出资一经出资不得收回,而且公司的利润分配制度要求公司在分配利润时要遵循无盈不分的原则,投资人的投资回收和利润分配都存在着风险;有限责任公司作为人合性较强的公司形式,股份的对外转让也遭受到严格的限制;封闭式的经营也使得公司的经营规范化程度较低,缺乏社会公众监督。

(四)股份有限公司的优势与劣势

*1. 股份有限公司的优势*①

股份有限公司可以通过公募的方式向不特定的社会公众或者特定社会公众的200人以上募集资本,投资者可以根据自己的能力和需求进行投资,另外,投资者的有限责任使得投资的投资风险较小,所以股份有限公司具有较强的融资能力;股份有限公司同时具有公众性强这一特征,投资者不仅可以在证券发行的过程中出资购买股票成为股东,而且法律对股份有限公司的股票转让没有限制,甚至上市公司的股票可以在证券交易所挂牌供投资者进行多对多集中竞价交易,投资者可以自由购买股票成为公司新的股东,同时也给原有的投资者提供了较为便捷的退出机制;股份有限公司适应了所有权与经营权相分离的生产方式的需要,生产和经营的管理活动由以董事和经理为中心的专门管理机构进行,众多的股东只是作为"资本的单纯所有者"领取股息和红利。这种管理的专门化有利于提高公司的管理水平。

2. 股份有限公司的劣势

股份有限公司的设立程序复杂,设立阶段需要签订较多的合同,发起创办公司的投资人的设立责任较重;在公司治理的过程中,公司管理机关复杂,股东的行为要受到较为严格的约束;另外,由于股份有限公司融资渠道较为广泛,所以公司的股权结构也较为分散,广大的中小股东在股东大会资本多数决的制度下无力与大股东相抗衡,易于少数股东对公司的操纵、控制和垄断的形成;股份有限公司的股份可以自由转让,甚至上市公开交易,所以股东流动性大,不易控制掌握,股东对于公司缺乏责任感,股票交易市场也易于成为不法者的投机场所。

(五)创业者选择企业组织形式的因素

创业者在了解我国现有的企业组织形式有哪些,以及每一种组织形式的优劣之后,选择一种最合适的企业组织形式。通常来说需要考虑以下因素:

1. 拟投资的行业的选择

对于一些特殊的行业,法律规定只能采用特殊的组织形式,如律师事务所只能采用合伙形式而不能采用公司形式。对于银行、保险等行业只能采用公司制。因此,根据拟投资的行业选择企业的组织形式是首要考虑的因

---

① 赵旭东:《商法学(第三版)》,高等教育出版社,2015年版,第73页。

素。对于法律强制性规定了的行业,只能按照法律的要求选择组织形式。例如近来非常热门的私募股权基金,法律只允许选择公司制和合伙制,越来越多的私募股权基金选择了有限合伙制的组织形式。

2. 创业者的风险承担能力

创业者自身的风险承担能力是创业者必须考虑的因素之一,企业组织形式与创业者日后承担的风险息息相关。公司制企业股东仅以出资额为限承担责任,普通合伙制企业投资人、个人独资企业投资人都要承担无限责任。选择后两种企业组织形式,创业者要承担较大风险。

3. 税务因素

由于不同的企业组织形式所缴纳的税不同,因此选择企业组织形式必须考虑税负问题。根据我国税法规定,个人独资企业和合伙企业的生产经营所得计征个人所得税,公司制企业既要缴纳企业所得税,又要在向股东分配利润时为股东代扣代缴个人所得税。因此从税负筹划的角度,选择个人独资企业和合伙企业税负更低。

4. 未来融资需要

如果创业者资金充足,拟投资的事业对资金需求也不大,则采用合伙制和有限责任公司制均可;如果日后发展业务所需资金规模非常大,建议采取股份有限公司组织形式。

5. 关于经营期限的考量

对于个人独资企业,一旦投资人死亡且无继承人或者继承人决定放弃继承,则企业必须解散;合伙企业由合伙人组成,一旦合伙人死亡,除非不断吸收新的合伙人,否则合伙企业寿命也是有限的。因此,合伙企业和个人独资企业经营期限都不会很长,很难持续发展下去。但公司制企业则不同,除了出现法定解散事由或股东决议解散外,原则上公司制企业可以永远存在。

第二节 创业法律主体的设立

我国的创业法律主体在设立的时候大都采用登记主义,我国的商事特别法分别对不同的创业法律主体规定了市场准入的条件,每一类的创业法律主体都必须具备应有的实质条件,到市场监督管理机构进行商事登记,才能取得企业主体资格。

一、创业法律主体设立的实质要件要求

(一)合格的投资主体的要求

1. 个人独资企业的投资主体要求

个人独资企业是由一个自然人投资的企业。对投资主体的要求为必须是自然人,《民法典》中规定,自然人从出生时起到死亡时止,具有民事权利能力,依法享有民事权利,承担民事义务。公民的民事权利能力一律平等;公民的行为能力则依据对自然人的分类,区分为完全民事行为能力人、限制民事行为能力人、无民事行为能力人。从法理上讲,自然人参加民事法律关系活动,以具有权利能力作为前提,在自己为法律行为时,还应当具有行为能力。在个人独资企业法中,作为投资主体的必须是法律意义上的自然人,而且要具备完全民事行为能力。另外,法律法规禁止从事营利性活动的自然人不得投资创办个人独资企业。

2. 合伙企业的投资主体要求

合伙企业是由两个以上的主体共同投资设立的,合伙企业的投资主体可以分为自然人投资主体和非自然人投资主体,对于自然人投资主体,要求自然人须具备完全民事行为能力,而且不可以是法律法规禁止从事营利性活动的自然人,如果企业对合伙人资格有要求,投资人还要具备相应的资格。对于非自然人投资主体,除了国有独资公司、国有企业、上市公司以及公益性的事业单位、社会团体不得成为普通合伙人,其他的企业法人和非法人企业都可以成为合伙企业投资主体。

3. 公司企业的投资主体要求

公司是投资主体依照公司法的规定,共同出资设立的,股东以其认缴的出资额或认购的股份为限对公司承担责任,公司以其全部独立法人财产对公司债务承担责任的企业法人。对于创办公司的投资主体,如果是自然人主体,要求自然人须具备完全民事行为能力,而且不可以是法律法规禁止从事营利性活动的自然人,如果是非自然人主体,企业法人和非法人企业都可以成为公司的投资主体。

(二)合格的出资要求

1. 个人独资企业的出资要求

个人独资企业的投资主体要依靠出资行为才能置换企业主身份,因为个人独资企业投资者承担的是无限责任,出资的多少对于债权人债权的实

现没有太大的影响,所以法律并没有规定个人独资企业成立的最低资本限额,投资者可以根据自己的需求自由申报出资。出资方式的要求也较为宽泛,除了货币、实物、知识产权、非专利技术以及其他可估价、可转让的财产和财产权利之外,劳务和技术也可以作为出资方式存在。

2. 合伙企业的出资要求

合伙企业的投资主体也要依靠出资行为才能置换合伙人身份,合伙企业的出资要求因合伙人是普通合伙人和有限合伙人而有所不同,因为普通合伙人对合伙企业的债务承担的是无限连带责任,出资的多少对于债权人债权的实现没有太大的影响,所以法律并没有规定合伙企业成立的最低资本限额,普通合伙人可以根据合伙人的合意自由申报出资。出资方式的要求也较为宽泛,除了货币、实物、知识产权、非专利技术以及其他可估价、可转让的财产权利之外,劳务和技术也可以作为出资方式存在。合伙人以实物、知识产权、土地使用权或者其他财产权利出资,需要评估作价的,可以由全体合伙人协商确定,也可以由全体合伙人委托法定评估机构评估;合伙人以劳务出资的,其评估办法由全体合伙人协商确定,并在合伙协议中载明。而有限合伙人对合伙企业的债务是以出资额为限承担有限责任,所以其只能以货币、实物、知识产权、非专利技术以及其他可估价、可转让的财产权利作为出资方式。

3. 公司企业的出资要求

投资主体的出资总额构成了公司的资本,由公司章程确定并载明,公司作为独立的法人,拥有独立财产并独立承担民事责任,而投资主体仅以出资额为限承担有限责任,所以法律对于公司投资主体的出资要求较之于其他企业的出资要求要高,但随着公司理论研究的发展,发现公司的信用特别是公司的偿债能力其实与公司的注册资本也就是投资者的出资关系并不密切,公司法取消了原有的法定最低资本限额。出资方式方面,因为股东对公司企业的债务是以出资额为限承担有限责任,所以其只能以货币、实物、知识产权、非专利技术以及其他可估价、可转让的财产权利作为出资方式,但是取消了原有的货币出资比例限制。出资形式也改过去的实缴资本制为认缴资本制,公司成立时的注册资本为全体出资人认缴的出资额,股东认缴出资后,只需要按照章程的约定缴纳出资即可。

(三)合格的名称要求

企业名称又称商号,是企业主体在从事商事行为时表彰自身身份并区别于其他主体而使用的名称。《市场主体登记管理条例》规定,市场主体的登记事项必须包括企业名称,市场主体只能登记一个名称,经登记的市场主体名称受法律保护。

1. 个人独资企业的名称

企业的名称是区分于其他企业主体的标志,个人独资企业享有独立的名称权,根据企业名称登记管理规定,个人独资企业的名称应该与其责任形式相符合,所以个人独资企业的名称中,不能出现"有限""有限责任"字样,同时也应该遵守企业名称"唯一性"与"排他性"的要求,企业只能登记一个企业名称,企业名称受法律保护;在同一企业登记机关,申请人拟定的企业名称中的字号不得与同行业或者不使用行业、经营特点表述的企业名称中的字号相同。

2. 合伙企业的名称

合伙企业需要有自己独立的名称去参加商事法律关系,《民法典》规定,法人、非法人组织享有名称权,有权依法决定、使用、变更、转让或者许可他人使用自己的名称。与个人独资企业名称的要求相同,根据企业名称登记管理规定,合伙企业的名称应该与其责任形式相符合,所以合伙企业的名称中,不能出现"有限""有限责任"字样,同时也应该遵守企业名称"唯一性"与"排他性"的要求,企业只能登记一个企业名称,企业名称受法律保护;在同一企业登记机关,申请人拟定的企业名称中的字号不得与同行业或者不使用行业、经营特点表述的企业名称中的字号相同。合伙企业法特别要求,合伙企业的名称中应该冠以"普通合伙""特殊普通合伙""有限合伙"。实践中的做法,合伙企业一般都是以"点""中心""所"等形式出现,然后在名称后加括号,在括号内注明其合伙的形式,如:郑州市怡洁干洗店(普通合伙)。

3. 公司的名称

公司的名称是公司成为独立民事主体的重要标志之一,是法人人格的表现。公司的名称也是法人人格特定化的标志,公司可以其名称区别于其他民事主体。公司的名称同时也是商誉的主要组成部分,是一种无形资产。与上述二企业相同,公司的名称也要遵循企业名称"唯一性"与"排他性"的要求,公司名称由行政区划名称、字号、行业或者经营特点、组织形式四个部分组成,而且企业名称要由申请人自主申报,申请人可以通过企业名称申报系统或者在企业登记机关服务窗口提交有关信息和材料,对拟定的企业名称进行查询、比对和筛选,选取符合本规定要求的企业名称。申请人提交的信息和材料应当真实、准确、完整,并承诺因其企业名称与他人企业名称近似侵犯他人合法权益的,依法承担法律责任。企业登记机关对通过企业名称申报系统提交完成的企业名称予以保留,保留期为2个月。公司的名称不仅是公司章程的绝对必要记载事项,而且也是公司登记的必要内容。

(四)固定的经营场所、组织机构和从业人员

1. 个人独资企业的经营场所与从业人员

个人独资企业是一个经营实体,它应当有一定的稳定性,并应当具备与所经营项目相适应的人力、物力、财力条件,这样才能保证企业实际运行起来,对于个人独资企业来说,将固定的生产经营场所作为必须具备的条件,有利于提高企业的素质,稳定经营,便利交易的相对人,这样也可以与一般的小型商贩区别开来。个人独资企业的从业人员,应当是在企业中从事经营业务的人员,没有从业人员是不可能有企业活动的,而且只有有了与经营业务相适应素质的从业人员,才能保证企业所提供产品、服务达到合格的要求。因此,个人独资企业法将"有必要的从业人员"规定为企业的设立条件。

2. 合伙企业的固定的经营场所

《合伙企业法》未使用"住所"这一概念,而是在《合伙企业法》第14条规定,设立合伙企业要具备固定的生产经营场所,其法律意义等同于住所,合伙企业固定的生产经营场所应该具有唯一性,被记载在合伙协议中,并需要在企业登记管理机关进行登记。

3. 公司的住所

公司的住所是公司的主要办事机构所在地,一个公司只能有一个住所。确定公司的住所具有重要的法律意义,我们可以据此确定诉讼管辖地,确定法律文书或其他函件受送达的地点;确定登记、税收等其他管理机关;确定债务履行地;还可以在涉外民事关系中确认准据法的适用。我国公司的住所是公司章程的必备条款之一,而公司章程又是申请注册登记的必备文件之一,同时住所是应当进行注册登记的事项,住所应登记而不登记或变更住所而不作变更登记,不得以其事项对抗第三人。

(五)合格的基础性文件

此处所指的基础性文件是指企业设立的基础,也是界定企业各方权利义务关系的依据,个人独资企业因为是单个自然人单独投资设立的小微企业,所以没有对基础性文件的要求,此要求主要针对的是合伙企业和公司。

1. 合伙协议

合伙企业成立的法律基础是合伙协议,合伙协议的法律特征是多数人

契约,是所有合伙人对合伙企业重大事项以及如何界定合伙人之间的权利义务所达成的合意,合同的相对性原则要求,依法成立的合同,对当事人具有法律约束力。所以合伙协议没有对外效力,只能约束签署合伙协议的合伙人。合伙协议经全体合伙人签名、盖章后生效。合伙人按照合伙协议享有权利,履行义务。修改或者补充合伙协议,应当经全体合伙人一致同意;但是,合伙协议另有约定的除外。合伙协议未约定或者约定不明确的事项,由合伙人协商决定。普通合伙的合伙协议应该载明以下事项:合伙企业的名称和主要经营场所的地点;合伙目的和合伙经营范围;合伙人的姓名或者名称、住所;合伙人的出资方式、数额和缴付期限;利润分配、亏损分担方式;合伙事务的执行;入伙与退伙;争议解决办法;合伙企业的解散与清算;违约责任。有限合伙的合伙协议除了要载明以上事项之外,还应载明:普通合伙人和有限合伙人的姓名或者名称、住所;执行事务合伙人应具备的条件和选择程序;执行事务合伙人权限与违约处理办法;执行事务合伙人的除名条件和更换程序;有限合伙人入伙、退伙的条件、程序以及相关责任;有限合伙人和普通合伙人相互转变程序。

2. 公司章程

公司章程是由设立公司的股东制定并对公司、股东、公司经营管理人员具有约束力的,调整公司内部组织关系和经营行为的自治规则。公司章程需全体发起人签署,但公司章程一经确立即对全体股东(包括后加入的股东)和公司法人自身,公司的高管人员均有约束力。所以公司章程兼具多数人契约与自治规则的双重性质。而且公司章程也是社会公众了解公司,从而决定是否给予公司融资机会和交易机会的重要依据,国家职能管理机关也要据此对公司进行监督管理。[①] 公司章程是公司的必备文件,章程的内容不得违反法律的规定,而且必须采用书面形式。公司章程的内容有绝对必要记载事项、相对必要记载事项和任意记载事项。我国公司法规定,有限责任公司章程应当载明下列事项:公司名称和住所;公司经营范围;公司注册资本;股东的姓名或者名称;股东的出资方式、出资额和出资时间;公司的机构及其产生办法、职权、议事规则;公司法定代表人;股东会会议认为需要规定的其他事项,股东应当在公司章程上签名、盖章。股份有限公司章程应当载明下列事项:公司名称和住所;公司经营范围;公司设立方式;公司股份总数、每股金额和注册资本;发起人的姓名或者名称、认购的股份数、出资方式

[①] 甘培忠:《企业与公司法学》,北京大学出版社,2021年版,第117页。

和出资时间;董事会的组成、职权和议事规则;公司法定代表人;监事会的组成、职权和议事规则;公司利润分配办法;公司的解散事由与清算办法;公司的通知和公告办法;股东大会会议认为需要规定的其他事项。

二、创业法律主体设立的程序要件要求

我国《民法典》明确规定:营利法人包括有限责任公司、股份有限公司和其他企业法人等。营利法人经依法登记成立。依法设立的营利法人,由登记机关发给营利法人营业执照。营业执照签发日期为营利法人的成立日期;非法人组织包括个人独资企业、合伙企业、不具有法人资格的专业服务机构等,非法人组织应当依照法律的规定登记。企业的登记是指为取得、变更或终止企业主体资格,依照法律法规规定的程序,向主管机关提出申请,并由主管机关依法对申请事项审查、登记的一种法律行为和法律程序。

我国企业登记采用强制登记原则,全面审查原则和登记公开原则。强制登记原则含义有二:其一,商事主体的设立、变更和终止必须进行登记。非经登记者不具有商事权利能力和行为能力,不得从事任何种类的商事活动。其二,商事登记应就法律规定的商事主体的全部必要事项进行登记,未经登记不发生法律效力。全面审查原则是指商事主体提出的登记申请,必须完全依据法律规定的核准登记标准,商事登记主管机关对于必要登记事项依法采取形式审查和注册备案制度,不符合规定的不予登记。登记公开原则是指应向社会公众公开商事登记的内容。登记公开包括:登记申请公开、真实;登记程序公开;公告以及登记事项查阅公开。商事登记是各类创业主体成立的必要要件,未经商事登记程序,行为人即使实施了经营活动,也不得享有相应的权利,同时也不必履行相应的义务,该行为可被认定为无效行为。[①]

《市场主体登记管理条例》于2022年3月10日实施,同时废止了《公司登记管理条例》《企业法人登记管理条例》《合伙企业登记管理办法》等,统一了企业主体的登记程序,要求市场主体应当依照该条例办理登记,未经登记,不得以市场主体名义从事经营活动。市场主体的一般登记事项包括:名称主体类型;经营范围;住所或者主要经营场所;注册资本或者出资额;法定代表人、执行事务合伙人或者负责人姓名。市场主体实行实名登记,申请人应当配合登记机关核验身份信息。申请办理市场主体登记,应当提交下列

---

① 范健:《商法学》,高等教育出版社,2019年版,第74页。

材料:申请书;申请人资格文件、自然人身份证明;住所或者主要经营场所相关文件;公司、非公司企业法人、农民专业合作社(联合社)章程或者合伙企业合伙协议;法律、行政法规和国务院市场监督管理部门规定提交的其他材料。登记机关应当对申请材料进行形式审查。对申请材料齐全、符合法定形式的予以确认并当场登记;不能当场登记的,应当在3个工作日内予以登记;情形复杂的,经登记机关负责人批准,可以再延长3个工作日。登记申请不符合法律、行政法规规定,或者可能危害国家安全、社会公共利益的,登记机关不予登记并说明理由。申请人申请市场主体设立登记,登记机关依法予以登记的,签发营业执照。营业执照签发日期为市场主体的成立日期。法律、行政法规或者国务院决定规定设立市场主体须经批准的,应当在批准文件有效期内向登记机关申请登记。

第三节 创业法律组织的治理

创业法律主体治理的实质价值在于通过合理分配企业的权力资源,不断完善企业管理运营与监督控制的权力配置,降低企业的代理成本促进其良性运转,在所有权与经营权最大程度分离的模式下,在创业法律主体内部进行权利的分配和制衡,实现公司的经营目标并最终实现股东利益的最大化。

一、个人独资企业的治理

《个人独资企业法》规定,个人独资企业,是指依照本法在中国境内设立,由一个自然人投资,财产为投资人个人所有,投资人以其个人财产对企业债务承担无限责任的经营实体。个人独资企业投资人对本企业的财产依法享有所有权,其有关权利可以依法进行转让或继承。个人独资企业投资人可以自行管理企业事务,也可以委托或者聘用其他具有民事行为能力的人负责企业的事务管理。所以,个人独资企业的治理就可以分为两种,其一为投资人自行管理,其二为聘请经营管理人员进行管理。

(一)投资人自行管理

创业者可以选择自行管理个人独资企业,创业者如果有精力以及有能力对所投资的企业进行管理,这对企业的发展无疑是非常好的选择。投资人自己出资,自己管理,企业有了收益归投资者所有;如果企业有了债务,投资人承担无限责任。企业经营的成败与投资者的利益密切相关,这就能最大限度地起到对创业者的激励与约束,动员创业者经营企业的主观能动性,做到经营企业最大程度的敬业、勤勉,推动企业的发展。

(二)委托他人管理

人类文明进步的标志之一是社会分工的细密,当创业者没有能力或没有精力来运营企业,实现企业经营的利益最大化时,个人独资企业的投资人也可以委托或聘请其他有完全民事行为能力的个人来管理个人独资企业的事务,投资人委托或者聘用他人管理个人独资企业事务,应当与受托人或者被聘用的人签订书面合同,明确委托的具体内容和授予的权利范围。受托人或者被聘用的人员应当履行诚信、勤勉义务,按照与投资人签订的合同负责个人独资企业的事务管理。除了投资人与企业经营管理人员签订的聘用合同的约定义务之外,法律还规定了投资人委托或者聘用的管理个人独资企业事务的人员不得有下列行为:利用职务上的便利,索取或者收受贿赂;利用职务或者工作上的便利侵占企业财产;挪用企业的资金归个人使用或者借贷给他人;擅自将企业资金以个人名义或者以他人名义开立账户储存;擅自以企业财产提供担保;未经投资人同意,从事与本企业相竞争的业务;未经投资人同意,同本企业订立合同或者进行交易;未经投资人同意,擅自将企业商标或者其他知识产权转让给他人使用;泄露本企业的商业秘密;法律、行政法规禁止的其他行为。但是,为了保护交易相对方利益,保护市场交易安全,个人独资企业法规定:投资人对受托人或者被聘用的人员职权的限制,不得对抗善意第三人。

二、合伙企业的治理

合伙企业作为非法人组织,没有独立的责任能力。普通合伙中,所有的合伙人都需要以个人资产对企业的债务承担无限连带责任;有限合伙中,普通合伙人要以个人财产对合伙企业的债务承担无限连带责任。创业者如果作为普通合伙人选择了合伙企业作为创业形式,那就意味着同时要承担比较大的投资风险。合理分配企业的权力资源,不断完善企业管理运营与监督控制的权力配置,加强对合伙企业事务的管理,才能促进合伙企业的持续健康运营,从而降低创业者的创业风险。

(一)普通合伙的治理

我国的普通合伙是指两个以上的投资人以合伙协议为基础,共同出资,共同经营,共享利润,共担风险的非法人企业。各个合伙人无论出资多少,最终的责任形式相同,所以投资人在合伙企业中的地位应当是平等的。均享有相同的管理权,有一些合伙企业的事务,需要全体合伙人一致同意才可以决定。除此之外,合伙企业为了提高合伙企业经营的效率,可以构建合伙企业的治理结构,即构建合伙企业的事务执行模式,合伙企业事务的执行是指合伙企业对内如何管理,如何对外代表合伙企业治理结构的选择,每一个合伙人对合伙企业都有平等的管理权,也具有成为合伙企业事务执行人和选择其他合伙人作为合伙企业事务执行人的权利。

1. 全体合伙人同意才可以决定的事项

《合伙企业法》明确规定,除合伙协议另有约定外,合伙企业的下列事项应当经全体合伙人一致同意:改变合伙企业的名称;改变合伙企业的经营范围、主要经营场所的地点;处分合伙企业的不动产;转让或者处分合伙企业的知识产权和其他财产权利;以合伙企业名义为他人提供担保;聘任合伙人以外的人担任合伙企业的经营管理人员。除此之外,合伙企业法规定的需要全体合伙人都同意才可以的事项有二十几处之多,比如涉及合伙协议签署、修改问题,现物出资的验资问题,合伙人的退伙、入伙问题,合伙的解散、清算、注销问题,等等。投资人要清楚,无论将来是执行合伙人或非执行合伙人,都拥有这些事项的决策权。

2. 合伙企业事务执行

合伙企业事务的执行是指为了实现合伙目的而进行的业务活动,合伙企业对内如何管理,如何对外代表合伙企业治理结构的选择,前者是指围绕着合伙企业的运营,企业内部的决议机制,监督机制的规则,后者是指外部交易行为如何完成。合伙人无论出资多少,对执行合伙事务享有同等的权利。在全体合伙人都同意的前提下,合伙企业事务的执行可以有三种方式:其一,针对合伙人人数较少的合伙企业,不会因为执行人数过多,难以形成统一意见,发生遇见问题容易推诿、扯皮的情况,可以由全体合伙人共同执行;其二,如果各个合伙人在合伙企业不同的领域有自己的专长,也可以由各合伙人分别单独执行合伙事务;其三,针对合伙人人数较多的合伙企业,全体合伙人委托一名或数名合伙人执行合伙企业事务。

执行事务的合伙人应当定期向其他合伙人报告事务执行情况以及合伙企业的经营和财务状况,其执行事务所产生收益归合伙企业,所产生的费用和亏损由合伙企业承担。合伙人为了解合伙企业的经营状况和财务状况,有权查阅合伙企业会计账簿等财务资料。合伙人分别执行合伙事务的,执行事务合伙人可以对其他合伙人执行的事务提出异议。提出异议时,应当暂停该项事务的执行。如果发生争议,按照合伙协议约定的表决办法办理。合伙协议未约定或约定不明确的,实行合伙人一人一票并经全体合伙人过半数通过的表决办法。受委托执行合伙事务的合伙人不按照合伙协议或者全体合伙人的决定执行事务的,其他合伙人可以决定撤销该委托。

(二)有限合伙的治理

有限合伙企业的合伙人有普通合伙人和有限合伙人两类,普通合伙人以全部个人资产对合伙企业的债务承担无限连带责任,而有限合伙人以出资额为限对合伙企业的债务承担有限责任。所以在合伙企业事务的执行上,有限合伙企业由普通合伙人执行合伙事务,有限合伙人不执行合伙事务,不得对外代表有限合伙企业。但有限合伙人可以从事下列行为,不视为执行合伙企业事务:参与决定普通合伙人入伙、退伙;对企业的经营管理提出建议;参与选择承办有限合伙企业审计业务的会计师事务所;获取经审计的有限合伙企业财务会计报告;对涉及自身利益的情况,查阅有限合伙企业财务会计账簿等财务资料;在有限合伙企业中的利益受到侵害时,向有责任的合伙人主张权利或者提起诉讼;执行事务合伙人怠于行使权利时,督促其行使权利或者为了本企业的利益以自己的名义提起诉讼;依法为本企业提供担保。

因为有限合伙人没有资格参与合伙企业事务的执行,而有限合伙人又存在实际交付的出资,所以应该赋予其选择、监督、替换、罢免合伙执行人的权利,所以,《合伙企业法》规定,在有限合伙企业的合伙协议里,应该载明执行事务合伙人应具备的条件和选择程序;执行事务合伙人权限与违约处理办法;执行事务合伙人的除名条件和更换程序,从而维护有限合伙人的权利。作为有限合伙人的投资者,要充分利用《合伙企业法》的这一规定,为自己投资的企业选择能维护合伙企业和自身权益的合伙企业执行人。

三、公司的治理

公司治理即是通过一套内部或外部系统性的规制体系,并彼此作用,达到科学决策的目的,并维护相关利益者利益,治理的目标是公司决策的科学化。《中共中央关于国有企业改革和发展若干重大问题的决定》第5条第(三)项规定:"公司制是现代企业制度的一种有效组织形式。公司法人治理结构是公司制的核心。要明确股东会、董事会、监事会和经理层的职责,形成各负其责、协调运转、有效制衡的公司法人治理结构。所有者对企业拥有最终控制权。董事会要维护出资人权益,对股东会负责。董事会对公司的发展目标和重大经营活动作出决策,聘任经营者,并对经营者的业绩进行考核和评价。发挥监事会对企业财务和董事、经营者行为的监督作用。"

(一)公司组织机构的设置

1. 公司组织机构是公司治理结构的载体

公司治理的基础就是公司组织机构的建构,不同的公司内部组织机构是公司权利分配的载体,分配的权利成为不同组织机构的职权,各司其职,实现权利的均衡制约。另外,公司作为拟制的具有独立人格的营利性法人,不同的公司组织机构构成了公司意思表示的形成和表达机构,帮助公司作出并对外表达意思表示,创设权利义务关系。最后,公司的治理可以不断地发展创新,我们也在不断学习国际先进的公司治理理念和制度,比如说,逐渐从股东会中心主义向董事会中心主义的过渡等。

2. 公司组织机构设置的原则

第一,股东利益最大化原则。股东是公司的创办者,是公司的所有者,所以公司的治理要优先保护股东的权益。公司的最高权力机构股东(大)会由全体股东组成,拥有对公司重大事项的决策权,各个股东按照自己的出资份额或者持有的股份享有权利和承担责任,公司应秉持着"一股一权""同股同权"的原则,当股东的权利受损,股东可以通过行使直接诉权或间接诉权进行公力救济。

第二,权力制衡的原则。公司的治理结构最重要的理念就是分权制衡,必须通过对大股东的约束,股东会对董事会、监事会的制约,监事会对董事会的监督,平衡股东之间,股东与董事、经理之间的权利。

第三,信息对称的原则。现代企业最大程度实现了所有权与经营权的分离,大部分的股东在出资之后,并不能够担任公司的董事、监事、高级管理人员,所以其需要行使监督权,对董事、监事以及其他高级管理人员的行为进行及时、有效的监督,而监督权行使的前提是知情权,如果对公司董事、监事、高级管理人员的行为不知悉,监督就无从谈起,所以应该建立并严格执行信息披露制度。

第四,兼顾利益相关者利益的原则。"利益相关者理论"认为,公司作为股东、雇员、债权人等多种利益关系的集合网,通过一种类似于合同的形式(公司章程或一些习惯传统)予以链接,股东只是其中一环,而并非全部。我国一直也是"利益相关者理论"的追随者,《上市公司治理准则》(2018年修订)规定:上市公司应尊重银行及其他债权人、职工、消费者、供应商、社区等利益相关者的合法权利,与利益相关者进行有效的交流与合作。上市公司应当为维护利益相关者的权益提供必要的条件,当期合法权益受到侵害时,利益相关者应当有机会和途径依法获得救济。上市公司在保持公司持续发展、提升经营业绩、保障股东利益的同时,应当在社区福利、救灾助困、公益事业等方面,积极履行社会责任。

(二)公司组织机构的构成

公司组织机构是公司治理结构的载体,我国公司法对公司组织机构的设置作了多元制的规定,公司的组织机构一般分为以下四类机关。

1. 权力机关:股东(大)会

股东(大)会是指依法由全体股东组成的公司权力机构。这一定义具有三重含义:股东会是公司的最高权力机关;股东会是公司依法必须设立的公司组织机构;股东会须由全体股东组成。在分权制衡的公司治理框架下,股东会的职权包括:决定公司的经营方针和投资计划;选举和更换非由职工代表担任的董事、监事,决定有关董事、监事的报酬事项;审议批准董事会的报告;审议批准监事会或者监事的报告;审议批准公司的年度财务预算方案、决算方案;审议批准公司的利润分配方案和弥补亏损方案;对公司增加或者减少注册资本作出决议;对发行公司债券作出决议;对公司合并、分立、解散、清算或者变更公司形式作出决议;修改公司章程;公司章程规定的其他职权。股东大会的职权大致相当。股东(大)会在进行表决时,一般采用资本多数决的表决原则。当发生法定事由时,有可能引发股东(大)会决议的不成立、被撤销或无效,这也是权力制约的体现。

2. 决策机关:董事会

董事会是指依法由股东(大)会选举产生,代表公司并行使经营决策权的公司常设机关。董事会成员是由股东(大)会选举产生的,董事会是公司法定的常设机关,其是公司的对外代表机关;是公司的经营决策机关;一般情况下,董事会组成人数应当是单数。董事会的职权主要包括:召集股东会会议,并向股东会报告工作;执行股东会的决议;决定公司的经营计划和投资方案;制订公司的年度财务预算方案、决算方案;制订公司的利润分配方案和弥补亏损方案;制订公司增加或者减少注册资本以及发行公司债券的方案;制订公司合并、分立、解散或者变更公司形式的方案;决定公司内部管理机构的设置;决定聘任或者解聘公司经理及其报酬事项,并根据经理的提名决定聘任或者解聘公司副经理、财务负责人及其报酬事项;制定公司的基本管理制度;公司章程规定的其他职权。董事会由股东(大)会产生,向股东会负责。

3. 执行机关：经理

经理是由董事会聘任的、负责组织日常经营管理活动的公司常设业务执行机关。经理行使下列职权：主持公司的生产经营管理工作，组织实施董事会决议；组织实施公司年度经营计划和投资方案；拟订公司内部管理机构设置方案；拟订公司的基本管理制度；制定公司的具体规章；提请聘任或者解聘公司副经理、财务负责人；决定聘任或者解聘除应由董事会决定聘任或者解聘以外的负责管理人员；董事会授予的其他职权；公司章程对经理职权另有规定的，从其规定，经理列席董事会会议。经理由董事会聘任或者解聘。

4. 监督机关：监事会

监事会是公司的常设监督机关，专司监督职能，主要职责是监督董事、经理的经营行为，对其违法和不当的经营行为进行约束。监事会应当包括股东代表和适当比例的公司职工代表，其中职工代表的比例不得低于1/3，具体比例由公司章程规定。监事会中的职工代表由公司职工通过职工代表大会、职工大会或者其他形式民主选举产生。监事会、不设监事会的公司的监事行使下列职权：检查公司财务；对董事、高级管理人员执行公司职务的行为进行监督，对违反法律、行政法规、公司章程或者股东会决议的董事、高级管理人员提出罢免的建议；当董事、高级管理人员的行为损害公司的利益时，要求董事、高级管理人员予以纠正；提议召开临时股东会会议，在董事会不履行本法规定的召集和主持股东会会议职责时召集和主持股东会会议；向股东会会议提出提案；依照《公司法》第152条的规定，对董事、高级管理人员提起诉讼；公司章程规定的其他职权。监事可以列席董事会会议，并对董事会决议事项提出质询或者建议。

(三) 董事、监事、高级管理人员的义务

董事、监事、高级管理人员的义务既包括作为的义务，也包括不作为的义务。首先，作为公司的董事、监事、高级管理人员应该敬业勤勉，为了公司的运营竭尽全力、各司其职。其次，在进行公司事务管理的过程中，如果自身的利益与公司的利益发生了冲突，应以公司利益优先。最后，董事、监事、高级管理人员不得有下列行为：挪用公司资金；将公司资金以其个人名义或者以其他个人名义开立账户存储；违反公司章程的规定，未经股东会、股东大会或者董事会同意，将公司资金借贷给他人或者以公司财产为他人提供担保；违反公司章程的规定或者未经股东会、股东大会同意，与本公司订立合同或者进行交易；未经股东会或者股东大会同意，利用职务便利为自己或者他人谋取属于公司的商业机会,自营或者为他人经营与所任职公司同类的业务;接受他人与公司交易的佣金归为己有;擅自披露公司秘密;违反对公司忠实义务的其他行为。董事、高级管理人员违反上述规定所得的收入应当归公司所有。董事、监事、高级管理人员执行公司职务时违反法律、行政法规或者公司章程的规定,给公司造成损失的,应当承担赔偿责任。

【典型案例分析】
许晓磊等诉蓝浩公司等股权转让合同纠纷案①

基本案情: 徐建忠原系江苏省建恒化工有限公司(以下简称建恒公司)股东,2008年8月,徐建忠与许晓磊约定,徐建忠将其持有的建恒公司股份转让给许晓磊,同时约定2008年8月31日前建恒公司的债务由徐建忠承担,建恒公司代偿的,建恒公司和许晓磊有权向徐建忠追偿。同年12月,徐建忠和常州市蓝浩化工有限公司(以下简称蓝浩公司)向建恒公司出具一份承诺书,载明:"2008年8月30日前建恒公司的债务,由我本人(徐建忠)及现公司(蓝浩公司)承担一切法律责任。"该承诺书有徐建忠签名及蓝浩公司印章,另"各股东签名"一栏中,有徐建忠、陈某签字,某村委会盖章。其后,建恒公司对外承担债务107万元。2011年12月,许晓磊、建恒公司将徐建忠、蓝浩公司诉至法院,向两被告追偿107万元。蓝浩公司辩称,徐建忠作为蓝浩公司股东和实际控制人,未经其他股东同意就以公司名义作出承诺,应属无效担保,请求驳回对蓝浩公司的诉讼请求。另查明,蓝浩公司出具承诺书时,有徐建忠、陈某、某村委会三位股东,持股比例分别为50%、40%、10%,徐建忠为法定代表人,承诺书上陈某的签字不是其本人所签。诉讼中,许晓磊明确由建恒公司来追偿债务。

审理要览: 一审法院经审理认为,徐建忠和许晓磊签订股权转让合同时,约定由徐建忠承担股权转让前建恒公司的债务,该约定不违反法律、法规的强制性规定,应为合法有效。建恒公司承担了股权转让前的债务,徐建忠应根据约定承担相应的法律后果,即由其承担该债务。徐建忠和蓝浩公司出具的承诺书从形式上看并不符合法律规定的担保的要件,从内容来看,蓝浩公司亦没有作出提供保证的意思表示,且蓝浩公司股东是否签名及签名真伪并不影响承诺书的效力,该承诺书合法有效,徐建忠和蓝浩公司应根

---

① 《公司进行债务加入行为的效力——江苏无锡中院判决许晓磊等诉蓝浩公司等股权转让合同纠纷案》,载《人民法院报》(实务周刊)6版:案例指导,2013年2月21日。

据承诺书承担责任。法院判决:徐建忠、蓝浩公司向建恒公司偿付107万元。蓝浩公司不服一审判决,提起上诉。

二审法院经审理认为,公司承诺并由公司法定代表人徐建忠签名,该承诺书即对蓝浩公司发生法律效力,蓝浩公司应按承诺书履行。现有法律没有规定公司加入股东的债务须经股东会决议,故蓝浩公司出具承诺书虽未经过股东会决议,但不影响债务加入的效力。法院判决:驳回上诉,维持原判。

【项目训练】

股东诉董事会模拟审判项目[①]

1993年12月,原告李某、赵某与某房管局共同发起设立了被告公司,注册资本1000万元,李某、赵某分别出资100万元人民币。公司组建后,房地产业已不如前几年那么景气,公司经营了一段时间后,没有取得预期的经济效益。本市另有一家电脑股份公司是上市公司,由于电脑的行情很好,其股票价格不断上涨。被告公司董事长张某建议:用公司流动资金购买电脑公司股票。经公司董事会研究同意,1994年6月15日,被告公司拿出600万元,通过证券经纪商从某粮油公司买入某电脑公司的股票70万股。在房地产公司买进股票后不久,因国家关于股票发行配额的规定下达,又有部分公司开始上市,原有部分上市公司也开始配股,股票价格开始回落,至1994年9月,电脑公司的股票已跌至每股8元。1994年9月中旬,被告公司召开本年度股东会,在股东会上,张某向与会股东通报了购买电脑公司股票的情况,与会股东在如何处理股票买卖导致的损失问题上出现了意见分歧。李某和赵某作为少数股东认为:股票价格下跌趋势在一段时期内已不可避免,主张尽快抛出电脑公司的股票,损失由作出投资决定的董事会承担。张某则作为多数股东代表认为:购买股票行为属于公司经营权的范围,董事会有权作出决定;且股票价格的升降是由许多因素决定的,暂时的价格下跌并不意味着决策的失误。在股东大会上,各方无法达成一致,李某、赵某所占总股份的比例较小,其主张在股东会不能通过。李某及赵某认为,虽然从账面上看公司资本并未减少,还是1000万元,但从实际看,作为长期投资的600万元购买电脑公司的股票款实际价值已大大下跌,如不做处理,公司会遭受更大的损失。因此,李某与赵某向人民法院提起诉讼,将公司董事会列为被告,要求立即卖出电脑公司的股票,损失由董事会作出决定的董事承担。董

[①] 虞政平:《公司法案例教学》,人民法院出版社,2018年版,第126页。

事会辩称:根据《公司法》第12条的规定,公司可以向其他有限责任公司、股份有限公司进行投资;董事会是公司的经营决策机构,有权作出转投资的决定;即使董事会负有责任,也只对超过公司净资产额50%那部分投资承担责任;公司转投资超过50%的部分,因为违反了《公司法》第12条的规定,此行为无效;这笔股票是从某粮油公司购买的,因此就超过公司净资产额50%,其买票行为无效,粮油公司应将超过部分的股款退还房地产公司,房地产公司则把超过部分的股票退还给粮油公司。

项目训练要求:请按照本案案情,分组进行模拟审判,要求参与实训的学生分立案庭成员、合议庭成员、书记员、原告及其代理人、被告及其代理人、法警等角色进行前期准备,撰写本案诉讼文书,设计模拟庭审程序,开展模拟法庭活动,并在模拟法庭结束后,按照律师卷、法院正卷等方式整理提交本案诉讼案卷材料。

第三章

创业融资法律实务

【案例导入】

真功夫股权控制权之争①

真功夫餐饮管理有限公司,是国内首家实现全国连锁发展的中式快餐企业,是中国快餐行业前五强中唯一的本土品牌。

1990年潘宇海在东莞开办"168甜品屋"。1994年蔡达标、潘敏峰(潘宇海的姐姐)夫妇参与,"168甜品屋"改名为"168蒸品店",股权占比为潘宇海50%、蔡达标25%、潘敏峰25%,潘宇海负责全面管理、蔡达标负责前厅待客、潘敏峰负责财务和采购。此后1997年"168蒸品店"更名为"双种子",2004年"真功夫"品牌正式确立,这种股权结构一直没有改变。直到2006年,蔡达标、潘敏峰离婚,离婚协议约定,潘敏峰原持有公司25%的股权归蔡达标,潘宇海与蔡达标的股权由此变成了各占50%。2007年公司引进两家风险投资基金,新设真功夫餐饮管理有限公司,股东及持股比例为潘宇海、蔡达标各占41.74%,东莞市双种子饮食有限公司持股10.52%(其中潘宇海、蔡达标各占5.26%),中山市联动创业投资有限公司、今日资本投资(香港)有限公司各占3%。蔡达标担任公司董事长兼法定代表人。

---

① 案例涉及的裁判文书较多,主要有:广东省广州市中级人民法院(2014)穗中法刑二终字第68号刑事判决书、(2019)粤01刑终838号刑事裁定书、(2016)粤01民辖终1412号民事裁定书、(2017)粤01民终5896号、9139号民事判决书,东莞市中级人民法院(2015)东中法民二终字第1921号民事判决书,东莞市第一人民法院(2022)粤1971民初29904号民事裁定书,广东省高级人民法院(2015)粤高法民二申字第202号民事裁定书、(2015)粤高法民四终字第96号民事判决书,最高人民法院(2021)最高法民终2号民事裁定书等。

2008年蔡达标借公司推行"去家族化"改革之机逐步排挤潘宇海,二人的矛盾激化。2009年潘宇海开始采取法律手段要求行使股东知情权对公司进行司法审计。2011年蔡达标涉嫌经济犯罪被立案侦查,2014年蔡达标因犯职务侵占罪、挪用资金罪,被判处有期徒刑14年,并处没收财产人民币100万元。相关的民商事诉讼案件还有:窦效嫘(潘宇海之妻)诉蔡达标非法占有、使用公司3600万元经济纠纷案,潘宇海诉蔡达标股权转让协议纠纷、蔡达标提起反诉案,蔡达标诉真功夫股东知情权纠纷案,蔡达标起诉请求撤销公司董事会决议纠纷案。这些案件从2012年开始,持续了数年之久。

真功夫股权控制权之争的几年,开店数量近乎停滞,IPO随之泡汤,现在虽然暂告一个段落,但是错失了中式快餐发展的黄金期。

第一节 创业融资渠道选择

对于大学生来说,创业是一件极具挑战的事情,而拥有能够保障项目正常运转的充足资金更是必须解决的重要问题。在现实社会中,中小企业融资难是普遍现象,大学生创业融资也不例外。对于创业者来说,获取资金的有关知识和技能是创业者需要学习的重要内容。

创业融资的渠道有很多,现实中有银行贷款、民间借贷、票据贴现、互联网金融、供应链融资、担保贷款、抵押贷款、信用贷款、融资租赁、天使投资、风险投资、合作入股、众筹、增资扩股、员工入股、新三板、创业板、中小板、上市、私募、IPO、公司债券、对赌协议、信托融资、让与担保、所有权保留、政策资金,等等。有一些融资方式虽然名称不同,但是具体内容和操作上大概是类似的,对于这些繁多的名称和表现形式,如果从基本的法律性质进行划分的话,整体上可以分为债权融资、股权融资两个基本类型。

一、债权融资

债权融资是指通过举债的方式进行融资,是有偿使用外部资金的一种融资方式。与股权融资相比,债权融资获得的只是资金的使用权而不是所有权,对于债权融资所获得的资金,债务人不仅要在借款到期后向债权人偿还本金,而且需要另行向债权人支付一定的利息,公司对负债资金的使用是有成本的,但是债权融资除了在一些特殊情况下可能发生债权人对公司的干预,通常情况下不会产生对公司的控制问题。比较常见的债权融资方式有银行贷款、民间借贷,有的需要借款人提供担保。

(一)银行贷款

银行贷款是指银行等金融机构根据国家政策以一定的利率将资金贷放给有资金需求的个人或企业,并约定期限归还的一种经济行为。依法设立经营贷款业务的银行等金融机构为贷款人,从经营贷款业务的银行等金融机构取得贷款的自然人、法人、非法人组织为借款人。贷款的发放和使用应当符合国家的法律、行政法规和中国人民银行发布的行政规章,应当遵循效益性、安全性和流动性的原则,借款人与贷款人的借贷活动应当遵循平等、自愿、公平和诚实信用的原则。

根据不同的划分标准,银行贷款具有各种不同的类型。

(1)按贷款性质不同,银行贷款可分为自营贷款、委托贷款和特定贷款。自营贷款指贷款人以合法方式筹集的资金自主发放的贷款,其风险由贷款人承担,并由贷款人收回本金和利息;委托贷款指由政府部门、企事业单位及个人等委托人提供资金,由贷款人(即受托人)根据委托人确定的贷款对象、用途、金额、期限、利率等代为发放、监督使用并协助收回的贷款,贷款人(受托人)只收取手续费,不承担贷款风险;特定贷款指经国务院批准并对贷款可能造成的损失采取相应补救措施后责成国有独资商业银行发放的贷款。

(2)按偿还期不同,银行贷款可分为短期贷款、中期贷款和长期贷款。短期贷款指贷款期限在1年以内(含1年)的贷款;中期贷款指贷款期限在1年以上(不含1年)5年以下(含5年)的贷款;长期贷款指贷款期限在5年(不含5年)以上的贷款。

(3)按贷款担保条件不同,银行贷款可分为信用贷款、担保贷款和票据贴现。信用贷款指以借款人的信誉发放的贷款;担保贷款具体包括保证贷款、抵押贷款、质押贷款三种方式,其中保证贷款是指按照法律规定的保证方式以第三人承诺在借款人不能偿还贷款时按约定承担一般保证责任或者连带责任而发放的贷款,抵押贷款是指按照法律规定的抵押方式以借款人或第三人的财产作为抵押物发放的贷款,质押贷款是指按照法律规定的质押方式以借款人或第三人的动产或权利作为质物发放的贷款;票据贴现指贷款人以购买借款人未到期商业票据的方式发放的贷款。

(二)民间借贷

民间借贷,是指自然人、法人、非法人组织之间及其相互之间进行资金融通的行为。民间借贷是相对于银行贷款、金融机构贷款等正规金融而言的一种融资方式,经金融监管部门批准设立的从事贷款业务的金融机构及其分支机构发放贷款的行为不属于民间借贷。目前民间借贷的方式和种类有小额贷款公司、私募基金、第三方理财、典当行、网络借贷、向亲友借贷等。

民间借贷是一种直接融资渠道,也是民间资本的一种投资渠道,是民间金融的一种形式。民间借贷具有及时、简便、灵活的特点,能够解决民营企业普遍存在的银行贷款难、放款慢的问题,但是融资后如果处理不好,容易发生纠纷,可能给企业发展和创业活动带来很大的负面影响。

网络借贷近年来发展迅猛,有的是专业机构直接经营网络贷款业务,通过互联网的形式作为贷款人直接与借款人形成借贷关系,也有的是借贷双方通过网络贷款平台形成借贷关系,网络贷款平台的提供者仅提供媒介服务,其既不是贷款人也不是借款人,但是网络贷款平台的提供者通过网页、广告或者其他媒介明示或者有其他证据证明其为借贷提供担保的,贷款人有权请求网络贷款平台的提供者承担担保责任。创业者在通过互联网平台进行借贷时需要提前确定贷款人是谁,明确交易的双方主体,以及交易规则,因为网贷公司可能会提前设置了好多陷阱等着你。

(三)融资担保

融资担保不是一种独立的融资形式,而是为融资活动提供保障的一种方式,借款人、第三人提供财产或财产权利以及第三人提供保证来对贷款人的债权提供担保,从而实现融资活动的顺利进行。在银行贷、民间借贷等债权融资中,担保制度扮演着相当重要的角色,社会现实中的债权融资,多数情况下会有担保相伴而行,例如抵押贷款、担保借款等。我国《商业银行法》第36条规定:"商业银行贷款,借款人应当提供担保。"商业银行应当对保证人的偿还能力,抵押物、质物的权属和价值以及实现抵押权、质权的可行性进行严格审查。

法律规定的担保方式为抵押、质押、留置、保证、定金等五种。债权融资通常采用的担保形式有抵押、质押、保证。

1. 抵押

抵押是指为担保债务的履行,债务人或者第三人不转移财产的占有,将该财产抵押给债权人,债务人不履行到期债务或者发生当事人约定的实现抵押权的情形,债权人有权就该财产折价或者拍卖、变卖所得价款优先受偿。债务人或者第三人为抵押人,债权人为抵押权人,提供用于抵押担保的财产为抵押财产。

按照抵押财产的属性,抵押可以分为不动产抵押和动产抵押。不动产抵押是以房屋、土地附着物、建设用地使用权等不动产或不动产物权作为抵押财产进行的抵押;动产抵押是以机动车、生产设备、产品等动产作为抵押财产进行的抵押。

2. 质押

质押是指为担保债务的履行,债务人或者第三人将其动产或权利交给债权人占有或控制,在债务人不履行到期债务或者发生当事人约定的实现质权的情形,债权人有权就该动产、权利折价或者拍卖、变卖所得价款优先受偿。债务人或者第三人为出质人,债权人为质权人,交付的动产或权利为质押财产。按照质押财产的属性,质押可以分为动产质押、权利质押两种类型。

3. 保证

保证,是指债务人以外的第三人和债权人约定,当债务人不履行债务时,该第三人按照约定履行债务或者承担责任的一种担保行为。债务人以外的第三人为保证人,其承担的是保证债务、保证责任。主合同中的债权人同时成为保证合同中的债权人。保证与抵押、质押不同的是,保证属于人的担保,是担保人以其自身的责任财产担保债务履行的法律制度,而抵押、质押均属于物的担保,是以财物为标的对债权人提供的担保。

二、股权融资

股权融资是指企业的股东愿意让出部分企业所有权,通过企业增资的方式引进新的股东的融资方式。股权融资所获得的资金,企业无须还本付息,但新股东将与老股东同样分享企业的盈利与增长。股权融资的特点决定了其用途的广泛性,既可以充实企业的运营资金,也可以用于企业的投资活动。股权融资的形式和类型比较多,择其要者介绍如下。

(一)公开发售、私募发售

股权融资按融资的渠道来划分,可以分为公开发售与私募发售两大类。

1. 公开发售

公开发售,又称公开市场发售,是指通过股票市场向公众投资者发行企业股票来募集资金的融资方式,包括新三板、创业板、中小板、主板上市、上市企业的增发和配股都是利用公开市场进行股权融资的具体表现形式。

通过公开市场发售的方式来进行融资是大多数民营企业梦寐以求的融

资方式,企业上市一方面会为企业募集到巨额的资金,另一方面,资本市场将给企业一个市场化的定价,使民营企业的价值为市场所认可,为民营企业的股东带来巨额财富。

与其他融资方式相比,企业通过上市来募集资金有如下突出的优点:募集资金的数量巨大,原股东的股权和控制权稀释得较少,有利于提高企业的知名度,有利于利用资本市场进行后续的融资。但公开市场发售要求的门槛较高,只有发展到一定阶段,有了较大规模和较好盈利的民营企业才能考虑这种方式。

2. 私募发售

私募发售,是指企业自行寻找特定的投资人,吸引其增资入股企业的融资方式。私募融资不仅仅意味着获取资金,新股东的进入也意味着新合作伙伴的进入。新股东能否成为一个理想的合作伙伴,对企业来说,无论是当前还是未来,其影响都是积极而深远的。

在私募领域,不同类型的投资者对企业的影响是不同的。

(1)个人投资者。投资的金额不大,一般在几万元到几十万元之间,在多数民营企业的初创阶段起了至关重要的资金支持作用。这类投资人很复杂,有的直接参与企业的日常经营管理,有的只是关注企业的重大经营决策。这类投资者往往与企业的创始人有密切的私人关系,随着企业的发展,在获得相应的回报后,一般会淡出对企业的影响。

(2)风险投资机构。国外如 IDG、Softbank、ING 等,国内如上海联创、北京科投、广州科投等,能为企业提供高额的股权融资,其目标是追求资本增值的最大化,并通过上市、转让或并购的方式,在资本市场退出,特别是通过企业上市退出是最理想方式。选择风险投资机构对于民营企业的好处在于:没有控股要求,有强大的资金支持,不参与企业的日常管理,能改善企业的股东背景,有利于企业进行二次融资,可以帮助企业规划未来的再融资及寻找上市渠道。但同时,风险投资机构主要追逐企业在短期的资本增值,容易与企业的长期发展形成冲突,也缺少提升企业能力的管理资源和业务资源。

(3)产业投资机构。产业投资机构又称策略投资者,其投资目的是被投资企业与自身主业的融合或互补,形成协同效应。该类投资者对民营企业融资的有利之处非常明显:具备较强的资金实力和后续资金支持能力,有品牌号召力,业务的协同效应,在企业文化、管理理念上与被投资企业比较接近,容易相处,可以向被投企业输入优秀的企业文化和管理理念。其不利之处在于：可能会要求控股，可能对被投企业的业务发展领域进行限制，可能会限制新投资者进入影响企业的后续融资。

（4）上市公司参与私募。大多是主营业务发展出现问题的上市公司，利用资金优势为企业注入新概念或购买利润，伺机抬高股价，以达到维持上市资格或再次圈钱的目的。当然，也不乏一些有长远战略眼光的上市企业，因为看到了被投资企业广阔的市场前景和巨大发展空间，投资是为了其产业结构调整的需要。但不管是哪类上市企业，都会要求控股，以达到合并财务报表的需要。对这样的投资者，民营企业必须十分谨慎，一旦出让控股权，又无法与控股股东达成一致的观念，企业的发展就会面临巨大的危机。

（二）天使投资、VC投资、PE投资

广义的私募股权投资，包括天使投资、狭义的风险投资（VC）、狭义的私募股权投资（PE）。三者的区别主要体现在以下几个方面：

第一，投资介入的阶段不同。天使投资主要投资早期创业公司，VC投资中期高速发展型创业公司，PE介入即将上市或被兼并收购的成熟企业。可以说，VC投资接天使投资的盘，PE投资接VC投资的盘，IPO接PE投资的盘。

第二，投资策略不同。天使投资主要看人，天使投资人根据创始人靠谱程度，以及对行业的理解来进行判断。VC投资需要综合考量项目创始团队和业务数据，根据行业分析、竞争优势和壁垒、创始团队搭配、业务数据、产业上下游等各方面综合考量做出最终的投资决策。投资金额从百万到上亿元不等。PE投资往往根据行业分析发现具有上市潜力或者有被兼并收购可能性的公司，成功入资后，借助PE公司的资源优势，支持被投资企业上市或被收购，实现退出并获得高额回报。投资金额起步几千万，多则数十亿。

第三，资金来源不同。天使投资最初是一些高净值人群，后来涌现出一大批天使投资基金，也有大的VC和PE基金向天使投资阶段涉足。VC和PE的发展时间较长，资金来源比较丰富，有高净值个人、专业风险基金、杠杆并购基金、战略投资者、养老基金、保险公司等。

第四，风险和回报不同。天使投资无疑是"单个项目的回报"最高的，早期项目估值低，一旦项目成为独角兽，百倍千倍的回报完全可以实现，但是对应风险也是非常高的。VC和PE投资随着公司估值不断上升，单个项目的回报倍数越低，相对投资成功的概率会比天使投资高不少。

(三)合伙人入股、员工入股、股权众筹

创业者在初创期必须组建一个团队,一个团队必须有核心成员,这就需要创业合伙人。年轻人创业往往会选择与朋友合作创业,创业合伙人必须能够齐心协力共同经历创业艰难之路,创业者在挑选合伙人时需要注意以下几个方面:

第一,有着共同的创业价值观。创业价值观可以说是创办一个企业的共同的思维方式,对所创事业的认同感,对企业之后发展的理念以及对待企业发展之中出现的问题有着相同的认知。若是在合作之初合伙人之间已经存在意见分歧,那么会为日后的协力发展埋下隐患。

第二,与创始人有互补性。每个人有长必有短,人无完人,这就需要合伙人以其擅长之处补足创业者的短处,从而形成团队合力。例如,创业者长处在于做市场做销售,却在企业管理方面不能管理到位,而合伙人善于企业管理,销售却是其弱项,大家取长补短,分工明确,一人主外一人主内,会形成很好的互补关系。

第三,与合伙人之间的契合度。每一个人观点不可能面面俱到,处理问题时合伙人之间如果能有着默契,有着充分的交流,相互听取对方的建议,协商解决问题就可以更高效率地解决问题,只有长远契合才能保障真正共赢。

员工入股属于内部融资的一种方式,是指企业提供优惠的激励措施,使企业的员工取得所属企业的股份而成为企业的股东。股权代表着损益的负担,员工入股后需要承担企业经营成败的风险,此时员工与企业的关系不仅是简单的雇佣关系,还是企业的所有者。员工入股可以采用增资入股和股权转让方式进行。

股权众筹是指公司出让一定比例的股份,面向普通投资者,投资者通过出资入股公司,获得未来收益。这种基于互联网渠道而进行融资的模式被称作股权众筹,另一种解释就是"股权众筹是私募股权互联网化"。股权众筹的运营模式有三种:①凭证式众筹。凭证式众筹主要是指在互联网通过卖凭证和股权捆绑的形式来进行募资,出资人付出资金取得相关凭证,该凭证又直接与创业企业或项目的股权挂钩,但投资者不成为股东。②会籍式众筹。会籍式众筹主要是指在互联网上通过熟人介绍,出资人付出资金,直接成为被投资企业的股东。③天使式众筹。与凭证式、会籍式众筹不同,天使式众筹更接近天使投资或 VC 的模式,出资人通过互联网寻找投资企业或项目,付出资金或直接或间接成为该公司的股东,同时出资人往往伴有明确的财务回报要求。

三、不同创业阶段对融资渠道的选择

创业活动有个从起步、发展到成长、成熟的过程,企业规模可以相应地划分为微型企业、小型企业、中型企业、大型企业,处于不同创业阶段的企业对资金的需求也不一样,采取的融资渠道也有一定差异,因此,在不同的创业阶段需要选择适合的融资渠道。

处于创业起步阶段的微型企业,运营、管理、技术等还不成熟,产品还没有打开市场,所能选择的融资渠道有限,同时因为所需的资金量较小,这时主要应该是创始人自行提供启动资金,可以采取民间借贷特别是向亲友借款的方式来筹措,也可以寻求合伙人、进行众筹、吸引天使投资。值得一提的是,政府或者政府支持的各类产业园区、创业园区等会有创业基金、项目扶持资金等对创业者提供资金支持和政策扶持,创业者可以适当关注。

处于创业发展阶段的小型企业,应当以股权融资为主、债权融资为辅,尤其应当关注风险投资、担保贷款。当然,吸纳新的合伙人也是值得创始人长期关注的事项,而合伙人不一定都能够陪伴创始人走到最后,在不同的企业发展阶段可以选择不同的合伙人,这就需要注意提前设计好合伙人的退出机制。政府资助的园区和创业基金也会对符合政策要求和产业发展需求的部分小型企业进行资助。

处于创业成长阶段的中型企业,生产经营规模已经得到扩张,经营风险得到了有效地降低,利用前期的信用记录,可以获得金融机构信贷资金的支持,寻求风险投资、私募股权投资的持续帮助也是一个不错的选择。不过,在进行股权融资时应当注意防止创始人团队的股权被进一步稀释。

处于创业成熟阶段的大型企业,主要应当在资本市场上采取发行股票、公司债券等形式进行大规模融资,同时适当考虑商业票据、保兑仓交易、供应链金融、政府贴息贷款、融资租赁、补偿贸易等部分债权融资方式作为辅助,以降低整体融资成本。

第二节 创业融资实务操作

一、债权融资实务操作

(一)银行贷款

1. 贷款程序

(1)贷款申请。借款人需要贷款,应当主动向贷款银行或经办机构提出申请。借款人提出贷款申请时,应当提供借款申请书和以下基本材料:借款人为自然人的提供借款人夫妻双方身份证、户口本、结婚证(离婚证)、法院判决书、收入证明、资信证明(包括学历证、房产、银行流水、大额存单等)、个人征信报告;借款人为公司的提供营业执照、法定代表人身份证明、法定代表人身份证复印件、上年度财务报告、申请前一期的财务报告。另外,贷款人根据政策和形势需要,可能提出其认为需要提供的其他有关资料,借款人均应当提供。

(2)银行审批。银行受理借款人申请后,会对借款人进行信用等级评估,对借款的合法性、安全性、营利性等情况进行调查,核实抵押物、质物、保证人情况,测定贷款的风险度,并按规定权限进行贷款审批。

(3)签订借款合同。所有贷款应当由贷款人与借款人签订正式的书面借款合同。借款合同文本通常由银行提供,内容主要包括借款种类、借款用途、借款金额、利借款率、借款期限、还款方式、借贷双方的权利义务、违约责任等。

(4)贷款发放。贷款人按借款合同规定按期发放贷款。贷款人不按合同约定按期发放贷款的,应偿付违约金。借款人不按合同约定用款的,应偿付违约金。

2. 借款人的条件

借款人应当是具有完全民事行为能力的自然人,或者经依法登记的企事业单位法人、非法人组织。

借款人申请贷款,应当符合以下要求:有按期还本付息的能力,已开立基本账户或一般存款账户,借款人的资产负债率符合贷款人的要求。

3. 借款人的权利义务

借款人的权利主要有:可以自主向银行或经办机构申请贷款并依条件

取得贷款;有权按合同约定提取和使用全部贷款;有权拒绝借款合同以外的附加条件;有权向贷款人的上级和中国人民银行反映、举报有关情况;在征得贷款人同意后,有权向第三人转让债务。

借款人的义务主要有:应当如实提供贷款人要求的资料,应当配合贷款人的调查、审查和检查;应当接受贷款人对其使用信贷资金情况和有关生产经营、财务活动的监督;应当按借款合同约定用途使用贷款;应当按借款合同约定及时清偿贷款本息;将债务全部或部分转让给第三人的,应当取得贷款人的同意;有危及贷款人债权安全情况时,应当及时通知贷款人,同时采取保全措施。

(二)民间借贷

1. 民间借贷前的三个准备

基于现实社会中大量发生的民间借贷纠纷,创业者在实施民间借贷前应提前做好如下准备:

(1)建立信任。民间借贷的资金来源范围较为广泛,有个人和家庭的工资积蓄,有经营活动所得收益,有专业的民间借贷机构,也有寻求民间投资渠道的临时资金。寻找民间资本最直接有效的办法是通过熟人或者中介机构介绍,这样能使投资者和创业者迅速建立信任关系,消除对陌生人的猜忌和顾虑,同时也能避免道德风险,避免陷入高利贷。

(2)全面了解。创业者打算借款的,必须仔细了解投资者的性格、爱好以及做事方式、知识背景等,只有知己知彼,才能让他们认识到企业的价值,同时思考他们会不会对企业构成威胁。

(3)坚持原则。有的投资者,或者专业借贷机构,在借贷时会想要控股,想要用掌控公司股权的方式控制公司的经营活动,从而达到保障其投资及收益安全性的目的,这种做法对投资者来说是一箭双雕,一项投资同时获得债权和股权两种权益,但是极大损害了创业者和公司的经营管理权利和经济利益。创业者在股权让与担保这个问题上一定要有清醒的认识,一定要坚持自己的原则,在不愿意让渡股权或者投资者未支付对价而想要无偿获得股权的情况下,要坚持底线,坚决予以拒绝!

2. 书面合同

民间借贷在大多情况下以"欠条""借据"等形式代替法律上的合同,这样虽然省事、简便,但是容易发生纠纷,双方最好签订一份正式的借款合同,明确双方的权利义务。借款合同应当采用书面形式,内容包括借款种类、币种、用途、数额、利率、期限和还款方式等条款。

根据《最高人民法院关于审理民间借贷案件适用法律若干问题的规定》（以下简称《民间借贷司法解释》），具有下列情形之一的，可以视为自然人之间的借款合同成立：以现金支付的，自借款人收到借款时；以银行转账、网上电子汇款或者通过网络贷款平台等形式支付的，自资金到达借款人账户时；以票据交付的，自借款人依法取得票据权利时；出借人将特定资金账户支配权授权给借款人的，自借款人取得对该账户实际支配权时；出借人以与借款人约定的其他方式提供借款并实际履行完成时。

3. 借款利息

自然人之间的借款合同对利息有约定的，按照合同约定利率支付利息，但是双方约定的利率不能超过合同成立时中国人民银行授权全国银行间同业拆借中心公布的一年期贷款市场报价利率的四倍，超过部分的利息约定无效。自然人之间的借款合同对支付利息没有约定或者约定不明确的，视为不支付利息，出借人主张支付借期内利息的，人民法院不予支持。除自然人之间借贷的外，借贷双方对借贷利息约定不明，出借人主张利息的，人民法院应当结合民间借贷合同的内容，并根据当地或者当事人的交易方式、交易习惯、市场利率等因素确定利息。

借款人可以提前偿还借款，但当事人另有约定的除外。借款人提前偿还借款并主张按照实际借款期间计算利息的，人民法院应予支持。

借款的利息不得预先在本金中扣除。利息预先在本金中扣除的，应当将实际出借的金额认定为本金，按照实际借款数额返还借款并计算利息。借据、收据、欠条等债权凭证载明的借款金额，一般认定为本金。

(三)融资担保

1. 抵押

关于抵押财产的范围，《民法典》第 395 条规定："债务人或者第三人有权处分的下列财产可以抵押：（一）建筑物和其他土地附着物；（二）建设用地使用权；（三）海域使用权；（四）生产设备、原材料、半成品、产品；（五）正在建造的建筑物、船舶、航空器；（六）交通运输工具；（七）法律、行政法规未禁止抵押的其他财产。抵押人可以将前款所列财产一并抵押。"《民法典》第 399 条规定："下列财产不得抵押：（一）土地所有权；（二）宅基地、自留地、自留山等集体所有土地的使用权，但是法律规定可以抵押的除外；（三）学校、幼儿园、医疗机构等为公益目的成立的非营利法人的教育设施、医疗卫生设施和其他公益设施；（四）所有权、使用权不明或者有争议的财产；（五）依法被查封、扣押、监管的财产；（六）法律、行政法规规定不得抵押的其他财产。"

关于抵押权登记,《民法典》第 402 条规定:"以本法第三百九十五条第一款第一项至第三项规定的财产或者第五项规定正在建造的建筑物抵押的,应当办理抵押登记,抵押权自登记时设立。"《民法典》第 403 条规定:"以动产抵押的,抵押权自抵押合同生效时设立;未经登记,不得对抗善意第三人。"

关于抵押担保的范围,担保范围包括主债权及其利息、违约金、损害赔偿金、保管担保财产和实现担保物权的费用。当事人另有约定的,按照约定。

2. 质押

设立质权,当事人应当采取书面形式订立质权合同。质权合同一般包括下列条款:被担保债权的种类和数额;债务人履行债务的期限;质押财产的名称、数量、质量、状况;担保的范围;质押财产交付的时间。质权自出质人交付质押财产时设立。

在权利质押中,债务人或者第三人有权处分的下列权利可以出质:汇票、支票、本票;债券、存款单;仓单、提单;可以转让的基金份额、股权;可以转让的注册商标专用权、专利权、著作权等知识产权中的财产权;现有的以及将有的应收账款;法律、行政法规规定可以出质的其他财产权利。

以汇票、支票、本票、债券、存款单、仓单、提单出质的,质权自权利凭证交付质权人时设立;没有权利凭证的,质权自有关部门办理出质登记时设立。法律另有规定的,依照其规定。

3. 保证

保证人是债权人、债务人之外的第三人,具有代为清偿债务能力的自然人、法人、非法人组织,可以作保证人。保证担保的范围包括主债权及利息、违约金、损害赔偿金和实现债权的费用,保证合同另有约定的,按照约定。保证人享有债务人的抗辩权,一般保证的保证人享有先诉抗辩权。

二、股权融资实务操作

(一)IPO 基本操作

1. IPO 基本流程

有限责任公司不能直接上市,必须首先改制为股份有限公司才具备上市的基本前提。IPO 基本流程可以分为前期准备、设立股份公司、进入三个月辅导期、申报与核准、发行上市五个阶段。

第一个阶段是前期准备。公司确定了上市目标之后,首先需要组建上市工作小组,一般由董事长任组长,公司内部懂专业并且有经验的人员担任成员。然后选择相关的中介机构合作,例如证券公司(保荐机构/主承销商)、会计师事务所、律师事务所、资产评估师事务所。中介机构进场后就可以开展尽职调查了,然后对尽职调查结果进行分析,制订上市工作方案。

在前期准备期间,大多数拟上市公司会进行增资扩股,虽然增资扩股不是公司上市的必然要求。公司增资扩股时可以由原股东增加投资,可以吸纳新股东入股,也可以利用公司的未分配利润、公积金、资本公积金等转增资本。

第二个阶段是设立股份公司。改制是上市进程中的重要环节,直接影响着公司能否顺利上市。改制业务中需要规范进行净资产折股验资,需要依法召开公司创立大会,召开第一届董事会会议、监事会会议,并向公司登记机关报送有关文件申请登记。

第三个阶段是三个月辅导期。根据有关规定,拟上市公司在向中国证监会提出上市申请前,需要由具有主承销资格的证券公司进行辅导,辅导期至少三个月。

第四个阶段是申报与核准。顺利通过辅导之后,拟上市公司就可以向中国证监会发出上市申请了。首先需要制作申报上市的正式材料,包括招股说明书、发行保荐书、财务报表、审计报告、资产评估报告、法律意见书等,主承销商核查通过后将申报材料报送中国证监会审核。

中国证监会经初审、反馈、补充完善、审核,形成审核意见。如果中国证监会做出核准决定,会出具核准文件,否则,会出具书面意见并说明不予核准的理由。上市申请不予核准的公司可以申请复议。

第五个阶段是发行上市。拿到核准上市的批文以后,公司就可以发行股票了:刊登招股说明书,进行询价和路演,刊登上市公告书并上市交易。公司就正式完成上市了。

2. IPO 红线

公司的 IPO 申请不会全部通过中国证监会核准,从实践来看,需要警惕 IPO 五大红线,注意 IPO 被否三大原因。

IPO 五大红线:粉饰财务报表,夸大募投项目前景,故设关联交易迷宫,故意隐瞒内控事故,隐藏实际控制人。

IPO 被否三大原因:财务指标有异常,信息披露有瑕疵,独立性存在疑问。

(二)私募发售

创业是艰难的,尤其是在创业初期,能遇到一位天使投资人就相当于成功了一半。想要拿到第一笔资金,创业者需要注意以下三个方面:

第一,人品。天使投资人一般是个人出资,首先考察的是创业者本身,比如,之前的工作经验,有无创业经历,团队人员组成,有无管理团队的能力,是否有独特的想法等。

第二,好项目。选择适应未来趋势的项目,在未来社会的主流发展趋势中能够脱颖而出的项目,加上市场调查和商业逻辑,做好商业计划书。

第三,建立信任。创业者和投资人双方担心的问题和思考的角度是不同的,创业者应该注意从投资人的角度考虑,充分了解投资人的想法,处理好与投资人之间的关系,设法获取投资人的信任,这对于项目融资和企业运营成功起着至关重要的作用。

VC投资人青睐的创业者应当具有五种品质:让创业伙伴不离不弃的魅力,有领导和决策能力,有扩大圈子的社交能力,有行业经验和创业经历,有目标清晰的创业计划。

风险投资机构与创业者签订的投资协议中,经常出现一种被称为"估价调整机制"的条款,该条款又称"对赌协议"。对赌的标的物一般是企业未来的经营业绩,赌注则是转让资金或调整股权比例。例如,2014年3月皇冠幕墙发布公告融资1000万元,同时披露了其与武清国投的对赌条款,条款约定皇冠幕墙自2014年起,连续三年,每年经审计的营业收入保持15%增幅,如果触发条款,武清国投有权要求创业者以其实际出资额1000万元+5%的年收益水平的价格受让其持有的部分或全部股份。对赌协议能够对公司和创业者起到激励和约束作用,同时能够降低投资风险、保护投资者利益,但是如果对赌失败,创业者可能会遭遇无法承受的严重后果,因此需要创业者审慎对待对赌协议:①正确定位公司,正确认识对赌,准确把握公司未来的发展和市场前景,既不盲目夸大企业优点,也不缩手缩脚;②多谈判,谨慎签约,不要轻易接受风投机构提出的对赌条件,在条款上要仔细斟酌,努力得到对双方都公平合理的对赌条款。

(三)股权合作的组织模式

在基于创业活动采取有限责任公司形式组织生产经营的各种股权合作形式中,合作人、投资人可以直接取得公司股权,也可以间接持有公司股权。直接取得股权的方式,可以是在公司设立时通过认缴出资而取得股权,也可以是公司成立后通过股权转让、增资入股而取得股权。间接持有公司股权的方式,可以是股权代持、有限合伙等模式。

1. 认缴出资

设立有限责任公司应当由全体股东认缴出资。按照我国《公司法》规定,股东可以用货币出资,也可以用实物、知识产权、土地使用权等可以用货币估价并可以依法转让的非货币财产作价出资。对作为出资的非货币财产应当评估作价,核实财产,不得高估或者低估作价。

股东应当按期足额缴纳公司章程中规定的各自所认缴的出资额。股东以货币出资的,应当将货币出资足额存入有限责任公司在银行开设的账户,以非货币财产出资的,应当依法办理其财产权的转移手续。股东不按照前款规定缴纳出资的,除应当向公司足额缴纳外,还应当向已按期足额缴纳出资的股东承担违约责任。

股东认足公司章程规定的出资后,向公司登记机关报送公司登记申请书、公司章程等文件,申请设立登记。有限责任公司成立后,应当向股东签发出资证明书,并置备股东名册,记载于股东名册的股东,可以依股东名册主张行使股东权利。

2. 股权转让

有限责任公司的股东向新入股的员工、合作人、投资人等原有股东以外的人转让股权,应当经其他股东过半数同意,通常采取召开股东会形成股东会决议的方式进行,也可以采用书面通知的方式进行,其他股东自接到书面通知之日起满30日未答复的,视为同意转让。其他股东半数以上不同意转让的,不同意的股东应当购买该转让的股权,不购买的,视为同意转让。公司章程对股权转让另有规定的,从其规定。

转让股权后,公司应当注销原股东的出资证明书,向新股东签发出资证明书,并相应修改公司章程和股东名册中有关股东及其出资额的记载。对公司章程的该项修改不需再由股东会表决。

公司应当将股权转让所涉及的登记事项向公司登记机关办理变更登记。未经变更登记的,不得对抗第三人。

3. 增资入股

增资入股既增加了公司的注册资本,也增加了股东人数,程序方面需要召开股东会讨论通过。有限责任公司增加注册资本时,股东认缴新增资本的出资,依照公司法关于设立时认缴出资的规定执行。公司增加注册资本,应当依法向公司登记机关办理变更登记。

4. 股权代持

股权代持又称委托持股、隐名投资或假名出资，是指实际出资人与他人约定，以该他人名义代实际出资人履行股东权利义务的一种股权或股份处置方式。对于不愿或不便成为登记股东的投资人来说，股权代持是一个很好的选择。

股权代持通常通过协议来实现，股权代持协议具有法律效力。《最高人民法院关于适用〈中华人民共和国公司法〉若干问题的规定（三）》第24条第1款规定，有限责任公司的实际出资人与名义出资人订立合同，约定由实际出资人出资并享有投资权益，以名义出资人为名义股东，实际出资人与名义股东对该合同效力发生争议的，如无法律规定的无效情形，人民法院应当认定该合同有效。

但是，对于实际出资人来说，股权代持存在很大风险。名义股东未按实际出资人的意愿行使表决权，未经实际出资人同意而将登记于其名下的股权转让、质押或者以其他方式处分，以及名义股东因个人债务而使得实际出资人的股份被司法机关强制执行等情况下，均可能造成实际出资人损失。为此，应采取一定措施来防范风险和纠纷的发生，比如，在股权代持协议中明确约定名义股东的权限、义务、违约责任，将股权代持情况写入公司章程，办理股份质押登记等。

5. 有限合伙

有限合伙制度源于英美法系，是指由普通合伙人和有限合伙人共同组成的合伙组织，普通合伙人负责管理合伙事务，代表合伙组织从事经营活动，并对合伙债务承担无限责任，而有限合伙人不处理合伙事务，并仅以其出资额为限对合伙债务承担有限责任。

股权合作的有限合伙模式是指多个投资人共同出资设立一个有限合伙组织，富有经验的投资人成为普通合伙人，其他投资人成为有限合伙人。然后该合伙组织作为投资主体对创业公司进行投资，有限合伙是该公司的股东。该模式兼顾了各方利益，可以实现集聚投资、分散风险、统一行使股权等优势，但是需要设立有限合伙实体，相较于股权代持协议来说增加了运营成本。

第三节 创业融资风险识别

一、创业融资法律风险

(一)企业法律风险

企业法律风险是指企业在经营过程中因自身经营行为的不规范或者外部法律环境发生重大变化而造成的不利法律后果的可能性。通俗来讲,法律风险就是基于法律的原因可能发生的危险及其他不良后果,即在法律上是不安全的。

法律风险按惩罚性质分类一般分为刑事法律风险、行政法律风险、民事法律风险。刑事法律风险是指主体的行为触犯刑事法律,会构成犯罪,被判处管制、拘役、有期徒刑、无期徒刑、死刑,以及罚金等;行政法律风险是指主体的行为违反行政法律、法规、规章的规定,构成行政违法行为,会受到警告、罚款、没收违法所得、没收非法财物、责令停产停业、暂扣或者吊销营业执照、行政拘留等行政处罚;民事法律风险是指主体的行为不符合民事法律行为的合法性要求,会承担侵权责任、违约责任、缔约过失责任,以及自身经济利益的减损。

(二)创业融资中的法律风险

创业者在进行融资过程中可能遇到的法律风险主要是刑事法律风险和民事法律风险两大类,其中债权融资活动中的法律风险可以体现为刑事法律风险和民事法律风险两个方面,股权融资活动中的法律风险主要体现为民事法律风险。

1. 刑事法律风险

创业者在创业融资过程中如果触犯刑事法律,会受到刑事处罚,可能面临对个人判处有期徒刑甚至死刑,并处罚金,单位构成犯罪的,对单位判处罚金,并对其直接负责的主管人员和其他直接责任人员判处徒刑。2003年孙大午、河北大午农牧集团有限公司非法吸收公众存款罪一案是第一个民间融资引发的犯罪案件。2012年吴英因犯集资诈骗罪被判处死刑,缓期二年执行,剥夺政治权利终身,并处没收其个人全部财产,该案轰动一时。

根据我国《刑法》规定和社会实际情况，中小企业在融资过程中可能涉及以下罪名：欺诈发行股票、债券罪，高利转贷罪，骗取贷款、票据承兑、金融票证罪，非法吸收公众存款罪，擅自发行股票、公司、企业债券罪，集资诈骗罪，贷款诈骗罪，票据诈骗罪、金融凭证诈骗罪、信用证诈骗罪、信用卡诈骗罪、有价证券诈骗罪、保险诈骗罪合同诈骗罪，非法经营罪，等等。

2. 民事法律风险

创业者在创业融资过程中会进行大量的民事法律行为，签订各类市场交易合同、合作协议，签署公司章程，形成股东会决议、董事会决议，签字盖章，进行协商、谈判、提交材料，等等，由于行为不规范、考虑不周到、决策不正确、风险防控不到位以及各种不确定因素等，可能为创业者和企业在从事融资行为的过程中带来合同无效或撤销、不履行或不能履行合同、融资失败、创业者丧失公司控制权、公司解散或破产等各种风险和不利后果，而这些都是与创业者的初衷相背离的，因此在创业融资过程中应当力图避免。

二、债权融资法律风险识别

债权融资活动中的法律风险体现在刑事法律风险和民事法律风险两个方面。

（一）银行贷款中的刑事法律风险

向金融机构贷款是当前我国企业解决融资问题的主要渠道。但中小企业普遍存在着企业信用低、财务管理混乱、固定资产少、经营活动不透明、财务信息不公开等问题，这些恰好与银行对信贷资金安全性、收益性的要求形成强烈的反差，银行在对中小企业进行审查监督时成本明显增加，由此导致银行贷款给中小企业的积极性降低。为了减小自身的风险，银行向中小企业贷款往往设置了更为严苛的标准和程序，以致中小企业向银行贷款的难度大大增加。中小企业为了获得银行贷款资金，在融资过程中可能会不择手段，采用虚假的证明文件等方式骗取银行贷款，由此而引发高利转贷罪、骗取贷款、票据承兑、金融票证罪、贷款诈骗罪等刑事法律风险。

1. 高利转贷罪

我国《刑法》第175条规定："以转贷牟利为目的，套取金融机构信贷资金高利转贷他人，违法所得数额较大的，处三年以下有期徒刑或者拘役，并处违法所得一倍以上五倍以下罚金；数额巨大的，处三年以上七年以下有期徒刑，并处违法所得一倍以上五倍以下罚金。单位犯前款罪的，对单位判处罚金,并对其直接负责的主管人员和其他直接责任人员,处三年以下有期徒刑或者拘役。"

2. 骗取贷款、票据承兑、金融票证罪

我国《刑法》第175条之一规定:"以欺骗手段取得银行或者其他金融机构贷款、票据承兑、信用证、保函等,给银行或者其他金融机构造成重大损失的,处三年以下有期徒刑或者拘役,并处或者单处罚金;给银行或者其他金融机构造成特别重大损失或者有其他特别严重情节的,处三年以上七年以下有期徒刑,并处罚金。单位犯前款罪的,对单位判处罚金,并对其直接负责的主管人员和其他直接责任人员,依照前款的规定处罚。"

3. 贷款诈骗罪

我国《刑法》第193条规定:"有下列情形之一,以非法占有为目的,诈骗银行或者其他金融机构的贷款,数额较大的,处五年以下有期徒刑或者拘役,并处二万元以上二十万元以下罚金;数额巨大或者有其他严重情节的,处五年以上十年以下有期徒刑,并处五万元以上五十万元以下罚金;数额特别巨大或者有其他特别严重情节的,处十年以上有期徒刑或者无期徒刑,并处五万元以上五十万元以下罚金或者没收财产:(一)编造引进资金、项目等虚假理由的;(二)使用虚假的经济合同的;(三)使用虚假的证明文件的;(四)使用虚假的产权证明作担保或者超出抵押物价值重复担保的;(五)以其他方法诈骗贷款的。"

(二)民间借贷中的刑事法律风险

民间借贷可能是各种融资方式中法律风险最大的,其与非法集资之间只有"一纸之隔"。民间借贷融资沦为非法集资的风险具体有两种:一是构成集资诈骗罪,二是构成非法吸收公众存款罪。轰动一时的"东方创投案"是以非法吸收公众存款定罪量刑的,"优易网案"则是国内首个以集资诈骗罪名公开审理的P2P平台案例。

1. 集资诈骗罪

我国《刑法》第192条规定:"以非法占有为目的,使用诈骗方法非法集资,数额较大的,处三年以上七年以下有期徒刑,并处罚金;数额巨大或者有其他严重情节的,处七年以上有期徒刑或者无期徒刑,并处罚金或者没收财产。"

使用诈骗方法非法集资,具有下列情形之一的,可以认定为"以非法占有为目的":集资后不用于生产经营活动或者用于生产经营活动与筹集资金规模明显不成比例,致使集资款不能返还的;肆意挥霍集资款,致使集资款不能返还的;携带集资款逃匿的;将集资款用于违法犯罪活动的;抽逃、转移资金、隐匿财产,逃避返还资金的;隐匿、销毁账目,或者搞假破产、假倒闭,逃避返还资金的;拒不交代资金去向,逃避返还资金的;其他可以认定非法占有目的的情形。

2. 非法吸收公众存款罪

我国《刑法》第176条规定:"非法吸收公众存款或者变相吸收公众存款,扰乱金融秩序的,处三年以下有期徒刑或者拘役,并处或者单处罚金;数额巨大或者有其他严重情节的,处三年以上十年以下有期徒刑,并处罚金;数额特别巨大或者有其他特别严重情节的,处十年以上有期徒刑,并处罚金。单位犯前款罪的,对单位判处罚金,并对其直接负责的主管人员和其他直接责任人员,依照前款的规定处罚。"

下列行为应当认定为"非法吸收公众存款或者变相吸收公众存款":未经有关部门依法批准或者借用合法经营的形式吸收资金;通过媒体、推介会、传单、手机短信等途径向社会公开宣传;承诺在一定期限内以货币、实物、股权等方式还本付息或者给付回报;向社会公众即社会不特定对象吸收资金。未向社会公开宣传,在亲友或者单位内部针对特定对象吸收资金的,不属于非法吸收或者变相吸收公众存款。

(三)债权融资中的民事法律风险

创业者进行银行贷款、民间借贷等债权融资的,在获得借款后,应当承担按照约定的借款用途使用借款、按照约定的期限偿还借款本金及支付利息的法律义务,借款人如有违反,会产生相应的不利后果。

1. 合同无效风险

《最高人民法院关于审理民间借贷案件适用法律若干问题的规定》第13条规定,具有下列情形之一的,人民法院应当认定民间借贷合同无效:套取金融机构贷款转贷的;以向其他营利法人借贷、向本单位职工集资,或者以向公众非法吸收存款等方式取得的资金转贷的;未依法取得放贷资格的出借人,以营利为目的向社会不特定对象提供借款的;出借人事先知道或者应当知道借款人借款用于违法犯罪活动仍然提供借款的;违反法律、行政法规强制性规定的;违背公序良俗的。

合同无效的,因该合同取得的财产,应当予以返还,不能返还或者没有必要返还的,应当折价补偿。有过错的一方应当赔偿对方因此所受到的损失,双方都有过错的,应当各自承担相应的责任。

2. 借款用途风险

我国《民法典》第 673 条规定，借款人未按照约定的借款用途使用借款的，贷款人可以停止发放借款、提前收回借款或者解除合同。同时按照有关规定，借款人未按合同约定用途使用借款的罚息利率，在借款合同载明的贷款利率水平上加收 50%～100%，从未按合同约定用途使用贷款之日起，按罚息利率计收利息，直至清偿本息为止，对不能按时支付的利息，按罚息利率计收复利。此时，创业者和企业拿不到借款或者需要提前返还借款，不能实现融资的目的，还要承担支付违约金、高额罚息等法律责任。

民间借贷实践中有一点值得注意，按照《最高人民法院关于审理民间借贷案件适用法律若干问题的规定》第 22 条的规定，企业的法定代表人或者负责人以企业名义与出借人签订民间借贷合同，有证据证明所借款项系企业法定代表人或者负责人个人使用，出借人请求将法定代表人或者负责人列为共同被告或者第三人的，人民法院应予准许；法定代表人或者负责人以个人名义与出借人签订民间借贷合同，所借款项用于企业的生产经营，出借人请求企业与个人共同承担责任的，人民法院应予支持。也就是说，该规定突破了借款合同当事人的相对性效力原则，由此产生了在一定情况下由企业与个人共同承担债务清偿责任的风险。

3. 逾期还款风险

借款人应当按照约定的期限返还借款。对借款期限没有约定或者约定不明确，借款人可以随时返还，出借人可以催告借款人在合理期限内返还。

当然，基于意思自治原则，借款人可以在还款期限届满之前向出借人申请展期，出借人同意的，可以展期。但是，出借人同意展期通常会有附加条件。而如果出借人不同意展期，借款人属于法律规定的"当事人一方不履行合同义务或者履行合同义务不符合约定的"情形，借款人除了应当继续承担还本付息的义务与责任，还应当承担采取补救措施、违约金、损害赔偿金、赔偿损失等违约责任。

4. 逾期利息风险

借款人通常要按照合同约定承担偿还利息的义务，根据我国法律规定，借款人未按照约定的期限返还借款的，应当按照约定或者国家有关规定支付逾期利息。也就是说，如果不能按期偿还本息，借款人可能需要承担更多的逾期利息。

银行贷款中，借款人应当按照借款合同规定按时足额归还贷款本息，贷款人对不能按借款合同约定期限归还的贷款，应当按规定加罚利息，对不能归还或者不能落实还本付息事宜的,应当督促归还或者依法起诉。逾期贷款罚息利率在借款合同载明的贷款利率水平上加收 30%～50%,从逾期之日起,按罚息利率计收利息,直至清偿本息为止,对不能按时支付的利息,按罚息利率计收复利。

民间借贷中,司法保护的利率上限为一年期贷款市场报价利率四倍。借贷双方对逾期利率有约定的,从其约定,但是以不超过合同成立时一年期贷款市场报价利率四倍为限。未约定逾期利率或者约定不明的,可以区分不同情况处理:既未约定借期内利率,也未约定逾期利率,出借人可以主张借款人自逾期还款之日起参照当时一年期贷款市场报价利率标准计算的利息承担逾期还款违约责任;约定了借期内利率但是未约定逾期利率,出借人可以主张借款人自逾期还款之日起按照借期内利率支付资金占用期间利息。出借人与借款人既约定了逾期利率,又约定了违约金或者其他费用,出借人可以选择主张逾期利息、违约金或者其他费用,也可以一并主张,但是总计超过合同成立时一年期贷款市场报价利率四倍的部分,人民法院不予支持。

在实践中还存在借贷双方对前期借款本息结算后将利息计入后期借款本金并重新出具债权凭证的情况。此时,如果前期利率没有超过合同成立时一年期贷款市场报价利率四倍,重新出具的债权凭证载明的金额可认定为后期借款本金,超过部分的利息不能计入后期借款本金。借款人在借款期间届满后应当支付的本息之和,不能超过最初借款本金与以最初借款本金为基数,以合同成立时一年期贷款市场报价利率四倍计算的整个借款期间的利息之和。

5. 系统性风险

前述风险如果处理不当,不能及时化解,可能会影响公司的后续运营,影响其他债务的履行能力,导致现金流量耗尽风险、收支性支付风险甚至企业破产、重整风险。我国《破产法》第 2 条规定,企业法人不能清偿到期债务,并且资产不足以清偿全部债务或者明显缺乏清偿能力的,依照本法规定清理债务。企业法人有前款规定情形,或者有明显丧失清偿能力可能的,可以依照本法规定进行重整。

三、股权融资法律风险识别

股权融资活动中的法律风险,除 IPO 过程及上市公司的行为可能涉及刑事法律风险外,主要体现在民事法律风险方面。股权融资活动中的民事法律风险表现在以下四个方面:

(一)控制权风险

控制权风险是企业进行股权融资时面临的最大风险。公司在引入投资者时往往会忽略股权转让的比例结构,而投资方获得企业的一部分股份,必然导致企业原有股东的股权比例被逐步稀释,甚至有可能丧失实际控制权。如果企业本身的股权结构比较分散,在进行股权融资后会进一步降低创业者的持股比例,导致股权被稀释、失去实际控制权的情况加剧。

(二)代理成本风险

采取股权融资后,新股东的加入会带来董事会、管理层人员的变化,可能会引起股东和管理者之间的委托代理成本问题。由于股东和管理者之间存在信息不对称,管理者可能会存在懈怠的道德风险,损害股东的利益。相应的管理者对于公司经营所做出的决策,如果事后发生了经营失败也没有相应的追究机制,由此加大了股权融资的风险。

(三)公司解散风险

企业原有股东的股权比例被不当稀释,会导致创业者在公司中的话语权逐步丧失,而创始股东在公司战略、经营理念、管理方式等方面可能与投资方股东产生重大分歧,从而会导致企业经营决策困难。如果公司股权过于分散,往往使公司缺乏最终话语权人,内耗严重而导致经营失败影响发展甚至破产,同时,企业更容易遭遇并购威胁,影响企业长期的持续经营。最终可能形成公司僵局或者经营严重亏损,进而公司解散、破产。

(四)商业秘密泄露风险

公司在股权融资过程中,不得不将企业的经营状况、财务状况等有关情况告知投资者,这就使商业秘密存在着泄露的风险,从而为公司经营带来负面的甚至是致命的影响。

第四节 创业融资风险防控

企业法律风险贵在事先之防范,而非事后之救济。创业者在创业和进行企业经营过程中需要增强风险防控意识,积极采取风险防控措施,预防融资活动过程中的法律风险。

一、债权融资法律风险防控

(一)债权融资中的刑事法律风险防控

对创业者和企业来说,刑事法律风险发生一次就会发生致命性的后果,必须严加防范。债权融资中的刑事法律风险防控可以从以下方面入手:首先,思想上要有法律风险意识;其次,操作层面上要做到依法、规范、诚信;最后,要让专业人来把关,有条件的情况下,最好聘用法律顾问,律师要全程参与、把好法律关。

关于具体操作层面,可以注意以下几个方面:

第一,提供真实的信息与证明资料。企业在向银行申请贷款或者向其他主体借款时不能有不实陈述、提供虚假资料、编造不存在的贷款用途等做法。如果企业在融资时向资金出借者实施了上述行为,一旦被资金出借者发现,可能会引发相应的刑事法律风险。

第二,签订规范的借款协议并办理相关手续。企业若需要向他人借款,应当与之签订规范的借款协议,如果需要提供担保的,应该按照法律规定办理相关的手续,以免担保被认定无效后,进而追究企业的法律责任。

第三,将融资用途限定在企业生产经营方面。只要企业将融资所获得的资金用于合法的生产经营活动,即便因经营亏损或者资金周转困难而未能及时兑付本息引发纠纷,一般不会引发刑事法律风险。

第四,有计划地合理使用贷款资金。企业在获得贷款资金后,除了应当按照协议中约定的借款用途利用贷款以外,还需要有计划地使用,不要肆意挥霍贷款以致贷款无法按期偿还,而面临刑事法律风险。

第五,出借人数量少而精。民间借贷时注意把握出借人的人数,使融资对象特定为少数人、一部分人,并且不要许诺高息,这样避免被认定为向社会公众即社会不特定对象吸收资金的可能性,避免构成非法吸收公众存款罪的刑事法律风险。

(二)债权融资中的民事法律风险防控

1. 遵法、守约原则

要确立遵法、守约的原则,严格按照要求进行风险防控。遵法,是指严守法律规定和底线要求,不做法律明确禁止的事情,民事法律行为要符合诚实信用、公序良俗等民事法律基本原则和基本精神的要求。守约,是指按照借款的实际用途由实际使用主体向出借人进行借款,按照约定的借款用途实际使用借款,并按照约定的期限和利息还本付息。

遵法、守约的原则,不仅可以有效防范合同无效风险和借款用途风险,对防范系统风险也具有积极作用。

2. 谨慎性原则

企业在采取债权性融资后,有时候可能因为经营不善、管理不善,出现资金暂时性不足、不能按期还本付息的情况,如果前期计划安排适当、后期处理及时的话,这种暂时性困难是可以克服的,否则后果不堪设想。但是,这需要以谨慎安排债权性融资为前提。债权性融资中的谨慎性原则,可以表现为以下三个方面:

第一,合理规划债务规模。企业应当根据实际资金需求及自身偿还能力,按照谨慎规划、合理举债的原则制订相应的融资计划,避免过度举债后可能出现大额到期债务无法偿还的情形。

第二,多种融资方式相结合。企业融资时应当综合采取多种债权融资方式,采取多渠道融资以分散融资风险,避免风险过度集中在某一种渠道。

第三,合理搭配债务期限。长期债务和短期债务各有不同的优缺点,比如长期债务的资金利用率更高,但是需要面临持续偿付利息的压力,企业应当根据自身的资金需求选择对应的方式,合理搭配两者的比例,避免出现单一债务期限结构的现象。

二、股权融资法律风险防控

对于股权融资活动中的民事法律风险防控,可以从以下六个方面入手:

第一,控制股权融资规模。在充分考虑企业本身的资金需求量、合理确定企业所期望的资本结构的基础上,做好股权融资决策规划,控制股权融资整体规模即资金总额,不能盲目融资。一般来说,债权融资的成本低而风险大,股权融资的成本较高而风险较小,企业应当合理配置这两种融资方式。

第二,设置合理有效的股权结构。在股权融资时,应设置合理有效的股权结构,及早防范法律风险,在进行增资扩股时必须进行周全的法律策划,既能实现公司持续发展又能保证创业者继续保有控制权,有效降低内耗。

根据我国《公司法》第37条规定,股东会行使下列职权:决定公司的经营方针和投资计划;选举和更换非由职工代表担任的董事、监事,决定有关董事、监事的报酬事项;审议批准董事会的报告;审议批准监事会或者监事的报告;审议批准公司的年度财务预算方案、决算方案;审议批准公司的利润分配方案和弥补亏损方案;对公司增加或者减少注册资本作出决议;对发行公司债券作出决议;对公司合并、分立、解散、清算或者变更公司形式作出决议;修改公司章程;公司章程规定的其他职权。可见,公司经营发展的重要事项由股东会决定,这就决定了创业者对公司的控制权必须首先通过股东会来实现。

在股东会的表决权方面,根据我国《公司法》规定,除公司章程另有规定的以外,股东会会议由股东按照出资比例行使表决权,通常为过半数通过,但是股东会会议作出修改公司章程、增加或者减少注册资本的决议,以及公司合并、分立、解散或者变更公司形式的决议,必须经代表2/3以上表决权的股东通过。也就是说,持有股东会1/3表决权的可以对重大事项一票否决,持有1/2表决权的可以对一般事项的股东会决议一票否决,持有1/2以上表决权的可以对一般事项的股东会决议一票通过,持有2/3以上表决权的可以对重大事项的股东会决议一票通过。

创业初期合伙人之间的股权分配应当避免均等股权的做法,即两个创始人每人50%,三个创始人按33∶33∶34。均等的股权分配是最不合理的,没有核心股东,也会引起矛盾。公司要想稳定经营,必须有一个占据最大股权比例的领头人,拥有绝对控制权,这样才能保证他对公司的经营发展有足够的话语权。可以综合考虑创始人身份、发起人身份、出资额度、岗位贡献等因素确定股权分配方案,合理分配合伙人之间的股权,做好初期的股权架构。后期进行股权融资的时候,大股东的持股比例会有所下降,但是根据股东构成情况也要确保大股东的控制权。

另外,创业者对表决权的控制,还可以通过AB股、代持股、有限合伙、股权成熟权等方式进行。

第三,合理安排董事会。现代公司的治理结构,将所有权、经营权、监督权相互分离,股东能够通过选取、更换董事等管理者,来对懈怠的管理者进行制约。通过监事会、职工工会等也能够有效地对管理层履行职责进行监督,以此降低道德风险和委托代理成本。

一般来讲,VC、PE在向一家公司注资时,为保护其自身利益,投资机构一般会要求目标公司向投资方提供董事会人员安排保证等。公司控股股东在签订协议前,一定要充分认识到投资人要求的条件对公司控制权的影响,要客观估计公司的成长能力,不要为了获得高估值的融资额,做出不合理的人员安排保证。

在以董事会为核心的法人治理结构中,投资方要求目标公司进行董事会人员的安排保证时,一定要首先保证自己的人员安排以及人员安排是否能代表自己的利益,并能使上述人员服从自己的利益安排;创业者应在公司章程或投资协议中,对董事会如何获得授权、获得何种授权、在怎样的条件下获得授权、行使权利的期限以及对董事会行使权利不当时的救济等条款,都有详细规定。需要注意的是,根据我国《公司法》规定,董事会决议的表决,实行一人一票。

第四,设计合理的报酬制度。报酬是激励管理者的重要手段,如果将企业的经营业绩和其报酬相匹配能够极大地促进管理者积极履行职责。除固定工资、业绩奖金外,可以考虑股权激励措施,但需注意股权激励的风险。

第五,明确股权退出制度。在股权融资交易实施过程中考虑将来的退出机制并在协议中做出事先安排,投资方可以通过上市、回购、转让、并购等方式,出售所持股份从而退出公司。在投资项目失败的情况下,投资者还可以通过清算、破产等方式退出。

第六,建立保密制度。为防止商业秘密泄露,在股权融资时可以采取以下措施:①初步接洽时,只提供计划书的摘要;②商业计划书时,尽量不要披露特别机密的信息和数据,只要把拥有的产品和技术能够带来的好处和它能满足的市场需求讲清楚即可;③有些关键性的商业秘密或技巧诀窍,不到最后的关键时刻不要急于讲出来;④询问与该投资公司打过交道的其他企业家和中间人士,该投资公司员工的职业操守情况,了解其目前是否已经或即将投资你的竞争对手,以及其他可能与本公司有利益冲突的问题;⑤签署保密协议,包括保密范围、保密义务对象范围、对信息接收方的要求、保密期、违约责任等。

【案例分析】

中国工商银行宣城龙首支行诉柏冠公司、凯盛公司等金融借款合同纠纷案[①]

基本案情:2012年4月20日,中国工商银行宣城龙首支行(以下简称龙首支行)与柏冠公司签订《小企业借款合同》,约定柏冠公司向龙首支行借款300万元,借款期限为7个月,自实际提款日起算,2012年11月1日还100万元,2012年11月17日还200万元。涉案合同还对借款利率、保证金等作了约定。同年4月24日,龙首支行向柏冠公司发放了上述借款。

---

① 参见《最高人民法院关于发布第18批指导性案例的通知》,指导案例95号,最高人民法院审判委员会讨论通过,2018年6月20日发布。

2012年10月16日,凯盛公司股东会决议决定,同意将该公司位于江苏省宿迁市某大道产权证号:宿豫字第2011×××67的房产,抵押于龙首支行,用于柏冠公司等四户企业在龙首支行办理融资抵押,因此产生一切经济纠纷均由凯盛公司承担。同年10月23日,凯盛公司向龙首支行出具一份房产抵押担保的承诺函,同意以上述房产为上述四户企业在龙首支行融资提供抵押担保,并承诺如该四户企业不能按期履行龙首支行的债务,上述抵押物在处置后的价值又不足以偿还全部债务,凯盛公司同意用其他财产偿还剩余债务。该承诺函及上述股东会决议均经凯盛公司全体股东签名及加盖凯盛公司公章。2012年10月24日,龙首支行与凯盛公司签订《最高额抵押合同》,约定凯盛公司以宿房权证宿豫字第2011×××67号房地产权证项下的商铺为自2012年10月19日至2015年10月19日期间,在4000万元的最高余额内,龙首支行依据与柏冠公司等四公司签订的借款合同等主合同而享有对债务人的债权,无论该债权在上述期间届满时是否已到期,也无论该债权是否在最高额抵押权设立之前已经产生,提供抵押担保,担保的范围包括主债权本金、利息、实现债权的费用等。同日,双方对该抵押房产依法办理了抵押登记,龙首支行取得宿房他证宿豫第2012×××87号房地产他项权证。2012年11月3日,凯盛公司再次经过股东会决议,并同时向龙首支行出具房产抵押承诺函,股东会决议与承诺函的内容及签名盖章均与前述相同。当日,凯盛公司与龙首支行签订《补充协议》,明确双方签订的《最高额抵押合同》担保范围包括2012年4月20日龙首支行与柏冠公司等四公司签订的四份贷款合同项下的债权。

柏冠公司未按期偿还涉案借款,龙首支行诉至宣城市中级人民法院,请求判令柏冠公司偿还借款本息及实现债权的费用,并要求凯盛公司以其抵押的宿房权证宿豫字第2011×××67号房地产权证项下的房地产承担抵押担保责任。

裁判结果:宣城市中级人民法院于2013年11月10日作出民事判决①:一、柏冠公司于判决生效之日起五日内给付龙首支行借款本金300万元及利息。……四、如柏冠公司未在判决确定的期限内履行上述第一项给付义务,龙首支行以凯盛公司提供的宿房权证宿豫字第2011×××67号房地产权证项下的房产折价或者以拍卖、变卖该房产所得的价款优先受偿……。宣判后,凯盛公司以涉案《补充协议》约定的事项未办理最高额抵押权变更登记为

---

① 参见安徽省宣城市中级人民法院(2013)宣中民二初字第00080号民事判决书。

由,向安徽省高级人民法院提起上诉。该院于2014年10月21日作出民事判决:驳回上诉,维持原判。

裁判理由:法院生效裁判认为:凯盛公司与龙首支行于2012年10月24日签订《最高额抵押合同》,约定凯盛公司自愿以其名下的房产作为抵押物,自2012年10月19日至2015年10月19日期间,在4000万元的最高余额内,为柏冠公司在龙首支行所借贷款本息提供最高额抵押担保,并办理了抵押登记,龙首支行依法取得涉案房产的抵押权。2012年11月3日,凯盛公司与龙首支行又签订补充协议,约定前述最高额抵押合同中述及抵押担保的主债权及于2012年4月20日龙首支行与柏冠公司所签《小企业借款合同》项下的债权。该补充协议不仅有双方当事人的签字盖章,也与凯盛公司的股东会决议及其出具的房产抵押担保承诺函相印证,故该补充协议应系凯盛公司的真实意思表示,且所约定内容符合《中华人民共和国物权法》(以下简称《物权法》,现已废止并入《民法典》,下同)第203条第2款的规定,也不违反法律、行政法规的强制性规定,依法成立并有效,其作为原最高额抵押合同的组成部分,与原最高额抵押合同具有同等法律效力。由此,本案所涉2012年4月20日《小企业借款合同》项下的债权已转入前述最高额抵押权所担保的最高额为4000万元的主债权范围内。就该补充协议约定事项,是否需要对前述最高额抵押权办理相应的变更登记手续,《物权法》没有明确规定,应当结合最高额抵押权的特点及相关法律规定来判定。

根据《物权法》第203条第1款的规定,最高额抵押权有两个显著特点:一是最高额抵押权所担保的债权额有一个确定的最高额度限制,但实际发生的债权额是不确定的;二是最高额抵押权是对一定期间内将要连续发生的债权提供担保。由此,最高额抵押权设立时所担保的具体债权一般尚未确定,基于尊重当事人意思自治原则,《物权法》第203条第2款对前款作了但书规定,即允许经当事人同意,将最高额抵押权设立前已经存在的债权转入最高额抵押担保的债权范围,但此并非重新设立最高额抵押权,也非《物权法》第205条的最高额抵押权变更的内容。同理,根据《房屋登记办法》第53条的规定,当事人将最高额抵押权设立前已存在债权转入最高额抵押担保的债权范围,不是最高额抵押设立登记的他项权利证书及房屋登记簿的必要记载事项,故亦非应当申请最高额抵押权变更登记的法定情形。

本案中,龙首支行和凯盛公司仅是通过另行达成补充协议的方式,将上述最高额抵押权设立前已经存在的债权转入该最高额抵押权所担保的债权范围内,转入的涉案债权数额仍在该最高额抵押担保的4000万元最高债权额限度内,该转入的确定债权并非最高抵押权设立登记的他项权利证书及房屋登记簿的必要记载事项,在不会对其他抵押权人产生不利影响的前提下,对于该意思自治行为,应当予以尊重。此外,根据商事交易规则,法无禁止即可为,即在法律规定不明确时,不应强加给市场交易主体准用严格交易规则的义务。况且,就涉案2012年4月20日借款合同项下的债权转入最高额抵押担保的债权范围,凯盛公司不仅形成了股东会决议,出具了房产抵押担保承诺函,且和龙首支行达成了补充协议,明确将已经存在的涉案借款转入前述最高额抵押权所担保的最高额为4000万元的主债权范围内。现凯盛公司上诉认为该补充协议约定事项必须办理最高额抵押权变更登记才能设立抵押权,不仅缺乏法律依据,也有悖诚实信用原则。

综上,龙首支行和凯盛公司达成补充协议,将涉案2012年4月20日借款合同项下的债权转入前述最高额抵押权所担保的主债权范围内,虽未办理最高额抵押权变更登记,但最高额抵押权的效力仍然及于被转入的涉案借款合同项下的债权。

【项目训练】

大学生小刘是某社交网络的草根明星,粉丝有数万人,其中大部分是校友。现小刘和室友商议成立一家母校纪念品销售公司,主要从事纪念册、纪念章、手环等校友纪念物品的销售,但是缺少资金。请制定融资工作方案(程序),并评估融资法律风险(风险防范)。

项目训练要求: 请根据基本情况,查阅资料之后分组进行分析讨论,然后撰写材料,再次讨论修改,最后提交融资工作方案、融资法律风险评估两项材料。

第四章

创业人力资源管理法律实务

【案例导入】

劳务派遣工遭遇车祸，两东家均被裁赔偿

常某是某劳务派遣公司派遣至某食品公司的员工。2013年1月，常某在下班途中遭遇车祸，经工伤部门鉴定，其所受伤害已经达到了职工工伤与职业病致残等级标准七级。常某要求劳务派遣公司、食品公司向其支付工伤待遇。劳务派遣公司以社会保险应由食品公司缴纳、《劳务派遣协议》约定由该公司支付工伤待遇为由拒绝了常某的要求。食品公司则认为常某是劳务派遣员工，是与劳务派遣公司存在劳动关系，也拒绝了常某的要求。常某于是申请劳动仲裁。

仲裁委经审理后认为，按照法律规定劳务派遣公司属于用人单位，而食品公司则属于用工单位，《劳动合同法》规定，用工单位应当履行支付加班工资、绩效奖金以及与工作岗位相关福利待遇的义务。常某的社会保险本应由用人单位也就是劳务派遣公司为其缴纳，因未缴纳社会保险造成的工伤待遇损失应由劳务派遣公司承担，同时按法律规定，食品公司作为用工单位，承担工伤保险待遇的连带赔偿责任。

劳务派遣员工发生工伤，用人用工两东家都有责。所谓连带责任，是指将来如果劳务派遣公司不按照裁决书的裁决结果向常某支付相关的工伤保险待遇时，常某可以向人民法院申请强制执行。在申请强制执行时他既可以以劳务派遣公司作为被执行人，也可以把食品公司作为被执行人，谁有偿还能力就让谁做被执行人，多了一个选择更有利于保护常某的合法权益。连带责任的设立就是法律对于劳务派遣工的一项特殊保护措施。

第一节　创业人力资源法律规范

一、《中华人民共和国宪法》

我国《宪法》作为国家的根本法,其规定的某些原则和内容,是创业人力资源法律的基本渊源。1982年12月4日第五届全国人民代表大会第五次会议通过,1982年12月4日全国人民代表大会公告公布施行。2018年3月11日第十三届全国人民代表大会第一次会议通过了《中华人民共和国宪法修正案》,进行了第五次修订。

我国《宪法》确定了有关劳动法的基本目标、任务和原则,规定了公民依法享有劳动的权利和义务,是我国劳动法的立法依据和基础。《宪法》规定,国家依法保障劳动者的就业权,加强劳动保护,改善劳动条件,建立与经济发展相适应的工资报酬和福利待遇提高制度,以及就业前的劳动培训权;公民依法享有休息权,国家要建立休息和休养设施,规定合理的工作时间和休息制度;公民享有社会保障权和物质帮助权,社会保障权包括退休制度、社会保险、社会救济、医疗卫生事业,包括保障残废军人的生活,抚恤烈士家属、优待军人家属,物质帮助权为帮助安排盲、聋、哑和其他有残疾的公民等特殊人群的劳动、生活和教育;规定妇女享有与男工同工同酬的权利,不得被歧视;规定公民负有遵守宪法和法律,保守国家秘密,爱护公共财产,遵守劳动纪律的义务,负有依照法律纳税的义务。

二、法律

(一)《中华人民共和国就业促进法》

我国《就业促进法》的立法宗旨,是为了促进就业,促进经济发展与扩大就业相协调,促进社会和谐稳定。2007年8月30日第十届全国人民代表大会常务委员会第二十九次会议通过,自2008年1月1日起施行,2015年4月24日第十二届全国人民代表大会常务委员会第十四次会议进行了修订。《就业促进法》共有9章69条,包括总则、政策支持、公平就业、就业服务和管理、职业教育和培训、就业援助、监督检查、法律责任、附则等内容。

(二)《中华人民共和国劳动法》

我国《劳动法》的立法宗旨,是为了保护劳动者的合法权益,调整劳动关系,建立和维护适应社会主义市场经济的劳动制度,促进经济发展和社会进步。1994年7月5日第八届全国人民代表大会常务委员会第八次会议通过,自1995年1月1日起施行。2018年12月29日第十三届全国人民代表大会常务委员会第七次会议《关于修改〈中华人民共和国劳动法〉等七部法律的决定》进行了第二次修订。《劳动法》共有13章107条,包括总则、促进就业、劳动合同和集体合同、工作时间和休息休假、工资、劳动安全卫生、女职工和未成年工特殊保护、职业培训、社会保险和福利、劳动争议、监督检查、法律责任、附则等内容。

(三)《中华人民共和国劳动合同法》

我国《劳动合同法》的立法宗旨,是为了完善劳动合同制度,明确劳动合同双方当事人的权利和义务,保护劳动者的合法权益,构建和发展和谐稳定的劳动关系。2007年6月29日第十届全国人民代表大会常务委员会第二十八次会议通过,自2008年1月1日起施行,根据2012年12月28日《全国人民代表大会常务委员会关于修改〈中华人民共和国劳动合同法〉的决定》进行了修订。《劳动合同法》共有8章98条,包括总则、劳动合同的订立、劳动合同的履行和变更、劳动合同的解除和终止、特别规定、监督检查、法律责任、附则等内容。

(四)《中华人民共和国社会保险法》

我国《社会保险法》的立法宗旨,是规范社会保险关系,维护公民参加社会保险和享受社会保险待遇的合法权益,使公民共享发展成果,促进社会和谐稳定。由中华人民共和国第十一届全国人民代表大会常务委员会第十七次会议于2010年10月28日通过,自2011年7月1日起施行。根据2018年12月29日第十三届全国人民代表大会常务委员会第七次会议《关于修改〈中华人民共和国社会保险法〉的决定》进行了修订。《社会保险法》共有12章98条,包括总则、基本养老保险、基本医疗保险、工伤保险、失业保险、生育保险、社会保险费征缴、社会保险基金、社会保险经办、社会保险监督、法律责任、附则等内容。

(五)《中华人民共和国劳动争议调解仲裁法》

我国《劳动争议调解仲裁法》的立法宗旨,是为了公正及时解决劳动争议,保护当事人合法权益,促进劳动关系和谐稳定。中华人民共和国第十届全国人民代表大会常务委员会第三十一次会议于2007年12月29日通过,自2008年5月1日起施行。《劳动争议调解仲裁法》共有54条,包括总则、调解、仲裁、附则四章等内容。

(六)《中华人民共和国工会法》

我国《工会法》的立法宗旨,是为保障工会在国家政治、经济和社会生活中的地位,确定工会的权利与义务,发挥工会在社会主义现代化建设事业中的作用。1992年4月3日第七届全国人民代表大会第五次会议通过,1992年4月3日中华人民共和国主席令第五十七号公布,根据2009年8月27日第十一届全国人民代表大会常务委员会第十次会议《关于修改部分法律的决定》进行了第二次修订。《工会法》共有7章57条,包括总则、工会组织、工会的权利和义务、基层工会组织、工会的经费和财产、法律责任、附则等内容。

(七)《中华人民共和国职业病防治法》

我国《职业病防治法》的立法宗旨,是为了预防、控制和消除职业病危害,防治职业病,保护劳动者健康及其相关权益,促进经济社会发展。2001年10月27日第九届全国人民代表大会常务委员会第二十四次会议通过,2002年5月1日起施行。根据2018年12月29日第十三届全国人民代表大会常务委员会第七次会议《关于修改〈中华人民共和国劳动法〉等七部法律的决定》进行了第四次修订。《职业病防治法》共有7章88条,包括总则、前期预防、劳动过程中的防护与管理、职业病诊断与职业病病人保障、监督检查、法律责任、附则等内容。

(八)《中华人民共和国涉外民事关系法律适用法》

我国《涉外民事关系法律适用法》的立法宗旨,是明确涉外民事关系的法律适用,合理解决涉外民事争议,维护当事人的合法权益。由中华人民共和国第十一届全国人民代表大会常务委员会第十七次会议于2010年10月28日通过,自2011年4月1日起施行。《涉外民事关系法律适用法》共有8章52条,包括一般规定、民事主体、婚姻家庭、继承、物权、债权、知识产权、附则等内容。

(九)《中华人民共和国刑法》

我国《刑法》是规定犯罪、刑事责任和刑罚的法律,规定哪些行为是犯罪并且应当负何种刑事责任,并给予犯罪嫌疑人何种刑事处罚的法律规范的总称。1979年7月1日第五届全国人民代表大会第二次会议通过,1997年3月14日第八届全国人民代表大会第五次会议修订。2020年12月26日,第十三届全国人民代表大会常务委员会第二十四次会议通过《中华人民共和国刑法修正案(十一)》,对《刑法》进行了第十一次修改、补充,2021年3月1日起施行。

三、行政法规

(一)《中华人民共和国劳动合同法实施条例》

为了贯彻实施《中华人民共和国劳动合同法》,于2008年9月3日国务院第25次常务会议通过,自9月18日起施行。《劳动合同法实施条例》共有6章38条,包括总则、劳动合同的订立、劳动合同的解除和终止、劳务派遣特别规定、法律责任、附则等内容。

(二)《女职工劳动保护特别规定》

为了减少和解决女职工在劳动中因生理特点造成的特殊困难,保护女职工健康,2012年4月18日国务院第200次常务会议通过,自9月28日起施行。

(三)《失业保险条例》

为了保障失业人员失业期间的基本生活,促进其再就业,1998年12月26日国务院第11次常务会议通过,1999年1月22日起施行。《失业保险条例》共有6章33条,包括总则、失业保险基金、失业保险费待遇、管理与监督、罚则、附则等内容。

(四)《中华人民共和国劳动保障监察条例》

为了贯彻实施劳动和社会保障法律、法规和规章,规范劳动保障监察工作,维护劳动者的合法权益,于2004年10月26日国务院第68次常务会议通过,自2004年12月1日起施行。《劳动保障监察条例》共有5章36条,包括总则、劳动保障监察职责、劳动保障监察的实施、法律责任、附则等内容。

(五)《工伤保险条例》

为了保障因工作遭受事故伤害或者患职业病的职工获得医疗救治和经济补偿,促进工伤预防和职业康复,分散用人单位的工伤风险,于2003年4月16日国务院第5次常务会议讨论通过,自2004年1月1日起施行。《工伤保险条例》共有8章64条,包括总则、工伤保险基金、工伤认定、劳动能力鉴定、工伤保险待遇、监督管理、法律责任、附则等内容。

(六)《职工带薪年休假条例》

为了维护职工休息休假权利,调动职工工作积极性,2007年12月7日国务院第198次常务会议通过,自2008年1月1日起施行,共有10条内容。

四、地方性法规

地方性法规,是指省级地方人民代表大会及其常务委员会或者《立法法》规定的市级地方人民代表大会及其常务委员会制定的劳动法领域的法律规范,不得与法律和行政法规相冲突。以广东省为例,制定了《广东省社会养老保险条例》《广东省工伤保险条例》《广东省失业保险条例》《广东省企业职工劳动权益保障规定》《广东省劳动监察条例》《广东省企业集体合同条例》等。

五、规章

(一)《关于贯彻执行〈中华人民共和国劳动法〉若干问题的意见》

《中华人民共和国劳动法》于1995年1月1日起施行后,劳动部就《劳动法》在贯彻执行中遇到的若干问题提出的意见,1995年8月4日起施行。《关于贯彻执行〈中华人民共和国劳动法〉若干问题的意见》共有8部分100条,包括适用范围、劳动合同和集体合同、工资、工作时间和休假、社会保险、劳动争议、法律责任、适用法律等内容。

(二)《关于确立劳动关系有关事项的通知》

因为部分用人单位招用劳动者不签订劳动合同,发生劳动争议时因双方劳动关系难以确定,致使劳动者合法权益难以维护,对劳动关系的和谐稳定带来不利影响。为规范用人单位用工行为,保护劳动者合法权益,促进社会稳定,由劳动和社会保障部于2005年5月25日发布。《关于确立劳动关系有关事项的通知》共有5条,具体规定了事实劳动关系认定的具体办法。

(三)《企业劳动争议协商调解规定》

《企业劳动争议协商调解规定》的颁布,是为规范企业劳动争议协商、调解行为,促进劳动关系和谐稳定。2011年11月30日,经人力资源和社会保障部第76次部务会审议通过,自2012年1月1日起施行。《企业劳动争议协商调解规定》共有4章37条,包括总则、协商、调解、附则等内容。

(四)《集体合同规定》

《集体合同规定》的颁布,是为了规范集体协商和签订集体合同行为,依法维护劳动者和用人单位的合法权益。于2003年12月30日经劳动和社会保障部第7次部务会议通过,自2004年5月1日起施行。《集体合同规定》

共有8章57条,包括总则,集体协商内容,集体协商代表,集体协商程序,集体合同的订立、变更、解除和终止,集体合同审查,集体协商争议的协调处理,附则等内容。

(五)《就业服务与就业管理规定》

2007年10月30日,经劳动和社会保障部第21次部务会议通过,自2008年1月1日起施行。《就业服务与就业管理规定》共有9章77条,包括总则、求职与就业、招用人员、公共就业服务、就业援助、职业中介服务、就业与失业管理、罚则、附则等内容。

六、司法解释

目前,主要的司法解释为《最高人民法院关于审理劳动争议案件适用法律问题的解释(一)》(法释〔2020〕26号)。2020年12月25日,该解释由最高人民法院审判委员会第1825次会议通过,自2021年1月1日起施行。《最高人民法院关于审理劳动争议案件适用法律若干问题的解释》《最高人民法院关于审理劳动争议案件适用法律若干问题的解释(二)》《最高人民法院关于审理劳动争议案件适用法律若干问题的解释(三)》《最高人民法院关于审理劳动争议案件适用法律若干问题的解释(四)》等四个司法解释被同时废止。

第二节 创业人力资源法律实操

一、创业人力资源法律实操总论

(一)用人单位

《劳动法》第2条规定:"在中华人民共和国境内的企业、个体经济组织(以下统称用人单位)和与之形成劳动关系的劳动者,适用本法。国家机关、事业组织、社会团体和与之建立劳动合同关系的劳动者,依照本法执行。"因此,用人单位指中华人民共和国境内的企业、个体经济组织,也包括国家机关、事业组织、社会团体。不具备合法经营资格的用人单位,不得违法使用劳动者。

用人单位应当依法建立和完善规章制度,保障劳动者享有劳动权利和履行劳动义务。用人单位应当建立职业培训制度,按照国家规定提取和使用职业培训经费,根据本单位实际,有计划地对劳动者进行职业培训。用人单位对从事技术工种的劳动者,在上岗前必须经过培训。对不具备合法经营资格的用人单位的违法犯罪行为,依法追究法律责任;劳动者已经付出劳动的,该单位或者其出资人应当依照本法有关规定向劳动者支付劳动报酬、经济补偿、赔偿金;给劳动者造成损害的,应当承担赔偿责任。个人承包经营违反本法规定招用劳动者,给劳动者造成损害的,发包的组织与个人承包经营者承担连带赔偿责任。

(二)劳动者

劳动者是指达到法定就业年龄,具有一定劳动能力,依法具有订立劳动合同的主体资格,并在具体的劳动法律关系中享受权利和承担义务的人。凡年满16周岁、有劳动能力的公民是具有劳动权利能力和劳动行为能力的人。除法律另有规定以外,任何单位不得与未满16周岁的未成年人发生劳动法律关系。对有可能危害未成年人健康、安全或道德的职业或工作,最低就业年龄不应低于18周岁,用人单位不得招用已满16周岁未满18周岁的未成年人从事过重、有毒、有害的劳动或者危险作业。劳动者享有平等就业和选择职业的权利、取得劳动报酬的权利、休息休假的权利、获得劳动安全卫生保护的权利、接受职业技能培训的权利、享受社会保险和福利的权利、提请劳动争议处理的权利以及法律规定的其他劳动权利。劳动者应当完成劳动任务,提高职业技能,执行劳动安全卫生规程,遵守劳动纪律和职业道德。劳动者有权依法参加和组织工会。劳动者依照法律规定,通过职工大会、职工代表大会或者其他形式,参与民主管理或者就保护劳动者合法权益与用人单位进行平等协商。

(三)工会

劳动者有权依法参加和组织工会。工会代表和维护劳动者的合法权益,依法独立自主地开展活动,主要行使团结权、交涉权和争议权。用人单位违反集体合同,侵犯职工劳动权益的,工会可以依法要求用人单位承担责任;因履行集体合同发生争议,经协商解决不成的,工会可以依法申请仲裁、提起诉讼。

二、创业组织形成时期

(一)员工招录

1. 发布招聘广告的要求

用人单位可以通过委托公共就业服务机构或职业中介机构,参加职业招聘洽谈会,委托报纸、广播、电视、互联网站等大众传播媒介发布招聘信息,利用本企业场所、企业网站等自有途径发布招聘信息,其他合法途径等五种途径自主招用人员。对招聘广告的要求主要有以下几方面:

(1)招聘员工的年龄要求。用人单位不得招用未满16周岁的未成年人。文艺、体育和特种工艺单位这些特殊行业,可以招用未满16周岁的未成年人,但必须遵守国家有关规定,并保障其接受义务教育的权利。

(2)具体内容要真实合法。用人单位委托公共就业服务机构或职业中介机构招用人员,或者参加招聘洽谈会时,应当提供招用人员简章,并出示营业执照(副本)或者有关部门批准其设立的文件、经办人的身份证件和受用人单位委托的证明。招用人员简章应当真实、合法,应当包括用人单位基本情况、招用人数、工作内容、招录条件、劳动报酬、福利待遇、社会保险等内容,以及法律、法规规定的其他内容。

用人单位招用人员不得有下列违法行为:提供虚假招聘信息,发布虚假招聘广告;扣押被录用人员的居民身份证和其他证件;以担保或者其他名义向劳动者收取财物;招用未满16周岁的未成年人以及国家法律、行政法规规定不得招用的其他人员;招用无合法身份证件的人员;以招用人员为名牟取不正当利益或进行其他违法活动;不得以诋毁其他用人单位信誉、商业贿赂等不正当手段招聘人员。

发布的招聘信息不真实、不合法,未依法开展人力资源服务业务的,由人力资源社会保障行政部门责令改正,如果拒不改正,要处1万元以上5万元以下的罚款。如果获得了违法所得,要没收违法所得。情节严重的,要吊销用人单位的人力资源服务许可证。如果给求职者造成损害的,用人单位要依法承担民事责任。如果用人单位违反其他法律、行政法规的,由有关主管部门依法给予处罚。

(3)招聘信息中不得包含歧视性内容。用人单位发布的招用人员简章或招聘广告,不得包含歧视性内容。具体来说,不得包含歧视性内容包括以下几种:

第一,不得进行民族、种族、性别、宗教信仰歧视,不得歧视残疾人。对于性别歧视,要坚持男女享有平等的就业权。用人单位在招用人员时,除国家规定的不适合妇女从事的工种或者岗位外,不得以性别为由拒绝录用妇女或者提高对妇女的录用标准,不得在劳动合同中规定限制女职工结婚、生育的内容。

第二,不得歧视农村劳动者。农村劳动者进城就业享有与城镇劳动者平等的就业权利,不得对农村劳动者进城就业设置歧视性限制。

第三,不得歧视某些传染病病毒携带者。用人单位招用人员,除国家法律、行政法规和国务院卫生行政部门规定禁止乙肝病原携带者从事的工作外,不得强行将乙肝病毒血清学指标作为体检标准。但是,经医学鉴定传染病病原携带者在治愈前或者排除传染嫌疑前,不得从事法律、行政法规和国务院卫生行政部门规定禁止从事的易使传染病扩散的工作。

2. 双方负有如实告知义务

用人单位招用劳动者时,应当如实告知劳动者工作内容、工作条件、工作地点、职业危害、安全生产状况、劳动报酬,以及劳动者要求了解的其他情况;用人单位有权了解劳动者与劳动合同直接相关的基本情况,劳动者应当如实说明;用人单位应当根据劳动者的要求,及时向其反馈是否录用的情况。用人单位应当对劳动者的个人资料予以保密。公开劳动者的个人资料信息和使用劳动者的技术、智力成果,须经劳动者本人书面同意。劳动者求职时,应当如实向公共就业服务机构或职业中介机构、用人单位提供个人基本情况以及与应聘岗位直接相关的知识技能、工作经历、就业现状等情况,并出示相关证明。

3. 招用台港澳人员及外国人的规定

用人单位招用台港澳人员时,应当按照有关规定到当地劳动保障行政部门备案,并为其办理《台港澳人员就业证》。招用外国人时,应当在外国人入境前,按照有关规定到当地劳动保障行政部门为其申请就业许可,经批准并获得《中华人民共和国外国人就业许可证书》后方可招用。用人单位招用外国人的岗位必须是有特殊技能要求、国内暂无适当人选的岗位,并且不违反国家有关规定。

4. 招用在校大学生的规定

在校生利用业余时间勤工助学,不视为就业,不能建立劳动关系,不能与之签订劳动合同。

5. 招用已过退休年龄等类别员工的规定

用人单位招用已经依法享受养老保险待遇或领取退休金的人员,按劳务关系处理,不能与之签订劳动合同。如果招用企业停薪留职人员、未达到法定退休年龄的内退人员、下岗待岗人员以及企业经营性停产放长假等人员,要按照劳动关系处理,与之签订劳动合同。

6. 招用农民工的规定

农民工,是指为用人单位提供劳动的农村居民。用人单位招用农民工,要实行实名制管理,与其书面约定工资支付标准、支付时间、支付方式等内容,应当按照与农民工书面约定或者依法制定的规章制度规定的工资支付周期和具体支付日期足额支付工资。实行月、周、日、小时工资制的,按照月、周、日、小时为周期支付工资;实行计件工资制的,工资支付周期由双方依法约定。用人单位应当以货币形式,通过银行转账或者现金支付给农民工本人,不得以实物或者有价证券等其他形式替代。

用人单位应当按照工资支付周期编制书面工资支付台账,并至少保存三年。支付台账应当包括用人单位名称、支付周期、支付日期、支付对象姓名、身份证号码、联系方式、工作时间、应发工资项目及数额、代扣、代缴、扣除项目和数额、实发工资数额、银行代发工资凭证或者农民工签字等内容。人力资源和社会保障行政部门对用人单位未编制工资支付台账并依法保存,或者未向农民工提供工资清单,扣押或者变相扣押用于支付农民工工资的银行账户所绑定的农民工本人社会保障卡或者银行卡等违法行为,责令其限期改正,逾期不改正的,对单位处2万元以上5万元以下的罚款,对法定代表人或者主要负责人、直接负责的主管人员和其他直接责任人员处1万元以上3万元以下的罚款。发生劳动纠纷时,用人单位承担举证责任,不提供的,依法承担不利后果。使用劳务派遣工时,如果用工单位使用了个人、不具备合法经营资格的单位或者未依法取得劳务派遣许可证的单位派遣的农民工,造成拖欠农民工工资的,由用工单位清偿,并可以依法进行追偿。

7. 招聘劳务派遣工的规定

劳务派遣一般在临时性、辅助性或者替代性的工作岗位上实施。劳务派遣单位和用工单位,都不得向被派遣劳动者收取费用。用工单位使用派遣工,不得将连续用工期限分割订立数个短期劳务派遣协议,也不得将被派遣劳动者再派遣到其他用人单位,或自己设立劳务派遣单位向本单位或者所属单位派遣劳动者。

劳务派遣单位应当与被派遣劳动者订立2年以上的固定期限劳动合同,按月支付劳动报酬;被派遣劳动者在无工作期间,也要按照所在地人民政府规定的最低工资标准,向其按月支付报酬。劳务派遣单位派遣劳动者应当与接受以劳务派遣形式用工的单位(用工单位)订立劳务派遣协议,约定派遣岗位和人员数量、派遣期限、劳动报酬和社会保险费的数额与支付方式以及违反协议的责任等内容,签订协议后,劳务派遣单位要将协议内容告知被派遣劳动者。用工单位支付工资后,劳务派遣单位不得克扣。

在用工时,用工单位要告知被派遣劳动者工作要求和劳动报酬,对劳动者要进行工作岗位所必需的培训,要执行国家劳动标准,为其提供相应的劳动条件和劳动保护,依法支付加班费和绩效奖金。用工单位应该提供与工作岗位相关的福利待遇,要做到与用工单位的劳动者同工同酬;如无同类岗位劳动者的,要参照用工单位所在地相同或者相近岗位劳动者的劳动报酬确定。如果连续用工,用工单位需要实行正常的工资调整机制。被派遣劳动者有权在劳务派遣单位或者用工单位任一单位,依法参加或者组织工会,维护自身的合法权益。劳务派遣单位跨地区派遣的,被派遣劳动者享有的劳动报酬和劳动条件,按照用工单位所在地的标准执行。

8.招用非全日制工

非全日制用工,是指以小时计酬为主,双方当事人可以订立口头协议,劳动者在同一用人单位一般平均每日工作时间不超过4小时,每周工作时间累计不超过24小时的用工形式。小时计酬标准不得低于用人单位所在地人民政府规定的最低小时工资标准,结算支付周期最长不得超过15日。劳动者可以与一个或者一个以上用人单位订立劳动合同,但后订立的劳动合同不得影响先订立的劳动合同的履行。双方当事人不得约定试用期,任何一方都可以随时通知对方终止用工。当终止用工时,用人单位不需要向劳动者支付经济补偿。

(二)员工入职的要求

用人单位招用从事涉及公共安全、人身健康、生命财产安全等特殊工种的劳动者,应当依法招用持相应工种职业资格证书的人员;招用未持相应工种职业资格证书人员的,须组织其在上岗前参加专门培训,使其取得职业资格证书后方可上岗。用人单位招用劳动者,不能以各种名义扣押劳动者的居民身份证和其他证件,不能要求劳动者提供担保或者以其他名义向劳动者收取财物。

(三)要建立职工花名册

用人单位自用工之日起即与劳动者建立劳动关系,就要建立职工名册备查,包括劳动者姓名、性别、居民身份证号码、户籍地址及现住址、联系方式、用工形式、用工起始时间、劳动合同期限等内容。用人单位违反建立职工名册规定的,由劳动行政部门责令限期改正;逾期不改正的,对其处以2000元以上2万元以下的罚款。

(四)签订书面劳动合同的要求

1.劳动合同的订立

建立劳动关系,双方应当遵循合法、公平、平等自愿、协商一致、诚实信用的原则,订立书面劳动合同。用人单位与劳动者在用工前就订立劳动合同的,劳动关系自用工之日起建立。已建立劳动关系,未同时订立书面劳动合同的,应当自用工之日起一个月内订立书面劳动合同。劳动合同经双方协商一致并在文本上签字或者盖章后生效,由双方各执一份,给劳动者的劳动合同不能由用人单位保管。

2. 劳动合同的无效情形

在签订劳动合同的过程中,双方以欺诈、胁迫的手段或者乘人之危,使对方在违背真实意思的情况下订立或者变更劳动合同的,或用人单位免除自己的法定责任、排除劳动者权利的,或违反法律、行政法规强制性规定的,将导致劳动合同无效或者部分无效,就此发生争议的,由劳动争议仲裁机构或者人民法院给予确认。当劳动合同部分无效时,不影响其他部分效力的,其他部分则仍然有效。当劳动合同被确认无效后,但劳动者已付出劳动的,用人单位应该参照本单位相同或者相近岗位劳动者的劳动报酬,应当向劳动者支付劳动报酬。

3. 劳动合同的内容要求

劳动合同应当具备必备条款,包括用人单位的名称、住所和法定代表人或者主要负责人,劳动者的姓名、住址和居民身份证或者其他有效身份证件号码,劳动合同期限;工作内容和工作地点,工作时间和休息休假;劳动报酬,社会保险,劳动保护、劳动条件和职业危害防护,法律、法规规定应当纳入劳动合同的其他事项等内容。劳动合同除具备这些必备条款外,双方可以约定试用期、培训、保守秘密、补充保险和福利待遇等其他事项。除违反服务期和保密义务规定的情形外,用人单位不得与劳动者约定由劳动者承担违约金。如果因劳动合同对劳动报酬和劳动条件等标准约定不明确,引发争议的,双方可以重新协商;当协商不成时,按照集体合同规定来处理;如果没有集体合同或者集体合同未规定劳动报酬的,按照同工同酬的原则来处理;没有集体合同或者集体合同未规定劳动条件等标准的,按照国家有关规定来处理。

4. 约定试用期的要求

同一用人单位与同一劳动者只能约定一次试用期。试用期包含在劳动合同期限内,如果劳动合同仅约定试用期的,试用期不成立,该期限即为劳动合同期限。以完成一定工作任务为期限的劳动合同或者劳动合同期限不满3个月的,不得约定试用期;劳动合同期限3个月以上不满1年的,试用期不得超过1个月;劳动合同期限1年以上不满3年的,试用期不得超过2个月;3年以上固定期限和无固定期限的劳动合同,试用期不得超过6个月。用人单位支付试用期的工资,不得低于本单位相同岗位最低档工资或者劳动合同约定工资的80%,并不得低于用人单位所在地的最低工资标准。

5. 约定服务期的要求

用人单位为劳动者提供专项培训费用,对其进行专业技术培训的,可以与该劳动者订立协议,约定服务期。如果劳动者违反服务期约定的,应当按照约定向用人单位支付违约金,该数额不得超过用人单位提供的培训费用,也不得超过服务期尚未履行部分所应分摊的培训费用。双方约定服务期的,不影响按照正常的工资调整机制提高劳动者在服务期期间的劳动报酬。

6. 约定保密事项的要求

用人单位与劳动者可以在劳动合同中约定保守用人单位的商业秘密和与知识产权相关的保密事项。约定保密事项时,用人单位可以在劳动合同或者保密协议中,与劳动者就竞业限制的范围、地域、期限等约定竞业限制条款,但不得违反法律、法规的相关规定。竞业限制的人员,仅限于用人单位的高级管理人员、高级技术人员和其他负有保密义务的人员。在解除或者终止劳动合同后,上述人员到与本单位生产或者经营同类产品、从事同类业务的有竞争关系的其他用人单位,或者自己开业生产或者经营同类产品、从事同类业务的竞业限制期限,不得超过2年;在竞业限制期限内,用人单位要按月给予劳动者经济补偿。如果劳动者违反竞业限制约定的,要按照约定向用人单位支付违约金。

(五) 不签订书面合同构成事实劳动关系

如果用人单位不与劳动者签订书面劳动合同,但用人单位和劳动者双方都符合法律法规规定的主体资格,用人单位依法制定的各项劳动规章制度适用于劳动者,劳动者接受了用人单位的劳动管理,从事了用人单位安排的有报酬的劳动,并且其提供的劳动是用人单位业务的组成部分等条件,又有工资支付凭证或记录(职工工资发放花名册)、缴纳各项社会保险费的记录,用人单位向劳动者发放的"工作证""服务证"等能够证明身份的证件,劳动者填写的用人单位招工招聘"登记表""报名表"等招用记录,考勤记录,其他劳动者的证言等这些证据,即可认定为双方形成了事实劳动关系,其中用人单位对工资支付凭证或记录、缴纳各项社会保险费的记录,"工作证""服务证""登记表""报名表"等凭证,要承担举证责任。

（六）劳动合同期限的选择及要求

1. 合同的分类

劳动合同分为固定期限劳动合同、无固定期限劳动合同和以完成一定工作任务为期限的劳动合同。固定期限劳动合同，是指用人单位与劳动者约定合同终止时间的劳动合同。无固定期限劳动合同，是指用人单位与劳动者约定无确定终止时间的劳动合同，但是订立无固定期限合同，要符合一定的条件。用人单位自用工之日起满一年不与劳动者订立书面劳动合同的，就视为用人单位与劳动者已经订立了无固定期限劳动合同。

2. 订立无固定期限合同的规定

用人单位与劳动者协商一致，可以订立无固定期限劳动合同。如果劳动者在该用人单位连续工作满10年，或在用人单位初次实行劳动合同制度或者国有企业改制重新订立劳动合同时，劳动者在该用人单位连续工作满10年且距法定退休年龄不足10年的，或劳动者已经连续订立过2次固定期限劳动合同，且劳动者要求续订劳动合同的，除劳动者提出订立固定期限劳动合同外，劳动者提出或者同意续订、订立劳动合同时，应当订立无固定期限劳动合同。

三、创业组织存在时期

（一）建立劳动规章制度

用人单位应当依法建立和完善劳动规章制度，保障劳动者享有劳动权利、履行劳动义务。用人单位在制定、修改或者决定有关劳动报酬、工作时间、休息休假、劳动安全卫生、保险福利、职工培训、劳动纪律以及劳动定额管理等直接涉及劳动者切身利益的规章制度或者重大事项时，应当经职工代表大会或者全体职工讨论，提出方案和意见，与工会或者职工代表平等协商后确定。在规章制度和重大事项决定的实施过程中，工会或者职工认为不适当的，有权向用人单位提出，通过协商予以修改完善。用人单位应当将直接涉及劳动者切身利益的规章制度和重大事项决定公示，或者以合法的方式告知劳动者。

（二）工作时间的规定

国家实行劳动者每日工作时间不超过8小时、平均每周工作时间不超过44小时的工时制度。对实行计件工作的劳动者，用人单位应当根据该工时制度合理确定其劳动定额和计件报酬标准。如果企业因自身生产特点不能实行上述规定的,要经劳动行政部门批准后,才可以实行其他工作和休息办法。

(三)加班及休假制度

用人单位应当严格执行劳动定额标准,不得强迫或者变相强迫劳动者加班。如果由于生产经营需要,经与工会和劳动者协商后可以延长工作时间,一般每日不得超过1小时;因特殊原因需要延长工作时间的,在保障劳动者身体健康的条件下延长工作时间每日不得超过3小时,但是每月不得超过36小时。对于发生自然灾害、事故或者因其他原因,威胁劳动者生命健康和财产安全,需要紧急处理的,或生产设备、交通运输线路、公共设施发生故障,影响生产和公众利益,必须及时抢修的,或法律、行政法规规定的其他情形,在延长工作时间不受上述规定的限制。

用人单位安排加班的,应当按照国家有关规定向劳动者支付加班费。用人单位安排劳动者延长工作时间的,不能安排补休,应当支付不低于工资的150%的工资报酬;休息日安排劳动者工作,可以安排补休,但如果无法安排补休的,需要支付不低于工资的200%的工资报酬;法定休假日安排劳动者工作的,不能安排补休,需要支付不低于工资的300%的工资报酬。

用人单位应当保证劳动者每周至少休息1日。用人单位在元旦、春节、国际劳动节、国庆节,以及法律、法规规定的其他休假节日期间应当依法安排劳动者休假。劳动者连续工作1年以上的,可以享受带薪年休假。

(四)变更劳动合同的要求

用人单位与劳动者协商一致,可以变更劳动合同约定的内容,但也应当采用书面形式。变更后的劳动合同文本由用人单位和劳动者各执一份,用人单位不能将劳动者的一份由自己保管。如果用人单位变更名称、法定代表人、主要负责人或者投资人等事项,不影响劳动合同的履行;如果用人单位发生合并或者分立等情况,原劳动合同继续有效,劳动合同由承继其权利和义务的用人单位继续履行。

(五)劳动者工资的支付要求

用人单位根据本单位的生产经营特点和经济效益,可以依法自主确定本单位的工资分配方式和工资水平,应当遵循按劳分配原则进行工资分配,实行同工同酬,支付劳动者的工资不得低于当地最低工资标准。用人单位应当按照劳动合同约定和国家规定,以货币形式按月并及时足额支付给劳动者本人,不得克扣或者无故拖欠劳动者的工资。劳动者在法定休假日和婚丧假期间以及依法参加社会活动期间,用人单位应当依法支付工资。对用人单位拖欠或者未足额支付劳动报酬的,劳动者可以依法向当地人民法院申请支付令,人民法院应当依法发出支付令。

(六)企业经营过程中的劳动管理

1.用人单位不得违章指挥、强令冒险作业

劳动者拒绝用人单位管理人员违章指挥、强令冒险作业的,不视为违反劳动合同。劳动者对危害生命安全和身体健康的劳动条件,有权对用人单位提出批评、检举和控告。对用人单位以暴力、威胁或者非法限制人身自由的手段强迫劳动的,或违章指挥或者强令冒险作业危及劳动者人身安全的,或侮辱、体罚、殴打、非法搜查或者拘禁劳动者的,或劳动条件恶劣、环境污染严重,给劳动者身心健康造成严重损害的,要依法给予行政处罚;情节严重构成犯罪的,要依法追究刑事责任;如果给劳动者造成损害的,应当承担赔偿责任。

2.建立健全劳动安全卫生制度

在用工过程中,用人单位要建立健全劳动安全卫生制度,严格执行国家劳动安全卫生规程和标准,做好对劳动者的劳动安全卫生教育,防止劳动过程中发生各种安全事故,减少职业危害的发生。劳动安全卫生设施必须符合国家规定的标准,新建、改建、扩建工程的劳动安全卫生设施必须与主体工程同时设计、同时施工、同时投入生产和使用。用人单位必须为劳动者提供符合国家规定的劳动安全卫生条件和必要的劳动防护用品,对从事有职业危害作业的劳动者应当定期做好健康检查。从事特种作业的劳动者必须经过专门培训并取得特种作业资格,方能上岗操作。在劳动过程中,劳动者必须严格遵守安全操作规程,当用人单位管理人员有违章指挥、强令冒险作业行为时,危害劳动者的生命安全和身体健康时,劳动者有权拒绝执行,也有权提出批评、检举和控告。

3.对女职工和未成年工实行特殊保护制度

国家实行对女职工和未成年工的特殊劳动保护制度。用人单位禁止安排女职工从事矿山井下、国家规定的第Ⅳ级体力劳动强度的劳动和其他禁忌从事的劳动。除此之外,还要做好女职工经期、孕期和哺乳期这些特殊生理期间的特殊保护。女职工在经期时,不得安排其从事高处、低温、冷水作业和国家规定的第Ⅲ级体力劳动强度的劳动;女职工在怀孕期间,不得安排其从事第Ⅲ级体力劳动强度的劳动和孕期禁忌从事的劳动;如怀孕7个月以上,则不得安排其延长工作时间和夜班劳动。女职工在生育后,可以享受不少于90天的产假;在哺乳未满1周岁的婴儿期间,不得安排其从事第Ⅲ级体力劳动强度的劳动和哺乳期禁忌从事的其他劳动,也不得安排其延长工作时间和夜班劳动。

未成年工是指年满16周岁未满18周岁的劳动者。用人单位不得安排未成年工从事矿山井下、有毒有害、国家规定的第Ⅳ级体力劳动强度的劳动和其他禁忌从事的劳动,还应当对未成年工定期进行健康检查。

(七)依法缴纳社会保险

用人单位和劳动者必须依法参加社会保险,缴纳养老保险、工伤保险、生育保险、疾病保险、失业保险等社会保险费。国家鼓励用人单位根据本单位实际情况为劳动者建立补充保险,还提倡劳动者个人进行储蓄性保险。劳动者死亡后,其遗属可以依法享受遗属津贴。

(八)用人单位负有劳动者工伤申请的义务

职工在工作时间和工作场所内,因工作原因受到事故伤害的,或工作时间前后在工作场所内,从事与工作有关的预备性或者收尾性工作受到事故伤害的,或在工作时间和工作场所内,因履行工作职责受到暴力等意外伤害的,或患职业病的,或因工外出期间,由于工作原因受到伤害或者发生事故下落不明的,或在上下班途中,受到机动车事故伤害的,或法律、行政法规规定应当认定为工伤的其他情形,应当认定为工伤。职工在工作时间和工作岗位,突发疾病死亡或者在48小时之内经抢救无效死亡的,或在抢险救灾等维护国家利益、公共利益活动中受到伤害的,或职工原在军队服役,因战、因公负伤致残,已取得革命伤残军人证,到用人单位后旧伤复发的,可以视同工伤。职工因犯罪或者违反治安管理伤亡的,或因醉酒导致伤亡的,或自残或者自杀的等情形,不构成工伤或视同工伤。

职工发生事故伤害或者按照职业病防治法规定被诊断、鉴定为职业病的,用人单位应当自事故伤害发生之日或者被诊断、鉴定为职业病之日起30日内,向劳动保障行政部门提出工伤认定申请,包括工伤认定申请表、与用人单位存在劳动关系(包括事实劳动关系)的证明材料、医疗诊断证明或者职业病诊断证明书(或者职业病诊断鉴定书),工伤认定申请表应当包括事故发生的时间、地点、原因以及职工伤害程度等基本情况。遇有特殊情况,经报劳动保障行政部门同意,申请时限可以适当延长。

用人单位未按规定提出工伤认定申请的,工伤职工或者其直系亲属、工会组织在事故伤害发生之日或者被诊断、鉴定为职业病之日起1年内,可以直接向用人单位所在地统筹地区劳动保障行政部门提出工伤认定申请。但是,用人单位未在规定的时限内提交工伤认定申请,在此期间发生符合规定的工伤待遇等有关费用由该用人单位负担。

(九)劳动合同的解除

用人单位与劳动者协商一致,可以解除劳动合同。劳动者在试用期内提前3日通知用人单位,试用期之外需要提前30日以书面形式通知用人单位,可以解除劳动合同。用人单位单方解除劳动合同,应当事先将理由通知工会。对用人单位违反法律、行政法规规定或者劳动合同约定的行为,工会有权要求用人单位纠正。用人单位接到工会的意见后,应当予以研究并要将处理结果书面通知工会。

1. 用人单位单方解除劳动合同的情形

(1)不附带条件的解除。劳动者有下列情形之一的,用人单位可以解除劳动合同:在试用期间被证明不符合录用条件的;严重违反用人单位的规章制度的;严重失职,营私舞弊,给用人单位造成重大损害的;劳动者同时与其他用人单位建立劳动关系,对完成本单位的工作任务造成严重影响,或者经用人单位提出,拒不改正的;因劳动者严重违反用人单位的规章制度致使劳动合同无效的;被依法追究刑事责任的。

(2)附带条件的解除。有下列情形之一的,用人单位提前30日以书面形式通知劳动者本人或者额外支付劳动者一个月工资后,可以解除劳动合同:劳动者患病或者非因工负伤,在规定的医疗期满后不能从事原工作,也不能从事由用人单位另行安排的工作的;劳动者不能胜任工作,经过培训或者调整工作岗位,仍不能胜任工作的;劳动合同订立时所依据的客观情况发生重大变化,致使劳动合同无法履行,经用人单位与劳动者协商,未能就变更劳动合同内容达成协议的。

(3)不得解除的情形。劳动者有下列情形之一的,用人单位不得解除劳动合同:从事接触职业病危害作业的劳动者未进行离岗前职业健康检查,或者疑似职业病病人在诊断或者医学观察期间的;在本单位患职业病或者因工负伤并被确认丧失或者部分丧失劳动能力的;患病或者非因工负伤,在规定的医疗期内的;女职工在孕期、产期、哺乳期的;在本单位连续工作满15年,且距法定退休年龄不足5年的;法律、行政法规规定的其他情形。

2. 劳动者单方解除劳动合同的情形

(1)预先告知的解除。用人单位有下列情形之一的,劳动者提前30日以书面形式通知用人单位可以解除劳动合同:未按照劳动合同约定提供劳动保护或者劳动条件的;未及时足额支付劳动报酬的;未依法为劳动者缴纳社会保险费的;用人单位的规章制度违反法律、法规的规定,损害劳动者权益的;因以欺诈、胁迫的手段或者乘人之危,使对方在违背真实意思的情况下订立或者变更劳动合同致使劳动合同无效的;法律、行政法规规定劳动者可以解除劳动合同的其他情形。

(2)无须预先告知的解除。用人单位以暴力、威胁或者非法限制人身自由的手段强迫劳动者劳动的,或者用人单位违章指挥、强令冒险作业危及劳动者人身安全的,劳动者可以立即解除劳动合同,无须事先告知用人单位。

3. 经济性裁员

(1)裁员的条件及程序。如果用人单位出现依照企业破产法规定进行重整,或生产经营发生严重困难的,或企业转产、重大技术革新或者经营方式调整,经变更劳动合同后,仍需裁减人员的,或其他因劳动合同订立时所依据的客观经济情况发生重大变化,致使劳动合同无法履行等情形的,可以裁员。当裁减人员达20人以上或者不足20人但占企业职工总数10%以上的,用人单位需要提前30日向工会或者全体职工说明情况,听取工会或者职工的意见后形成裁减方案,该方案经过向劳动行政部门报告备案后,可以裁减人员。

(2)裁减人员时,应当优先留用与本单位订立较长期限的固定期限劳动合同的员工,或与本单位订立无固定期限劳动合同的员工,或家庭无其他就业人员,有需要扶养的老人或者未成年人的员工。用人单位在6个月内重新招用人员的,应当通知被裁减的人员,并在同等条件下优先招用被裁减的人员。

4. 劳动合同终止

当劳动合同期满,或劳动者开始依法享受基本养老保险待遇的,或劳动者死亡,或被人民法院宣告死亡或者宣告失踪的,或用人单位被依法宣告破产的,或用人单位被吊销营业执照、责令关闭、撤销或者用人单位决定提前解散的,或有法律、行政法规规定的其他情形,劳动合同终止。劳动合同期满,劳动合同应当续延至相应的情形消失时终止。对丧失或者部分丧失劳动能力劳动者的劳动合同的终止,按照国家有关工伤保险的规定执行。

5. 解除劳动合同时支付补偿金的要求

有下列情形之一导致合同解除的,用人单位应当向劳动者支付经济补偿:因用人单位未按照劳动合同约定提供劳动保护或者劳动条件的,或未及时足额支付劳动报酬的,或未依法为劳动者缴纳社会保险费的,或其规章制度违反法律、法规的规定,损害劳动者权益的,或因以欺诈、胁迫的手段或者乘人之危,使对方在违背真实意思的情况下订立或者变更劳动合同致使劳动合同无效的,或法律、行政法规规定劳动者可以解除劳动合同的其他情形,或用人单位以暴力、威胁或者非法限制人身自由的手段强迫劳动者劳动的,或用人单位违章指挥、强令冒险作业危及劳动者人身安全的,劳动者解除劳动合同;用人单位向劳动者提出解除劳动合同并与劳动者协商一致解除劳动合同的;因为劳动者患病或者非因工负伤,在规定的医疗期满后不能从事原工作,也不能从事由用人单位另行安排的工作的,或劳动者不能胜任工作,经过培训或者调整工作岗位,仍不能胜任工作的,或劳动合同订立时所依据的客观情况发生重大变化,致使劳动合同无法履行,经用人单位与劳动者协商,未能就变更劳动合同内容达成协议的,用人单位解除劳动合同的;用人单位依照企业破产法规定进行重整而解除劳动合同的;除用人单位维持或者提高劳动合同约定条件续订劳动合同,劳动者不同意续订的情形外,因劳动合同期满而终止固定期限劳动合同的;因为用人单位被依法宣告破产的,或用人单位被吊销营业执照、责令关闭、撤销或者用人单位决定提前解散而终止劳动合同的;法律、行政法规规定的其他情形。

用人单位违反规定解除或者终止劳动合同,劳动者要求继续履行劳动合同的,用人单位应当继续履行;劳动者不要求继续履行劳动合同或者劳动合同已经不能继续履行的,用人单位应当按照正常支付补偿金的两倍支付赔偿金。根据劳动者在本单位工作的年限,按照每满1年支付1个月工资的标准向劳动者支付经济补偿金。6个月以上不满1年的,按1年计算;不满6个月的,向劳动者支付半个月工资的经济补偿。劳动者月工资高于用人单位所在直辖市、设区的市级人民政府公布的本地区上年度职工月平均工资3倍的,向其支付经济补偿的标准按职工月平均工资3倍的数额支付,向其支付的年限最高不超过12年。月工资是指劳动者在劳动合同解除或者终止前12个月的平均工资。

6. 解除或终止合同时的双方义务

用人单位应当在解除或者终止劳动合同时出具解除或者终止劳动合同的证明,并在15日内为劳动者办理档案和社会保险关系转移手续。用人单位依照本法有关规定应当向劳动者支付经济补偿的,在办结工作交接时支付。用人单位对已经解除或者终止的劳动合同的文本,至少保存两年备查。劳动者应当按照双方约定,办理工作交接。

(十)签订集体合同的要求

集体合同草案制定后,要提交职工代表大会或者全体职工讨论通过。

工会代表企业职工一方与企业可以就劳动报酬、工作时间、休息休假、劳动安全卫生、保险福利等事项,签订集体合同。没有建立工会的企业,由全体职工推举的代表与企业签订。集体合同签订后应当报送劳动行政部门,该部门自收到集体合同文本之日起15日内未提出异议的,集体合同即行生效。依法签订的集体合同对企业和企业全体职工双方都具有约束力。职工个人与企业订立的劳动合同中劳动条件和劳动报酬等标准,不得低于集体合同的规定。

四、劳动争议的处理

(一)劳动争议案件的范围

劳动争议的范围。因订立、履行、变更、解除和终止劳动合同发生的争议;因除名、辞退和辞职、离职发生的争议;因工作时间、休息休假、社会保险、福利、培训以及劳动保护发生的争议;因劳动报酬、工伤医疗费、经济补偿或者赔偿金等发生的争议;法律、法规规定的其他劳动争议。

不属于劳动争议案件的范围。劳动者请求社会保险经办机构发放社会保险金的纠纷;劳动者与用人单位因住房制度改革产生的公有住房转让纠纷;劳动者对劳动能力鉴定委员会的伤残等级鉴定结论或者对职业病诊断鉴定委员会的职业病诊断鉴定结论的异议纠纷;家庭或者个人与家政服务人员之间的纠纷;个体工匠与帮工、学徒之间的纠纷;农村承包经营户与受雇人之间的纠纷。

(二)劳动争议处理的基本原则

解决劳动争议,应当根据事实,遵循合法、公正、及时、着重调解的原则,依法维护劳动争议当事人的合法权益。用人单位与劳动者发生劳动争议,当事人可以依法申请调解、仲裁、提起诉讼,也可以协商解决。劳动争议案件采用"一裁两审"制,仲裁是强制前置程序,未经仲裁的,人民法院不得受理。当事人对自己提出的主张,有责任提供证据。如果与争议事项有关的证据,属于用人单位掌握管理的,用人单位应当提供,否则应当承担不利后果。

(三)劳动争议案件处理的基本程序

1. 调解

在用人单位内,可以由职工代表、用人单位代表和工会代表参加,设立劳动争议调解委员会,劳动争议调解委员会主任由工会代表担任。劳动争议经调解达成协议的,当事人应当履行。当事人申请劳动争议仲裁后,可以自行和解。达成和解协议的,可以撤回仲裁申请。

仲裁庭在作出裁决前,先行调解达成协议的,应当制作调解书,写明仲裁请求和当事人协议的结果。调解书由仲裁员签名,加盖劳动争议仲裁委员会印章,送达双方当事人经双方签收后,即发生法律效力。在调解不成或者调解书送达前,一方当事人反悔的,仲裁庭应当及时作出裁决。因支付拖欠劳动报酬、工伤医疗费、经济补偿或者赔偿金事项达成调解协议,用人单位在协议约定期限内不履行的,人民法院在接到持调解协议书的劳动者的申请后,可以依法发出支付令。

2. *劳动争议仲裁委员会仲裁*

(1)适用范围。因订立、履行、变更、解除和终止劳动合同发生的争议,因除名、辞退和辞职、离职发生的争议,因工作时间、休息休假、社会保险、福利、培训以及劳动保护发生的争议,因劳动报酬、工伤医疗费、经济补偿或者赔偿金等发生的争议,法律、法规规定的其他劳动争议。

(2)当事人。发生劳动争议的劳动者和用人单位为劳动争议仲裁案件的双方当事人。劳务派遣单位或者用工单位与劳动者发生劳动争议的,劳务派遣单位和用工单位为共同当事人。与劳动争议案件的处理结果有利害关系的第三人,可以申请参加仲裁活动或者由劳动争议仲裁委员会通知其参加仲裁活动。

(3)代理人。委托他人参加仲裁活动,应当向劳动争议仲裁委员会提交有委托人签名或者盖章,载明委托事项和权限的委托书。丧失或者部分丧失民事行为能力的劳动者,由其法定代理人代为参加仲裁活动;无法定代理人的,由劳动争议仲裁委员会为其指定代理人。劳动者死亡的,由其近亲属或者代理人参加仲裁活动。

(4)仲裁时效。劳动争议申请仲裁的时效期间为1年。仲裁时效期间从当事人知道或者应当知道其权利被侵害之日起计算。仲裁时效,因当事人一方向对方当事人主张权利,或者向有关部门请求权利救济,或者对方当事人同意履行义务而中断。从中断时起,仲裁时效期间重新计算。因不可抗力或者有其他正当理由,当事人不能在仲裁时效期间申请仲裁的,仲裁时效中止。从中止时效的原因消除之日起,仲裁时效期间继续计算。劳动关系存续期间因拖欠劳动报酬发生争议的,劳动者申请仲裁不受仲裁时效期间的限制;但终止劳动关系应当自劳动关系终止之日起一年内提出。

(5)申请仲裁书载明事项。申请人申请仲裁应当提交书面仲裁申请,并按照被申请人人数提交副本。仲裁申请书应当载明下列事项：劳动者的姓名、性别、年龄、职业、工作单位和住所，用人单位的名称、住所和法定代表人或者主要负责人的姓名、职务；仲裁请求和所根据的事实、理由；证据和证据来源、证人姓名和住所。书写仲裁申请确有困难的，可以口头申请，由劳动争议仲裁委员会记入笔录，并告知对方当事人。

（6）开庭和裁决。仲裁庭应当在开庭5日前，将开庭日期、地点书面通知双方当事人。当事人有正当理由的，可以在开庭3日前请求延期开庭。申请人无正当理由拒不到庭或者未经仲裁庭同意中途退庭的，可以视为撤回仲裁申请。被申请人无正当理由拒不到庭或者未经仲裁庭同意中途退庭的，可以缺席裁决。仲裁庭的裁决，应当自受理仲裁申请之日起45日内结束。案情复杂需要延期的，经仲裁委员会主任批准，可以延期并书面通知当事人，但是延长期限不得超过15日。逾期未作出仲裁裁决的，当事人可以就该劳动争议事项向人民法院提起诉讼。仲裁庭裁决劳动争议案件时，其中一部分事实已经清楚，可以就该部分先行裁决。

（7）终局裁决内容。追索劳动报酬、工伤医疗费、经济补偿或者赔偿金，不超过当地月最低工资标准12个月金额的争议，因执行国家的劳动标准在工作时间、休息休假、社会保险等方面发生的争议，仲裁裁决为终局裁决，裁决书自作出之日起发生法律效力。

（8）不服裁决结果可申请撤销或诉讼。劳动者对仲裁裁决不服的，可以自收到仲裁裁决书之日起15日内向人民法院提起诉讼。用人单位有证据证明仲裁裁决适用法律、法规确有错误的，或劳动争议仲裁委员会无管辖权的，或违反法定程序的，或裁决所根据的证据是伪造的，或对方当事人隐瞒了足以影响公正裁决的证据的，或仲裁员在仲裁该案时有索贿受贿、徇私舞弊、枉法裁决行为的，可以自收到仲裁裁决书之日起30日内向劳动争议仲裁委员会所在地的中级人民法院申请撤销裁决。人民法院经组成合议庭审查核实属实的，应当裁定撤销裁决，当事人可以自收到裁定书之日起15日内就该劳动争议事项向人民法院提起诉讼。

当事人对发生法律效力的调解书、裁决书，应当依照规定的期限履行。一方当事人逾期不履行的，另一方当事人可以依照民事诉讼法的有关规定向人民法院申请执行。

3. 诉讼

如果经过仲裁程序，劳动争议当事人对仲裁裁决不服的，可以自收到仲裁裁决书之日起15日内向人民法院提起诉讼。如果一方当事人在法定期限内不起诉又不履行仲裁裁决的,那么另一方就可以申请人民法院强制执行。因集体合同发生争议,也要经过协商、仲裁、诉讼的程序。在签订集体合同时发生争议,当事人不能协商解决的,当地人民政府劳动行政部门可以组织有关各方协调处理。在履行集体合同时发生争议,当事人不能协商解决的,可以向劳动争议仲裁委员会申请仲裁;对仲裁裁决不服的,可以自收到仲裁裁决书之日起15日内向人民法院提起诉讼。

五、创业人力资源监管

(一)劳动行政部门的监管

县级以上各级人民政府劳动行政部门,作为监管部门,其监督检查人员有权通过进入用人单位了解执行劳动法律、法规的情况,查阅必要的资料等方式,对用人单位遵守劳动法律、法规的情况开展监督检查,对违反劳动法律、法规的行为有权制止,并责令改正。劳动行政部门监督检查人员进入用人单位,必须出示证件,秉公执法并遵守有关规定。县级以上各级人民政府其他有关部门,在各自职责范围内,也有权对用人单位遵守劳动法律、法规的情况进行监督。

(二)各级工会的监督

各级工会依法维护劳动者的合法权益,对用人单位遵守劳动法律、法规的情况进行监督。

(三)用人单位和劳动者违反规定承担的法律责任

用人单位制定的劳动规章制度违反法律、法规规定的,由劳动行政部门给予警告,责令改正;对劳动者造成损害的,应当承担赔偿责任。用人单位以暴力、威胁或者非法限制人身自由的手段强迫劳动的,或侮辱、体罚、殴打、非法搜查和拘禁劳动者的,由公安机关对责任人员处以15日以下拘留、罚款或者警告;构成犯罪的,对责任人员依法追究刑事责任。用人单位强令劳动者违章冒险作业,发生重大伤亡事故,造成严重后果的,对责任人员依法追究刑事责任。用人单位非法招用未满16周岁的未成年人的,由劳动行政部门责令改正,处以罚款;情节严重的,由市场监督管理部门吊销营业执照。用人单位违反本法对女职工和未成年工的保护规定,侵害其合法权益的,由劳动行政部门责令改正,处以罚款;对女职工或者未成年工造成损害的,应当承担赔偿责任。用人单位无理阻挠劳动行政部门、有关部门及其工作人员行使监督检查权,打击报复举报人员的,由劳动行政部门或者有关部门处以罚款;构成犯罪的,对责任人员依法追究刑事责任。

用人单位违法延长劳动者工作时间的,由劳动行政部门给予警告,责令改正,并可以处以罚款。用人单位克扣或者无故拖欠劳动者工资的;或拒不支付劳动者延长工作时间工资报酬的;或低于当地最低工资标准支付劳动者工资的;或解除劳动合同后,未依照规定给予劳动者经济补偿的,由劳动行政部门责令支付劳动者的工资报酬、经济补偿,并可以责令支付赔偿金。用人单位无故不缴纳社会保险费的,由劳动行政部门责令其限期缴纳;逾期不缴的,可以加收滞纳金。

用人单位存在劳动安全设施和劳动卫生条件不符合国家规定或者未向劳动者提供必要的劳动防护用品和劳动保护设施的,由劳动行政部门或者有关部门责令改正,可以处以罚款;情节严重的,提请县级以上人民政府决定责令停产整顿;对事故隐患不采取措施,致使发生重大事故,造成劳动者生命和财产损失的,对责任人员按照刑法有关规定追究刑事责任。由于用人单位的原因订立的无效合同,对劳动者造成损害的,应当承担赔偿责任。用人单位违反规定解除劳动合同或者故意拖延不订立劳动合同的,由劳动行政部门责令改正;对劳动者造成损害的,应当承担赔偿责任。用人单位招用尚未解除劳动合同的劳动者,对原用人单位造成经济损失的,该用人单位应当依法承担连带赔偿责任。

劳动者违反本法规定的条件解除劳动合同或者违反劳动合同中约定的保密事项,对用人单位造成经济损失的,应当依法承担赔偿责任。

六、创业组织终止时期

(一)对员工的经济补偿

用人单位被依法宣告破产的,或用人单位被吊销营业执照、责令关闭、撤销或者用人单位决定提前解散的,在创业组织终止时需要向劳动者支付经济补偿。具体补偿标准为:

根据劳动者在本单位工作的年限,每满1年按照支付1个月工资的标准向劳动者支付。不满6个月的,向劳动者支付半个月工资的经济补偿。6个月以上不满1年的,按1年计算。劳动者月工资高于用人单位所在直辖市、设区的市级人民政府公布的本地区上年度职工月平均工资3倍的,按职工月平均工资3倍数额向其支付经济补偿,支付的年限最高不超过12年。月工资是指劳动者在劳动合同解除或者终止前12个月的平均工资。

(二) 对社会保险费和职工再就业安置费的清偿

企业实施破产时,按照国家有关企业破产的规定,要从其财产清产和土地转让所得中按实际需要划拨出社会保险费用和职工再就业的安置费。其划拨的养老保险费和失业保险费,交给由当地社会保险基金经办机构和劳动部门就业服务机构,被用来支付离退休人员的养老保险费用和支付失业人员应享受的失业保险待遇。

第三节　创业人力资源法律风险及防控

一、创业组织形成时期

(一) 招聘条件描述不清的风险

招聘信息的内容,如对个人学历、工作经历、身体条件、解除合同条件等的约定,不应该是模糊和随意性的,应该表述非常清楚。虽然,用人单位享有对不符合录用条件解除合同的权利,但是,如果用人单位没有写明约束性条款,以不符合录用条件而提出解除劳动合同时,便不能有效证明劳动者不符合录用条件。

(二) 实施就业歧视的风险

求职被拒是职场上司空见惯的事情,用人单位也会以不同的理由拒绝求职者。但如果用人单位实施了就业歧视,求职者可以依法向人民法院提起诉讼。例如,2019年7月,河南女孩闫某线上向浙江某度假村有限公司两个岗位投递了简历进行求职,该公司三次以"河南人"为理由而予以拒绝。这种明显的地域歧视,引发其发起了一场维护平等就业权的法律之诉。2020年1月26日,浙江杭州互联网法院对闫某诉被告浙江某公司平等就业权纠纷一案在线审理并当庭宣判,该案也是首例在线审理的平等就业权纠纷案。法院经过审理认为,浙江某公司构成对闫某地域歧视,侵害了平等就业权,不仅判决这家公司向闫某口头道歉、在国家级媒体刊登道歉声明,并赔偿闫某精神抚慰金及合理维权费用损失10 000元。

(三) 录用未解除合同人员的风险

用人单位招用尚未解除劳动合同的劳动者,对原用人单位造成经济损失的,该用人单位应当依法承担连带赔偿责任。例如,2005年3月,浙江某公司录用未与某仪表公司解除固定劳动合同的李某,签订了《技术人员和聘用协议书》,期限自2005年3月28日至2011年3月27日。某仪表公司于2008年12月申请裁决,举证2002年7月至2003年12月李某为某仪表公司创收65万元,据此认为,李某2005年3月至2008年12月因受聘于浙江某公司导致其公司减少利润130万元。仲裁裁决李某赔偿某仪表公司经济损失130万元,浙江某公司对其中的70%即91万元承担连带赔偿责任,并裁决李某返还某仪表公司代缴的社会保险金个人应承担部分。李某和浙江某公司不服起诉至法院,后经过二审,最后的判决结果基本与仲裁结果一致。

(四)不当使用劳务派遣工的风险

劳务派遣只是补充用工形式,既有岗位要求,也有总数限制。如果用工单位不依法公示辅助性岗位,给劳动者造成损害,则要承担赔偿责任。用工单位违反规定的,由人力资源社会保障行政部门责令改正,给予警告,如给被派遣劳动者造成损害的,依法承担赔偿责任,劳务派遣单位与用工单位要承担连带赔偿责任。用工单位不得将被派遣劳动者再派遣到其他用人单位,也不得设立劳务派遣单位向本单位或者所属单位派遣劳动者。用工单位被依法宣告破产、吊销营业执照、责令关闭、撤销、决定提前解散或者经营期限届满不再继续经营的,或劳务派遣协议期满终止的,可以将被派遣劳动者退回劳务派遣单位;违反规定退回情节严重的,除了要以每人1000元以上5000元以下的标准处以罚款外,还要由工商行政管理部门吊销其营业执照。

(五)录用在校大学生的风险

如果录用尚未毕业的大学生,无论假期打工、实习实践,因在校期间不需签订劳动合同,二者关系为劳务关系。如其毕业后,继续录用,其持有的三方就业协议并不是劳动合同,三方协议是《普通高等学校毕业生、毕业研究生就业协议书》的简称,它是明确毕业生、用人单位和学校三方在毕业生就业工作中的权利和义务的书面表现形式。因此,在录用后需要及时与其签订劳动合同,否则就会造成事实劳动关系的风险。

(六)录用非法务工的外国人的风险

外国人在中国境内工作,应当按照规定取得工作许可和工作类居留证件,未取得许可和居留证者,任何单位和个人都不得聘用。外国人如果未按照规定取得工作许可和工作类居留证件在中国境内工作的,或超出工作许可限定范围在中国境内工作的,或外国留学生违反勤工助学管理规定,超出规定的岗位范围或者时限在中国境内工作的,均属于非法就业。对外国人非法就业的,处 5000 元以上 20 000 元以下罚款;情节严重的,处 5 日以上 25 日以下拘留,并处 5000 元以上 20 000 元以下罚款。对介绍外国人非法就业的,对个人处每非法介绍一人 5000 元,总额不超过 50 000 元的罚款;对单位处每非法介绍一人 5000 元,总额不超过 100 000 元的罚款;有违法所得的,没收违法所得。

云南省景洪市规定,非法聘用外国人的单位或个人,公安机关将依据相关法律法规从严追究有关单位和个人的法律责任。[①] 2019 年 10 月,湖北咸宁温泉公安分局针对某 KTV 组织某外籍男性非法务工行为,依据《中华人民共和国出入境管理法》,开出了首张"组织外国人非法务工"罚单,对外籍男性及酒店管理的程某、马某进行了行政处罚。2019 年 1 月,广州白云警方在工作中发现人和镇某办公家具有限公司有非法聘用和容留多名非法入境外国人的嫌疑。经查证属实,白云警方依法查封该工厂,并对该工厂合并罚款 15 万元;对工厂法定代表人孙某,负责人吴某、邓某分别处以行政拘留 15 日、罚款 5000 元。

(七)录用退休人员的风险

劳动者开始依法享受基本养老保险待遇的,劳动合同终止。因此,达到法定退休年龄的人员,已经失去了签订劳动合同的主体资格。

(八)签订劳动合同中的风险

用人单位招用劳动者时,应当如实告知劳动者工作内容、工作条件、工作地点、职业危害、安全生产状况、劳动报酬,以及劳动者要求了解的其他情况;用人单位有权了解劳动者与劳动合同直接相关的基本情况,劳动者应当如实说明。用人单位提供的劳动合同文本未载明本法规定的劳动合同必备条款或者用人单位未将劳动合同文本交付劳动者的,由劳动行政部门责令改正;给劳动者造成损害的,应当承担赔偿责任。用人单位录用劳动者,要与劳动者签订书面劳动合同,不按时签订将会造成经济上的不必要支出,如导致支付劳动者双倍工资及签订无固定期限劳动合同的风险。具体来说,需要注意几个时间:

用人单位自用工之日起超过 1 个月不满 1 年未与劳动者订立书面劳动合同的,应当向劳动者每月支付两倍的工资,并与劳动者补订书面劳动合同。每月支付两倍工资的起算时间为用工之日起满 1 个月的次日,截止时间

[①]《景洪市关于严厉打击非法入境非法居留非法务工外国人的通告》,https://www.jhs.gov.cn/142.news.detail.dhtml? news_id=86855,2022 年 5 月 10 日访问。

为补订书面劳动合同的前一日。自用工之日起1个月内,经用人单位书面通知后,劳动者不与用人单位订立书面劳动合同的,用人单位应当书面通知劳动者终止劳动关系,无须向劳动者支付经济补偿,但是应当依法向劳动者支付其实际工作时间的劳动报酬。

用人单位自用工之日起满1年未与劳动者订立书面劳动合同的,自用工之日起满1个月的次日至满1年的前一日应当向劳动者每月支付两倍的工资,并视为自用工之日起满1年的当日已经与劳动者订立无固定期限劳动合同,应当立即与劳动者补订书面劳动合同。

合同即使无效或部分无效,不影响支付劳动者已经付出的劳动报酬。劳动合同部分无效,不影响其他部分效力的,其他部分仍然有效。劳动合同被确认无效,劳动者已付出劳动的,用人单位应当向劳动者支付劳动报酬。劳动报酬的数额,参照本单位相同或者相近岗位劳动者的劳动报酬确定。

二、创业组织存在时期的主要法律风险

(一)不建立职工名册的风险

用人单位自用工之日起即与劳动者建立劳动关系。用人单位应当建立职工名册,内容包括劳动者姓名、性别、居民身份证号码、户籍地址及现住址、联系方式、用工形式、用工起始时间、劳动合同期限等内容。用人单位如果不建立职工名册,由劳动行政部门责令限期改正;逾期不改正的,由劳动行政部门处2000元以上2万元以下的罚款。

(二)试用期使用不当的风险

劳动合同在约定试用期时,要遵守关于设置试用期的规定。同一用人单位与同一劳动者只能约定一次,试用期最长不得超过6个月;对以完成一定工作任务为期限的劳动合同或者期限不满3个月的劳动合同,不能约定试用期。试用期必须被包含在劳动合同期限内,如果仅仅约定了试用期,该期限即为劳动合同期限。具体来说,劳动合同期限3个月以上不满1年的,试用期不得超过1个月;劳动合同期限1年以上不满3年的,试用期不得超过2个月;3年以上固定期限和无固定期限的劳动合同,试用期不得超过6个月。劳动者在试用期内,用人单位支付给劳动者的工资不得低于本单位相同岗位最低档工资的80%,或者不得低于劳动合同约定工资的80%。在试用期间被证明不符合录用条件的,用人单位可以解除劳动合同,但是应当向劳动者说明合理的理由。如果提出的理由不充分,甚至自相矛盾,将要面临

违反解除劳动合同的处理。

例如,赵某入职某预算公司担任预算部经理,双方签订了3年期固定期限劳动合同,并约定了3个月试用期。试用期内,预算公司以赵某表现不合格、所做《土方量审核意见稿》中预算工程量存在严重误差,不符合录用条件为由与其解除劳动合同。赵某不认可《土方量审核意见稿》系其所作,认为单位与其解除劳动合同系违法解除,要求与预算公司继续履行劳动合同。仲裁委经审理认为,预算公司虽以赵某试用期内不符合录用条件为由与其解除劳动合同,但提供的《土方量审核意见稿》无法证实系赵某所做。另外提供的《赵某转正流程追踪》中显示的人力资源总监王某在 OA 系统中签署的办理意见为"不同意转正,工作量不足,发挥作用不大,建议离职"。与预算公司在《解聘通知书》上记载的解除原因不相符。预算公司没有提供充分证据证明赵某在试用期工作能力未能达到公司的录用条件、职位要求,因此应承担举证不能的不利后果,因此,最终裁决预算公司解除劳动合同违法,对赵某要求继续履行劳动合同的仲裁请求予以支持。

(三)解除合同不通知工会的风险

用人单位解除劳动合同时,法律赋予了工会的参与权。如果工会认为解除合同不适当,有权提出意见;如果用人单位违反法律、法规或者劳动合同,工会有权要求重新处理;劳动者申请仲裁或者提起诉讼的,工会应当依法给予支持和帮助。当用人单位濒临破产进行法定整顿期间,或者生产经营状况发生严重困难时,确实需要裁减人员的,应当提前 30 日向工会或者全体职工说明情况,听取工会或者职工的意见,经向劳动行政部门报告后,才可以裁减人员。

(四)解除劳动合同中的风险

用人单位与劳动者协商一致,可以解除劳动合同。用人单位违反规定解除或者终止劳动合同的,应当依照规定的经济补偿标准的 2 倍向劳动者支付赔偿金。当劳动者依法解除或者终止劳动合同时,用人单位不能扣押劳动者档案或者其他物品,否则由劳动行政部门责令限期退还劳动者本人,并以每人 500 元以上 2000 元以下的标准处以罚款;如果给劳动者造成损害还要依法承担赔偿责任。

用人单位应当在解除或终止劳动合同时,及时为劳动者出具解除或终止劳动合同的证明,在 15 日内为劳动者办理档案和社会保险关系转移手续,并在合理期限内为劳动者办理专业证件转移手续。用人单位不及时办理上述事项,致使劳动者再次就业时无法办理相关入职手续,或者无法出示相关证件,影响新用人单位对劳动者工作态度和职业能力的判断,从而导致劳动者不能顺利就业,损害劳动者再就业权益的,要承担对劳动者未就业损失的赔偿责任。用人单位违反规定不向劳动者出具解除或者终止劳动合同的书面证明,由劳动行政部门责令改正;给劳动者造成损害的,应当承担赔偿责任。

(五)不签订无固定期限合同的风险

无固定期限劳动合同,是指用人单位与劳动者约定无确定终止时间的劳动合同。用人单位与劳动者协商一致,可以订立无固定期限劳动合同。当劳动者提出或者同意续订、订立劳动合同时,除了劳动者提出订立固定期限劳动合同外,满足劳动者在该用人单位连续工作满10年的,或用人单位初次实行劳动合同制度或者国有企业改制重新订立劳动合同时,劳动者在该用人单位连续工作满10年且距法定退休年龄不足10年的,或已经连续订立了两次固定期限劳动合同,劳动者要求续订劳动合同的等条件的,用人单位应当与其订立无固定期限劳动合同。如果用人单位自用工之日起满1年的时间,不与劳动者订立书面劳动合同的,则被视为用人单位与劳动者已经订立了无固定期限劳动合同。

(六)服务期约定不明的风险

用人单位为劳动者提供专项培训费用,对其进行专业技术培训的,可以与该劳动者订立协议,约定服务期。培训费用,包括用人单位为了对劳动者进行专业技术培训而支付的有凭证的培训费用、培训期间的差旅费用以及因培训产生的用于该劳动者的其他直接费用。劳动者如违反服务期约定的,要按照约定向用人单位支付违约金,但其数额不得超过用人单位提供的培训费用,也不得超过服务期尚未履行部分所应分摊的培训费用。用人单位与劳动者约定服务期的,要按照正常的工资调整机制提高劳动者在服务期期间的劳动报酬。当劳动合同期满时但服务期尚未到期,劳动合同应当续延至服务期满,如果双方另有约定的从其约定。用人单位与劳动者约定了服务期,劳动者依法解除劳动合同的,不属于违反服务期的约定,用人单位不得要求劳动者支付违约金。用人单位违反规定与劳动者约定试用期的,由劳动行政部门责令改正;如果违法约定的试用期已经履行的,由用人单位以劳动者试用期满月工资为标准,按已经履行的超过法定试用期的期间向劳动者支付赔偿金。

(七)不当使用劳务派遣工的风险

劳务派遣单位不得以非全日制用工形式招用被派遣劳动者。用工单位违反有关劳务派遣规定的,由劳动行政部门和其他有关主管部门责令改正;情节严重的,以每位被派遣劳动者1000元以上5000元以下的标准处以罚款;给被派遣劳动者造成损害的,劳务派遣单位和用工单位承担连带赔偿责任。

(八)不依法支付工资的风险

用人单位支付的劳动报酬低于当地最低工资标准的,应当支付其差额部分;逾期不支付的,责令用人单位按应付金额50%以上100%以下的标准向劳动者加付赔偿金,用人单位未按照劳动合同的约定或者国家规定及时足额支付劳动者劳动报酬的,或低于当地最低工资标准支付劳动者工资的,或安排加班不支付加班费的,或解除或者终止劳动合同,未向劳动者支付经济补偿的,劳动行政部门将责令其限期支付劳动报酬、加班费或者经济补偿。

如果用人单位以转移财产、逃匿等方法逃避支付劳动者的劳动报酬,或者有能力支付而拒不支付,数额较大,经政府有关部门责令支付仍不支付的,处3年以下有期徒刑或者拘役,并处或者单处罚金;造成严重后果的,处3年以上7年以下有期徒刑,并处罚金。如果单位犯此罪的,除对单位判处罚金外,还要对直接负责的主管人员和其他直接责任人员给予处罚。对尚未造成严重后果,在提起公诉前支付劳动者的劳动报酬,并依法承担相应赔偿责任的,可以减轻或者免除处罚。例如,四川首例拒不支付劳动报酬的刑事案件中,因拖欠民工工资12万元后逃匿,包工头胡某被四川省成都市双流县人民法院一审判处有期徒刑一年,并处罚金2万元。

(九)违反劳动保障法律法规或者规章的风险

劳动保障行政部门有权对用人单位制定的内部劳动保障规章制度、订立劳动合同、禁止使用童工、遵守女职工和未成年工特殊劳动保护、遵守工作时间和休息休假规定、支付劳动者工资和执行最低工资标准、参加各项社会保险和缴纳社会保险费等事项是否合法,进行劳动保障监察。在劳动保障监察活动中,劳动保障行政部门可以发出调查询问书,进入劳动场所进行检查、询问有关人员,对提供的相关文件资料可以采取记录、录音、录像、照相或者复制等方式进行收集,委托会计师事务所对工资支付、缴纳社会保险费的情况进行审计等措施进行检查,对事实清楚、证据确凿,可以当场处理的违反法律、法规或者规章的行为有权当场予以纠正。如果用人单位违反劳动保障法律、法规或者规章,对劳动者造成损害的,依法承担赔偿责任。劳动保障行政部门还通过建立用人单位劳动保障守法诚信档案,向社会公布用人单位的重大违反劳动保障法律、法规或者规章行为,对用人单位予以监管和惩戒。

(十)不按规定缴纳社会保险费的风险

用人单位应当自用工之日起30日内为其职工向社会保险经办机构申请办理社会保险登记,未办理社会保险登记的,由社会保险经办机构核定其应当缴纳的社会保险费。用人单位应当自行申报、按时足额缴纳基本养老金保险费、基本医疗保险费、失业保险费、工伤保险费、生育保险费等社会保险费,非因不可抗力等法定事由不得缓缴、减免。工伤保险费、生育保险费由用人单位缴纳,基本养老金保险费、基本医疗保险费、失业保险费由用人单位和职工共同缴纳。职工应当缴纳的社会保险费由用人单位代扣代缴,用人单位应当按月将缴纳社会保险费的明细情况告知本人。进城务工的农村居民要依照规定参加社会保险。外国人在中国境内就业的,也参照规定参加社会保险。用人单位瞒报工资总额或者职工人数的,由劳动保障行政部门责令改正,并处瞒报工资数额1倍以上3倍以下的罚款。

如果用人单位不办理社会保险登记的,由社会保险行政部门责令限期改正;逾期不改正的,对其处以应缴社会保险费数额1倍以上3倍以下的罚款,对其直接负责的主管人员和其他直接责任人员处500元以上3000元以下的罚款。用人单位未按时足额缴纳社会保险费的,由社会保险费征收机构责令限期缴纳或者补足,并自欠缴之日起,按日加收万分之五的滞纳金;逾期仍不缴纳的,由有关行政部门处欠缴数额1倍以上3倍以下的罚款。如逾期仍未缴纳或者补足社会保险费的,社会保险费征收机构可以向银行和其他金融机构查询其存款账户,并可以申请县级以上有关行政部门作出划拨社会保险费的决定,书面通知其开户银行或者其他金融机构划拨社会保险费。当用人单位账户余额少于应当缴纳的社会保险费时,可以要求该用人单位提供担保,签订延期缴费协议。用人单位未足额缴纳社会保险费且未提供担保的,可以申请人民法院扣押、查封、拍卖其价值相当于应当缴纳社会保险费的财产,以拍卖所得抵缴社会保险费。

(十一)不缴纳及非法使用工伤保险费的风险

职工所在用人单位未依法缴纳工伤保险费,发生工伤事故的,由用人单位支付工伤保险待遇。用人单位不支付的,从工伤保险基金中先行支付,然后由用人单位偿还。如不偿还的,社会保险经办机构可以依照规定追偿。除了应由工伤保险基金支付的费用外,因工伤发生的治疗工伤期间的工资福利、五级和六级伤残职工按月领取的伤残津贴、终止或者解除劳动合同时应当享受的一次性伤残就业补助金等费用,也由用人单位支付。单位或者个人非法挪用工伤保险基金,如果情节轻微不构成犯罪,依法给予行政处分或者纪律处分;构成犯罪的,依法追究刑事责任。如果用人单位、工伤职工或者其直系亲属通过不正当手段骗取了工伤保险待遇,医疗机构、辅助器具配置机构骗取了工伤保险基金支出的,由劳动保障行政部门责令退还,并处骗取金额1倍以上3倍以下的罚款;情节严重,构成犯罪的,要依法追究刑事责任。

(十二)招用已经签订竞业限制协议的员工的风险

劳动者违反规定解除劳动合同,或者违反劳动合同中约定的保密义务或者竞业限制,给用人单位造成损失的,应当承担赔偿责任。用人单位招用竞业限制员工,要面临承担连带赔偿责任的风险。例如,2011年,林先生进入重庆市某机械公司担任机械工程师,劳动合同到期时间为2014年9月20日,约定工资为8000元,入职时签订了竞业限制条款:"林先生工作范围内涉及公司机密,将来如果离开公司,在1年期限内不得从事或经营同类业务,也不得到与公司有竞争关系的同类企业工作。"该公司的业务经营地域范围为重庆、四川、贵州和云南,在竞业限制协议中也规定了竞业地域。劳动合同到期后,林先生想找一个薪资条件更好的工作,于是没有续签。2014年11月,林先生入职成都某电子科技公司,但该公司并未知晓林先生之前的竞业协议,林先生心想和前公司都不在一个地区,应该不存在冲突问题,忘却了竞业限制上面的地域条款。2015年2月,重庆某机械公司将林先生、成都某电子科技公司起诉至法院,认为林先生违反了竞业限制协议,要求返还已支付的竞业限制补偿款并支付10倍于补偿款的金额作为违约金。同时,要求成都某电子科技公司承担连带责任。经仲裁委裁决,林先生支付机械公司违反竞业协议违约金,成都某电子科技公司连带赔偿,林先生继续履行竞业限制条款内容。

(十三)违章指挥、强令冒险作业的风险

用人单位以暴力、威胁或者非法限制人身自由的手段强迫劳动者劳动的,或者用人单位违章指挥、强令冒险作业危及劳动者人身安全的,劳动者可以立即解除劳动合同,不需事先告知用人单位。

(十四)不依法承担扣缴个人所得税义务的风险

个人所得税以所得人为纳税人,以支付所得的单位或者个人为扣缴义务人。扣缴义务人应当按照国家规定办理全员全额扣缴申报,并向纳税人提供其个人所得和已扣缴税款等信息。扣缴义务人每月或者每次预扣、代扣的税款,应当在次月 15 日内缴入国库,并向税务机关报送扣缴个人所得税申报表。纳税人违反本法规定的,依照《中华人民共和国税收征收管理法》和有关法律法规的规定追究法律责任。

三、创业组织终止时期

(一)用人单位不支付劳动者补偿金的风险

用人单位被依法宣告破产的,或用人单位被吊销营业执照、责令关闭、撤销或者用人单位决定提前解散的,劳动合同终止,用人单位应当向劳动者支付经济补偿。经济补偿按劳动者在本单位工作的年限,每满一年支付一个月工资的标准向劳动者支付,月工资是指劳动者在劳动合同解除或者终止前 12 个月的平均工资。

不满 6 个月的,向劳动者支付半个月工资的经济补偿;6 个月以上不满 1 年的,按 1 年计算。如果劳动者月工资高于用人单位所在直辖市、设区的市级人民政府公布的本地区上年度职工月平均工资 3 倍的,要按职工月平均工资 3 倍的数额向其支付经济补偿,支付的年限最高不超过 12 年。

(二)用人单位不及时依法办理社保变更或注销登记的风险

用人单位的社会保险登记事项发生变更或者用人单位依法终止的,应当自变更或者终止之日起 30 日内,到社会保险经办机构办理变更或者注销社会保险登记。

【项目训练】

吴某系泾县某竹业公司员工,2019 年 10 月,吴某上班时右眼受伤,被认定为工伤,经鉴定后认为劳动功能障碍程度为七级。经多次协商,2021 年 1 月 2 日,双方签订赔偿协议,协议约定"竹业公司赔偿吴某包含一次性伤残补助金和一次性医疗补助金等总计 13 万元,吴某后续不会再做任何追究"。由于吴某仅小学一年级文化水平,对协议内容及后果并不清楚,便签了名。后吴某同家人商议并找人咨询了解,认为该协议约定赔偿数额与其依法应获赔的数额相差悬殊,且该款项系工伤基金赔付,公司明显是为推脱责任而签订,违背了自己的真实意思,系重大误解。吴某遂诉至安徽省泾县人民法院,请求判决撤销该协议。

一审法院审理后认为,行为人因对行为的性质、标的物的品种、质量、规格和数量等的错误认识,使行为的后果与自己的意见相悖,并造成较大损失的,可以认定为重大误解。此案中,原、被告双方虽然签订了包含一次性伤残补助金和一次性医疗补助金等的补偿总计13万元,后续不会再做任何追究的协议,但法官在庭审调查中发现,双方在签订协议时并没有对需要赔偿的具体项目与数量有明细的列入或说明。原、被告双方也没有提供证据证明签订协议时,双方均了解或不了解应赔偿的具体项目与数量、协议约定的赔偿数额是否为双方真实意思表示。在工伤赔偿程序上,作为被告的用人单位一方明显存在优势。庭审中,原告代理人也列明了应赔偿的具体项目和数量与协议赔偿款有较大差额,被告没有提供证据证明签订协议时原告对协议的内容及产生的后果是明知的。根据《民法典》第147条的规定,"基于重大误解实施的民事法律行为,行为人有权请求人民法院或者仲裁机构予以撤销",故法院对原告诉称签订协议时存在重大误解的事由予以支持,依法判决撤销2021年1月2日被告泾县某竹业公司和原告吴某签订的协议。

被告某竹业公司不服一审判决,上诉至宣城中级人民法院。二审法院认为,申报工伤系某竹业公司的法定义务。竹业公司上诉称,吴某同意签订协议是为免遭工伤诉讼流程之苦,并在签订协议过程中曾咨询过相关劳动仲裁部门及律师,均未提交证据支持,这两项上诉理由不能成立。一审判决认定事实清楚,适用法律正确,遂驳回上诉,维持原判。

项目训练要求: 请按照本案案情,分组进行模拟审判,要求参与实训学生分立案庭成员、合议庭成员、书记员、原告及其代理人、被告及其代理人、法警等角色进行前期准备,撰写本案诉讼文书,设计模拟庭审程序,开展模拟法庭活动,并在模拟法庭结束后,按照律师卷、法院正卷等方式整理提交本案诉讼案卷材料。

第五章

创业合同法律实务

【案例导入】

魏某 2019 年 6 月毕业于某高校电子商务专业。在校就读期间,魏某就对创业充满兴趣和热情,积极参与大学生创新创业大赛,并多次获奖,主动开展职业生涯规划,对自己的未来充满期望,渴望毕业后能够自主创业,通过创业来实现自己的人生价值。刚着手创业,魏某与五位同学合伙,签署合伙协议,制定创业的目标和流程,明确相互的权利和义务,同时还考察公司所在位置,租赁房屋,与房东订立租赁合同。并寻找供应商,与供应商签订合同,商谈供货价格、质量等问题,签订质量保证协议。总之,创业开始,魏某就和他几位同学忙得不亦乐乎。

在"大众创业、万众创新"的背景下,越来越多的学生希望通过创业来实现他们的梦想,想要自己创业的大学生们在其创业过程中,往往需要与很多参与者签订合同,包括订立创业合伙协议、租赁公司场地、签订购买合同等,都离不开合同签订。然而,创业合同签订过程中往往会面临一些风险,例如违约风险、合同条款模糊不清等。如何有效识别并防范这些风险,提前采取预控措施,避免出现违约而带来不必要损失,这些都是大学生创业过程中需要认真思考的问题,如果忽视对创业合同风险防范,不仅可能带来不必要损失,甚至还有可能导致创业失败。创业有风险,创业过程中需要认真遵循合同规定,明确自身的权利和义务,这样才能更好地推动创业活动顺利进行,促进大学生创业成功。

第一节 创业合同类型选择

创业涉及货物买卖、场地租赁、商品销售、员工招聘等多个环节和流程。为推动创业活动顺利进行,保障各方正当的权利和义务,订立合同是必要的。就目前来看,创业合同主要包括以下多种类型。

一、买卖合同

买卖合同是最基本、最典型的合同之一,通常分为诺成合同、非要式合同。买卖合同一般表现为标的物交付和所有权转移。卖方承诺保证标的物质量,不得向第三方转移标的物,并加强标的物质量检测和验收,确保所提供的标的物质量合格。[1]

二、委托合同

委托合同又称为委任合同,是委托人和受委托人相互同意处理委托事项的合同。委托合同既可以是有偿合同,也可以是无偿合同。受委托人应在相互信任的基础上以委托人身份行事,办理委托事务,如果产生相关费用,委托人应该偿还相关费用和利息。受委托人越权给委托人造成损失的,应该给予赔偿。

三、承揽合同

承揽合同是指双方签订合同,由一方承揽另一方所委托的事务,或办理所交代的事情。承揽合同中,双方需要严格恪守约定,未经定作人同意,承揽人不得将关键任务分包给第三方,如果承揽人违约,定作人可解除合同。[2]如果在合同履行期间,定作人改变了合同工程的要求,从而给承揽人造成了一定损失,定作人必须支付适当的赔偿。

---

[1] 孙祥和:《创业法律实务》,中国人民大学出版社,2013年版,第73页。
[2] 孙祥和:《创业法律实务》,中国人民大学出版社,2013年版,第74页。

四、租赁合同

租赁合同是十分常见的一种合同形式,具体是指双方签订合同,一方将房屋等租赁给另一方使用的合同。租赁合同应该约定租金、出租时间、对租赁物品的保管义务等。并严格约定各项规定,双方中途不得任意更改租赁合同,有必要严格遵守租赁合同的各项规定,履行义务。

五、销售合同

销售合同是自然人、法人和其他组织之间设立、变更、终止民事权利义务关系的协议。签订销售合同的过程可以概括为两个具体阶段:要约和承诺。签订销售合同的原则包括:遵守国家的法律和政策;遵守平等互利、协商一致、等价有偿的原则;遵守诚实信用原则。

六、担保合同

担保合同,是指为促使债务人履行其债务,保障债权人的债权得以实现,而在债权人(同时也是担保权人)和债务人之间,或在债权人、债务人和第三人(即担保人)之间协商形成的,债务人提供某种形式的担保以抵御债权人的索赔,以防债务人无法或不愿意偿还债务的协议。担保合同的目的是澄清担保权人和担保人之间的权利和义务,并确保债权人的债权得到满足。担保合同具有从属性、补充性、相对独立性等显著特征,债权担保、保证合同内容、抵押合同内容、质押合同内容是主要形式。

七、劳动合同

劳动合同,是指劳动者与用人单位之间确立劳动关系,明确双方权利和义务的协议。订立和变更劳动合同,应当遵循平等自愿、协商一致的原则,不得违反法律、行政法规的规定。劳动合同一经依法签订就具有法律约束力,双方必须履行劳动合同规定的义务。根据《劳动法》第16条第1款的规定,劳动合同是劳动者与用工单位之间确立劳动关系,明确双方权利和义务的协议。劳动合同的内容主要包括劳动合同期限、工作内容、劳动保护和劳动条件、劳动报酬、劳动纪律、劳动合同终止的条件、违反劳动合同的责任。劳动合同的主体即劳动法律关系当事人:劳动者和用人单位。劳动合同主体具有特定性;劳动合同内容具有劳动权利和义务的统一性和对应性;劳动合同客体具有单一性,即劳动行为;劳动合同具有诺成、有偿、双务合同的特征;劳动合同往往涉及第三人的物质利益关系。[1] 劳动合同的重要作用体现在它是建立劳动关系的基本形式,是促进劳动力资源合理分配的有力手段,并有助于预防和减少劳动争议。

第二节　创业合同实务操作

创业不仅需要人员、资金、市场等,同时也离不开合同的规范和约束。在创业的每个环节,有必要订立合同,明确各方权利和义务,确保合同各项条款得到遵循,推动创业按计划进行,自觉维护各方正当权益,防止出现不必要损失,促进创业成功。

一、创业需要有合同保驾护航

新时代,随着经济社会发展,创业的机会越来越多。在创业过程中,为防止出现不必要损失,促进创业成功,有必要按要求签订合同,发挥合同的规范和约束作用。

(一)认识创业,了解创业

自2014年时任国务院总理李克强提出"大众创业、万众创新"以来,越来越多的人涌入创业行列。2019年高校毕业生超过800万人,就业形势不容乐观。当前,高校大学生早已不是"书呆子"了,他们当中的很大一部分拥有创新创业的潜力和热情,渴望通过创业来实现自己的人生价值。事实上,创业不仅可以彰显自己的人生价值,而且还可以带动就业,让大学生在创业过程中充分展现自身潜能,为整个社会做出更大贡献。新形势下,越来越多的大学生开展创业活动,并在创业过程中奉献自己,实现人生价值。

(二)创业成功的关键因素

创业是一项系统的工作,创业能否成功,往往受多种因素影响,例如,国家宏观经济政策、创业者自身综合素质、市场竞争环境、消费者需求等。要想创业成功,需要加强国家经济政策学习,熟知税收等方面的优惠措施。创业者要提高自身综合素质,强化团队合作精神,增强管理能力、市场分析能

---

[1] 叶虹:《大学生创业法律实务》(第2版),清华大学出版社,2015年版,第34页。

力等。此外还要开展市场调研,根据消费者需求为他们提供个性化产品和服务,从而拓展市场,赢得消费者的认可与关注,促进创业成功。

(三)创业合同的重要作用

创业与法律知识密切相关,创业是一种主观活动,需要遵循一定规则进行,并且多数情况下是法律规则。创业需要与供货商、顾客等取得联系,产生法律上的权利和义务,这些权利和义务也需要法律来规范。由于有法律的约束和规范,消费者不会担心产品质量不合格,创业者可能不会担心供货商欺诈,他们都会遵守法律规则,自觉履行义务,承担责任。① 此外,创业过程中面临的许多问题,需要依靠法律来解决。例如,如何租赁商铺、如何组建公司、如何保护知识产权、如何获得融资、如何管理员工等。这些问题都需要法律来指导,通过法律的规范和指导,能够更好约束创业者日常行动,促进创业成功。

二、创业合同实务操作流程

创业合同在明确各方权利和义务,约束创业各参与方日常行动等方面发挥积极作用。同时在创业过程中,应该严格按要求订立合同,遵循创业合同的实务操作流程。

(一)交易达成

交易达成指的是合同的订立并生效。合同的缔结往往需要两个或更多的民事主体根据合同的规定达成协议。通常将合同定义为:平等的自然主体之间设立、变更、终止民事关系权利义务的协议。合同的起草是双方对合同条款进行谈判,达成一致意见,主要包括要约和承诺两个阶段。

(二)合同审查

创业包括一系列系统和复杂的工作,很多流程都需要法律的规范和约束,为确保合同条款得到严格遵循,合同需要接受更严格的审查。合同审查是对合同的内容和形式是否符合法律规定和当事人的约定进行核查。合同审查的内容主要包括:审查合同主体的合法性、合同内容的合法性、合同意图的真实性和合同条款的完整性,审查合同的文字是否规范,审查合同签订的手续和形式是否完备。基本的步骤和方法就是合同条款的审查,全面细

---

①孙祥和:《创业法律实务》,中国人民大学出版社,2013年版,第9页。

致地对合同条款逐一审查,这是审查合同的基本方法。[①] 然而,审查需要有针对性,并着眼于三个方面:一看合同的主体,二看合同的标的,三看合同的数量条款。这三个条件是合同的必要条件,没有这些条件就不能签订合同,但具体合同的必要条件要根据适用于该合同的特点和要求来考虑,查漏补缺。

(三)合同履行

合同履行是指合同债务人按照合同或法律规定充分、适当地履行合同义务,使债权人的债权能够得到满足。合同义务的履行就是合同的履行,因此,不履行合同义务就是不履行合同的行为。合同履行的主要内容包括:合同履行是当事人的履约行为,履行合同的标准,履行合同的行为过程。合同的履行除了应该遵守平等、公平、诚实信用等民法基本原则外,还应遵循合同履行的特有原则,即适当履行原则、协作履行原则、经济合理原则和情势变更原则。

(四)保全措施

合同保全是一种保全债权的方法,它允许合同义务的债权人在债务人非法处置其权利或财产并威胁到其债权的满足时,依法对债务人或第三方的行为行使撤销权或代位权。合同保全的主要特点是:合同保全是合同相对性规则的例外;合同保全主要发生在合同的有效订立期间;合同保全的主要手段是承认债权人的代位权和撤销权。合同的保全和合同的担保是不一样的,担保一旦成立,担保权人可以根据法律和合同的规定占有担保人提供的财物,或对担保的财产享有优先受偿的权利,或请求保证人承担责任,这就为债务的履行或债权的实现提供了比较现实的物质基础。[②] 然而,在担保措施的情况下,对债权的保护并不像担保方式那样重要,因为债权人并不像担保权人那样实际拥有或控制变现债权的资产,也不拥有对第三方的优先受偿权。合同的担保通常必须是在债务人不履行债务的情况下,担保权人才能行使其担保权,而保全的适用并不以债务人不履行债务为前提。

(五)违约责任

违约责任是一种民事责任,如果合同方不履行其合同义务或未能履行其合同义务,则应承担法律责任。当事人是违约主体,违约行为是客观存在

---

①孙祥和:《创业法律实务》,中国人民大学出版社,2013年版,第66页。
②庞开山:《大学生就业与创业法律实务》,中国科学技术大学出版社,2011年版,第56页。

的违反合同的行为,违约行为侵害的客体是合同对方的债权。常见的违约形态主要有:不能履行、延迟履行、不完全履行、拒绝履行、迟延履行、不可抗力,法律规定的免责情形可予以免责。

三、创业合同可能面临的风险

风险是市场经济的重要特征之一,创业同样也存在着风险。伴随着市场经济发展和商业的繁荣,再加上越来越多人投身于创业,创业的风险无疑会相应增加。为此,有必要收集大量资料,分析商业风险的概念和类型,研究商业风险的原因,最后提出商业风险的应对措施。为了防范商业风险,确保创业成功,鼓励更多的人创业,有必要建立防范商业风险的机制,可靠地监测商业风险,控制商业风险,并提高创业人员素质,自觉遵守法律法规,提前防范风险,促进创业成功。创业要想成功,除调动人们的工作积极性,创造更多成功的机会之外,还要构建完善的风险防范体系,满足创业需要,破解创业过程的难题。进而充分发挥参与者的主动性和积极性,提高资金利用效率,防止出现不必要损失,促进创业成功,也让创业者为整个社会做出更大贡献。

(一)风险的概念

事实上,风险是市场经济的重要特征之一,创业有收益,但同样也存在风险。伴随着市场经济发展和商业繁荣,再加上"大众创业、万众创新"的顺利推进,有意愿创业的人数会相应增加。在这样的背景下,创业风险也可能会相应地增加,创业风险的存在,无论是对创业者自身还是对市场经济,都会产生巨大影响。如果忽视创业风险的管理和控制,容易给创业者带来不必要损失,因此,加强对创业风险的研究和分析,并探讨防范创业风险的策略,无疑具有重要理论价值和现实指导作用。为更好防范创业风险,首先就有必要了解创业风险的概念、特点等内容,熟悉创业风险防范流程,为采取有效的风险防范措施奠定基础。

(二)风险的特点

风险是市场经济的重要组成内容,也是创业过程中的常见问题,主要表现为未能认真履行职责,资金利用效率不佳,产品销售不畅,贷款不能及时收回等。风险具有可预测性、可控制性等特征。为尽量降低创业风险,创业者应该注重风险分析,了解创业风险的类型,然后有针对性地采取预防措施,将其控制在最小范围内,进而防止出现不必要损失,更好地推动创业活动顺利进行,提升创业活动的经济效益,促进创业成功。

(三)创业合同可能面临的风险

创业合同是创业过程中不可忽视的关键环节,它能明确各参与方的权利与义务,更好地约束各方行动,有利于防范创业过程的风险,促进创业成功。然而,目前在创业过程中,常常会面临来自多方面的风险。

1. 信息失真风险

信息失真风险是创业合同风险中比较典型的类型。通常创业人员为了自身发展,促进竞争力提升,确保创业成功,都注重加强风险防控,但一些创业人员责任心不强,受到利益驱使,没有严格落实相关规定。在创业过程中甚至存在违规操作行为,或者没有详细全面掌握市场经济的真实信息,所获取的信息不真实、不充分、不全面,制约与对方的合作,对市场风险缺乏真实、详细和全面评价[1],给创业带来风险。

2. 违约风险

创业是一项系统的工作,需要和参与者、市场主体等签订合同,明确双方权利和义务,认真履行合同的各项规定,承担相应责任。然而不能忽视的是,由于受市场环境变化影响,一些参与者可能没有严格按合同规定履行自己的义务,甚至忽视遵循合同各项条款,存在违约风险。违约现象发生,不仅导致事先约定的事项未能得到认真履行,还会加大创业风险,甚至给创业带来不必要损失。

3. 合同履行过程监督管理不到位引发的风险

为加强创业风险的监督与管理,相关法律法规对此做出相关规定。比如《劳动法》中,对创业风险管理做出规定。但一些创业人员没有严格落实这些规定,部分创业人员未能认真履行职责,甚至监督管理不到位,加大创业风险。例如,部分工作人员缺乏责任心、法制观念淡薄、组织纪律意识不强,没有认真履行自身职责,给创业活动带来损失。事实上,创业是一项系统、复杂的工作,不仅工作量大,而且存在较大风险。但一些创业人员没有严格遵循规范要求进行,工作中存在疏忽,未能充分发挥相关制度的规范和约束作用。甚至导致违法现象发生,忽视创业过程的风险管理,最终给创业活动带来不利影响。

---

[1] 杨春岭、夏桂颖:《企业法律顾问实战业务手记》,中国法制出版社,2015年版,第66页。

(四)创业合同风险管理存在的问题

创业合同风险类型是多种多样的,对创业活动影响也是多方面的。创业风险会影响资源合理配置,损害市场经济诚信体系,导致创业活动决策失误,不利于创业的健康可持续发展。正因为创业风险有如此多的类型和如此巨大的负面影响,因而有必要深入分析创业风险产生的原因和管理中存在的问题,及时采取创业合同风险防控措施,推动创业成功。

1. 创业合同风险管理制度没有落实

相关制度不健全,未能得到严格落实,这是创业风险产生的重要原因。例如,一些人员在创业过程中,创业风险管理制度不完善,缺乏有效的制约和监督机制,关键岗位的工作人员责任心不强,忽视严格遵循规章制度办事。对创业潜在的风险预控不到位,对市场风险评估不全面等。此外,制度建设滞后还表现为:相关部门对创业风险控制规章制度的执行情况缺乏有效监督,创业风险管理制度没有落实。一些创业工作人员的责任心不强,创业风险管理责任制没有得到严格执行,对员工的考核评价和奖惩激励机制不健全,难以激发他们参与创业风险管理的积极性,在一定程度上降低创业合同风险管控实效。

2. 受到利益的驱使

伴随着市场经济的发展与完善,再加上在"大众创业、万众创新"时代背景下,参与创业的人员数量越来越多,竞争也愈演愈烈。在这样的环境下,一些创业者和工作人员没有摆正心态,不善于正确处理各方关系。甚至为了获取利益,采用不正当竞争手段,对创业合同风险管理存在不到位的情况。一些创业人员为了追求个人业绩,未能详细全面评价市场可能潜在的风险,忽视开展市场调研,没有认真签订合同,未提前采取风险防控措施,加大创业合同风险。

3. 创业合同风险管理水平偏低

例如,由于缺乏创业经验,对创业合同风险管控不重视,缺乏健全的创业合同风险防控制度,不能满足创业合同风险防范的要求。此外,一些创业者的创业合同风险控制制度不健全,没有建立并严格执行风险管理制度。部分创业工作人员责任心不强,现有管理制度没有严格执行,没有认真对待创业合同的规定,没有明确权利和义务,甚至没有严格按合同规定开展创业,也会加大创业合同风险。

4. 创业人员综合技能有待提升,风险管控意识不强

创业合同风险产生的另外一个原因是,创业人员的综合素质偏低。例

如,风险管理专业技能不强,未能有效利用所学理论知识解决遇到的问题;部分创业人员思想政治觉悟不高,在工作岗位上没有认真履行职责;管理培训不到位,业务技能难以全面提升;甚至在不当利益诱惑下,制作虚假信息,忽视对市场潜在的风险进行全面考察,未能认真研读创业合同条款,[①]进而加大创业合同风险。

第三节 创业合同风险识别

风险是一种不确定的事件或条件,它的实现或发生将不可避免地影响目标的成功实现。风险在现代社会中无处不在,无论是公司还是个人,都可能面临某些风险,创业合同也不例外,也涉及某些风险。风险的特征是多样性和复杂性,创业合同在履行过程中会面临多种风险,常见风险表现为创业项目不能按时启动、创业项目预算超支、优秀创业人员流失、市场环境变化的影响、价格上涨等。因此,采取有效措施,加强创业合同中的风险管理是很重要的。风险管理是一种基于识别和衡量风险的综合方法和措施,以有效预防和控制风险,充分管理各种风险事件的潜在不利影响,促进目标的实现。创业合同风险管理中,要提前预测和评估风险,采取有效的预控和管理措施,以确保创业活动顺利进行,避免创业过程中出现不必要损失,提升创业活动的综合效益。

一、创业合同风险识别的作用

风险事件的发生,会导致创业合同条款得不到正常履行,甚至出现违约现象。因此,必须加强风险管理,实现对潜在风险的预控,促进创业成功。风险管理是创业过程管理的重要内容,它具有积极作用。

(一)有利于提前制定风险应对措施

创业过程中,通过加强创业前的市场调查,详细了解市场基本情况,严格遵守合同各项规定。然后收集细致的数据资料,对创业过程中可能出现的风险事件进行预设。在此基础上,结合创业的目标和要求,严格落实创业合同风险管理计划,并有针对性地制定创业合同风险应对措施。有利于提前制定风险应对方案,推动创业活动顺利进行,避免风险事件发生。

---

①谢薇:《创业法律基础》,武汉理工大学出版社,2013年版,第49页。

(二)有利于加强创业过程风险的管理与控制

创业过程面临着各种风险,包括市场材料价格变化,市场竞争环境,宏观经济管理与调控政策,创业人员综合技术水平等。为避免这些风险给创业活动带来不利影响,创业过程中,有必要健全风险管理措施,组织创业人员开展详细的市场调研,严格落实风险管理制度。并在创业过程中,加强每个环节的风险管理与控制,认真遵守合同各项规定,有效防范风险发生,让创业活动取得更好效果。

(三)有利于避免出现不必要损失,推动创业成功,提高创业效益

一般而言,创业合同风险事件的发生,不仅会延误创业进度,而且还会导致不必要损失出现,影响创业目标顺利实现,使得创业进度被延误,创业效果降低,甚至给创业活动带来不必要损失,降低创业综合效益。为改进这些不足,创业人员有必要在正式开展创业活动之前,对创业过程可能面临的风险进行评估,然后有针对性地采取防范措施。要注重提升创业合同风险管理措施的科学性与合理性,及时防范风险事件发生,避免出现不必要损失,确保资金利用效率,严格落实创业合同各项条款,提升创业综合效益。

二、创业合同风险识别的流程

在漫长的创业过程中,为提升创业合同风险管理水平,有必要做好创业合同风险识别、风险分析和风险评价等工作,然后有针对性地采取预防措施,防止给创业活动带来不必要损失。一般而言,创业合同风险管理流程如下。

(一)创业合同风险识别

风险识别有必要考虑影响业务目标实现的主要因素,确定风险的特点,并了解其对业务目标实现产生不利影响的可能性。风险识别是风险管理的基础,为了加强创业合同的风险管理,首先应将风险识别作为创业合同风险管理的一个组成部分来实施,这对采用有效的风险管理手段和加强创业合同的风险控制有积极的影响。如果不能准确识别风险,则难以把握创业合同风险管理的最佳时机,影响创业合同风险管理实效。[1] 常见识别方法有情景分析法、调查问卷法、德尔菲方法、故障树分析法、头脑风暴法等。在创业合同风险识别过程中,须结合具体需要采取相应的识别方法,认真做好研究

---

[1] 叶虹:《大学生创业法律实务》(第2版),清华大学出版社,2015年版,第71页。

分析工作，准确识别风险，为采取创业合同风险管理措施奠定基础。

（二）创业合同风险分析

在识别创业合同风险基础上，接下来需要完成的工作是创业合同风险分析。常见的风险分析方法有定性分析方法和定量分析方法。定性风险分析的主要目的是确定商业安排中的风险来源，确定商业安排中风险的重要性，并使创业者对商业安排中的风险有一个基本的了解；定量风险分析方法是利用定性分析来提出每个风险源的定量风险指标和发生概率，然后对其进行总结和研究，得出定量风险值。为更加全面了解创业过程可能面临的风险，创业合同风险分析中，最好将这两种方法结合起来。

（三）创业合同风险评价

风险管理的一个非常重要的部分是对启动合同的风险评价，其重点是识别和分析可能的潜在风险，为接下来采取有效的创业合同风险管控措施提供参考。风险评估包括两个关键要素，即风险识别和风险分析，两者是商业合同中风险管理的基础，应该得到高度重视，认真评价创业过程中可能存在的风险。

（四）创业合同风险应对

在做好创业合同风险识别、风险分析和风险评价的基础上，采取风险应对措施。目前常用的风险应对措施是风险防范、风险转移、风险缓解和风险接受。风险防范指的是修改业务计划以应对潜在的风险，限制业务计划的范围，消除风险实现的条件，防止风险事件的发生，防止风险对实现业务目标的不利影响等措施；风险转移是指将风险转移给第三方，这种方法不能消除风险，但可以减少公司可能遭受的损失，是风险管理的一个重要步骤；风险缓解是指采取适当的风险控制措施，将风险事件的潜在不利影响降到最低，并将风险控制在可接受的范围内；风险接受是指创业者在不改变原有商业计划的情况下，为消除风险和尽量减少风险事件的潜在不利影响所采取的措施。不同的风险应对措施各有自身特点和优势，应结合创业实际需要和创业合同条款签订的具体情况，有针对性地采取风险应对措施。从而确保创业合同各项条款得到认真遵循，更好地约束创业各参与方，促进创业者成功。

第四节　创业合同风险防控

创业合同面临来自多方面的风险,为确保创业成功,尽量降低风险可能带来的不利损失,采取有效的风险防控措施是必要的。根据创业合同风险类型和成因,结合新时代创业实际情况,为化解与防范创业合同风险,避免走弯路,防止在创业过程中出现不必要损失,促进创业成功,有必要采取以下风险防控策略。

一、进行创业合同风险防范整体规划,建立创业合同风险防范体系

在防范创业合同风险的过程中,要充分提高思想认识,运用现代管理理论与方法,加强创业风险的跟踪与监控,建立有效的创业合同风险防范体系。

(一)创业合同风险防范组织机构设置

为实现对风险的有效防控,创业过程中,有必要结合创业合同风险管控需要,科学设置风险防范组织机构。例如,设立一名首席法务官,其主要任务是负责与公司合同有关的法律事务,协调与公司其他管理人员的关系,认真管理公司的日常运作,还需要有一个专门的法律秘书,负责合同的归档和日常管理。设立两名副经理,由他们分管合同纠纷及其他法律纠纷,并安排专门的法律顾问,随时纠正合同管理中可能出现的错误。[1] 采用这样的机构设置方式,有利于明确合同管理部门具体职责,实现对合同的高效管理,对提高创业合同风险防控水平也具有积极作用。

(二)创业合同风险防范体系的构建

在完善组织机构设置,合理安排工作人员的前提下,接下来要建立有效的创业合同风险防范体系。例如,建立可靠的创业合同风险防范体系,实时监控初创企业的基本状况,确保初创企业项目的稳定和顺利实施。重点治理假文件、假账册、假申报,确保所有数据和信息真实有效,不断提高控制水平,执行合同条款,提高防范创业合同风险的能力。同时,建立有效的创业

---

[1] 邓辉:《创业法学》,复旦大学出版社,2015年版,第23页。

合同预防和风险管理系统,有效缓解和预防贸易违规行为。要建立创业合同风险防范新体系,实现创业合同风险的有效防范和管控,只有这样,才能防止违规经营和违约现象发生,确保创业各参与方严格履行合同各项规定,实现对创业合同风险的有效防范与化解。要制定和落实初创企业风险管理制度,推动初创企业风险管理制度化、规范化,重视初创企业的财务核算和成本控制,加强对申请、审计、收费发放等各种程序的监督和控制,及时防范潜在风险。要根据企业风险管理需要,建立并实施完整的企业风险管理体系:商业风险识别系统、商业风险评估系统、商业风险管理系统、商业风险分析系统和商业风险报告系统。建立有约束力的防范和控制创业合同风险的制度安排,需要及早预防和控制可能出现的问题,提高创业合同风险防范和控制的及时性和充分性,及早采取行动,防范潜在的商业风险,从而加强创业项目的内部管理,规范创业项目的各项经营管理活动,注重外部信息获取和分析,有效防范创业合同风险。

二、健全创业合同风险防范制度,严格创业合同审核与信息披露

为有效防范创业合同风险,促进创业成功,有必要发挥制度的约束和规范作用,加强每个环节的风险防控。

(一)建立完善的创业合同风险防范制度

健全完善各项制度措施,提高创业者风险防范能力,让创业项目取得更好效果。对创业者来说,确保所有信息的真实、完整和有效是很重要的,这是因为目前在一些公司发生了严重的误解和错误陈述,增加了缔结商业合同时的风险,这可以通过要求注册会计师的审计和验证来实现,以确保公司的账目符合规定。在接受创业者贷款申请时,需要对创业者的还款能力进行全面评价,确保信用评价详细,尽量降低风险。同时要求创业者提供现金流量表,全面掌握财务状况,确保创业者具备还款能力,最大限度降低风险。在接受创业者较大数额贷款申请时,不仅要求创业者提供现金流量表和财务会计报表,还要提供偿债能力补充信息,确保创业者具备偿债能力,有效防范和降低创业风险,防止出现不必要损失。

从创业者外部来看,当地政府要认真履行职责,健全完善各项宏观调控措施,营造良好的市场竞争环境,确保创业者着重做好以下工作。例如,创业者必须准备详细的财务和会计报告,确保其详细和完整,提供企业计划的整体情况,确定企业风险和其他风险的来源和程度,并报告预防企业风险的

措施。同样重要的是,要注重启动协议中的风险分析、健全的披露制度和关于启动业务的业务表现报告,以详细说明启动公司可能面临的风险。并注重对业务风险的事后分析,提高业务管理能力和决策方案的充分性,并支持业务风险预防的改进。注重互联网和计算机技术应用,将创业项目的财务报表信息、担保抵押、信用度等录入计算机,构建完善的数据库,对创业项目的信用情况进行全面分析,详细掌握创业项目的基本信息,加强监督管理和控制[1],对可能出现的风险提前采取防范措施,为创业项目稳定运行和创业成功奠定基础。

(二)严格创业合同审核,加强风险防控

在创业过程中,应该严格按要求审核创业合同,确保创业合同各项条款符合要求,明确各方的权利与义务,防止出现不必要损失。例如,彻底、严格执行合同检查制度和有关措施,促进各项工作的制度化、规范化,企业工作人员要遵守合同规定,严格遵守职业道德规范,按要求完成各自的任务。在处理公司账目时,需要严格遵守规则,确保所有工作都有记录,并促进更高的工作标准,保证各项资金被用于创业活动当中。加强创业过程的财务核算,注重核算软件的应用,对账务实行集中核算,提高核算工作水平。财务报表、资产负债表,由系统自动生成和汇总,并进行报告,以改善会计和管理,及时识别和管理潜在的财务风险。并遵守标准的业务要求,不对数据进行任意操作,将风险降到最低,提高资金利用效率,防止出现不必要损失,让各项资金更好地为创业项目服务。

(三)遵循创业合同风险防范流程,实现对风险有效防范与控制

创业往往存在一定风险,并且风险具有多样性、复杂性等特点。采取有效措施,加强创业风险管理是必要的,有利于提前制定创业风险应对措施,加强创业风险管理与控制,避免出现不必要损失,提高创业效益。了解商业风险管理过程,对识别、分析、评估和处理风险负起合理的责任,并制定有针对性的风险管理措施,由此,可以减少或防止风险事件发生的可能性,促进业务顺利运行,促进创业项目质量和效益提升。创业往往资金投入多,周期长,创业过程中面临着来自多方面的风险。为有效应对创业风险,提高风险管理水平,应该立足于创业实际,综合采取风险规避、风险转移、风险减轻、风险接受等措施,从而避免风险事件发生,防止出现不必要损失,让创业活动取得更好效果。

---

[1]谢薇:《创业法律基础》,武汉理工大学出版社,2013年版,第101页。

1. 创业合同风险防范的流程

例如,创业过程中,成立专门的创业合同风险管理部门,明确管理目标和流程。在合同风险管理中,合同订立是关键环节,必须按要求进行,合同订立至货物交付回收货款的过程,每个环节都存在潜在风险。为此,创业者应加强制度建设,提高风险管理人员的综合素质,建立行之有效的合同风险管理制度。要重视风险预防,建立合同风险管理制度和措施,预防合同订立阶段潜在的风险,识别合同签订和履行阶段的风险,然后有针对性地制定风险管理计划,监督合同履行的每个阶段,优化风险管理流程[1],避免合同风险发生而带来不必要损失。

2. 创业合同订立阶段的风险防范

一方面,在创业合同签订之前,必须确保合同的有效性。严格遵守法律的相关规定,确保按要求订立合同,明确各方的权利和义务,保证所签订的合同是合法的、有效的。另一方面,根据法律规定办理手续,认真履行合同规定,增进与对方的合作,确保合同得以顺利实施。

3. 创业合同风险的识别与评估

风险识别就是识别某一种活动存在的各种因素,对这些风险要素分类,探究存在的主要风险及成因,然后采取措施预防风险发生。为防范创业合同纠纷,需要识别合同签订之前可能潜在的风险,并提前采取防控措施。风险识别之后,需要将风险记录在风险清单上,编制创业合同风险调查表,列出潜在的风险。通过风险识别与评估,寻找应对风险的方法。

4. 创业合同执行阶段的风险防范

创业合同执行阶段也存在潜在风险,有必要加强合同执行过程的监督与管理。创业合同正式执行前,要尽量避免可能存在的风险,确保合同得到顺利执行。在合同执行过程如果存在风险,需要及时纠正偏差,解决存在的不足,让合同得以顺利实施,更好地指导创业实践。

(四)提高创业人员综合素质,提升创业合同风险防范水平

创业人员应该根据实际情况加强自身学习,考虑市场风险,并在创业实践中采取措施,提高自身思想政治素质和业务素质,提升创业合同风险防控水平。

1. 提高创业人员思想政治素质,加强创业风险防控

注重优秀人才培养,加强管理和培训,着重提高创业人员的专业技术水

---

[1] 叶虹:《大学生创业法律实务》(第 2 版),清华大学出版社,2015 年版,第 48 页。

平、职业道德水平、创业理论水平,让他们掌握风险防范技能,增强风范防范意识,有效开展创业合同风险防范工作。应制定教育和培训措施,加强公司员工的法律意识、责任意识、风险防范和遵守法规意识。要建立可靠的教育培训制度,不断提高员工的素质,创业人员也要加强学习,熟练掌握创业合同风险防范理论、流程和方法,提高专业知识水平和工作技能,培养爱岗敬业、勤劳奉献的作风,不断加强自我修养,抵制不良思想侵蚀,严格遵循规章制度办事①,促进工作水平提升,防止风险发生而带来不必要损失,确保创业成功。

2.提高创业人员的业务素质,及时防范可能出现的风险

着重提高创业人员从事创业的专业知识水平和专业技能,以适应经济社会不断变化发展需要。为达到这个目标,有必要全面提高创业人员的业务素质,并且在创业项目运行过程中,需要做好员工招聘和录用工作,打造高素质的员工队伍,推动创业项目成功。例如,具体需要做好以下工作:

第一,建立健全的从业人员资格审查制度,参加创业发展计划的工人必须具备正规教育或专业资格才能被雇用,如果不符合要求,将不会被雇用。

第二,完善员工再培训制度,促进终身学习,提高新知识和新技能的获取能力,提高专业知识和工作技能,使员工能够有效地应对新情况和新问题。

第三,注重现代信息技术的学习,掌握计算机、互联网、数据库等业务技能,加快网络化和业务计划信息化步伐,发挥现代信息技术的作用,促进创业合同风险控制水平不断提升。

3.强化创业人员的合同风险管控意识,加强对创业参与人员的管理培训

对于创业人员,为确保他们创业成功,应该加大对他们的培训力度,增强他们的风险防范意识,能及时识别和处理可能存在的合同纠纷,减少风险事件发生的可能,最终让创业取得成功。

(1)强化创业人员的合同风险管控意识。创业人员应该具备较丰富的合同管理经验,熟悉合同条款,能及时发现并防范可能出现的风险。应提高合同风险管理水平,并对工作人员进行具体的合同风险管理技能培训,以提高他们处理风险的能力。要加强合同招投标、合同买卖、合同签订、合同履行各环节培训,主要内容涉及合同有效性与合同条款、合同参与方的权利义务、常用合同条款、合同风险管理体系及流程等。通过专业化培训,增强创

---

① 邓辉:《创业法学》,复旦大学出版社,2015年版,第194页。

业人员的风险管控意识,确保他们在创业过程中认真履行职责,规避风险,防止出现不必要损失。

(2)加强对创业参与人员的管理培训。部分创业人员的风险管理意识不强,风险管理能力较差,未能在风险发生之前采取有效的预控措施,缺乏足够的风险预控能力。因此,有必要聘请专业人员对公司员工开展培训,进而帮助员工丰富合同与法律方面知识,增强遇到问题时解决问题的能力。培训主要内容为合同管理人员的法律知识,预测和防范创业合同风险的能力。此外还要开展合同谈判技巧等方面培训,增强创业人员运用法律知识来应对合同风险的能力。还有必要在公司内部开展技能竞赛,进行模拟实训,让创业者应用所学知识解决具体问题,增强合同风险防范和应对能力。

4.重视创业合同风险防范,建立创业合同风险防范监督体系

根据创业合同风险防控需要,构建合理的创业合同风险监督体系,并加强创业合同风险的事前监督、事中监督和事后监督,有效防范并降低创业风险。

(1)创业合同风险事前监督。为改善与创业合同有关的风险管理,制定一套指标体系,以便对与创业合同有关的风险进行预警,并持续应用以计算机技术使用和创业合同风险管理为重点的规则,随后采取有针对性的控制措施。了解创业项目运行基本情况,加强市场调研和人员评估分析,及时解决存在的不足,注重分析与业务合同有关的各种风险指标,采取预警和预防措施,提高事前风险管理水平,避免风险事件发生而给创业带来不利影响。

(2)创业合同风险事中监督。加强对业务流程和风险管理的监督,确保所有业务活动的正确执行,并改善参与业务规划的各部门和工作人员之间的协调和协同作用。建立主动管理创业合同相关风险的机制,动态分析和管理创业合同相关风险,不定期收集创业合同相关风险的信息和指标,对比预警指标和警示值,主动管理创业合同相关的潜在风险,确保商业项目的顺利进行,尽量降低创业合同风险所带来的不必要损失。创业人员在创业过程中,需要严格执行各项法律法规,加强监督管理,保证各项活动依法进行,促进创业项目更好地运行,推动创业活动可持续发展与竞争力提升。

(3)创业合同风险事后监督。每一个创业项目结束后,也要加强风险防控,具体来说,这包括审查和分析主要文件、会计文件、会计记录和各种报告,评估监测和实施部门风险的基本情况,准备适当的评估,并对薄弱领域提出补救措施。在早期阶段识别潜在的风险,并采取措施确保有效实施风险预防措施,促进创业合同风险预控水平不断提升,避免风险事件发生而给创业项目带来不必要损失。

【案例分析】

租赁合同纠纷

2018年7月,魏某与某房屋租赁公司签订租赁合同,约定魏某租赁前进路30号105平方米的商铺,租期三年。合同签订后,魏某支付了租金,并准备进行整修。在整修过程中,魏某发现该商铺的实际面积只有86平方米,于是立即与租赁公司协商降低租金,在租赁公司拒绝后,魏某委托律师向租赁公司发函,以实际面积小于合同约定面积为由终止合同,并要求租赁公司退还租金。由于双方未能达成协议,魏某随后向法院提起诉讼,要求房屋租赁公司退还租金,报销搬家费5000元,并赔偿其经济损失。法院认为,房屋租赁公司应该知道房屋的实际面积,魏某可以以普通自然人的身份租下该房屋。但由于房屋的实际面积与合同约定的建筑面积不符,影响了魏某对房屋的正常使用,认定该公司存在重大过错。因此,法院最终决定解除双方的合同,房产租赁公司退还了魏某多付的租金,并赔偿了相关损失。

1. 租赁合同纠纷的概念

租赁合同是指出租人将租赁物交付给承租人使用、收益,承租人支付租金的合同。在合同当事人中,给予使用权或受益权的人是出租人,有权使用或受益于租赁物的人是承租人。租赁物须为法律允许流通的动产和不动产。租赁合同纠纷是因租赁合同而产生的纠纷,主要原因为没有认真遵守合同规定,未按要求履行义务等。

2. 租赁合同纠纷的特点

租赁合同纠纷主体多元,内容多样,具有自身显著特点。

(1)纠纷主体多元。租赁合同纠纷主体多元,一方为自然人,另一方可能是自然人,也可能是法人或其他组织。创业过程中,创业租赁合同纠纷一方为创业者,是自然人,具有完全的民事行为能力。另一方可能是自然人、法人或其他社会组织,主体具有多元化特征。[1]

(2)纠纷内容多样。创业过程中,创业者既要和合作者打交道,还要与管理人员、房屋租赁者、政府部门工作人员打交道,同时还要进行产品交易,与合作者打交道。在这些交往过程中,可能会发生纠纷,因而纠纷内容多种多样。例如,常见纠纷内容包括民事纠纷、行政纠纷等,合同纠纷、劳动纠纷、行政纠纷、经济纠纷比较普遍。

(3)纠纷时间的限定性。对于一个人而言,创业是白手起家,是个人事

---

[1] 邓辉:《创业法学》,复旦大学出版社,2015年版,第285页。

业发展的初级阶段。创业纠纷产生的时间也限定在这一阶段,因而租赁合同纠纷时间具有限定性特征。遇到纠纷时,妥善解决纠纷,这是创业者创业过程中必然要经历的阶段。就发生的领域而言,租赁合同纠纷仅限于与创业相关的纠纷,不包括创业者私人生活领域所发生的纠纷,例如婚姻家庭纠纷等。

3. 租赁合同纠纷的种类

从发生的主体来看,租赁合同纠纷发生于创业者、政府部门、创业团体、创业组织之间,包括创业者与管理者之间所发生的纠纷,因而纠纷主体具有多种多样的特点。从时间来看,租赁合同纠纷可能发生在创业初期、创业经营管理阶段。从纠纷性质来看,可以是行政纠纷、民事纠纷、经济纠纷等。从争议内容来看,主要是权利义务的争议,包括财产性争议和人身性争议。

4. 租赁合同纠纷的解决

一旦出现租赁合同纠纷,采取有效措施化解纠纷,维护创业者合法权益是必要的,常用救济方式包括以下几种。

(1) 私力救济。"私力救济"是指权利主体在法律允许的范围内,依靠自身的实力,通过实施自卫行为或者自助行为来救济自己被侵害的民事权利。其基本形式包括:协商、自助、调解、临时仲裁、私人或民间组织机构、私人或民间组织机构、法律化私力救济。行使方式一为自动行使(又叫自助行为),权利人依靠自己的能力行使权利;二为公力行使,权利人通过公力机构和一定的程序帮助行使权利。公力行使是保障权利的主要手段,因为只有这样,弱者才能对强者行使权利,也只有这样,私人才能避免暴力斗争和伴随着暴力的恐惧。创业者在创业过程中,一旦出现租赁合同纠纷,可以通过私力救济方式寻求救济,维护自身合法权益。

(2) 社会救济。社会救济是指为保证公民的权利和义务,给个人采取相应的帮助的方式。租赁合同纠纷发生后,可通过社会救济的方式寻求帮助。

第一种社会救济方式为调解。调解是指中立的第三方在当事人之间调停疏导,帮助交换意见,提出解决建议,促成双方化解矛盾的活动。在我国,调解主要有四种形式:诉讼调解(法院在诉讼过程中的调解)、行政调解(行政机关在执法过程中的调解)、仲裁调解(仲裁机关在仲裁过程中的调解)和人民调解(群众性组织即人民调解委员会的调解)。调解中心根据当事人在争议发生之前或者在争议发生之后达成的调解协议和任何一方、双方或多方当事人的申请受理案件。调解协议系指当事人在合同中订明的调解条款,或者以其他方式达成的同意以调解方式解决争议的协议。当事人之间没有调解协议,一方当事人申请调解的,调解中心也可以受理,并征求对方当事人的意见。

第二种方式是仲裁。仲裁是指由双方当事人协议将争议提交(具有公认地位的)第三者,由该第三者对争议的是非曲直进行评判并作出裁决的一种解决争议的方法。仲裁异于诉讼和审判,仲裁需要双方自愿,也异于强制调解,是一种特殊调解,是自愿型公断,区别于诉讼等强制型公断。仲裁一般是当事人根据他们之间订立的仲裁协议,自愿将其争议提交由非司法机构的仲裁员组成的仲裁庭进行裁判,并受该裁判约束的一种制度。仲裁活动和法院的审判活动一样,关乎当事人的实体权益,是解决民事争议的方式之一。《仲裁法》第2条规定:"平等主体的公民,法人和其他组织之间发生的合同纠纷和其他财产权益纠纷,可以仲裁。"这里明确了三条原则:一是发生纠纷的双方当事人必须是民事主体,包括国内外法人、自然人和其他合法的具有独立主体资格的组织;二是仲裁的争议事项应当是当事人有权处分的;三是仲裁范围必须是合同纠纷和其他财产权益纠纷。合同纠纷是在经济活动中,双方当事人因订立或履行各类经济合同而产生的纠纷,包括国内、国外平等主体的自然人、法人,以及其他组织之间的国内各类经济合同纠纷、知识产权纠纷、房地产合同纠纷、期货和证券交易纠纷、保险合同纠纷、借贷合同纠纷、票据纠纷、抵押合同纠纷、运输合同纠纷和海商纠纷等,还包括涉及我国香港、澳门和台湾地区的经济纠纷,以及涉及国际贸易、国际代理、国际投资、国际技术合作等方面的纠纷。

租赁合同纠纷过程中,为维护创业者合法权益,需要通过调解或仲裁的方式获取社会救济,从而维护自身合法权益,避免创业过程中受到不必要损失,有利于促进创业成功。

(3)公力救济。公力救济是保护民事权利的主要手段,指当权利人的权利受到侵害或者有被侵害时,权利人行使诉讼权,诉请人民法院依民事诉讼和强制执行程序保护自己。公力救济又可分为公助救济和公权救济。常见形式包括行政复议、诉讼。诉讼的主要流程为起诉、确定管辖、开庭前准备、开庭审理、法院裁判、申请再审或申请执行。租赁合同纠纷过程中,如果创业者遇到困难,采用私立救济方式也是维护自身正当权益的重要方法。需要注意的是,创业者在采用这种方式时,应该严格遵循流程,按规矩办事,避免正当权益受损。

5. 租赁合同纠纷的案例分析

上述租赁合同纠纷案例中,当事人通过诉讼这种公力救济方式,维护自身合法权利,达到预期效果。

(1)纠纷内容。上述租赁合同纠纷的主要内容是,房屋实际面积与合同约定面积明显不符,影响魏某正常使用,房屋租赁公司存在重大过错。该租赁合同纠纷发生在创业者和房屋租赁公司之间,纠纷主要内容是租赁公司所提供的房屋面积与事实不符,因而创业者需要租赁公司返还租金,并赔偿相应损失。

(2)纠纷解决方式。创业者魏某为维护自身正当权益,采用民事诉讼这种公力救济的方式维护自身合法权益。通过起诉、确定管辖、开庭前准备、开庭审理、法院裁判、申请执行等流程,法院认为,房屋租赁公司应该明知房屋实际面积,魏某作为普通自然人,有能力租赁该房屋。房屋的实际建筑面积与约定的建筑面积不符,影响了魏某对房屋的正常使用,该公司存在过错。因此,法院最终终止了双方的合同,房产租赁公司向魏某偿还多付的租金,并赔偿相应损失,最终魏某有效维护了自身合法权益,挽回相应的损失。

【项目训练】

模拟承包经营合同签订及履行

创业过程中,往往会采用模拟承包经营这种方式。模拟承包经营过程中,为维护自身合法权益,需要按要求签订合同,明确各参与方的权利义务,自觉遵守各项约定,认真履行合同规定,防止出现不必要纠纷。一旦发生纠纷,也要按法律规定维护自身正当权益。

1. 模拟承包经营合同的形式

模拟承包经营合同是发包方与承包方之间就企业建立合同管理责任制的各种问题达成协议后,明确双方的权利和义务的合同。引入模拟承包经营责任制需要公司代表承包方与发包方签署合同,通过模拟,能深化创业者对承包经营的了解,确保认真履行承包经营合同的各项条款和规定,自觉遵守法律义务,维护正当权益。

2. 模拟承包经营合同的签订

模拟承包经营合同的签订需在双方平等协商的基础上进行,按要求签订合同。模拟承包经营合同的主要内容包括:合同的期限;双方的权利、责任和义务;合同的方式和内容;利润分配的方法;风险保证金、担保或保证;违约的惩罚;解决争端的方法;合同前损失的责任和合资企业的义务;原则和将规定清算的原则和程序,以及清算的原则和估价程序等。合同及其修改、延长、暂停或终止也必须得到承包公司原审批部门的批准。

3. 模拟承包经营合同的履行

模拟承包经营合同的履行,指的是合同规定义务的执行。模拟承包经营合同的履行,表现为当事人执行合同义务的行为,当合同义务执行完毕时,合同也就履行完毕。模拟承包经营合同的履行,是指合同义务人按照合同或法律的规定充分和适当地履行其合同义务,并满足债权人的要求。合同的履行不是一个纯粹的动态概念,而是一个包括动态和静态两个方面的综合概念。首先,合同的履行是指义务人履行其合同义务的行为,这是合同目的的最低要求。这种行动既可以是积极的行动,如支付、交付货物或提供劳动,也可以是消极的不作为,如不以某种价格销售某种产品。其次,合同的履行需要实现债权的后果,这是由于合同关系存在的法律目的是将债权转化为物权或等同于物权的权利。

4. 模拟承包经营合同违约的责任

模拟承包经营合同中的违约责任是指如果一方当事人不履行其合同义务,或者模拟承包经营合同中的义务履行不是基于合同协议,则该方当事人依法应承担的民事责任。模拟承包经营合同中的违约责任是合同责任的一种重要形式,违约责任与无效合同的后果不同,因为违约责任是建立在有效合同存在的推定之上的。违约责任与侵权责任的不同之处在于,它可以在合同订立时由双方事先约定,其属于一种财产责任。《中华人民共和国民法典》第186条、第577条等对违约责任均作了概括性规定。模拟承包经营合同违约责任的形式,除了违约责任的三种基本类型,即继续履行、补救和损害赔偿,还有其他类型,如合同罚金责任和定金责任。

项目训练要求:在合同签订阶段,熟悉民法典合同编和相关法律法规、掌握合同签订的基本流程和步骤、学习合同条款的撰写和解释,包括价格、履约期限、责任、保证金等,掌握合同谈判技巧和策略。在合同履行阶段,熟悉合同风险管理和控制、学习合同履行的组织和协调能力、了解合同支付和结算的流程和要求、掌握合同变更和索赔处理的方法、学习合同纠纷解决的途径和方式。综合培养法律意识和商业素养,关注最新的法律法规和政策动态、提高商业谈判和决策能力。

第六章 创业税收法律实务

【案例导入】

小李是某大学物理系的硕士研究生,在硕士指导老师的带领下,几个硕士研究生共同开发了一项新技术,并获得了技术专利,该技术专利在省"创客大赛"中得到了专家和投资机构的认可,预计投入市场后会有较好的市场前景。小李是该专利的主要成员,想在毕业后和几个同学共同创业,但听很多人讲,如果创业需要设立企业,既可以设立个体工商户、合伙企业,也可以设立有限公司或股份有限公司,而且不同企业的税收负担还不一样。小李对国家的税收政策不了解,在设立什么样的企业组织形式方面犯了难,到底是成立合伙企业,还是设立有限公司?税收有什么差别?企业要缴纳的税种到底有哪些?会面临哪些税收风险?如何避免税收风险?小李看到近几年因涉税被处罚的明星和企业不少,担心处理不当,自己也会因为税收问题受到处罚。

第一节 创业涉税类型分析

税收是一国政府为了满足社会公共需要,凭借政治权力,依据法律的相关规定,强制、无偿取得财政收入的一种形式。《中华人民共和国宪法》第56条规定:"中华人民共和国公民有依照法律纳税的义务。"因此,作为我国公民及经营主体,依照法律纳税是一项基本义务。我国的税收制度秉承"取之于民,用之于民"的原则,国家的税收是国家提供各类公共事务的最主要的资金来源。

不同的国家有不同的税制。税制是一个国家或地区在一定历史时期，按照自己的社会经济、政治等具体情况以法律形式确定下来的税收体系。我国改革开放以来也历经多次变动，演化为现在的18个税种形成的税制。按征税对象大致分为以下五类：①商品（货物）和劳务类，包括增值税、消费税和关税，主要在生产、流通或者服务业中发挥调节作用。②所得税类，包括企业所得税、个人所得税、土地增值税，主要是在国民收入形成后对生产经营者的利润和个人的纯收入发挥调节作用。③财产和行为税类，包括房产税、车船税、印花税、契税，主要是对财产和行为发挥调节作用。④资源和环境保护税类，包括资源税、环境保护税和城镇土地使用税，主要是对因开发和利用自然资源差异而形成的级差收入发挥调节作用。⑤特定目的税类，包括城市维护建设税、车辆购置税、耕地占用税、船舶吨税和烟叶税，主要是对特定对象和特定行为发挥调节作用。

对于大部分创业者而言，在创业的初期涉及的主要是增值税、企业所得税、个人所得税、印花税、城市维护建设税。一些创业企业如果发生产品进出口，会遇到关税。除上述的几个主要税种外，其他税种在创业初期不会遇到，多数创业企业不会参与房地产开发，在初期也不会购置土地房产，与土地相关的土地增值税、城镇土地使用税等不用太多地考虑。本章主要围绕创业者创业初期常遇到的税收进行解读。

正像案例中小李所了解的一样，不同的企业组织形式缴纳的税种是有差异的，这种差异主要表现在所得税方面，其他税种方面基本相同。按照现行税法规定，作为公司主要组织形式的有限责任公司或股份有限公司，是企业所得税的主要纳税主体。作为个体工商户、合伙企业（包括有限合伙企业），不征收企业所得税，而是按照经营所得征收个人所得税。个人所得税和企业所得税在纳税规定、税率等方面存在较大的差异。在增值税、印花税、城市维护建设税方面，不同的组织形式的企业基本一致，只是在税收的优惠规定方面存在一定的不同。下面就创业企业遇到的主要税种作一介绍。

(一) 增值税

增值税是以商品和劳务在流转过程中产生的增值额作为征税对象而征收的一种流转税。

1. 增值税的征税对象和征税范围

增值税是以企业经营的商品和劳务、服务、无形资产和不动产等在流转过程中产生的增值额作为征税对象而征收的流转税。增值税的征税对象是在我国境内销售的货物或者加工、修理修配劳务,销售服务、无形资产、不动产、进口货物等,纳税主体是从事上述货物、劳务等销售或加工、修理修配行为及其他发生应税销售行为、进口货物的单位和个人。

增值税的征税范围包括在境内发生销售货物或者加工、修理修配劳务,销售服务、无形资产、不动产等应税销售行为以及进口货物等。目前我国的《增值税法》正在人大审议中,现有征收增值税的法律依据主要为《增值税暂行条例》《增值税暂行条例实施细则》等。

现行增值税征税范围一般包括:

(1)销售或者进口的货物。货物主要指有形动产,包括电力、热力、气体在内。销售货物是指有偿转让货物的所有权。

(2)销售劳务。劳务是指纳税人提供的加工、修理修配劳务。销售劳务是指有偿提供劳务。

(3)销售服务。服务包括交通运输服务、邮政服务、电信服务、建筑服务、金融服务、现代服务、生活服务。其中现代服务包括研发和技术服务、信息技术服务、文化创意服务、物流辅助服务、租赁服务、鉴证咨询服务、广播影视服务、商务辅助服务和其他现代服务等。生活服务包括文化体育服务、教育医疗服务、旅游娱乐服务、餐饮住宿服务、居民日常服务和其他生活服务。

(4)销售无形资产。销售无形资产是指转让无形资产所有权或者使用权的业务活动。无形资产具体包括技术、商标、著作权、商誉、自然资源使用权和其他权益性无形资产。

(5)销售不动产。转让建筑物有限产权或者永久使用权的,转让在建的建筑物或者构筑物所有权的,以及在转让建筑物或者构筑物时一并转让其所占土地的使用权的,按照销售不动产缴纳增值税。

2.一般纳税人和小规模纳税人

增值税专用发票是增值税征税的重要环节,增值税实行凭增值税专用发票抵扣税款的制度,因此对纳税人的会计核算能力有较高的要求,为了征收管理的方面,也为了减少税收征管的漏洞,税法将增值税纳税人按照会计核算水平和经营规模分为一般纳税人和小规模纳税人,分别采取不同的登记管理办法和计税方法。小规模纳税人是指年销售额在规定标准以下,并且会计核算不健全,不能按规定报送有关税务资料的增值税纳税人,小规模纳税人的具体认定标准为年应征增值税销售额500万元及以下,年应征增值税销售额超过500万元的,除特殊规定外,要登记为一般纳税人,且在登记为一般纳税人后,不得再转登记为小规模纳税人。对于创业企业而言,在企业发展初期,年应征增值税销售额不超过500万元的,一般会先登记为小规模纳税人,但如果企业会计核算健全,也可以直接申请一般纳税人登记。

3. 税率与征收率

一般纳税人的增值税税率分别为13%、9%、6%和零税率,其购进货物、劳务和应税销售服务的进项税额可以抵扣。不同的税率有不同的适用范围。纳税人销售货物、有形动产租赁服务或者进口货物,除按规定适用9%税率的货物外,应适用13%的基本税率;纳税人从事交通运输、邮政、基础电信、建筑、不动产租赁服务、销售不动产、转让土地使用权、销售或者进口粮食等规定货物,税率为9%;纳税人从事增值电信服务、金融服务、现代服务(不动产租赁除外)、生活服务以及销售无形资产(转让土地使用权除外),税率为6%;纳税人出口货物,除国务院另有规定外,税率为零。一般纳税人发生的一些应税销售行为也可以按照规定选择简易计税方法计税,如不动产销售、不动产经营租赁等。

小规模纳税人不可以抵扣进项税额,因此小规模纳税人缴纳税收的计算依据称为征收率。但增值税的征收率不仅适用于小规模纳税人,也适用于一般纳税人应税销售按规定可以选择简易计税方法计税的情况。对于小规模纳税人,征收率一般为3%,但特定项目适用5%。

4. 应纳税额的计算

增值税应纳税额的计算,分一般计税方法、简易计税方法和扣缴计税方法等。一般纳税人采用一般计税方法,纳税人发生的购进项目所含的增值税额即进项税额可以在纳税时在计算纳税额时进行扣除。一般计税方法中,当期销项税额抵扣当期进项税额后的余额为应纳增值税额,计算公式为:

当期应纳增值税额＝当期销项税额－当期进项税额

我国对小规模纳税人采用简易计税方法,其购进项目所含的进项税额不允许抵扣,按照其发生的销售额征税,小规模纳税人应纳税额计算公式为:

当期应纳增值税额＝当期不含税销售额×征收率

一般纳税人发生特定销售行为,也可以选择简易计税方法计税,但其特定销售行为选择简易计税方法计税后,不可以抵扣进项税额。

扣缴计税方法适用于境外单位或个人在境内发生应税行为,这里不再介绍。

5. 税收优惠

增值税的税收优惠的规定较为庞杂,这里仅对与创业企业关联较大的税收优惠政策进行简单介绍。

增值税的税收优惠政策分为免税、减税、即征即退、先征后返等方式。对于个人从事经营活动,增值税起征点幅度规定为销售货物月销售额5000～20 000元(各地具体金额由各省、自治区、直辖市确定并报财政部和国家税务总局备案)的,或者每次(日)销售额300～500元的。增值税起征点的适用范围仅限于个人,包括个体工商户和其他个人,不包括登记为一般纳税人的个体工商户。达到起征点之后仍然可以享受小规模纳税人免税政策。具体可以咨询本地税务局。

(1)法定免税项目。根据现行规定,农业生产者销售的自产农产品,避孕药品和用具,古旧图书,直接用于科学研究、科学试验和教育的进口仪器、设备,外国政府、国际组织无偿援助的进口物资和设备,由残疾人组织直接进口的供残疾人专用的物品,销售自己使用过的物品,属于法定的免税项目,上述符合条件的货物销售不缴纳增值税。

(2)特定减免税项目。特定减免税项目规定较多,与创业企业关联较大的集中在销售服务和劳务方面,这些特定免税的项目例如托儿所、幼儿园提供的保育和教育服务,养老机构提供的养老服务,婚姻介绍服务、农业机耕、排灌、病虫害防治、植物保护、农牧保险以及相关技术培训精选,家禽、牲畜、水生动物的配种和疾病防治等。由于特定减免税项目太多,这里不再一一介绍,创业企业需要时可以向税务机关咨询或向税务律师、税务师寻求帮助。

(3)增值税即征即退。对于特定的销售或服务,增值税可以享受即征即退政策,这些政策包括资源综合利用的产品和劳务、软件产品、动漫产业、安置残疾人、管道运输服务、有形动产融资租赁和售后回租服务、风力发电及特殊商品如黄金期货交易等。即征即退的本义是缴税后税务机关即时退还企业,是对上述特定销售行为或劳务行为的优惠方式。即征即退政策的使用有些要满足相关规定,企业在申请即征即退增值税时,要关注企业是否满足相关要求。

(4)增值税先征后退。增值税先征后退政策适用于特定出版物的出版、少数民族文字出版物的印刷、制作业务等。

(5)小规模纳税人免税政策。①小规模纳税人发生增值税应税销售行为,合计月销售额未超过10万元(以一个季度为一个纳税期的,季度销售额未超过30万元)的,免征增值税。以一个季度为纳税期限的小规模纳税人,因为在季度中间成立或注销而导致实际经营期不足一个季度的,当期销售额未超过30万元的,免征增值税;②小规模纳税人发生增值税应税销售行为,合计月销售额超过10万元,但扣除本期发生的销售不动产的销售额后未超过10万元的,其销售货物、劳务、服务、无形资产取得的销售额免征增值税;③适用增值税差额征税政策的小规模纳税人,以差额后的增值额确定是否可以享受上述规定的免征增值税政策;④其他个人出租不动产,采取一次性收取租金方式取得的租金收入,可在对应的租赁期内平均分摊,分摊后的月租金收入未超过10万元的,免征增值税。[注:适用2023年1月9日财政部、税务总局制发《财政部税务总局关于明确增值税小规模纳税人减免增值税等政策的公告》(2023年第1号)]

(6)其他优惠政策。除上述外,增值税的优惠政策还有如退役士兵创业就业、企业招用自主就业退役士兵、重点群体创业就业、招用贫困人口等享受扣减一定金额税收的税收优惠等。

(二)企业所得税

企业所得税是对企业的生产经营所得和其他所得征收的税收。

1. 纳税人

企业所得税的纳税人是在中国境内的企业和其他取得收入的组织,但不包括个人独资企业、合伙企业、个体工商户等。企业所得税的纳税人分为居民企业和非居民企业,居民企业是指依法在中国境内成立,或者依照外国(地区)法律成立但实际管理机构在中国境内的企业。非居民企业是指依照外国(地区)法律成立且实际管理机构不在中国境内,但在中国境内设立机构、场所的,或者在中国境内未设立机构、场所,但有来源于中国境内所得的企业。

2. 征税对象

企业所得税的征税对象为企业的生产经营所得、其他所得和清算所得。对居民企业的征税对象为其来源于中国境内、境外的所得。对非居民企业的征税对象为其所设机构、场所来源于中国境内的所得以及发生在中国境外但与其所设机构、场所有实际联系的所得,或者未设立机构、场所的居民企业来源于中国境内的所得。

3. 税率

企业所得税的基本税率为25%,还有一档低税率为20%(实际征税时适用10%),低税率适用于在中国境内未设立机构、场所的或者虽设立机构、场所但取得的所得与其所设机构、场所没有实际联系的非居民企业。

4. 应纳税所得额

企业所得税是我国各税种中计算较为复杂的税收之一。按照《企业所得税法》的规定,应纳税所得额为企业每一个纳税年度的收入总额,减除不征税收入、免税收入、各项扣除以及允许弥补的以前年度亏损后的余额。《企业所得税法》对收入总额、扣除范围和标准、资产的税务处理、亏损弥补等均有明确规定。

5. 税收优惠

企业所得税的税收优惠方式包括免税、减税、加计扣除、加速折旧、减计收入、税额抵免等。

企业从事农、林、牧、渔业项目所得、国家重点扶持的公共基础设施项目投资经营所得、符合条件的环境保护、节能节水项目所得、符合条件的技术转让所得可以享受减免税政策。国家重点扶持高新技术企业和技术先进型服务企业的所得减按 15% 的税率征收企业所得税。对小型微利企业也有相应的所得税优惠。

企业研究开发费可以按照规定的比例享受加计扣除优惠,即对企业支出项目按照规定的比例给予税前扣除的基础上再给予追加的扣除,从而降低企业应纳税所得额。创立投资企业从事国家需要重点扶持和鼓励的创业投产,可以按照投资额的一定比例抵扣应纳税所得额。

企业的固定资产由于技术进步等原因以及特定行业,可以缩短折旧年限或者采取加速折旧的方法,加快折旧的速度,在折旧期内可以提高税前抵扣费用,进而减少应纳税所得额。

企业综合利用资源,生产符合国家产业政策规定的产品所取得的收入,可以在计算应纳税所得额时减计收入。

企业购置并实际使用规定的环境保护、节能节水、安全生产等专用设备的,可以按照设备投资额的一定比例从企业当年的应纳税额中抵免。

另外还有民族自治地方、海南自由贸易港、西部大开发及特殊行业如软件产业和集成电路企业的税收优惠等。

(三) 个人所得税

个人所得税也是所得税的一种,它是以自然人取得各类所得为征税对象而征收的所得税。如果创业企业采用合伙企业或个体工商户方式,则不缴纳企业所得税,按照《个人所得税法》缴纳个人所得税。

1. 纳税人

个人所得税的纳税人不仅包括个人，还包括具有自然人性质的企业。具体包括中国公民、个体工商户、个人独资企业、合伙企业投资者、在中国有所得的外籍人员和香港、澳门、台湾同胞。

2. 征税对象

个人所得税的征税对象为个人或具有自然人性质的企业的各项应税所得。这些应税所得包括工资、薪金所得、劳务报酬所得、稿酬所得、特许权使用费所得、经营所得、利息、股息、红利所得、财产租赁所得、财产转让所得以及偶然所得等。

3. 税率

个人所得税按照所得来源的不同分为综合所得、经营所得和其他所得，工资、薪金所得、劳务报酬所得、稿酬所得、特许权使用费所得为综合所得，适用3%~45%的七级超额累进税率；经营所得适用5%~35%的五级超额累进税率；利息、股息、红利所得、财产租赁所得、财产转让所得和偶然所得等其他所得适用20%的比例税率。

4. 应纳税所得额

个人所得税应纳税所得额的确定较为复杂，因此应纳税额的计算也变得非常复杂，个人所得税征收范围包括综合所得、经营所得和其他所得。

居民个人取得综合所得，以每年收入额减除费用60 000元以及专项扣除、专项附加扣除和依法确定的其他扣除后的余额，为应纳税所得额。其中劳务报酬所得、稿酬所得、特许权使用费所得以收入减除20%的费用后的余额作为收入额。此外，稿酬所得以收入减除20%的费用后的余额为收入额。稿酬所得的收入额减按70%计算。

经营所得以每一纳税年度的收入总额减除成本、费用以及损失后的余额，为应纳税所得额。

财产租赁所得，每次收入不超过4000元的，减除费用800元；4000元以上的，减除20%的费用，其余额为应纳税所得额。财产转让所得，以转让财产的收入额减除财产原值和合理费用后的余额，为应纳税所得额。利息、股息、红利所得和偶然所得，以每次收入额为应纳税所得额。

5. 税收优惠

个人所得税的税收优惠主要针对各类有特殊贡献的收入或特殊项目，如省级人民政府、国务院部委和中国人民解放军军以上单位，以及外国组织颁发的科学、教育、技术、文化、卫生、体育、环境保护等方面的奖金；个人持有的国债和国家发行的金融债券利息;按照国家统一规定发给的补贴、津贴;福利费、抚恤金、救济金等。个人所得税的税收优惠项目较多,这里不再一一列举。

(四)印花税

印花税是以经济活动中各方书立、领受应税凭证的行为为征税对象征收的一种税。印花税是较小的税种,但由于其涉及面广,也是创业企业不可忽视的一个税种。

1. 纳税人

印花税的纳税人是在中国境内书立、使用、领受应税凭证而需要履行纳税义务的单位和个人,具体可以分为立合同人(签订合同方)、立据人(买卖产权各方)、立账簿人(建立账簿方)、领受人(领受权利、许可证照)、使用人(在国外书立、领受但在国内使用应税凭证人)、各类电子应税凭证的签订人(以电子形式签订的各类应税凭证的当事人)。

2. 科目

印花税的科目共有13项,分别为购销合同、加工承揽合同、建设工程勘察设计合同、建筑安装工程承包合同、财产租赁合同、货物运输合同、仓储保管合同、借款合同、财产保险合同、技术合同、产权转移书据、营业账簿、权利、许可证照等。

3. 税率

印花税的税率有比例税率和定额税率两种形式。比例税率适用于各类合同以及具有合同性质的凭证、产权转移书据、营业账簿中记载资金的账簿,分四个档次,分别为0.005%、0.03%、0.05%、0.1%。定额税率适用于权利、许可证照和营业账簿中的其他账簿,税额统一为5元。

4. 计税依据

印花税的计税依据为各种应税凭证上所记载的计税金额。如购销合同的计税依据为合同记载的购销金额;加工承揽合同的计税依据为加工或承揽收入的金额;建设工程勘察设计合同的计税依据为收取的费用;建筑安装工程承包合同的计税依据为承包金额;财产租赁合同的计税依据为租赁金额;货物运输合同的计税依据为运输费金额;仓储保管合同的计税依据为收取的仓储保管费用;借款合同的计税依据为借款金额;财税保险合同的计税依据为收取的保险费;技术合同的计税依据为合同所载的价款、报酬或使用费;产权转移书据的计税依据为所载金额;营业账簿中记载资金的账簿的计税依据为实收资本和资本公积两项的合计金额;等等。

5. 税收优惠

对印花税的减免税优惠项目相对较少。对创业企业相关度较大的有:①对已缴纳印花税凭证的副本或者抄本免税;②对无息、贴息贷款合同免税;③对全国社会保障基金理事会、全国社会保障基金投资管理人管理的全国社会保障基金转让非上市公司股权,免征全国社会保障基金理事会、全国社会保障基金投资管理人应缴纳的印花税等。

(五)城市维护建设税

城市维护建设税是对从事工商经营、缴纳增值税、消费税的单位和个人征收的一种附加税。

1. 纳税人

城市维护建设税的纳税人为在中国境内缴纳增值税、消费税的单位和个人。

2. 税率

城市维护建设税的税率,按照纳税人所在地的不同,设置以下三档地区差别比例税率,即:

(1)纳税人所在地为市区的,税率为7%。

(2)纳税人所在地为县城、镇的,税率为5%。

(3)纳税人所在地不在市区、县城或者镇的,税率为1%。

城市维护建设税的计税依据为纳税人依法实际缴纳的增值税、消费税税额。城市维护建设税以增值税、消费税税额为计税依据并同时征收,增值税、消费税享受免征或减征的,城市维护建设税也同时免征或减征。

第二节 创业税收实务操作

本节就增值税、企业所得税的实务作一讲解,供创业企业参考。

一、增值税纳税实务

初创的创业企业,如果应纳增值税销售收入连续12个月不超过500万元,一般作为小规模纳税人;如果应纳增值税销售收入连续12个月超过500万元,则需要按照税法的规定申请一般纳税人,按照一般纳税人的规定计算增值税应纳税额。

(一)小规模纳税人的纳税实务

小规模纳税人销售货物或应税劳务,按照销售额和规定的征收率计算应纳税额,小规模纳税人的征收率一般为3%,不得抵扣进项税额。小规模纳税人计税办法较为简单,会计核算应设置"应交税费-应交增值税"三栏式账户,核算企业应交、已缴以及多缴或欠缴的增值税。

下面以郑州某商贸有限公司为例对增值税的应纳税额进行简单介绍。

郑州某商贸有限公司为增值税小规模纳税人,2022年11月发生如下业务。

(1)2日,购进文具一批,共支付3500元,取得了普通发票,款项已通过银行转账支付,文具验收入库。

(2)5日销售玩具一批,取得收入3780元,款项已存入银行。

(3)12日购进玩具一批,共支付6800元,取得增值税普通发票,款项已支付,玩具验收入库。

(4)25日销售文具一批,共收到款项3000元,款项存入银行。

郑州某商贸有限公司2022年11月应纳税额计算如下:

应纳税额=(3780+3000)÷(1+3%)×3%=197.48(元)

(二)一般纳税人的纳税实务

一般纳税人销售货物或者提供应税劳务和应税服务时,适用一般计税方法计税,当期应纳增值税税额为当期销项税额减去当期进项税额。因此,一般纳税人当期应纳税额的多少,取决于当期销项税额和当期进项税额的多少。增值税一般纳税人的销项税额的计算公式为:

增值税销项税额=销售额×税率

由于一般的纳税人的销售额均为含税价格,因此在计算销项税额时,要注意把含税销售额换算为不含税销售额。换算公式为:

不含税销售额=含税销售额÷(1+增值税税率)

一般纳税人的进项税额为开具的增值税专用发票上的税额,除特别规定外,取得的普通增值税发票的税额不允许作为进项税额抵扣。准予从销项税额中抵扣的进项税额,限于增值税扣税凭证上注明的增值税税额和按规定的扣除率计算的进项税额。

下面以郑州某商贸有限公司为例对一般纳税人的应纳税额进行简单介绍。

郑州某商贸有限公司是一家经营电子设备的商贸企业,目前为增值税一般纳税人。其在2022年10月发生以下业务。

3日销售电子设备一台,取得销售收入45 600元,款项已存入银行,公司开具增值税专用发票。

6日销售电子设备两台,取得销售收入91 200元,款项已存入银行,公司开具增值税专用发票。

10日,公司采购电子设备五台,价款为120 000元,款项已支付,取得增值税专用发票,注明税额为13 805.31元,取得税务局代开的增值税货物运输专用发票,注明运费为2000元,增值税税额为165.14元。

郑州某商贸有限公司2022年10月应纳增值税额为:

销项税额=(45600+91200)÷(1+13%)×13%=15738.05(元)

应纳增值税税额=15738.05-13805.31-165.14=1767.60(元)

二、企业所得税纳税实务

企业所得税的计税依据是企业的应纳税所得额。应纳税所得额是企业每一纳税年度的收入总额减去不征税收入、免税收入、各项扣除以及允许弥补的以前年度亏损的余额。收入总额是纳税人当期发生的、根据税法规定应确认为当期收入的所有应税收入项目,包括销售货物收入、提供劳务收入、转让财产收入、股息和红利等权益性投资收益、利息收入、租金收入、特许权使用费收入、接受捐赠收入和其他收入等。企业实际发生的与取得收入相关的、合理的支出,包括成本、费用、税金、损失和其他支出,准予在计算应纳税所得额时扣除,税法对各项扣除标准均有详细的规定。

下面以郑州某电器有限公司为例对企业所得税的计算进行简单介绍。

郑州某电器有限公司是一家以小家电生产、销售为主营业务的高新技术企业,2022年发生如下经营业务:全年取得产品销售收入8500万元,发生产品销售成本6200万元;其他业务收入400万元,发生其他业务成本340万元;购买国债取得利息收入20万元;缴纳销售税金及附加400万元;发生管理费用830万元(其中,研究开发费用120万元,业务招待费用80万元);发生财务费用150万元;取得投资境内企业的投资收益45万元;取得营业外收入100万元,发生营业外支出200万元。

该企业在计算企业所得税时,首先根据上述数据计算出企业的会计利润总额。

利润总额=8500-6200+400-340+20-400-830-150+45+100-200=945(万元)

然后逐项计算纳税调整金额。

(1)购买国债利息收入系免税收入,应调减所得额20万元。

(2)根据相关规定,科技型中小企业开展研发活动中实际发生的研发费用,未形成无形资产计入当期损益的,在按规定据实扣除的基础上,自2022年1月1日起,再按照实际发生额的100%在税前加计扣除;形成无形资产的,自2022年1月1日起,按照无形资产成本的200%在税前摊销。因此研究开发费用支出调减所得额120×200%=240万元。

(3)对业务招待费支出,税法规定企业发生的与生产经营活动有关的业务招待费支出,按照发生额的60%扣除,但最高不得超过当年销售收入的0.5%。业务招待费的调整:

按照实际发生额的60%计算:80×60%=48(万元)

按销售收入的0.5%计算:(8500+400)×0.5%=44.5(万元)

税前扣除限额应为44.5万元,实际应调增应纳税所得额80-44.5=35.5(万元)

(4)取得直接投资其他居民企业的收益属于免税收入,应调减应纳税所得额45万元。

(5)计算应纳税所得额。

应纳税所得额=945-20-120+35.5-45=795.5(万元)

该公司属于高新技术企业,享受15%的企业所得税优惠,适用税率为15%。计算应纳税额:

该公司2022年应纳企业所得税税额=795.5×15%=119.325(万元)

第三节 创业税收风险来源和识别

随着金税工程四期的不断推进,我国税收管理全面进入大数据时代,企业不规范经营及纳税的税务风险越来越高。近年来,个别电影明星及网络主播偷税案的税务处罚,给很多企业家以巨大震撼,也给国民进行了一次深刻的税法教育。在大数据时代,企业面临诸多税务风险,那么什么是税务风险?很多人认为因税务处理不当受到税务机关的处罚或因逃税受到刑事处罚是税务风险。当然,被税务机关处罚和受到刑事处罚是税务风险的类型之一,未按照税法规定承担纳税义务而导致的潜在的税务处罚风险,以及未享受税法规定而没有享受税收优惠、税额抵扣等税收利益及相关利益,也应视为税务风险的组成部分。

我国《税收征收管理法》第五章对违反税收管理的行为作了详细规定,对偷税、妨碍税务机关追缴欠税、骗取出口退税、抗税、拒不缴纳税款的行为规定了很重的行政处罚责任。如《税收征收管理法》第63条规定:"纳税人伪造、变造、隐匿、擅自销毁账簿、记账凭证,或者在账簿上多列支出或者不列、少列收入,或者经税务机关通知申报而拒不申报或者进行虚假的纳税申报,不缴或者少缴应纳税款的,是偷税。对纳税人偷税的,由税务机关追缴其不缴或者少缴的税款、滞纳金,并处不缴或者少缴的税款百分之五十以上五倍以下的罚款;构成犯罪的,依法追究刑事责任。扣缴义务人采取前款所列手段,不缴或者少缴已扣、已收税款,由税务机关追缴其不缴或者少缴的税款、滞纳金,并处不缴或者少缴的税款百分之五十以上五倍以下的罚款;构成犯罪的,依法追究刑事责任。"妨碍税务机关追缴欠税、骗取出口退税、抗税、拒不缴纳税款的行政处罚最高达到5倍,企业如果触犯上述规定,会面临巨大的风险。2021年12月,某网络主播偷逃税款6.43亿元,其他少缴税款0.6亿元,被税务机关追缴税款、加收滞纳金并处罚款共计13.41亿元,在社会上引起巨大反响和影响,该网络主播亦因此被相关部门封杀销声匿迹。

一、税务风险产生的原因和来源

(一)会计岗位人员税务知识不足是税务风险产生的主要原因

我国对会计专业人员在很长时间仅进行会计课程教育和训练,而不进行税法讲解,很多会计人员没有受过系统的税务知识的教育,很多企业家又认为会计人员天然应该熟悉税务知识。因此,会计岗位人员税务知识的欠缺是企业税务风险的主要来源之一。

(二)税务筹划不当产生的税务风险

税务筹划本来是利于税收管理的事情,一方面通过税务筹划,企业合法享受国家规定的税收优惠政策,使国家出台的税收政策可以有效引导行业及企业的发展;另一方面,税务筹划也是税务机关了解税法规定漏洞的主要方式之一,税务机关可以由此对漏洞予以完善。但近年来,一些打着税务筹划旗号的机构利用发票管理的漏洞等进行所谓的税务筹划,导致税务筹划有被污名化的趋势。税务筹划的前提是合法性,没有合法性的前提进行的税务筹划大多都应归于逃税的范畴。税务筹划不当产生的税务风险,主要表现在企业进行的税务筹划大多只关注税务技术方面的安排,忽视了税务筹划在技术安排同时应同时关注法律安排,如合同的制订是否与税务筹划的技术安排一致,企业的付款是否符合法律法规规定等,大家在保证合法性的前提下,大可不必把税务筹划视为洪水猛兽,企业通过税务筹划,可以享受国家税收优惠及政策保障,对于推动我国经济健康发展也是一份贡献。

(三)公司内部控制制度不完善导致的税务风险

目前,多数企业的内部控制制度没有充分考虑税务管理的安排,导致企业在合同管理、发票管理、款项流入流出的路径等环节存在引发税务风险的漏洞。这要求企业在完善内部控制制度时,要关注可能产生税务风险的重要岗位及环节,如合同制订时涉及税收的内容是否提前让财务人员甚至公司税务管理人员审查,必要时企业可以向税务律师寻求帮助;在发票管理方面,企业要保证任何填开发票的单位和个人必须在发生经营业务并确认营业收入时才能开具发票,未发生经营业务一律不得开具发票;公司应严格禁止转借、转让或代开发票,不要借用无真实经营业务的企业的发票进行抵扣;等等。

(四)未及时掌握税收政策变化导致的税务风险

目前,我国税法正在不断立法和完善中,税收制度也在不断完善中,因此会不时出台新的税收政策,这些税收规定或者为企业带来机遇,或者为企业带来风险与挑战,企业需要及时关注新的税收政策和新的法律法规,及时研究税收规定的具体内容并采取相应措施,从而减少因税收政策的变化给企业带来税务风险。

(五)创业企业管理层的税收意识不足导致税务风险

创业企业大多规模较小,企业的关注点主要聚焦于企业的技术、市场方面,一些管理层往往没有很强的税收规范意识,甚至还有一些管理人员认为一切税务问题都可以通过关系来摆平,导致企业不重视税务风险对企业产生的危害。从近年的案例看,尽管创业的中小型企业不是税务机关重视稽查的对象,但不断有企业因购买和使用没有真实经营活动的增值税发票导致受到行政处罚的案件发生,虽然这些行政处罚不足以让企业伤筋动骨,但仍会给企业带来不小的损失,企业管理层如果不重视相应税务风险,加强内部管理,不排除有一天受到重大税务行政处罚甚至受到刑事追究的可能。

二、创业企业税务风险的识别

创业企业大多规模不大,企业虽然面临重大税务风险的可能性偏低,但仍应防微杜渐,在创业之初重视企业各个环节的税务风险,避免税务风险给企业造成的重大损失。下面简单就采购、生产、销售、筹资、投资、分红环节的主要税务风险点进行介绍,企业可以对照这些风险点对企业存在的税务风险进行识别。

(一)企业采购环节税务风险点的识别

企业采购环节的税务风险点主要有:①企业经营计划的制订没有和财务部门进行充分沟通;②没有按规定取得增值税专用发票;③企业所取得的发票与采购入库的材料类别及金额不符;④实际收款方和发货方不符;⑤企业没有按照规定抵扣进项税额;⑥没有按规定取得运输发票或者运输发票不合法,或运输发票与内容与实际不符;⑦合同安排与实际采购不一致;⑧税务风险信息不能及时传递;等等。

(二)企业生产环节税务风险点的识别

企业在生产环节的主要税务风险点有:①企业将属于产品的水电费等相关成本费用计入"在建工程"等科目调整利润;②企业生产的废料、残次品销售不入账或者作为职工福利发放不计入销售收入;③产品用于职工福利不计入销售收入;④产品成本结转方法不符合税法规定;⑤委托加工材料的发出和产品入库的手续不健全;⑥税务风险信息不能及时传递;等等。

(三)企业销售环节税务风险点的识别

企业在销售环节的主要税务风险点有:①仓储部门实际发货数量与会计部门确认的发货数量不一致;②销售商品未签订合同导致收款期限无法确定;③自产的产品用于非增值税应税项目、集体福利、个人消费、无偿赠送、投资、债务重组等不确认销售收入;④外购的产品用于非应税项目、集体福利、个人消费或者产品适用简易办法计税,企业抵扣进项税额;⑤发生非正常损失不做进项转出处理;⑥销售收入确认时间不符合税法规定;⑦销售收入不开具增值税发票;⑧开具的增值税红字发票不符合规定;⑨以回扣方式诱使客户或经销商多下订单再退货,达到虚增销售收入目的,把回扣抵减客户货款;⑩销售合同对退货没有进行相关安排;⑪将非经营性收入当成主营业务收入确认入账;⑫通过平销返利少缴税款;⑬税务风险信息不能及时传递;等等。

(四) 企业筹资环节的税务风险点的识别

企业筹资环节的主要风险点有：①债务筹资占比过大导致企业财务风险加大，带来的损失超过企业利用债务筹资所增加的收益；②企业向关联企业借款没有支付利息；③企业向职工借款及股东借款所付利息未代扣代缴个人所得税；④税务风险信息不能及时传递；等等。

(五) 企业投资环节的税务风险点的识别

企业在投资环节的主要税务风险点有：①公司董事会和管理层未有效履行对税务风险控制的监督职责；②企业没有制定或者没有严格执行有关的投资管理办法；③企业在项目投资决策时没有和税务专业人员进行沟通，在投资过程中没有能够很好地利用税收优惠政策；④企业在进行资本性投资时没有取得增值税专用发票抵扣进项税额；⑤企业捐赠没有享受或错误享受税收优惠；⑥股本确认错误；⑦资本公积、留存收益转股个人所得税计算不当；⑧转让、重组环节税收计算错误；⑨税务风险信息不能及时传递；等等。

(六) 企业分红环节的税务风险点的识别

企业在分红环节的主要税务风险点有：①企业没有使用权责发生制核算利润，或者使用权责发生制核算利润，但企业的销售大多通过赊销，企业分红超过企业的现金支付能力；②企业故意高估成本导致亏损；③股东在公司报销个人费用未代扣代缴个人所得税；④企业为股东购买资产并承担费用和折旧，变相分红或股东涉嫌挪用资金未代扣代缴个人所得税；⑤公司资本公积转赠股本、债转股未按照规定代扣代缴个人所得税；⑥股东向公司长期借款；⑦税务风险信息不能及时传递；等等。

第四节　创业税收风险防控

创业企业想有效防范税收风险，要按照内部控制制度的基本规则，在内部控制制度中增加税务风险控制环节，并在企业经营过程中予以贯彻执行。第一，企业管理层要有税务风险的防范意识，建立有效防范税务风险的内部控制环境；第二，要在关键控制点安排税务专业人员参与税务风险的控制，这需要企业能够聘请或培养税务专业人员，必要时可以聘请外部机构如税务律师、税务师、注册会计师参与企业税务风险内部控制建设；第三，要结合企业的不同环节的特点进行应对和控制。

一、防范税务风险的内部控制环境

企业要有效防范税务风险,按照内部控制制度的基本原理,建立相应的有效防范税务风险的内部控制环境。而内部环境的建立首先依赖于企业董事会及管理层对税务风险防范的重视,企业管理人员不重视税务风险的防范,就难以建立相应的内部控制制度,即使建立了制度,也难以得到有效执行。这并不是要求企业董事会成员及管理层人员都成为税务专家,而是要求管理人员要有防范税务风险的意识,能够认识到税务风险给企业发展带来的巨大影响,能够支持税务风险防范的内部控制制度的建设及执行。当然,企业管理人员也要适当了解税务知识,提高防范税务风险的意识,更有利于内部控制环境的建设。

二、聘请专业人员参与税务风险的防范

企业聘请税务专业人员参与企业税务风险的内部控制管理,必要时聘请税务律师、税务师或注册会计师参与税务风险的防范。我国税法正在立法和完善过程中,税收政策环境在不断发生变化,加上税收的专业性特征,现在整个社会税务专业人才存在较大的不足。企业在内部控制中设置税务岗,就需要熟悉税务专业知识的专业人才,税务专业人才可以通过内部培养或外部招聘的方式解决。税务人才的培育可以通过培训、参加学历教育等方面进行,目前我国部分高校开设的税务专业硕士是税务人才培育的摇篮,企业可以予以关注。如果创业企业规模小,不足以承担税务专业人才的费用,也可以寻求税务律师、税务师或者注册会计师的帮助。税务律师在我国是一个新兴的专业律师队伍,合格的税务律师不仅通晓法律知识,还要具备系统的税务专业知识,有些还具备丰富的财务工作经验,可以为企业提供专业的税务咨询服务。在西方发达国家,税务律师是一个庞大的队伍,其税务咨询服务也更加成熟,我国税务律师发展的历史较为短暂,在改革开放后的很长时间内,税务咨询服务作为税务师的业务,限制了律师和注册会计师的进入和发展。2015年以后,我国把税务咨询服务由原来的税务师开放至律师、注册会计师队伍,税务律师的队伍在不断扩大,税务律师在税务咨询服务方面的优势在于法律的安排与税务专业技术安排的结合方面。税务师也是国内一个较为庞大的团体,是目前税务咨询的主要力量,注册会计师也在增加税务咨询的业务范围,税务师和注册会计师在税务咨询方面的优势在于税务专业技术,但在法律的安排方面仍需要律师的协助。

三、企业运营的各个环节税务风险的防范

企业运营包括采购环节、生产环节、销售环节、筹资环节、投资环节、分红环节等,各个环节税务风险的防范要重点关注各环节风险防范管理机制的建立和完善、企业内部控制制度的建立和完善、业务流程的控制等。企业的各个环节要重视涉税信息传递的畅通性,企业税务风险的控制人员要对各个环节进行税务风险评估,将评估结果上报给管理层,以便及时制定应对措施,并根据应对措施组织各环节人员实施。

(一)采购环节税务风险的防范

采购环节税务风险管理机制的建立要求企业从税务风险重要节点管理及相关部门的职责履行方面建立相应的组织架构,重点节点管理如采购的合同管理、采购发票管理、存货管理等控制采购重要环节的税务风险。相关部门的职责履行要求如财务部、内部审计部门等能够对采购业务的真实性、增值税进项税额的抵扣、支付方式的合理性进行审查,切实履行税务风险的应对和控制责任。

采购环节税务风险的内部控制方面,要关注授权审批的控制、制定税务管理的管理办法,在管理办法中要有切实可行措施对税务风险的关键点进行控制。

采购环节业务流程控制方面,一是要关注采购计划的编制,采购计划要适应企业的需求,避免存货等的积压和报废;二是要建立供应商信息系统,对供应商的纳税人身份、资信、征信、税率和发票开具信息进行记录;三是选择适当的付款方式,并根据付款方式的不同做好税务处理的应对;四是要加强采购合同的控制,在合同审查时要关注对税务的安排和影响。

(二)生产环节税务风险的防范

与生产环节相关的税务风险管理机制的建立方面,一是要关注重要节点如原材料领料、产成品入库、存货管理、生产成本管理等节点的管理;二是财务部门要能够履行复核职责,对采购成本的计算、是否将产品成本计入"在建工程"等进行审核;三是审计部门负责对整个生产过程内部控制进行审计。

生产环节税务风险的内部控制方面,要关注授权审批的控制、不相容职务的分离控制、业务记录控制等,增加企业税务人员对生产环节的审核控制。

生产环节业务流程控制方面,一是根据客户订单或市场状态编制和及

时调整生产计划;二是在原材料发出方面,要办理相应的审批手续,避免超额领料等情况发生;三是根据生产工艺流程对产品生产过程进行控制,所有的耗费应当正确归类,已完工产品要及时转至成品库进行存储;四是产成品入库时要对产成品的名称、规格、型号和数量、质量进行核对和登记,财务与仓储部门应当定期对账并及时进行差异调整;五是对产成品的储存要采取相应的措施,避免存储管理不善造成的损失;六是在产品发出方面,应当严格要求根据销货单、销售发票和运货单等发出产品;七是产成品的核算要准确,成本的归集要准确完整。

(三)销售环节税务风险的防范

销售环节税务风险的管理机制方面,一是要在各个重要节点加强管理,如销售合同管理、销售发票管理、存货发出管理、销售费用管理等;二是财务部门要及时复核销售业务的真实性,保证原始凭证的完整性和会计处理的正确性;三是内部审计部门要负责对整个销售过程内部控制进行审计。

销售环节内部控制制度要关注授权审批控制、不相容职务分离控制、业务记录控制等,税务岗位的人员要对关键控制点进行审核,不相容职务要有效分离。

销售环节业务流程控制方面,要在销售计划制定、客户信用审查、发货控制、售后服务、应收账款管理等方面制订应对和控制措施。

(四)筹资环节税务风险的防范

筹资环节税务风险管理机制的建立主要包括筹资重要节点的管理,如筹资可行性分析、筹资合同管理、债务管理、还款计划制订、筹资税务风险控制指南等,企业应当建立内部筹资管理制度,筹资方面要经相关部门的审批后才能实施等;财务部要制订筹资计划,进行筹资可行性研究,制订还款计划,复核筹资业务的真实性,核查原始凭证的完整性和合规性,并作出正确的会计处理;内部审计部门要负责对整个筹资过程的内部控制进行审计。

筹资环节内部控制制度方面,要关注授权审批的控制、不相容职务相分离控制等方面,筹资必须经过制订筹资计划、筹资可行性分析、审批、谈判、合同签订、收款等步骤,并保证不相容职务严格分离。

筹资环节的业务流程控制,要在税务风险控制点如提出筹资方案、审批筹资方案、制订筹资计划、实施筹资方案、评价筹资活动与追究相关责任方面采取有效的控制措施。

(五)投资环节税务风险的防范

投资环节税务风险的管理机制方面,一是对重点节点如投资合同管理、投资可行性分析、投资计划等加强管理,企业要特别注意在重大投资之前必须经过财务部门编制投资可行性报告,明确投资的必要性、投资方案、投资预算、经济可行性、存在的风险以及应对措施等,并在相应的权力机构审批后由财务部实施;二是财务部要及时出具投资的可行性研究报告,审核投资活动的真实性和原始凭证的完整性,并根据投资活动的原始凭证作出正确的会计处理;三是内部审计部门要负责对整个投资过程的内部控制以及税务风险进行审计;四是董事会要履行监督职责,复核投资业务是否符合公司的发展战略、投资规模、方向、时机,使投资项目与企业的发展战略、业务目标相一致,避免税务风险的产生。

投资环节的内部控制制度的授权审批管理、不相容职务相分离要适应企业的管理模式。不相容职务相分离在投资层面的表现主要是对外投资的可行性研究与评估的分离、审批与执行的分离、绩效评价与考核的分离等,企业财务部门应严格按照审批的要求进行对外投资,严格遵守授权审批流程,督促相关人员贯彻企业的内部控制制度。

投资环节的业务流程控制,主要关注投资方案的提出与审批、投资计划的编制与实施以及投资资产处置等关键控制点。企业提出投资方案时,要进行方案的战略性评估,确认投资是否符合企业的发展战略、投资规模及投资方向,投资方案审批时,要严格遵守授权审批制度,明确其业务审批方式、权限、程序和责任等相关要求,对于重大投资项目应当实行集体决策制度,并与相关联的被投资方共同签署投资协议。编制投资计划时,要核查企业资金需求量,筹措资金所需资金,编制详细投资方案,并依据相应的授权审批制度上报相关部门进行审批。实施投资方案时,要根据投资计划严格按进度投放资金,严格控制资金流出时间。

(六)分红环节税务风险的防范

分红环节税务风险防范的管理机制建立方面,要在重要节点如盈利预测、利润分配等节点加强管理,企业存在资本公积转增股本的,也要把资本公积转增作为重要节点进行管理。财务部门要结合企业的资金情况和盈利情况制定利润分配方案,复核收益分配相关业务是否真实,原始凭证是否完整,会计处理是否正确。内部审计部门应负责对整个收益分配过程内部控制进行审计。

分红环节的内部控制制度方案,要重点关注授权审批控制、不相容职务相分离控制和业务记录控制等。收益分配必须经过授权、签发、批准、执行、记录等步骤,相关的职务应当实施不相容职务分离制度。

分红的业务流程控制方面,要注意分红流程的各个节点。分红一般要经过制定盈利预测、盈利预测的审查、提出利润分配方案、利润分配方案审查、利润分配方案执行、会计记录等步骤。盈利预测与利润分配方案要经过股东会或股东大会审批,制定分红方案时,应考虑收益分配形式和对企业股东税负产生的影响,公司股东报销个人费用时,要关注是否系分红,符合分红条件的,要注意要及时代扣代缴个人所得税。

【案例分析】

企业涉税案

涉案企业基本情况:深圳市某有限公司成立于2015年9月,注册资本50万元,主要从事日用百货、五金制品、五金交电、金属材料、金属制品、办公设备等销售。该公司职工少于50人。

案情介绍:被稽查人深圳市某公司接受辽宁某有限公司开具的4份增值税专用发票,发票金额合计792 503.80元,税额合计126 800.21元,价税合计919 304.41元,被税务局稽查局分别证实为虚开发票。公司未按公告要求在规定期限内提供证明其支出是真实发生的、与取得收入有关的、合理的支出,并据以税前扣除的各类凭证。该公司利用上述他人虚开的增值税专用发票向税务机关申报抵扣税款,违反了《中华人民共和国增值税暂行条例》第9条的规定,造成所属期2018年12月、2019年1月合计少缴增值税126 758.70元。

根据《中华人民共和国税收征收管理法》第63条第1款、《国家税务总局关于纳税人取得虚开的增值税专用发票处理问题的通知》(国税发〔1997〕134号)第1条等规定,税务局稽查局对该公司上述合计少缴增值税126 758.70元定性为偷税。该公司上述少缴增值税行为,造成所属期2018年12月、2019年1月合计少缴城市维护建设税8873.11元,违反《中华人民共和国城市维护建设税暂行条例》第2条、第3条规定。

因该公司拒不提供有关账簿凭证和纳税资料,根据《中华人民共和国税收征收管理法》第35条第1款、《中华人民共和国税收征收管理法实施细则》第47条第1款、《国家税务总局关于印发〈企业所得税核定征收办法(试行)〉的通知》(国税发〔2008〕30号)第3条和第4条及第6条、《深圳市国家税务局深圳市地方税务局关于调整核定征收企业所得税应税所得率的公告》(深圳市国家税务局公告2015年第9号)、《国家税务总局深圳市税务局关于调整核定征收企业所得税应税所得率的公告》(国家税务总局深圳市税务局公告2018年第16号)等规定,核定该公司2018年度少缴企业所得税款

1503.99元、2019年度少缴企业所得税3663.31元。根据《中华人民共和国税收征收管理法》第63条规定,定性为偷税。

根据《中华人民共和国税收征收管理法》第63条第1款的规定,税务局稽查局行政处罚决定书对该公司处少缴增值税50%的罚款63 379.35元、处少缴城市维护建设税50%的罚款4436.56元、处少缴企业所得税50%的罚款2583.65元。以上应缴罚款款项共计70 399.58元。

案件评析:本案中被稽查人使用增值税专用发票进行进项税额抵扣,所使用发票被税务机关证实为虚开发票,被税务局稽查局稽查,并认定构成偷税,受到税务处理和税务处罚。

根据《增值税暂行条例》第9条规定,纳税人购进货物、劳务、服务、无形资产、不动产,取得的增值税扣税凭证不符合法律、行政法规或者国务院税务主管部门有关规定的,其进项税额不得从销项税额中抵扣。被稽查人深圳市某公司使用不符合规定的增值税扣税凭证进行抵扣,违反了法律规定。

《税收征收管理法》第63条规定,纳税人伪造、变造、隐匿、擅自销毁账簿、记账凭证,或者在账簿上多列支出或者不列、少列收入,或者经税务机关通知申报而拒不申报或者进行虚假的纳税申报,不缴或者少缴应纳税款的,是偷税。对纳税人偷税的,由税务机关追缴其不缴或者少缴的税款、滞纳金,并处不缴或者少缴的税款50%以上5倍以下的罚款;构成犯罪的,依法追究刑事责任。

被稽查人深圳市某公司利用虚开的增值税专用发票在账簿上多列支出或者不列、少列收入,经税务机关通知申报而拒不申报或者进行虚假的纳税申报,少缴应纳税款,已构成偷税,因此受到税务局稽查局的税务处理和税务处罚。

企业采购环节存在的税务风险点之一,没有按规定取得增值税专用发票或使用虚开的增值税专用发票进行抵扣,会给企业带来较大的税务风险,企业在防范采购环节的税务风险一方面要加强采购的合同管理、采购发票管理,另一方面,财务部要能够对采购业务的真实性、增值税进项税额的抵扣、支付方式的合理性进行审查,切实履行税务风险的应对和控制责任。

【项目训练】

模拟企业纳税申报业务

A公司为从事餐饮连锁的企业,资产总额3500万元,员工400人,2022年应纳税所得额300万元,2023年第一季度营业收入2000万元,主管税务机关核定应税所得率为20%。该公司应如何计算应纳企业所得税进行纳税申报?

A公司采用应税所得率方式核定征收企业所得税,应纳所得税额计算公式为:应纳所得税额=应纳税所得额×适用税率,应纳税所得额=应税收入额×应税所得率,本案中,A公司被核定的应税所得率为20%。

A公司2023年第一季度企业所得税计算过程为:

应纳税所得额=20 000 000×20%=4 000 000(元)

应纳企业所得税=4 000 000×25%=1 000 000(元)

根据上述计算填写《中华人民共和国企业所得税月(季)度预缴和年度纳税申报表(B类,2018年版)》。

《中华人民共和国企业所得税月(季)度预缴和年度纳税申报表(B类,2018年版)》填写示例,见表1。

表1 中华人民共和国企业所得税月(季)度预缴和年度纳税申报表(B类,2018年版)

税款所属期间: 年 月 日至 年 月 日

纳税人识别号(统一社会信用代码):□□□□□□□□□□□□□□□□□□

纳税人名称:A公司　　　　　　　　　　金额单位:人民币元(列至角分)

核定征收方式	☐ 核定应税所得率(能核算收入总额的) ☐ 核定应税所得率(能核算成本费用总额的) ☐ 核定应纳所得税额	
行次	项目	本年累计金额
1	收入总额	20 000 000
2	减:不征税收入	
3	减:免税收入(4行+5行+10行+11行)	
4	国债利息收入免征企业所得税	
5	符合条件的居民企业之间的股息、红利等权益性投资收益免征企业所得税	
6	其中:通过沪港通投资且连续持有H股满12个月取得的股息红利所得免征企业所得税	

续表 1

行次	项目	本年累计金额
7	通过深港通投资且连续持有 H 股满 12 个月取得的股息红利所得免征企业所得税	
8	居民企业持有创新企业 CDR 取得的股息红利所得免征企业所得税	
9	符合条件的居民企业之间属于股息、红利性质的永续债利息收入免征企业所得税	
10	投资者从证券投资基金分配中取得的收入免征企业所得税	
11	取得的地方政府债券利息收入免征企业所得税	
12	应税收入额(1 行-2 行-3 行)或成本费用总额	20 000 000
13	税务机关核定的应税所得率(%)	20%
14	应纳税所得额(12 行×13 行)或[12 行÷(1-13 行)×13 行]	4 000 000
15	税率(25%)	
16	应纳所得税额(14 行×15 行)	1 000 000
17	减:符合条件的小型微利企业减免企业所得税	
18	减:实际已缴纳所得税额	
19	本期应补(退)所得税额(16 行-17 行-18 行)或税务机关核定本期应纳所得税额	1 000 000
20	民族自治地方的自治机关对本民族自治地方的企业应缴纳的企业所得税中属于地方分享的部分减征或免征(□免征　□减征:减征幅度____%)	
21	本期实际应补(退)所得税额	
按季度填报信息			
季初从业人数		季末从业人数	
季初资产总额(万元)		季末资产总额(万元)	
国家限制或禁止行业	□是　□否	小型微利企业	□是　□否

续表1

按年度填报信息			
小型微利企业	□是 □否		
谨声明:本纳税申报表是根据国家税收法律法规及相关规定填报的,是真实的、可靠的、完整的。 　　　　　　　　　　　　　　纳税人(签章):　　　年　月　日			
经办人: 经办人身份证号: 代理机构签章: 代理机构统一社会信用代码:		受理人: 受理税务机关(章): 受理日期:　　年　月　日	

国家税务总局监制

项目训练要求: 1. 企业应纳税额的计算;

2. 企业所得税月(季度)预缴和年度的纳税申报表的填报。

第七章

创业知识产权法律实务

【案例导入】

创业中会涉及知识产权,但知识产权是概括类概念,包括但不限于著作权、专利权、商标权、商事标识权益、商业秘密权等。下边通过一个案例予以阐述。

2013年,最高人民法院对抚顺某环保科技有限公司(以下简称环保公司)与原国家工商行政管理总局商标评审委员会(以下简称商标评审委员会)、营口某玻璃纤维有限公司(以下简称玻纤公司)商标撤销(现行商标权实务中应为无效宣告)争议行政纠纷一案进行了再审。该案相关事实:争议商标"氟美斯FMS"商标由抚顺某布厂申请并于2002年8月21日被核准注册,2006年5月7日,经商标局核准,争议商标转让给环保公司。玻纤公司是氟美斯新产品的主要研发者,1998年申请"多功能玻璃纤维复合滤料及其制造方法"专利(以下简称FMS专利),并获得授权而颁发了发明专利证书,且开始销售"氟美斯FMS"产品,此后于2000年获得国家级新产品证书等证书。环保公司的前身抚顺某布厂与玻纤公司几乎同时开始使用"氟美斯FMS"商标,环保公司法定代表人刘某等撰写的《FMS-氟美斯耐高温集尘布袋用过滤毡系列产品的研制及应用》论文(以下简称FMS论文)在行业论坛刊登发表。本案中"氟美斯FMS"产品的研发与设计、生产与营销涉及自然规律、技术方案、产品及其名称、相关论文、商标、企业名称等智力成果因素,在这些因素中哪些属于知识产权?具体属于什么知识产权?这就需要认识知识产权的概念、特征和种类。

第一节　创业知识产权类型

一、知识产权的概念和特征

知识产权是相关知识产权法律规定的权利人对法定的人类智力成果及其他信息享有的专有权,是法定权利人对法定创新智力成果和其他信息享有的法定专有权利。

知识产权相较于物权具有如下特征。

1. 知识产权客体的无形性

物权客体是有形物,而知识产权客体是相关知识产权法律规定的人类特定智力成果,虽有载体但本身是无形的。案例中研发的产品是有形的,而FMS专利技术方案、FMS论文是无形的智力成果。

2. 知识产权的法定性

知识产权非自然权利,而是法律规定的权利,享有知识产权的主体法定,知识产权的客体法定,知识产权权利义务法定,知识产权侵权结果法定。

知识产权所涉法律包括《著作权法》《专利法》《种子法》《商标法》等知识产权专门法和《民法典》《反不正当竞争法》《植物新品种保护条例》(以下简称《植物新品种条例》)、《中华人民共和国涉外民事关系法律适用法》《保护文学艺术作品伯尔尼公约》《保护工业产权巴黎公约》《专利合作条约》(以下简称PCT)、《商标国际注册马德里协定》《与贸易有关的知识产权协定》,及相关的知识产权法规、规章、司法解释等。

一般而言,知识产权权利人是直接创作、创造或设计了知识产权客体的自然人;或为职员创作、创造或设计知识产权客体提供了法定必不可缺平台或资源的中国法人或其他组织(以下简称中国人,包括中国自然人),以及在中国没有经常居所或者营业居所的符合国际协议、国际条约、对等原则、互惠原则的外国人、外国企业或者外国其他组织(以下简称外国人)、无国籍人。案例中的环保公司、玻纤公司、刘某等,都可能是相关知识产权客体的权利人。

知识产权客体是法律规定的知识产权人创作、创造、设计、诚信劳动所形成的具有政治、经济、文化价值的人类智力成果,是无形客体。只有符合知识产权法律规定的特定特征的人类智力成果才能成为知识产权客体。自然规律、公有领域的知识或信息本身不可能成为任何人的财产。案例中的自然规律不是知识产权客体,而"氟美斯 FMS"商标、FMS 专利、FMS 论文则属于知识产权客体。

知识产权是法定专有权,是法律规定知识产权人对知识产权客体所享有的专有权,是知识产权人禁止他人未经权利人许可而擅自实施知识产权客体的权利,知识产权人不享有法律规定之外的对知识产权客体专有权,具体权项在知识产权类型中阐述。

3. 知识产权的时限性、地域性

知识产权是鼓励创新的垄断性法定权利,故知识产权除区别性标识权益、商业秘密权外一般具有时限性。案例中的著作权、专利权均有权利期限。

知识产权是法定权,知识产权因国家法律授权或依法行政授权而产生,知识产权在法定地域受到法律保护。案例中的著作权、专利权、商标权等只能在公约国家或授权国家受到保护。

知识产权有广义知识产权与狭义知识产权,狭义知识产权是指著作权、专利权、商标权;广义知识产权除狭义知识产权外还包括新植物品种权、集成电路设计权、来源区别性商事标识权益、商业秘密权等。

二、知识产权类型

(一)著作权

著作权是《著作权法》规定的著作权人和邻接权人对作品和与著作权有关的邻接权客体——表演活动、音像制品、广播节目信号、版式设计等享有的专有权。

作品,是指文学、艺术和科学领域内具有独创性并能以一定形式表现的智力成果;表演活动,即表演者根据自己对作品的理解和阐释,以自己的声音、动作、表情或借助道具表现作品内容的活动;录音制品,即任何对表演的声音和其他声音的录制品;录像制品,即视听作品以外的任何有伴音或无伴音的连续相关形象、图像的录制品;广播节目信号是广播组织制作播放的节目信号;版式设计,即对印刷品的版面格式设计,包括对版心、排式、用字、行距、标点等版面布局因素的安排。

著作权是开放性专有权,基于著作权客体性质及其种类而包括人身权、演绎权、固定权、复制权、传播权。

上述案例中的 FMS 论文属于文字作品,具有相应的著作权。

(二) 专利权

我国专利是指发明、实用新型和产品外观设计。发明即对产品、方法或者其改进所提出的新的技术方案；实用新型即对产品的形状、构造或者其结合所提出的适于实用的新的技术方案；外观设计即对产品的整体或者局部的形状、图案或者其结合以及色彩与形状、图案的结合所作出的富有美感并适于工业应用的新设计。上述案例中的FMS专利即发明专利。

专利权是列举式的法定专有权，其中发明或实用新型专利权，即除《专利法》另有规定的以外，任何单位或者个人未经专利权人许可，都不得实施其专利，即不得为生产经营目的制造、使用、许诺销售、销售、进口其专利产品，或者使用其专利方法以及使用、许诺销售、销售、进口依照该专利方法直接获得的产品。

外观设计专利权，即除《专利法》另有规定的以外，任何单位或者个人未经专利权人许可，都不得实施其专利，即不得为生产经营目的制造、许诺销售、销售、进口其外观设计专利产品。

(三) 商标权

商标是能够将自然人、法人或者其他组织的商品（以下简称商品）与他人的商品区别开的标志，包括文字、图形、字母、数字、三维标志、颜色组合和声音等，以及上述要素的组合。上述案例中的争议商标"氟美斯FMS"商标即注册商标。

商标的专用权，以在先现用商标及其使用的商品或核准注册的商标和核定使用的商品为限，法律禁止商标权人之外的人没有法律依据又未经权利人许可而擅自在相同或类似商品上使用可能混淆、淡化、贬损的相同或近似的标识。

(四) 商事标识权益

来源区别性商事标识是能够区别商品来源的商事标识，包括但不限于知名商品的合法的知名而具有区别来源的名称包装装潢、企业名称字号简称、姓名、域名网站网页、特定称谓、产品型号、产品外观设计等标识。上述案例中如果当事人企业名称或氟美斯产品名称能够区别商品来源，则可能构成商事标识。

商事标识权益是法律规定的商事标识权益人享有的禁止他人没有法律依据又未经权利人许可而擅自在商事竞争领域商业性使用具有区别商品来源的商事标识的权益。

(五)商业秘密权

商业秘密是具有商业价值的不为公众知悉的商事信息,包括技术信息和经营信息。在上述案例中如果具有经济价值的 FMS-氟美斯的技术方案未申请专利又采取保密措施而不为公众所知悉,则属于商业秘密。

商业秘密权是法律规定的商业秘密权人享有的禁止他人非法获取、披露、使用或者允许他人使用商业秘密的权利。

第二节 创业知识产权业务实操

一、创业知识产权业务概念

创业知识产权业务与知识产权法律实务既有联系又有区别,二者均是与知识产权有关的事务或活动,但知识产权法律实务是法律实践中需要处理的知识产权事务或活动,而创业知识产权业务是创业实践中涉及的知识产权事务或活动。

创业知识产权业务包括但不限于知识产权客体研发或设计,知识产权申请或登记,知识产权转让、许可、质押,知识产权制造、使用、销售、承诺销售、进口等。创业知识产权业务所涉知识产权客体、主体、权利应符合知识产权相关法律规定,否则可能导致创作、制作、设计、研发的相关知识产权客体在申请授权时无法产生知识产权或知识产权申请被不予受理、驳回、异议不予注册或授权后宣告无效、撤销,或知识产权转让、许可、质押等无法实现,或创业中侵犯他人知识产权等。创业中侵犯他人知识产权在"第四节 创业知识产权保护程序"详述,本节略。

二、知识产权客体研发或设计

知识产权源于创作、研发或设计出符合知识产权专门法或《反不正当竞争法》规定的知识产权客体或区别来源性商事标识、商业秘密(以下简称知识产权客体),在知识产权客体的创作、研发或设计时应当根据创作、研发或设计的具体知识产权客体的专门法或《反不正当竞争法》来实操。

(一)著作权客体创作

《著作权法》保护的客体是文学、艺术和科学作品及邻接权客体。

作品创作应尊重他人作品的复制权、演绎权。在创作作品时,除法律另有规定外作者应独立完成作品并与已有作品相比在表达上存在着差异性,在演绎作品时,除法律另有规定外应获得著作权人授权许可。

在邻接权客体表现、制作、设计时,除法律另有规定外应考虑获得已有作品和非作品信息的权利人授权许可。

(二)专利权客体研发或设计

专利客体是符合专利法律法规规章规定的发明、实用新型、产品外观设计。

1. 研发或设计的专利客体的限制性要求

不得研发或设计下列专利客体:①违反法律、社会公德或者妨害公共利益的发明创造;②违反法律、行政法规的规定获取或者利用遗传资源,并依赖该遗传资源完成的发明创造。

研发或设计的专利客体不得是:①科学发现;②智力活动的规则和方法;③疾病的诊断和治疗方法;④动物和植物品种;⑤原子核变换方法以及用原子核变换方法获得的物质;⑥对平面印刷品的图案、色彩或者二者的结合作出的主要起标识作用的设计。

2. 研发发明、实用新型专利客体的专利性条件

在该项研发时,研发的发明、实用新型专利客体应符合《专利法》规定的专利性条件,包括但不限于新颖性、创造性等。

研发的发明、实用新型专利客体不属于现有技术、抵触申请。

现有技术,是指申请日以前在国内外为公众所知(书面公开、使用公开、其他方式公开而知)的技术,是客观的、完整的"现有技术方案"。

抵触申请即任何单位或者个人就同样的发明或者实用新型在申请日以前向法定国家机关(对著作权、专利权、集成电路布图设计权、植物新品种权、商标权的相关法定事项行使审核、授权、登记、备案、公告等职权的国务院相关部门,以下统称法定国家机关)提出过,并记载在申请日以后公布的专利申请文件或者公告的专利文件中的专利申请。

研发的发明、实用新型专利客体与现有技术相比,该发明具有突出的实质性特点和显著的进步,该实用新型具有实质性特点和进步。

发明或实用新型具有突出的实质性特点或实质性特点,是指对所属技术领域的技术人员来说,发明或实用新型的区别特征相对于现有技术是显而易见的。

发明或实用新型具有显著的进步或进步,是指发明或实用新型与现有技术相比能够产生有益的技术效果。

3. 创设产品外观设计

在相同或类似产品上创设产品外观设计时,应符合《专利法》规定的专利性条件,包括但不限于新颖性、区别性等。

创设的产品外观设计应当不属于现有设计、抵触申请。

现有设计,是指申请日以前在国内外为公众所知的设计。

抵触申请,是指任何单位或者个人就同样的外观设计在申请日以前向法定国家机关提出过的,并记载在申请日以后公告的专利文件中的专利申请。

创设的产品外观设计与现有设计或者现有设计特征的组合相比,应当具有明显区别。

创设的产品外观设计不得与他人在申请日以前已经取得的合法权益相冲突。

(三)商标权客体设计

在设计商标时,设计的商标应当遵守《商标法》规定的商标性条件:①不得使用《商标法》第 10 条规定的"禁止性"标识;②不得使用《商标法》第 11 条、第 12 条规定的缺乏显著性标识;③不得使用《商标法》第 13 条、第 15 条、第 16 条、第 19 条、第 30 条、第 31 条、第 32 条规定的违背诚信的标识等。

(四)来源区别性商事标识设计

在设计该项标识时,设计的来源区别性商事标识不得使用《商标法》第 10 条规定的"禁止性"标识,不得在竞争性领域使用与知名的在先的来源区别性商事标识相同或近似的标识。

(五)商业秘密研发

在研发商业秘密时,研发的商业秘密中不得使用非法获得的商业秘密。

三、知识产权申请授权或申请登记

知识产权客体创作、研发或设计完成后,有的知识产权客体在符合相关知识产权法律规定的情况下即自完成或实施法律规定的行为时知识产权即产生,诸如作品等。有些需要经过商业使用获得来源区别性时而产生,诸如来源区别性商事标识。而专利客体、植物新品种、商标等研发或设计完成后并不自然产生相关的专有知识产权,需要申请并经法定国家机关审核符合法律规定授予而产生,而集成电路布图设计权需要依法申请和登记才能产生。

(一)集成电路布图设计申请登记

在集成电路布图设计申请登记时,集成电路布图设计是两个以上单位或者个人合作创作的,创作者应当共同申请集成电路布图设计登记;有合同约定的,从其约定。

除需提交申请表等相关资料外,应当提交布图设计的复制件或图样,布图设计已投入商业利用的,还应当同时提交含有该布图设计的集成电路样品。提交的样品与图样一致、申请文件使用中文、申请表填写完整。而且,所涉及的布图设计应自其在世界任何地方首次商业利用之日起2年内提出登记申请,申请类别应明确属于集成电路布图设计。

(二)发明、实用新型专利权、植物新品种权申请授权

在该项申请授权时,除专利或植物新品种符合《专利法》或《植物新品种条例》规定的专利性或植物新品种条件、专利文件符合《专利法》规定的内容与逻辑条件外,应注意以下专利或植物新品种形式条件:①发明或者实用新型专利申请不能缺少请求书、说明书(实用新型附图)、权利要求书,外观设计专利申请不能缺少请求书、图片或者照片、简要说明,植物新品种权申请不能缺少请求书、说明书和该品种的照片;②请求书、说明书或者权利要求书要使用中文;③请求书、说明书或者权利要求书要符合《中华人民共和国专利法实施细则》第121条第1款规定(各类申请文件应当打字或者印刷;附图应当用制图工具和黑色墨水绘制;分别用阿拉伯数字顺序编号;文字部分应当横向书写;纸张限于单面使用)等;④专利申请主体资格适格(姓名或名称、住址等);⑤专利申请类别(发明、实用新型或者外观设计)应明确。

(三)注册商标权申请授权

在该项申请授权时,除商标符合《商标法》规定的商标性条件外,应注意以下商标形式条件:①商标注册申请手续齐备合规(商标注册申请书、商标图样、着色图样、黑白稿、黑白图样、声明、说明、主体资格证明文件和使用管理规则、驰名商标的证据材料等齐备合规);②商标注册申请资料格式、图样合规(使用中文、申请文件打字或者印刷、纸张光洁耐用、商品类别正确并名称具体规范);③商标注册申请主体资格适格(姓名或名称、住址等)。

四、知识产权转让、许可、质押

知识产权产生后,只有实施才能产生实际效益和促进社会发展。知识产权实施除知识产权人自己实施外,可以通过知识产权转让、许可、质押而产生效益。知识产权转让、许可、质押,应当知识产权主体适格、知识产权有效、签订书面合同、提交合规法定申请文件,并符合知识产权相关法律的如下要求:

(一)知识产权转让

1. 著作权转让

中国人向外国人许可或者转让软件著作权的,应当遵守《中华人民共和国技术进出口管理条例》的有关规定。除发表权之外的著作权人身权不得转让。合作著作权的转让、许可他人专有使用、质押应当由合作作者通过协商一致。转让合同中著作权人未明确转让的著作权,另一方当事人不得行使。

2. 专利权、植物新品种权转让

中国人向外国人转让专利申请权或者专利权的,应当依照有关法律、行政法规的规定办理手续。中国人就其在国内培育的植物新品种向外国人转让申请权或者品种权的,应当经法定审批机关批准。国有单位在国内转让申请权或者品种权的,应当按照国家有关规定报经有关行政主管部门批准。

专利申请权或者专利权的共有人对权利的行使没有约定的,共有人可以单独实施或者以普通许可方式许可他人实施该专利;除上述规定的情形外,行使共有的专利申请权或者专利权应当取得全体共有人的同意。

转让专利申请权或者专利权的,转让人和受让人应当向法定国家机关登记,由法定国家机关予以公告。专利申请权或者专利权的转让自登记之日起生效。转让申请权或者品种权的,转让人和受让人应当向法定国家机关登记,由法定国家机关予以公告。

3. 集成电路布图设计权转让

中国人向外国人转让布图设计专有权的,在向法定国家机关办理转让登记时应当提交国务院有关主管部门允许其转让的证明文件。

转让布图设计专有权的,涉及共有的布图设计专有权的,每一个共同布图设计权利人在没有征得其他共同布图设计权利人同意的情况下,不得将其所持有的那一部分权利进行转让、出质或者与他人订立独占许可合同或者排他许可合同。

转让人和受让人应当向法定国家机关登记,由法定国家机关予以公告。布图设计专有权的转让自登记之日起生效。

4. 商标权转让

转让注册商标的,受让人应当保证使用该注册商标的商品质量。转让注册商标的,商标注册人对其在同一种商品上注册的近似的商标,或者在类似商品上注册的相同或者近似的商标,应当一并转让。对容易导致混淆或者有其他不良影响的商标权转让,法定国家机关不予核准。

转让人和受让人应当向法定国家机关提出申请,转让注册商标经核准后,予以公告。受让人自公告之日起享有商标专用权。

(二)知识产权许可

1. 专利权许可

以共有的专利权订立专利独占或排他性实施许可合同的,除全体共有人另有约定或者《专利法》另有规定的外,应当取得其他共有人的同意。

专利权人与他人订立的专利实施许可合同,应当自合同生效之日起3个月内向法定国家机关备案。

2. 商标权许可

商标注册人可以通过签订商标使用许可合同,许可他人使用其注册商标。许可人应当监督被许可人使用其注册商标的商品质量。被许可人应当保证使用该注册商标的商品质量。许可他人使用其注册商标的,许可人应当将其商标使用许可报法定国家机关备案,由法定国家机关公告。商标使用许可未经备案不得对抗善意第三人。

经许可使用他人注册商标的,必须在使用该注册商标的商品上标明被许可人的名称和商品产地。

(三)知识产权质押

1. 著作权质押

以共有的著作权出质的,除另有约定外,应当取得全体共有人的同意。以著作权出质的,出质人和质权人应当订立书面质权合同,并由双方共同向法定国家机关办理著作权质权登记。著作权质权的设立、变更、转让和消灭,自记载于著作权质权登记簿时发生效力。

2. 专利权质押

以共有的专利权出质的,除全体共有人另有约定的以外,应当取得其他共有人的同意。以专利权出质的,由出质人和质权人共同向法定国家机关办理出质登记。专利权质押登记被撤销的,质押登记自始无效。

3. 商标权质押

出质人与质权人应当向法定国家机关申请登记。商标专用权质押合同自登记之日起生效。

第三节 创业知识产权风险识别

一、创业知识产权风险概念

创业知识产权风险是在创业中造成创业者损失的偶发知识产权事件。

创业知识产权风险包括但不限于知识产权研发或设计的知识产权驳回、无效、侵权,转让、许可、质押中的知识产权驳回、无效、失效、撤销、不备案、泄密,演绎、复制、传播、制造、使用、销售、承诺销售、进口等实施知识产权中侵权等。

二、创作、研发或设计知识产权风险识别

创作、研发或设计知识产权风险是创作、研发或设计知识产权中存在的可能导致所创作、研发或设计的知识产权驳回、异议不予注册、无效、侵权等知识产权事件,具体风险识别有如下几种。

(一)著作权客体创作(包括表演、制作)风险识别

权利保护期内的已有作品是著作权创作(包括表演、制作)主要风险点。已有作品是著作权客体创作(包括表演、制作)前已存在的作品;权利保护期是法律规定的著作权保护期间。著作权客体创作(包括表演、制作)风险有以下几点:①在创作作品时,没有法律依据而与可能接触的尚处权利保护期的已有作品相同或近似;②在演绎作品时,没有法律依据而又未取得被演绎作品著作权人的许可;③在表演、制作录音录像制品或广播节目中使用权利保护期内的已有作品时,没有法律依据而又未取得被使用作品著作权人的

许可或者有法律依据使用但未依法支付使用费等；④在创作作品或表演、制作录音录像制品或广播节目时，权属约定不明确。

（二）专利权客体、集成电路布图设计权客体、植物新品种权客体研发或设计风险识别

合法性、客体限制、现有技术或现有设计或抵触申请或公认的常规设计、创造性、区别性、特异性、在先合法权益不冲突性等是上述专利类权利客体研发或设计风险点。专利类权利客体研发或设计风险有以下几点：①在研发或设计专利权客体时，研发或设计的是违反法律、社会公德或者妨害公共利益的发明创造，或是违反法律、行政法规的规定获取或者利用遗传资源，并依赖该遗传资源完成的发明创造；②在研发或设计专利权客体时，研发或设计的是《专利法》第25条规定的不授予专利权的人类智力信息；③研发或设计专利权客体、植物新品种权客体是现有技术或现有设计或抵触申请、法定期限的已知植物品种；④研发的专利权客体与现有技术相比，该发明不具有突出的实质性特点和显著的进步，该实用新型不具有实质性特点和进步；⑤创设的外观设计与现有设计或者现有设计特征的组合相比，不具有明显区别；⑥创设的外观设计与他人在申请日以前已经取得的合法权利相冲突；⑦研发的集成电路布图设计或常规设计组成的整体布图设计时，没有法律依据而与可能接触到的现有集成电路布图设计相同或近似，并且是公认的常规设计；⑧培育的植物新品种权客体与递交申请前已知的植物品种相比，不具有明显区别。

（三）商事标识设计风险识别

合法性、显著性、诚信性是商事标识设计风险点，商事标识设计风险具体如下：①设计的商事标识是违反《商标法》第10条规定的禁止性商事标识；②设计的注册商标是违反《商标法》第11条、第12条规定缺乏显著性的商事标识；③设计的商事标识是违反《商标法》诚信性、垄断性规定的商事标识。

（四）商业秘密研发风险识别

非法获得商业秘密是研发商业秘密的风险点。商业秘密研发风险具体如下：研发的商业秘密中包含着以违反法律规定或者公认的商业道德的方式获取的他人商业秘密，研发的商业秘密中包含着明知或者应知商业秘密权利人的员工、前员工或者其他单位、个人违法获取的他人商业秘密等。

三、转让、许可、质押知识产权风险识别

转让、许可、质押知识产权风险是在转让、许可、质押知识产权中存在的知识产权驳回、无效、失效、撤销、不备案、泄密等知识产权事件,具体风险识别如下:

(一)著作权转让、许可、质押风险识别

著作权争议、著作权共有、著作权叠加性、著作权已过权利保护期、合法性等是著作权转让、许可、质押风险点。著作权转让、许可、质押风险具体如下:①转让、许可、质押的著作权归属存在争议;②转让、许可、质押的著作权不能由转让人、许可人、质押人单独享有;③转让、许可、质押著作权叠加性,转让人、许可人、质押人单独行使;④中国人向外国人许可或者转让软件著作权不符合《中华人民共和国对外贸易法》《中华人民共和国技术进出口管理条例》的相关规定;⑤转让、许可、质押的著作权存在权利保护期已过可能;⑥以著作权中的财产权出质的,由出质人和质权人依法办理出质登记。

(二)专利权转让、许可、质押风险识别

专利权争议、专利权共有、合法性、专利权无效、专利权失效、生效条件是专利权转让、许可、质押风险点。专利权转让、许可、质押风险具体如下:①转让、许可、质押的专利权归属存在争议;②转让、许可、质押的专利权不能由转让人、许可人、质押人单独享有;③转让、许可、质押的专利权存在无效、失效可能;④中国人向外国人转让专利申请权或者专利权不符合有关法律、行政法规的规定;⑤转让、质押专利权未经法定国家机关登记。

(三)商标权转让、许可、质押风险识别

商标权属争议、商标权无效、商标权撤销、商标权失效、转让商标混淆、生效条件等是商标权转让、许可、质押风险点。商标权转让、许可、质押风险具体如下:①转让、许可、质押的商标权归属存在争议;②转让、许可、质押的商标权存在商标权无效、商标权撤销、商标权失效可能;③商标注册人对其在同一种商品上注册的近似的商标,或者在类似商品上注册的相同或者近似的商标,未一并转让;④转让、许可、质押注册商标未依法进行核准、登记、备案。

四、演绎、复制、传播、制造、使用、销售、许诺销售、进口等实施知识产权风险识别

演绎、复制、传播、制造、使用、销售、许诺销售、进口等实施知识产权风险是在上述知识产权实施中违法侵犯他人知识产权的事件,即没有法律依据又未经权利人许可而擅自以知识产权相关法律禁止方式实施知识产权客体,详见"第四节 创业知识产权保护程序"。

第四节 创业知识产权保护程序

一、创业知识产权侵权与保护

知识产权侵权,是没有法律依据又未经权利人许可而擅自实施他人知识产权的行为;创业知识产权被侵权,是创业的知识产权被他人没有法律依据又未经权利人许可而擅自实施的行为,其损害创业知识产权人的合法权益,损害创业知识产权人的竞争优势,危害创新和社会发展。国家对知识产权侵权予以惩处,通过民事、行政、刑事程序追究侵权者法律责任,来保护知识产权。

创业中既不能侵犯他人的知识产权,也要在自己创业知识产权被侵权时理性启动知识产权保护程序。在启动保护程序前,创业者要做好相应证据的收集、固定、分析和事实、法律的定性分析。

二、创业知识产权保护管理

建立创业知识产权保护管理制度是保护创业知识产权和启动追究侵权责任程序的前提,现实中很多追责无力往往是由于证据收集、固定不力所致,在无证据、证据严重瑕疵的情况下,即使明知知识产权被侵犯,律师、行政官员、司法官员也无能为力。为此,有必要建立企业知识产权保护管理制度,该制度概括为知识产权侵权证据与定性管理制度。

(一)知识产权的权属及其状况证据和侵权证据的收集、固定与分析

1. 知识产权的权属及其状况证据的收集、固定与分析

知识产权侵权追责程序启动的前提是控告人或起诉人享有知识产权、要求保护的知识产权处于法律保护期。

为证实著作权权属及其状况的事实,应当收集、固定著作权登记证、著作权载体署名、著作权载体历史稿件、著作权归属约定协议、任务书、著作权客体完成时间、许可种类等证据。在收集、固定时保持原样而不修正、不添加。并从与著作权权属及其状况是否相关、证据是否真实、来源与形式是否合法方面分析判断证据资格而取舍证据,遵从逻辑规律和日常生活经验而判断所取证据的证明力和证明力大小而据之确认事实。

为证实专利权的权属及其状况的事实,应当收集、固定专利权证书、缴费单据、许可种类等证据,并进行相应的证据资格、证明力分析判断。

为证实商标权的权属及其状况的事实,应当收集、固定注册商标商标权证、注册商标缴费单据、在先使用有影响商标、许可种类等证据,并进行相应的证据资格、证明力分析判断。

为证实来源区别性商事标识的归属及其状况的事实,应当收集、固定来源区别性商事标识的登记证、使用、知名度、来源区别性等证据,并进行相应的证据资格、证明力分析判断。

为证实商业秘密的归属及其状况的事实,应当收集、固定商业秘密具体内容、采取保密措施、与公领域技术和经营信息相区别、商业价值、受让协议等证据,并进行相应的证据资格、证明力分析判断。

2. 知识产权侵权证据的收集、固定与分析

为证实著作权侵权的事实,应当收集、固定著作权权利范围、著作权知名度、侵权信息构成、侵权时间、侵权区域、侵权规模、相关市场秩序状况、损失、违法所得等证据,并进行相应的证据资格、证明力分析判断。

为证实专利权侵权的事实,应当收集、固定专利权权利范围、外观设计竞争领域、专利创新程度、侵权信息构成、侵权时间、侵权区域、侵权规模、相关市场秩序状况、损失、违法所得等证据,并进行相应的证据资格、证明力分析判断。

为证实商标权与来源区别性商事标识侵权的事实,应当收集、固定商标权与来源区别性商事标识的权利范围、竞争领域、商标权与来源区别性商事标识知名度、侵权信息构成、侵权时间、侵权区域、侵权规模、相关市场秩序

状况、损失、违法所得等证据,并进行相应的证据资格、证明力分析判断。

为证实商业秘密侵权事实,应当收集、固定商业秘密权利范围、商业秘密价值、侵权信息构成、侵权时间、侵权区域、侵权规模、相关市场秩序状况、损失、违法所得等证据,并进行相应的证据资格、证明力分析判断。

收集、固定证据,可以先行手机拍摄、购买收寄而初步固定证据,然后申请公证固定证据,诉讼前或诉讼中申请法院固定证据。也可据情在行政执法、公安侦查中固定证据。

在上述收集、固定、分析证据而确认事实的基础上,依法对知识产权侵权进行定性分析。

(二)知识产权侵权分析定性

1. 著作权侵权分析定性

无法律依据又未经权利人许可而擅自演绎使用或复制使用或传播使用与权利作品中独创性部分或邻接权客体相同或实质无差异的部分,又所使用的非被诉侵权人独创,而且被诉侵权人此前可能接触过要求保护的案涉客体的,即构成著作权侵权。

作品著作权侵权确认思路。其一,将权利作品中不属于作品权利范围的事实、观念、思想、程序、法定非作品客体、公有领域、事实思想混同、背景领域、有限领域、垄断性表达等部分剔除,并提取出作品中与现有作品具有差异的法律保护的独创性表达部分;其二,对比判断被诉著作权侵权部分与法律保护的独创性表达部分是否相同或实质无差异;其三,审查判断被诉侵权行为所侵犯具体著作权客体的方式及其著作权的性质与种类。

邻接权侵权确认思路。其一,明晰邻接权客体中的具有文学艺术科学价值的传播性技能劳动成果,即邻接权权利范围;其二,对比被诉邻接权侵权行为所侵权部分与邻接权权利范围部分是否相同;其三,审查判断被诉邻接权侵权行为所侵犯具体邻接权客体的方式及其邻接权性质与种类,以及所侵犯作品著作权客体的方式及其作品著作权性质与种类。

在上述基础上审查被诉著作权侵权者是否可能接触要求保护的著作权客体,是否具有法律规定的使用依据,是否被诉侵权者独自创作完成而最终判断被诉著作权侵权行为是否构成著作权侵权行为。

2. 专利权侵权分析定性

没有法律依据又未经权利人许可而为生产经营目的擅自以法律禁止方式实施有效专利,可能构成专利民事侵权;过错教唆、帮助他人实施侵犯专利权行为,可能构成对专利权的间接侵权。

发明或实用新型专利侵权适用全面覆盖原则,即被诉侵权的产品、方法、设备、产品改进、方法改进、形状、结构、形状结构结合的技术特征全面包含了要求保护的发明或实用新型专利的产品、方法、设备、产品改进、方法改进、形状、结构、形状结构结合的共有与区别或引用与附加的全部技术特征,落入了专利保护范围,则可能构成发明或实用新型专利侵权。确认思路:其一,分析专利技术权利范围、侵权技术构成。其二,对比专利技术权利范围、侵权技术构成。其三,侵权技术构成全覆盖专利技术权利范围的,确定侵权技术与权利技术的相同;与专利技术的技术手段、功能、效果基本相同,且本领域普通技术人员在被诉侵权行为发生时无须经过创造性劳动就能够联想到的,则可以确定侵权技术与专利技术权利范围等同。

产品外观设计专利侵权适用整体视觉效果混同原则,即从一般消费者角度整体观察与综合判断在与外观设计专利相同或类似产品上被诉侵权的产品外观设计(以下简称被诉侵权设计)与要求保护的产品外观设计(以下简称权利设计)的整体视觉效果相同或近似,导致一般消费者混同的,则可能构成产品外观设计专利侵权。确认思路:其一,从一般消费者角度出发,根据外观设计产品的用途等而判断被诉侵权设计的产品与权利设计的产品是否相同或类似;其二,分析权利设计的权利范围与被诉侵权设计的构成;其三,分析权利设计与被诉侵权设计中可视的影响整体视觉效果的相同性外观设计和差异性外观设计;其四,从一般消费者角度而综合判断相同性外观设计和差异性外观设计,确认相同性外观设计是否属于整体视觉效果相同或实质无差异的外观设计,确认差异性外观设计是否属于整体视觉效果相同或实质无差异的外观设计,进而综合判断相同性与差异性的被诉侵权设计与权利设计是否属于整体视觉效果相同或实质无差异的外观设计,属于整体视觉效果相同或实质无差异的外观设计而且外观设计载体产品相同或类似的则可能构成外观设计侵权,否则不构成外观设计侵权。

在上述基础上审查被诉侵权是否具有法律规定的实施依据,而最终确定被诉专利侵权行为是否构成专权侵权。

假冒专利认定思路:其一,需要明晰被控假冒专利标识标注于其产品、产品包装、说明书等载体上;其二,明晰被控假冒专利标识系他人、失效、不存在、伪造、变造的专利号、专利文件等标识或者所使用的授权许可使用的专利标识与实际使用的专利标识差异明显而假冒专利;其三,明晰被控假冒专利是使公众混淆而将未被授予专利权的技术或者设计误认为是专利技术或者专利设计的行为,从而判断假冒专利。

3. 商标权侵权分析定性

商标侵权是侵犯商标专用权行为,是指行为人没有法律依据又未经商标权人许可,在相同或类似商品上擅自使用与权利人在先使用并且有一定影响的现用商标或注册商标相同或近似的标识而致混淆、误认、淡化、贬损,或者其他干涉、妨碍商标权人使用其在先商标或注册商标,损害商标权人合法权益的其他行为。

判断是否侵犯商标专用权,主要基于相关公众一般注意力和认知力,采用隔离观察、整体比对和主要部分比对的方法,对被诉侵权人在相同或者类似商品上是否使用与在先现用有影响商标或核准注册商标相同或者近似的商事标识,是否致使商品的来源混淆或误认进行判断,肯定且致使商品来源混淆的,则可能构成商标侵权。

商标侵权是商标法意义上的商标使用,即将商标用于商品、商品包装、容器、服务场所以及交易文书上,或者将商标用于广告宣传、展览以及其他商业活动中,用以识别商品来源的行为。

认定商品是否类似,应当主要基于商品用途以相关公众对商品是否相同或类似或存在特定联系、容易使相关公众混淆的一般认识综合判断;《商标注册用商品和服务国际分类表》《类似商品和服务区分表》可以作为判断类似商品的参考。

判断被控侵权标识与主张权利的商标是否近似,在考虑所涉商标构成因素和整体结构近似程度,并考虑商标或其构成要素的显著程度和市场知名度、所使用商品的关联程度等具体情况之外,还应根据案件的具体情况,考虑所涉商标使用的历史状况、相关公众的认知状态、是否已经形成稳定化的市场秩序等因素,尤其是在先使用、具体使用方式等因素,对其整体或者主要部分是否具有市场混淆的可能性进行综合分析判断。

在上述基础上分析被诉侵权是否具有法律规定的使用依据,而最终裁断被诉商标侵权行为是否构成商标侵权。

4. 来源区别性商事标识权益侵权分析定性

来源区别性商事标识权益侵权属于不正当竞争混淆性行为。来源区别性商事标识权益侵权构成如下:①使用的商品是知名商品;②商事使用——将上述标识在中国境内用于商品、商品包装以及商品交易文书上或者用于广告宣传、展览以及其他商业活动中;③使用的是与上述标识相同或者视觉上基本无差别的标识;④足以使相关公众对商品的来源产生误认,包括误认为与知名商品的经营者具有许可使用、关联企业关系等特定联系;⑤混淆性商事使用具有过错;⑥使用不具有正当理由(非在先使用、合理使用、合法权益冲突使用);⑦保护范围与强度与上述标识的知名度成正比。

5.商业秘密侵权分析定性

构成侵犯商业秘密必须具备三个条件:一是权利人合法掌握符合法律条件的商业秘密;二是行为人实施了获取、披露、使用或者允许他人使用该项商业秘密的行为;三是行为人获取、披露、使用或者允许他人使用该项商业秘密的行为违法。

在侵犯商业秘密的民事中,商业秘密权利人提供初步证据,证明其已经对所主张的商业秘密采取保密措施,且合理表明商业秘密被侵犯,涉嫌侵权人应当证明权利人所主张的商业秘密不属于《反不正当竞争法》规定的商业秘密。

商业秘密权利人提供初步证据合理表明商业秘密被侵犯,且提供以下证据之一的,涉嫌侵权人应当证明其不存在侵犯商业秘密的行为:①有证据表明涉嫌侵权人有渠道或者机会获取商业秘密,且其使用的信息与该商业秘密实质上相同;②有证据表明商业秘密已经被涉嫌侵权人披露、使用或者有被披露、使用的风险;③有其他证据表明商业秘密被涉嫌侵权人侵犯。

三、创业知识产权保护程序

(一)知识产权侵权民事保护程序

实施《著作权法》《专利法》《商标法》《反不正当竞争法》(以下简称知识产权相关法)规定的知识产权侵权行为,损害知识产权人相关人身权、财产权的,应当根据情况,承担停止侵害、消除影响、赔礼道歉、赔偿损失等民事责任。权利人可以依法向人民法院提起民事诉讼。

(二)知识产权侵权行政保护程序

实施知识产权相关法规定的知识产权侵权行为,同时损害公共利益的,应当根据情况,由相关行政机关追究侵权人行政法律责任,责令停止侵权行为,予以警告,没收违法所得,没收、无害化销毁处理侵权品以及主要用于制作侵权品的材料、工具、设备等,依法处以罚款等。

(三)知识产权侵权刑事保护程序

实施知识产权相关法和《中华人民共和国刑法》(以下简称《刑法》)规定的知识产权侵权行为,损害知识产权人相关财产权,侵权行为同时损害公共利益,构成犯罪的,依法追究刑事责任。

1. 著作权犯罪

著作权犯罪包括侵犯著作权罪、网络传播盗版犯罪和销售侵权复制品罪。

侵犯著作权罪和网络传播盗版犯罪的违法所得3万元以上15万元以下,非法经营额5万元以上25万元以下,或未经许可复制、发行文字作品、音乐、电影、电视、录像作品、计算机软件及其他作品,复制数量合计在500张(份、部)以上5000张(份、部)以下,处3年以下有期徒刑或者拘役,并处或者单处罚金;违法所得15万元以上,非法经营额25万元以上,或未经许可复制、发行文字作品、音乐、电影、电视、录像作品、计算机软件及其他作品,复制数量合计在5000张(份、部)以上,处3年以上7年以下有期徒刑,并处罚金;销售侵权复制品罪的,处3年以下有期徒刑或者拘役,并处或者单处罚金。

单位实施上述行为的,按照相关司法解释规定的相应个人犯罪的定罪量刑标准的三倍定罪量刑。

基于《刑法》及相关司法解释的规定,著作权犯罪行为构成如下:

(1)侵犯著作权罪构成。

第一,以营利为目的。

第二,具有下列侵犯著作权罪情形之一的:未经著作权人许可,复制发行其文字作品、音乐、电影、电视、录像作品、计算机软件及其他作品的;出版他人享有专有出版权的图书的;未经录音录像制作者许可,复制发行其制作的录音录像的;制作、出售假冒他人署名的美术作品的。

第三,具有如下侵犯著作权犯罪情节之一的:违法所得数额3万元以上15万元以下;非法经营额5万元以上25万元以下;未经许可复制、发行文字作品、音乐、电影、电视、录像作品、计算机软件及其他作品,复制数量合计在500张(份、部)以上5000张(份、部)以下。

非法经营数额,是指行为人在实施侵犯知识产权行为过程中,制造、储存、运输、销售侵权产品的价值。已销售的侵权产品的价值,按照实际销售的价格计算;制造、储存、运输和未销售的侵权产品的价值,按照标价或者已经查清的侵权产品的实际销售平均价格计算;侵权产品没有标价或者无法查清其实际销售价格的,按照被侵权产品的市场中间价格计算。

多次实施侵犯知识产权行为,未经行政处理或者刑事处罚的,非法经营数额、违法所得数额或者销售金额累计计算。

明知他人实施侵犯知识产权犯罪,而为其提供贷款、资金、账号、发票、证明、许可证件,或者提供生产、经营场所或运输、储存、代理进出口等便利条件、帮助的,以侵犯知识产权犯罪的共犯论处。

(2)网络传播盗版犯罪构成。

第一,以营利为目的,以刊登收费公告等方式直接或间接收取费用的。

第二,通过信息网络向公众传播他人文字作品、音乐、电影、电视、录像作品、计算机软件及其他作品视同复制发行。

第三,具有如下侵犯著作权犯罪情节之一的:违法所得数额3万元以上15万元以下;非法经营额5万元以上25万元以下;未经许可复制、发行文字作品、音乐、电影、电视、录像作品、计算机软件及其他作品,复制数量合计在500张(份、部、次)以上5000张(份、部、次)以下。

(3)销售侵权复制品罪构成。

第一,以营利为目的,明知是《刑法》第217条规定的侵权复制品。

第二,销售侵权复制品。

第三,违法所得数额10万元以上。

2. 假冒专利刑事犯罪

假冒专利犯罪的,处三年以下有期徒刑或者拘役,并处或者单处罚金。

假冒专利刑事犯罪构成如下:

第一,实施下列情形之一的假冒他人专利的行为:未经许可,在其制造或者销售的产品、产品包装上标注他人专利号的;未经许可,在广告或者其他宣传材料中使用他人的专利号,使人将所涉及的技术误认为是他人专利技术的;未经许可,在合同中使用他人的专利号,使人将合同涉及的技术误认为是他人专利技术的;伪造或者变造他人的专利证书、专利文件或者专利申请文件的。

第二,具备下列情节严重情形之一的:非法经营数额在20万元以上或者违法所得数额在10万元以上的;给专利权人造成直接经济损失50万元以上的;假冒两项以上他人专利,非法经营数额在10万元以上或者违法所得数额在5万元以上的;其他情节严重的情形。

3. 商标权犯罪

商标权犯罪包括假冒注册商标罪、销售假冒注册商标的商品罪和非法制造、销售非法制造的注册商标标识罪。

(1)假冒注册商标罪。假冒注册商标罪情节严重的,判处3年以下有期徒刑或者拘役,并处或者单处罚金;情节特别严重的,判处3年以上7年以下有期徒刑,并处罚金。

假冒注册商标犯罪构成如下：

第一，未经注册商标所有人许可。

第二，在同一种商品上使用与其注册商标相同的商标。"相同的商标"，是指与被假冒的注册商标完全相同，或者与被假冒的注册商标在视觉上基本无差别、足以对公众产生误导的商标。

具备下列情形之一的属于"与其注册商标相同的商标"：改变注册商标的字体、字母大小写或者文字横竖排列，与注册商标之间基本无差别的；改变注册商标的文字、字母、数字等之间的间距，与注册商标之间基本无差别的；改变注册商标颜色，不影响体现注册商标显著特征的；在注册商标上仅增加商品通用名称、型号等缺乏显著特征要素，不影响体现注册商标显著特征的；与立体注册商标的三维标志及平面要素基本无差别的；其他与注册商标基本无差别、足以对公众产生误导的商标。

商标"使用"，是指将注册商标或者假冒的注册商标用于商品、商品包装或者容器以及产品说明书、商品交易文书，或者将注册商标或者假冒的注册商标用于广告宣传、展览以及其他商业活动等行为。

第三，具备下列情形之一属于严重情节：非法经营数额在5万元以上不满25万元或者违法所得数额在3万元以上不满15万元的；假冒两种以上注册商标，非法经营数额在3万元以上不满15万元或者违法所得数额在2万元以上不满10万元的；假冒注册商标数量在1000件以上不满5000件的；造成恶劣社会影响、国际影响的；情节严重的其他情形。

第四，具备下列情形之一属于特别严重情节：非法经营数额在25万元以上或者违法所得数额在15万元以上的；假冒两种以上注册商标，非法经营数额在15万元以上，或者违法所得数额在10万元以上的；假冒注册商标数量在5000件以上的；造成特别恶劣社会影响、国际影响的；情节特别严重的其他情形。

（2）销售假冒注册商标的商品罪。销售假冒注册商标的商品犯罪的，销售金额在5万元以上25万元以下的，判处3年以下有期徒刑或者拘役，并处或者单处罚金。销售金额在25万元以上的，判处3年以上7年以下有期徒刑，并处罚金。

销售假冒注册商标的商品犯罪构成如下：

第一，明知是假冒注册商标的商品，具备下列情形之一属于此指称：知道自己销售的商品上的注册商标被涂改、调换或者覆盖的；因销售假冒注册商标的商品受到过行政处罚或者承担过民事责任，又销售同一种假冒注册商标的商品的;伪造、涂改商标注册人授权文件或者知道该文件被伪造、涂改的。

第二,销售上述商品。

第三,销售金额 5 万元以上。

"销售金额",是指销售假冒注册商标的商品后所得和应得的全部违法收入。

(3)非法制造、销售非法制造的注册商标标识罪。非法制造、销售非法制造的注册商标标识犯罪的,伪造、擅自制造或者销售伪造、擅自制造的注册商标标识数量在 2 万件以上 10 万件以下,或者非法经营数额在 5 万元以上 25 万元以下,或者违法所得数额在 3 万元以上 15 万元以下的;两种以上注册商标标识数量在 1 万件以上 5 万件以下,或者非法经营数额在 3 万元以上 15 万元以下,或者违法所得数额在 2 万元以上 10 万元以下的,判处 3 年以下有期徒刑、拘役或者管制,并处或者单处罚金。

伪造、擅自制造或者销售伪造、擅自制造的注册商标标识数量在 10 万件以上,或者非法经营数额在 25 万元以上,或者违法所得数额在 15 万元以上的;两种以上注册商标标识数量在 5 万件以上,或者非法经营数额在 15 万元以上,或者违法所得数额在 10 万元以上的,判处 3 年以上 7 年以下有期徒刑,并处罚金。

非法制造、销售非法制造的注册商标标识罪构成如下:

第一,伪造、擅自制造他人注册商标标识或者销售伪造、擅自制造的注册商标标识。

第二,具备下列情节严重情形之一的:伪造、擅自制造或者销售伪造、擅自制造的注册商标标识数量在 2 万件以上,或者非法经营数额在 5 万元以上,或者违法所得数额在 3 万元以上的;伪造、擅自制造或者销售伪造、擅自制造两种以上注册商标标识数量在 1 万件以上,或者非法经营数额在 3 万元以上,或者违法所得数额在 2 万元以上的;其他情节严重的情形。"件"是指标有完整商标图样的一份标识。

4. 商业秘密犯罪

侵犯商业秘密犯罪的,给商业秘密的权利人造成重大损失的,处 3 年以下有期徒刑或者拘役,并处或者单处罚金;给商业秘密的权利人造成特别严重后果的,处 3 年以上 7 年以下有期徒刑,并处罚金。侵犯商业秘密犯罪构成主要包括以下三种。

第一,侵犯商业秘密行为存在下列情形:

以盗窃、利诱、胁迫或者其他不正当手段获取权利人的商业秘密。采取非法复制、未经授权或者超越授权使用计算机信息系统等方式窃取商业秘密的,应当认定为《刑法》第219条第1款第一项规定的"盗窃"。以贿赂、欺诈、电子侵入等方式获取权利人的商业秘密的,应当认定为《刑法》第219条第1款第一项规定的"其他不正当手段"。

披露、使用或者允许他人使用以前项手段获取的权利人商业秘密。

违反约定或者违反权利人有关保守商业秘密的要求,披露、使用或者允许他人使用其所掌握的商业秘密的;明知或者应知前款所列行为,获取、使用或者披露他人的商业秘密的,以侵犯商业秘密论。

第二,有下列给权利人造成重大损失情形之一的:

给商业秘密的权利人造成损失数额或者因侵犯商业秘密违法所得数额在30万元以上不满250万元的。

实施《刑法》第219条规定的行为造成的损失数额或者违法所得数额,可以按照下列方式认定:以不正当手段获取权利人的商业秘密,尚未披露、使用或者允许他人使用的,损失数额可以根据该项商业秘密的合理许可使用费确定;以不正当手段获取权利人的商业秘密后,披露、使用或者允许他人使用的,损失数额可以根据权利人因被侵权造成销售利润的损失确定,但该损失数额低于商业秘密合理许可使用费的,根据合理许可使用费确定;违反约定、权利人有关保守商业秘密的要求,披露、使用或者允许他人使用其所掌握的商业秘密的,损失数额可以根据权利人因被侵权造成销售利润的损失确定;明知商业秘密是不正当手段获取或者是违反约定、权利人有关保守商业秘密要求而披露、使用、允许使用,仍获取、使用或者披露的,损失数额可以根据权利人因被侵权造成销售利润的损失确定;因侵犯商业秘密行为导致商业秘密已为公众所知悉或者灭失的,损失数额可以根据该项商业秘密的商业价值确定。商业秘密的商业价值,可以根据该项商业秘密的研究开发成本、实施该项商业秘密的收益综合确定。

因披露或者允许他人使用商业秘密而获得的财物或者其他财产性利益,应当认定为违法所得。

商业秘密系用于服务等其他经营活动的,损失数额可以根据权利人因被侵权而减少的合理利润确定。

商业秘密的权利人为减轻对商业运营、商业计划的损失或者重新恢复计算机信息系统安全、其他系统安全而支出的补救费用,应当计入给商业秘密的权利人造成的损失。

第三,有下列情形之一的属于给权利人造成特别严重后果:给商业秘密权利人造成损失数额在 250 万元以上的;因侵犯商业秘密违法所得数额在 250 万元以上的;致使商业秘密权利人破产的;特别严重后果的其他情形。

【案例分析】

一、专利权侵权案例分析

崔某诉编织公司侵害实用新型专利权纠纷案①

诉争案例:收丝机是否侵犯圆织麻线分线机实用新型专利。

法院审理查明:崔某依法享有"圆织麻线分线机"实用新型专利权,授权公告日为 2014 年 12 月 24 日。崔某在一、二审中均明确主张以其专利权利要求书的"权利要求 1"作为其专利权的保护范围。该实用新型专利的"权利要求 1"记载,"一种圆织麻线分线机,其特征在于:A 包括设置在分线机支架上的力柜电机,B 在所述力柜电机输出轴上设置有纬骨座,C 在所述纬骨座上可拆卸套装有麻线辊,还包括调速电机,D 所述调速电机上连接有传动链条,E 所述传动链条与往复丝杆相配合,F 所述往复丝杆上设置有导向滑块,G 所述导向滑块上连接有往复支架,H 所述往复支架上设置有与麻线辊相配合的往复杆,I 所述往复杆上设置有瓷眼支架,J 在所述瓷眼支架上设置有瓷眼,还包括设置在分线机支架一侧上端的后挑线架,K 在所述后挑线架上设置有过线点,L 在所述分线机支架靠近后挑线架一侧设置有过线支架,M 在所述过线支架上设置有过线点,N 在所述过线支架与瓷眼支架之间设置有涨紧器"(注:其中英文大写字母系笔者所加)。"权利要求 1"的分解可归纳为 A、B、C、D、E、F、G、H、I、J、K、L、M、N 共 14 个技术特征。崔某和编织公司对涉案实用新型专利的"权利要求 1"经分解归纳的技术特征均表示认可。

法院认为:发明和实用新型专利权的保护范围以其权利要求的内容为准,判定被控侵权产品是否落入专利权的保护范围,应当审查权利人主张的权利要求所记载的全部技术特征。被控侵权产品包含与权利要求记载的全部技术特征相同或者等同的技术特征的,应当认定其落入专利权的保护范围;被控侵权产品的技术特征与权利要求记载的全部技术特征相比,缺少权利要求记载的一个以上的技术特征,或者有一个以上技术特征不相同也不等同的,应当认定其没有落入专利权的保护范围。

涉案实用新型专利的"权利要求 1"的记载表明,"调速电机上连接有传动链条,传动链条与往复丝杆相配合,往复丝杆上设置有导向滑块",均是涉

---

① 参见内蒙古自治区高级人民法院(2016)内民终 26 号民事判决书。

案实用新型专利"权利要求1"的技术特征之一。对于崔某主张的被控侵权产品用涡心轮替代了上述三项技术特征,构成等同技术特征的问题。

等同特征是指与所记载的技术特征以基本相同的手段,实现基本相同的功能,达到基本相同的效果,并且本领域的普通技术人员无须经过创造性劳动就能够联想到的特征。所谓等同,是指被诉侵权技术方案中的技术特征与专利权利要求中记载的对应技术特征之间的等同,而不是指被诉侵权技术方案与专利权利要求所要求保护的技术方案之间的整体等同。

本案中,被控侵权产品中因与"涡心轮"所连接的装置缺少传动链条、往复丝杆以及导向滑块,与专利技术特征所采用的技术手段明显不同,故不仅崔某的该主张不符合专利侵权判定的全面覆盖原则,且该主张也违反了等同原则是指技术特征之间的等同这一要求。被控侵权产品的技术特征并未落入涉案实用新型专利权的保护范围,编织公司的行为不构成对崔某涉案实用新型专利权的侵犯。

二、商标权侵权案例分析

深圳市丹枫白露公司诉鹰潭枫丹白露公司侵害商标权纠纷案[①]

诉争案例:"枫丹白露"标识是否侵犯"丹枫白露"商标与"丹枫白露及图"商标权。

法院认为: 深圳市丹枫白露公司主张的权利商标为第35×××19号"丹枫白露"商标、第35×××20号"丹枫白露及图"商标,涉案两商标均合法有效,核定使用的服务均含有第43类中的住所(旅馆、供膳寄宿处)等。深圳市丹枫白露公司主张鹰潭枫丹白露公司的被诉行为包括鹰潭枫丹白露公司在官方网站宣传推广、介绍鹰潭枫丹白露公司,网站上使用的商标标识中含有"枫丹白露"字样。公证书记载,鹰潭枫丹白露公司在酒店招牌、酒店大楼外墙、大堂、电梯、收款凭证、早餐券、酒店用品等处均使用了"枫丹白露酒店"字样。在案证据还进一步显示,鹰潭枫丹白露公司在其微信公众号、携程网、艺龙网、同程网、去哪儿网、途牛网、美团网上宣传推广、介绍鹰潭枫丹白露公司,并使用了"枫丹白露"标识。鹰潭枫丹白露公司对被诉侵权标识的前述使用行为,客观上起到了识别服务来源的作用,属于商标性使用。将被诉侵权标识使用在酒店服务项目上,与深圳市丹枫白露公司涉案商标核定使用的服务项目相同。被诉侵权标识的显著识别部分"枫丹白露"与两涉案商标中的"丹枫白露"均由四字组成,仅部分文字顺序互换,从音、形、义等方

---

① 参见最高人民法院(2020)最高法民再347号民事判决书。

面来看,相关公众易产生混淆或者误认。因此,被诉侵权标识的使用侵害了深圳市丹枫白露公司涉案商标专用权。

深圳市丹枫白露公司在申请注册被诉侵权标识后,在第43类住所(旅馆、供膳寄宿处)服务上商标局已经引证深圳市丹枫白露公司第35×××20号"丹枫白露及图"商标,以"枫丹白露"商标与"丹枫白露"商标构成近似为由对第43类服务上的申请予以驳回。因此,鹰潭枫丹白露公司主观上是明知深圳市丹枫白露公司在先商标的存在,其在酒店经营活动中仍使用"枫丹白露",主观上难为正当。

本案中,深圳市丹枫白露公司请求保护的字号与注册商标相同,被诉侵权行为是在鹰潭枫丹白露公司中使用"枫丹白露"的行为。鉴于"丹枫白露"作为注册商标及企业字号经过在先使用具有一定的知名度,鹰潭枫丹白露公司在其企业名称中使用"枫丹白露"作为字号,容易让消费者误认为二者之间存在一定的联系,为避免混淆,一审判决的相关认定并无不当,应予维持。

三、商业秘密权侵权案例分析

北京某铁道公司等侵犯商业秘密案[①]

法院综合评判如下:

1. 关于涉案模具技术是否商业秘密的问题

根据《刑法》第219条的规定,商业秘密是指不为公众所知悉,能为权利人带来经济利益,具有实用性并经权利人采取保密措施的技术信息和经营信息。对于涉案模具技术能为权利人带来经济利益,具有实用性并经权利人采取保密措施各方均无异议,本案争议的焦点在于涉案模具技术是否为公众所知悉。首先,郭某提议将涉案模具技术申请专利,最先考量的就是该技术与以往纵向轨枕模具技术不同,具有新颖性。根据郭某的供述,其之所以想到用涉案模具技术申请专利,就是因为"模具生产上有新颖性"。新颖性意味着与以往不同、不为公众知悉。其次,北京某铁道公司、郭某将涉案模具技术申请专利,经初步审查后被国家知识产权局公告公开并授予专利权,也说明涉案模具技术具有新颖性。最后,生效民事裁决已确认北京某铁道公司、郭某等人侵犯青岛某铁道公司商业秘密的事实,也即确认了涉案模具技术属于商业秘密,在相同证据的情况下,对同一事实法的适用也应统一。综上,在相关专利公告公开前,涉案模具技术可以认定为商业秘密。

---

① 参见北京市第二中级人民法院(2019)京02刑终425号刑事判决书。

2. 关于涉案模具技术归属问题

涉案模具技术的归属属于知识产权的确权问题，已经生效的民事裁决虽未在主文直接确认有关模具技术的归属，但认定北京某铁道公司及郭某等人侵犯青岛某铁道公司商业秘密本身就隐含了上述前提，即涉案模具技术属于青岛某铁道公司。生效民事裁决确认的事实如存在问题应依相关程序予以纠正，在被撤销前，有关生效民事裁决基于相同的证据，对同一事实的认定就具有法律效力，对后续其他的裁决有约束力。

3. 关于北京某铁道公司、郭某是否构成侵犯商业秘密罪的问题

虽然生效民事裁决已经确认依据三方协议，涉案模具技术并未转移给北京某铁道公司，但三方协议"三方同意将甲方拥有的纵向轨枕和减振轨道系统技术及与之相关的所有技术资源和项目资源统一整合到一个新的企业平台上进行市场开发和运作，用较快的速度将技术成果转化为经济价值和企业利润"中的有关"与之相关的所有技术资源"的约定，存在词语外延不明确的问题，易出现不同的理解。涉案模具技术虽独立于纵向轨枕技术和减振轨道系统技术，但涉案模具技术是用来生产模制纵向轨枕模具的技术，纵向轨枕是产品，模具是生产产品的工具，二者之间又存在一定关联，那么，"与之相关"是否包含此种关联可能会有不同理解，由此"与之相关的所有技术资源"是否包含此种关联下的模具技术也可能存在不同理解。故，现有证据不能排除北京某铁道公司、郭某认为涉案模具技术已经转让给北京某铁道公司的可能性，认定北京某铁道公司、郭某明知涉案模具技术属于青岛某铁道公司商业秘密而故意将之申请专利予以公开的证据不足。郭某作为青岛某铁道公司原员工并与公司签订有保密协议，郭某及北京某铁道公司主要领导知道齐某等青岛某公司原员工是涉案模具技术的主要研发人，在将涉案模具技术申请专利时，不征求齐某等主要研发人的意见，体现出北京某铁路公司、郭某对技术研发人的劳动成果的不尊重，对他人知识产权权益保护的漠视，但这种不尊重研发人意见的主观故意与构成侵犯商业秘密罪中的未经商业秘密权利人许可的主观故意不同，未达到犯罪所需的主观故意程度。

综上，虽然北京某铁道公司将涉案模具技术申请专利的行为已经生效民事裁决确认为侵权行为，但证明上诉单位北京某铁道公司、上诉人郭某在民事裁决前、将涉案模具技术申请专利时，明知涉案模具技术不在三方协议中约定转让的"纵向轨枕和减振轨道系统技术及与之相关的所有技术资源和项目资源"范围内的证据不足。法院认为，认定北京某铁道公司、郭某具

有侵犯商业秘密罪的主观故意的证据不足,北京某铁道公司、郭某均不构成侵犯商业秘密罪。

【项目训练】

一、企业知识产权技术方案维权训练

侵犯专利技术的判断思路见专利权侵权分析定性(本处略)。请依上述判断思路,对下面的侵权案例(薛某诉晋中市某清洁服务有限公司侵害实用新型专利权纠纷)进行专利权侵权定性分析维权训练。

诉争案由与案情:实用新型专利权纠纷。

"权利要求 1"的技术特征为:①一种清扫道路快速洁净防尘刷,包括刷柄、刷架与刷丝;②所述刷架由绞拧在一起的双股铅丝制成,且刷架呈矩形,在长度方向的中部设置有加强径板,在宽度方向设置有纵梁;③所述刷丝采用塑料编织袋用的扁丝,且刷丝被双股铅丝绞拧在纵梁及周边刷架之上;④所述加强径板的中部设置有用于固定刷柄的铰链装置将刷柄与加强径板铰接。

被诉侵权产品的技术特征为:①一种清扫工具,有刷柄、刷架、刷丝;②刷架由双股铅丝拧绞而成且为矩形,在长度方向的中部有一金属加强径板,在宽度方向设置有纵梁;③刷丝采用塑料编织袋用的扁丝,刷丝被双股铅丝绞拧在纵梁及周边刷架之上;④加强径板的中部设置有用于固定刷柄的铰链装置将刷柄与加强径板铰接。

二、企业知识产权设计方案维权训练

侵犯专利设计的判断思路见专利权侵权分析定性(本处略)。请依上述判断思路,对下面的侵权案例(常州某电子商务有限公司诉汪某侵害外观设计专利权纠纷再审案)进行外观设计专利权侵权定性分析维权训练。

诉争案由与案情:侵害外观设计专利权纠纷。专利产品主要用作厨房用品,用于食物处理,设计要点在于图中所示的形状、式样、装饰和构型,指定代表图片为立体图。外观设计专利图片载明:产品主要由料斗、主体、摇柄、底座和夹板组成。其中料斗、主体、底座的高度比约为1∶1∶2,顶部的料斗为圆角过渡的四方柱形,水平切口,上附一个料斗盖;中间的主体为圆柱形,倾斜约30度与料斗、底座相交,从左视图看,出料口为内凹的斜向切口;底部是圆锥桶形的底座,一侧附有哨形旋钮,另一侧有一个圆形结构。主体的一端带有摇柄,摇杆为感叹号形,产品底部是固定用的 C 形夹板。

被诉侵权产品具有如下设计特征:被诉侵权产品由料斗、主体、底座、摇柄及料斗盖组成。料斗、主体、底座高度比约为1∶1∶2,料斗、主体为透明材料一体制成,料斗顶部为水平切口、圆角过渡的四方柱形,上附一料斗盖且料斗盖上方为空心槽;中间的主体为圆柱形,主体倾斜约20度左右与底座偏心相交,出料口为内凹的斜向切口;底部是圆锥桶形底座,一侧设有三角旋钮,与摇柄相对的位置设有一半椭圆形按钮;主体的一端设有一感叹号形摇柄,摇柄上设有一半椭圆形按钮,摇柄把手上设有凹槽。

判断后可以上中国裁判文书网公开网页查看法院判断经过和结论。

第八章 创业市场监管法律实务

【案例导入】

1. 2020年1月23日,北京市丰台区市场监管局根据举报对北京市某大药房大幅抬高N95型口罩销售价格的行为进行检查。经查,当事人借口罩等防疫用品需求激增之机,将进价为200元/盒的3M牌8511CN型口罩(10只装),大幅提价到850元/盒对外销售,而同时期该款口罩网络售价为143元/盒。北京市丰台区市场监管局认定当事人的行为违反《价格法》《价格违法行为行政处罚规定》,构成哄抬价格的违法行为,拟处以300万元罚款的行政处罚。1月26日,北京市丰台区市场监管局向当事人下达行政处罚听证告知书。

2. 2020年1月26日,天津市津南区市场监管局根据举报对天津市某大药房进行检查。经查,当事人以12元/只购进KN95口罩并抬高至128元/只销售;以进价15.2元/盒购进片仔癀防雾霾口罩(成人1只装)并抬高至58~78元/盒销售。津南区市场监管局认定当事人的行为违反《价格法》《价格违法行为行政处罚规定》,构成哄抬价格的违法行为。1月27日,津南区市场监管局将行政处罚听证告知书送达当事人,拟处以300万元罚款的行政处罚,并将当事人哄抬价格涉嫌经济犯罪有关线索移送公安部门。

第一节　创业市场监管法律规范

一、市场监管

市场监管是"市场监督管理"的简称,是国家依法对商品市场的适度干预,主要作用在于营造自由竞争的市场环境,建立公平公正的市场交易规则,以保障市场在配置资源方面充分发挥基础性作用,维护市场运作秩序和保护消费者的合法权益。国家市场监管行为主要有以下显著特征。

1. 国家干预性

市场监管本质上是国家权力对市场活动的干预。市场经济理论和实践充分证明,市场不是万能的,市场也有其自身的缺陷,这些缺陷反过来妨碍了市场的正常、有序运行,这就是"市场失灵"。"市场失灵"是国家干预市场的主要根源和依据,国家旨在通过公权力的干预重现和复制公平的市场交易活动,这就是"市场监管"。当然,国家干预也有其负面作用,同样会出现"政府失灵"现象,因此,国家公权力的干预必须谨慎和适度并得到规范和约束,国家的市场监管行为必须在主体、内容、程序和形式等方面符合法律规定。

2. 社会本位性

市场监管以社会公共利益为出发点,它保护的不是完全的市场个体利益,而是广大人民群众所享受的利益,即社会公共利益。市场管理通过维护自由和公平的市场竞争秩序,避免市场个体追求自身利益最大化带来的不良影响,从而实现社会公共利益。因此,国家对市场进行监督、管理必须从社会整体利益出发,规范市场主体的竞争行为、制裁不正当竞争行为、保护消费者合法权益等都是以此为出发点和目的,其实际效果亦是如此。

3. 直接强制性

市场监管是国家权力行为,是以国家强制力作为保障的。一方面,作为市场监管主体的国家与作为市场主体的对方当事人之间不是平等协商关系,国家依其单方面意志作出的市场监管行为,对方当事人无论同意与否都必须严格执行;另一方面,涉及市场监管的行为规范也大多表现为强制性规范,当事人不能依意思自治而排除规则的适用和变更规则的内容。

市场监管是国家通过干预市场对市场失灵进行的弥补和矫正,国家干预市场的目的在于维护社会公共利益,国家对市场的干预必须以国家强制力作为保障。因此,国家干预性是市场监管最本质的特征。

二、市场监管法

市场监管法是调整国家对市场进行监督管理过程中所发生的社会关系的法律规范的总称。由于市场交易类型繁多,因此市场监管法涵盖的法律规范庞杂,是一个集合性的概念,没有形成统一的法典,其主要由以下几个部分构成:

1. 竞争法

市场竞争是市场经济的灵魂。通过市场竞争,实现优胜劣汰,进而实现生产要素的优化配置。市场监管的首要目标就是要维护公平竞争,竞争法也就成为市场监管法的基础性法律制度。竞争法主要包括反不正当竞争法和反垄断法。我国已经制定了《反不正当竞争法》《反垄断法》。[①]

2. 消费者权益保护法

消费是市场的原始动力,对消费者权益的侵害会扭曲市场交易,最终损害公正自由的市场竞争秩序。通过对在市场活动中处于"弱势地位"的消费者进行特殊保护,使经营者和消费者的利益得到平衡,实质就是保护消费、促进消费,从而保护生产、促进生产,有利于社会经济的发展。我国已经制定了《消费者权益保护法》。

3. 产品质量法

产品质量高低是市场交易秩序优劣的基本尺度之一。基于追求自身利益最大化的"以次充好""以假乱真",严重损害消费者的合法权益,扰乱公平竞争的市场秩序。因此,有必要通过产品质量立法,强化对产品质量的管理监督,以维护正常的市场秩序和消费者的合法权益。我国已经制定了《产品质量法》。

4. 广告法

广告是商品经济高度发展的产物。通过向大众传播经济信息,广告成为不同生产者之间、生产者与消费者之间的连接桥梁,在促进生产、加速流通、指导消费、繁荣市场等方面起着非常重要的作用。而虚假广告信息的传播,则对大众造成了欺骗和误导,进而必然扭曲市场机制,扰乱市场秩序。

---

① 基于本书的性质和阅读群体,本书不再专门介绍反垄断法的相关内容。

因此,依法加强广告管理,是加强市场监管的一项重要内容。我国已经制定了《广告法》。

5. 价格法

价格是市场经济的核心要素,价格机制是市场机制中最为重要的机制。价格随供求关系的变化而围绕价值波动,如果价格非因供求原因而过分偏离价值,市场对社会资源的配置便会失灵,正常的市场秩序根本无从谈起。因此,依法加强价格管理,严肃查处价格欺诈、牟取暴利等价格违法行为甚为重要。我国已经制定了《产品价格法》。

实际上,国家对市场的监督管理远远超出了上述所列范围,诸如市场准入、知识产权、财务税收等都是国家权力对市场的干预,此外,国家还对各类市场进行专门的监管,包括劳动力市场、金融市场、期货市场以及房地产市场、建筑市场等。虽然,国家对市场监管的范围广泛,涉及的法律规范也内容庞杂,但无论什么类型的市场监管,其出发点和根本目的都是维护自由和公平的市场竞争秩序,维护消费者权益等公共利益。因此,竞争法和消费者权益保护法是市场监管法律规范的核心内容,产品质量法、广告法、价格法等其他监管法律规范均是围绕这一核心内容进行的。

三、市场监管主体

正如上述,国家对市场监管的范围广泛,涉及的法律规范内容庞杂,现实中,市场监管的具体职责也由政府多个不同部门承担,除市场监督管理局之外,金融、税务、海关以及自然资源、生态环境等部门都是市场监管职责的实施者。

市场监督管理局是负责市场综合监督管理的政府部门,是市场监管体系改革的产物。2018年3月,根据第十三届全国人民代表大会第一次会议批准的《国务院机构改革方案》,将国家工商行政管理总局的职责,国家质量监督检验检疫总局的职责,国家食品药品监督管理总局的职责,国家发展和改革委员会的价格监督检查与反垄断执法职责,商务部的经营者集中反垄断执法以及国务院反垄断委员会办公室等职责整合,组建国家市场监督管理总局。同时,组建国家药品监督管理局、重新组建国家知识产权局,由国家市场监督管理总局管理。国家市场监督管理总局的主要职责是,负责市场综合监督管理,统一登记市场主体并建立信息公示和共享机制,组织市场监管综合执法工作,承担反垄断统一执法,规范和维护市场秩序,组织实施质量强国战略,负责工业产品质量安全、食品安全、特种设备安全监管,统一管理计量标准、检验检测、认证认可工作等。2023年3月,中共中央、国务院印发《党和国家机构改革方案》,将国家知识产权局由国家市场监督管理总局管理的国家局调整为国务院直属机构,商标、专利等领域执法职责继续由市场监管综合执法队伍承担,相关执法工作接受国家知识产权局专业指导。

国家市场监督管理总局的成立,初步实现了市场监管的相对统一,对于建立统一开放、竞争有序的现代市场体系,营造诚实守信、公平竞争的市场环境,有着非常重大的意义。

第二节 创业市场监管法律实操

一、反不正当竞争法

(一)不正当竞争行为概述

按照《反不正当竞争法》,不正当竞争行为是指"经营者在生产经营活动中,违反本法规定,扰乱市场竞争秩序,损害其他经营者或者消费者的合法权益的行为"。不正当竞争行为一般具有以下特征:

1. 主体的特定性

不正当竞争行为的行为主体是经营者。经营者是指"从事商品生产、经营或者提供服务(以下所称商品包括服务)的自然人、法人和非法人组织"。

2. 行为的违法性

不正当竞争行为是违反《不正当竞争法》的行为。"违反本法规定"既包括违反该法第6条至12条对不正当竞争行为的列举规定,也包括违反该法第2条对不正当竞争行为的一般性规定,即"经营者在生产经营活动中,应当遵循自愿、平等、公平、诚信的原则,遵守法律和商业道德"。

3. 行为的危害性

不正当竞争行为不仅直接或者间接损害了其他经营者的合法权益,还可能损害消费者的合法权益,更为重要的是,还危害市场竞争机制的正常运行。

4. 不正当竞争行为以市场竞争为目的

不正当竞争行为是经营者在生产经营活动中作出的,更多的是过度竞争、恶性竞争等违反规则的竞争行为,这是不正当竞争行为区别于其他一般侵权行为,特别是垄断行为的重要标志。

(二)不正当竞争行为之一:商业混淆行为

1. 商业混淆行为概述

商业标识是市场经济的产物,具有指示、区分不同商品(服务)来源的功能,其广泛涵盖商品(服务)的所有外在标识,包括商品名称、包装、装潢,企业名称、社会组织名称、姓名,以及域名主体部分、网站名称、网页等。商业标识是经营者信誉和形象的物质载体,是市场经营者与消费者之间的桥梁和纽带,是经营者将技术创新优势转化为市场竞争优势的主要方式,是经营者进行市场竞争的重要工具。

商业混淆行为又称"仿冒行为""混同行为""欺诈性交易行为"以及我们通常所说的"傍名牌"等,是指经营者在生产经营活动中擅自使用与他人有一定影响的相同或近似的商业标识,引人误认为是他人商品或者与他人存在特定联系的行为。市场混淆行为侵害了消费者的合法权益,侵犯了其他经营者的权利,扰乱了市场竞争秩序,必须由法律作出规制。关于混淆行为,有以下几点需要说明:

(1)擅自使用。"擅自使用"是指未经权利人许可而自行使用他人商业标识,包括将商业标识用于商品、商品包装或者容器以及商品交易文书上,用于广告宣传、展览以及其他商业活动。

(2)有一定影响。商业标识是否"有一定影响",应当考虑相应商品的销售时间、销售区域、销售额和销售对象,进行任何宣传的持续时间、程度和地域范围,作为知名商品受保护的情况等因素,进行综合判断。

(3)引人误认。"引人误认"是判断混淆行为的核心标准,是指引起了一般消费者在施以普通注意力情况下的错误认识,包括错误的认识是他人商品或者与他人存在特定联系。这里的"与他人有特定联系"是指误认为与有一定影响的商品的经营者具有许可使用、关联企业关系等特定联系。

2. 商业混淆行为的表现形式

根据《反不正当竞争法》第6条规定,混淆行为的主要表现形式有以下几种:

(1)擅自使用与他人有一定影响的商品名称、包装、装潢等相同或者近似的标识。

(2)擅自使用他人有一定影响的企业名称(包括简称、字号等)、社会组织名称(包括简称等)、姓名(包括笔名、艺名、译名等)。

(3)擅自使用他人有一定影响的域名主体部分、网站名称、网页等。

(4)其他足以引人误认为是他人商品或者与他人存在特定联系的混淆行为。

(三)不正当竞争行为之二：商业贿赂行为

1. 商业贿赂行为的概念

商业贿赂行为，是指经营者在生产经营中，通过向能够影响交易的人秘密给付财物或者提供其他利益，以获取交易机会或者竞争优势的行为。商业贿赂广泛存在于世界各国，是一种典型的不正当竞争行为，其严重损害公平竞争机制的正常运行，损害经营者和消费者的合法权益，破坏社会信用体系，引发和助长政治腐败等不良风气。基于商业贿赂的严重危害性，各国法律都对商业贿赂行为进行了严格规制。

2. 商业贿赂行为的特征

(1)商业贿赂的目的是谋取交易机会或者竞争优势。商业贿赂的目的是销售或购买商品、形成特定的排他性市场、获取特定的优势地位等，但追根溯源其一般目的在于谋取交易机会或竞争优势。商业贿赂的这一目的将其与其他贿赂行为区分开来，其他目的贿赂行为，诸如为了职位升迁、子女入学、工作调动等目的而实施的贿赂行为不属于商业贿赂的范畴，当然不是反不正当竞争法所规制的对象。

(2)商业贿赂的主体包括行贿人和受贿人。商业贿赂行为由行贿行为和受贿行为构成，相应的，商业贿赂的主体也就包括行贿人和受贿人。行贿人就是经营者，当然具体的行贿行为可通过经营者的工作人员或其委托的其他组织和个人进行。《反不正当竞争法》第7条第3款规定："经营者的工作人员进行贿赂的，应当认定为经营者的行为；但是，经营者有证据证明该工作人员的行为与为经营者谋取交易机会或者竞争优势无关的除外。"受贿人范围比较广泛，一切能够影响交易的组织和个人都可能成为受贿人，包括交易相对方的工作人员、受交易相对方委托办理相关事务的单位或者个人以及利用职权或者影响力影响交易的单位或者个人。

(3)商业贿赂的表现形式是给付财物或者提供其他利益。给付财物是商业贿赂最常见的表现形式，既包括直接给付现金、实物、有价证券等，也包括假借合法外衣进行的赠与、佣金、折扣等。需要注意的是，经营者在交易活动中，可以以明示方式向交易相对方支付折扣或者向中间人支付佣金，并且双方均如实入账，此种行为不属于不正当竞争行为。在给付财物之外，以其他手段实施行贿的也形式多样，包括以考察名义提供旅游机会、赞助举行参加学术会议、提供子女入学就业机会以及性贿赂等。经营者本着逐利的本质,穷尽各种方式方法促成交易和获得利润,商业贿赂的手段也是层出不穷,让人们防不胜防,在给付财物之外规定了以其他手段实施的行贿行为,其实是对商业贿赂的兜底性防范。

(四)不正当竞争行为之三:误导性宣传行为

1. 误导性宣传行为的概念

误导性宣传行为,常称为虚假宣传行为,是指经营者在生产经营中,通过对其商品的性能、功能、质量、销售状况、用户评价、曾获荣誉等作虚假或者引人误解的商业宣传,而欺骗、误导消费者的行为。商业宣传是经营者进行市场竞争的重要手段和有力工具,而误导性宣传行为严重违反诚实信用原则,是一种严重的不正当竞争行为。

2. 误导性宣传行为的特征

(1)误导性宣传的行为主体是经营者。规范误导性宣传的目的实质是制约经营者的市场竞争行为,因此,误导性宣传的行为主体必须是经营者。一般来说,误导性宣传的行为主体就是作出宣传商品的经营者。但是,在现实生活中,很多虚假宣传并不是由经营者本人直接实施或单独实施的。实际上,我国反不正当竞争法中明确了两类行为主体,一是商品的经营者;二是帮助其他经营者进行虚假或者引人误解的商业宣传的经营者。

(2)误导性宣传的内容非常广泛。误导性宣传的内容主要是商品的性能、功能、质量、销售状况、用户评价、曾获荣誉等,2019年《反不正当竞争法》修订时明确将"刷单"这一通过虚假交易进行销量造假的行为列入误导性宣传的范畴。此外,误导性宣传的内容还包括对企业本身所作的虚假或者引人误解的宣传,诸如与实际不符的"中外合资""百年老店"等。

(3)误导性宣传的方式多种多样。误导性宣传的方式可以是以捏造、虚构、歪曲事实等方式进行的"虚假性宣传",也可以是借题发挥、表达含混、模棱两可、虚实难辨等方式进行的"真实性宣传";可以是对商品作片面的宣传或者对比,也可以是将科学上未定论的观点、现象等当作定论的事实用于商品宣传,还可以是以歧义性语言或者其他引人误解的方式进行商品宣传;可以是利用广告进行的宣传,可以是在商品或商品包装上进行的宣传,可以是利用展览会、发布会等进行的宣传,还可以是在与消费者直接接触交流中进行的宣传等。

(4)误导性宣传会产生误导消费者的后果。法律之所以对误导性宣传行为明令禁止,核心就在于它会使消费者产生误导而做出错误选择,进而损害其他经营者利益,扰乱市场竞争秩序。可以说,误导性宣传的核心在于"误导"。因此,商业宣传的内容无论是真是假,只要会导致误导消费者的,就属于误导性宣传行为;同时,以明显的夸张方式宣传商品,不足以造成相关公众误解的,就不属于误导性宣传行为。而对于是否会误导消费者的判断,应当根据日常生活经验、相关公众一般注意力、发生误解的事实和被宣传对象的实际情况等因素进行综合认定。

(五)不正当竞争行为之四:侵犯商业秘密行为

1. 商业秘密概述

商业秘密是指不为公众所知悉、具有商业价值并经权利人采取相应保密措施的技术信息和经营信息等商业信息。商业秘密具有以下主要特征:

(1)秘密性。秘密性是商业秘密的核心特征,商业秘密是"不为公众所知悉"的商业信息。根据最高人民法院司法解释的规定[①],"有关信息不为其所属领域的相关人员普遍知悉和容易获得"应当认定为"不为公众所知悉"。"具有下列情形之一的,可以认定有关信息不构成不为公众所知悉:①该信息为其所属技术或者经济领域的人的一般常识或者行业惯例;②该信息仅涉及产品的尺寸、结构、材料、部件的简单组合等内容,进入市场后相关公众通过观察产品即可直接获得;③该信息已经在公开出版物或者其他媒体上公开披露;④该信息已通过公开的报告会、展览等方式公开;⑤该信息从其他公开渠道可以获得;⑥该信息无需付出一定的代价而容易获得。"

(2)保密性。保密性是经权利人采取"保密措施"的商业信息。保密措施是指权利人基于商业秘密的秘密性,为防止信息泄漏所采取的与其商业价值等具体情况相适应的合理保护措施。不采取任何保密措施的商业信息,由于无法保持其"秘密性"而不被认定为商业秘密。根据最高人民法院司法解释的规定,"应当根据所涉信息载体的特性、权利人保密的意愿、保密措施的可识别程度、他人通过正当方式获得的难易程度等因素,认定权利人是否采取了保密措施"。"具有下列情形之一,在正常情况下足以防止涉密信息泄漏的,应当认定权利人采取了保密措施:①限定涉密信息的知悉范围,只对必须知悉的相关人员告知其内容;②对于涉密信息载体采取加锁等防范措施;③在涉密信息的载体上标有保密标志;④对于涉密信息采用密码

[①]《最高人民法院关于审理不正当竞争民事案件应用法律若干问题的解释》虽然已由 2022 年 3 月 20 日施行的《最高人民法院关于适用〈中华人民共和国反不正当竞争法〉若干问题的解释》废止,但其中关于商业秘密的有关规定在实践中依然具有指导意义。

或者代码等;⑤签订保密协议;⑥对于涉密的机器、厂房、车间等场所限制来访者或者提出保密要求;⑦确保信息秘密的其他合理措施。"

(3)价值性。价值性是商业秘密的本质特征。商业秘密的价值性是指权利人通过使用商业秘密可以获得更为有力的竞争优势,从而带来经济上的利益。需要指出的是,商业秘密的价值性既可以是现实的价值,也可以是潜在的价值。此外,商业秘密中的价值性,既没有定量的要求,也没有时间的限制,无论能够带来的经济利益大小,持续使用或使用一次,均不影响对该信息具有商业价值性的判断。[①]

2. 侵犯商业秘密行为的表现形式

侵犯商业秘密行为是指行为人不正当地获取、披露、使用或允许他人使用权利人的商业秘密,从而损害权利人利益的行为。[②] 侵犯商业秘密的行为人包括经营者、经营者以外的其他自然人、法人和非法人组织,如商业秘密权利人的员工、前员工。根据《反不正当竞争法》第9条的规定,侵犯商业秘密行为主要有以下表现形式:

(1)不正当获取商业秘密:以盗窃、贿赂、欺诈、胁迫、电子侵入或者其他不正当手段获取权利人的商业秘密。

(2)非法使用非法获取的商业秘密:披露、使用或者允许他人使用以不正当手段获取的权利人的商业秘密。

(3)非法使用合法获悉的商业秘密:违反保密义务或者违反权利人有关保守商业秘密的要求,披露、使用或者允许他人使用其所掌握的商业秘密。

(4)间接侵犯商业秘密:教唆、引诱、帮助他人违反保密义务或者违反权利人有关保守商业秘密的要求,获取、披露、使用或者允许他人使用权利人的商业秘密。

(5)第三人恶意获取、使用或披露商业秘密:第三人明知或者应知他人(包括商业秘密权利人的员工、前员工或者其他单位、个人)实施侵犯商业秘密的违法行为,仍获取、披露、使用或者允许他人使用该商业秘密的,视为侵犯商业秘密。

最后需要指出的是,商业秘密的秘密性是相对的,并不能排除他人通过合法途径获取相同的信息。因此,根据最高人民法院司法解释相关规定,以下情况不认为是侵犯商业秘密行为:通过自行开发研制或者反向工程等方

[①]北京市高级人民法院知识产权庭课题组:《〈反不正当竞争法〉修改后商业秘密司法审判调研报告》,《电子知识产权》2019年第11期,第65-85页。
[②]吕明瑜:《竞争法制度研究》,郑州大学出版社,2004年版,第211页。

式获得的商业秘密,其中,"反向工程",是指通过技术手段对从公开渠道取得的产品进行拆卸、测绘、分析等而获得该产品的有关技术信息;客户基于对职工个人的信赖而与职工所在单位进行市场交易,该职工离职后,能够证明客户自愿选择与自己或者其新单位进行市场交易的,应当认定没有采用不正当手段,但职工与原单位另有约定的除外。

(六)不正当竞争行为之五:不正当有奖销售行为

1. 有奖销售的概念

根据《规范促销行为暂行规定》第 11 条和第 12 条的规定,有奖销售,是指经营者以销售商品或者获取竞争优势为目的,向消费者提供奖金、物品或者其他利益的行为,包括抽奖式和附赠式等有奖销售。抽奖式有奖销售是指经营者以抽签、摇号、游戏等带有偶然性或者不确定性的方法,决定消费者是否中奖的有奖销售行为。附赠式有奖销售是指经营者向满足一定条件的消费者提供奖金、物品或者其他利益的有奖销售行为。经营者为了推广移动客户端、招揽客户、提高知名度、获取流量、提高点击率等,附带性地提供物品、奖金或者其他利益的行为也属于有奖销售。

有奖销售作为一种有效的促销手段,能在一定程度上激发消费欲望,为经营者带来可观的商品销量或关注度。但有奖销售具有较大的利诱性和偶然性,容易激发消费者的博彩心理,导致消费者非理性消费,造成不公平的市场竞争。因此,《反不正当竞争法》将有奖销售行为纳入规制范围。

2. 不正当有奖销售行为的表现形式

不正当有奖销售行为,是指经营者违反法律规定进行巨奖销售、欺骗性有奖销售等不正当行为,扰乱市场竞争秩序,损害其他经营者或者消费者合法权益的行为。根据《反不正当竞争法》第 10 条的规定,不正当有奖销售行为主要有以下表现形式:

(1)所设奖的种类、兑奖条件、奖金金额或者奖品等有奖销售信息不明确,影响兑奖。

(2)采用谎称有奖或者故意让内定人员中奖的欺骗方式进行有奖销售。

(3)抽奖式的有奖销售,最高奖的金额超过 5 万元。

(七)不正当竞争行为之六:商业诋毁行为

1. 商业诋毁行为的概念

商业诋毁是指经营者在生产经营过程中,通过编造、传播虚假信息或者误导性信息,损害竞争对手商业信誉、商品声誉,谋取不正当利益的行为。

良好的商业信誉和商品声誉是经营者通过公平竞争和诚信经营所获得的良好社会评价,是一种无形的财产权,会给经营者带来巨大的竞争优势。通过贬损他人商誉、矮化他人抬高自己以谋取竞争优势的行为,无疑是一种严重阻碍竞争对手,损害公平竞争秩序的不正当竞争行为。

2. 商业诋毁行为的特征

商业诋毁行为作为一种典型的不正当竞争行为具有以下特征:

(1)商业诋毁的行为目的是竞争。商业诋毁行为是经营者基于竞争的目的,通过贬低竞争对手而谋求自己在市场中的优势地位。不具有任何竞争意义的诋毁行为,不属于反不正当竞争法的规制范围。

(2)商业诋毁的行为主体是经营者。基于商业诋毁行为的竞争性目的,实施商业诋毁的行为人必定是经营者,同时被诋毁的对象也是与行为人具有竞争关系的经营者。

(3)商业诋毁的行为方式是编造、传播虚假信息或者误导性信息。"编造、传播"具体有三种形态,即"自己编造并传播""自己编造,由他人传播""明知或应知他人编造,自己传播"三种类型。[①]"虚假信息或者误导性信息"既包括通过无中生有、凭空捏造的方式产生的不真实信息,也包括"真实但片面的信息、真实但无关的信息,以及真伪不明的信息"。[②]

(4)商业诋毁的行为结果是损害了竞争对手的商业信誉。通常而言,任何商业诋毁行为都有可能在不同程度上对商家信誉造成损害,因此,商业诋毁的行为结果既包括对商业信誉的现实损害,也包括对商业信誉损害的可能性。

(八)不正当竞争行为之七:网络不正当竞争行为

1. 网络不正当竞争行为的概念

网络不正当竞争行为有广义与狭义之分,广义的网络不正当行为,是指经营者利用网络从事生产经营活动中,违反《反不正当竞争法》规定,实施的损害其他市场经营者和消费者的合法利益、破坏市场竞争秩序的不正当竞争行为,包括利用互联网实施的市场混淆行为、误导性宣传行为、不正当有奖销售行为等传统不正当行为。狭义的网络不正当行为,也称网络新型不

[①]龙俊:《商业诋毁构成要件研究——兼评新〈反不正当竞争法〉第11条》,《河北法学》2019年第4期,第130-144页。

[②]陈健淋:《论商业诋毁诉讼中的误导性信息》,《电子知识产权》2018年第1期,第95-102页。

正当竞争行为,是指经营者利用技术手段,通过影响用户选择或者其他方式,实施的妨碍、破坏其他经营者合法提供的网络产品或者服务正常运行的行为,特指《反不正当竞争法》第12条规定的行为。通过互联网实施的传统不正当竞争行为,与传统的其他不正当竞争行为没有实质上的差别,我们这里所说的网络不正当竞争行为特指狭义上的网络新型不正当竞争行为。

2. 网络不正当竞争行为的表现形式

根据《反不正当竞争法》第12条的规定,网络不正当竞争行为主要有以下表现形式:

(1)未经其他经营者同意,在其合法提供的网络产品或者服务中,插入链接、强制进行目标跳转。

(2)误导、欺骗、强迫用户修改、关闭、卸载其他经营者合法提供的网络产品或者服务。

(3)恶意对其他经营者合法提供的网络产品或者服务实施不兼容。

(4)其他妨碍、破坏其他经营者合法提供的网络产品或者服务正常运行的行为。

(九)不正当竞争行为的法律责任

法律责任是指行为人因实施违反法律规定的行为而应当承担的法律后果。经营者实施不正当竞争行为,扰乱市场竞争秩序,损害其他经营者或者消费者的合法权益,必须受到法律的制裁,承担相应的法律责任。不正当竞争行为的法律责任有民事责任、行政责任以及刑事责任。

1. 不正当竞争行为的民事责任

根据《反不正当竞争法》第17条的规定,经营者违反本法规定,给他人造成损害的,应当依法承担民事责任。经营者的合法权益受到不正当竞争行为损害的,可以向人民法院提起诉讼。

因不正当竞争行为受到损害的经营者的赔偿数额,按照其因被侵权所受到的实际损失确定;实际损失难以计算的,按照侵权人因侵权所获得的利益确定。经营者恶意实施侵犯商业秘密行为,情节严重的,可以在按照上述方法确定数额的1倍以上5倍以下确定赔偿数额。赔偿数额还应当包括经营者为制止侵权行为所支付的合理开支。

经营者违反《反不正当竞争法》第6条、第9条的规定,实施混淆行为、侵犯商业秘密行为,权利人因被侵权所受到的实际损失、侵权人因侵权所获得的利益难以确定的,由人民法院根据侵权行为的情节判决给予权利人500万元以下的赔偿。

2.不正当竞争行为的行政责任

《反不正当竞争法》第17条至第24条分别规定了七种不正当竞争行为应当承担的行政责任,承担行政责任的主要方式有:停止违法行为、消除影响,没收违法商品,没收违法所得,罚款,吊销营业执照以及记入信用记录。

此外,《反不正当竞争法》第28条规定,妨害监督检查部门依照本法履行职责,拒绝、阻碍调查的,由监督检查部门责令改正,对个人可以处5000元以下的罚款,对单位可以处5万元以下的罚款,并可以由公安机关依法给予治安管理处罚。

3.不正当竞争行为的刑事责任

《反不正当竞争法》第31条规定,"违反本法规定,构成犯罪的,依法追究刑事责任"。也就是说,在所有类型的不正当竞争行为中,只要触犯了刑法中的相关规定,就有可能承担刑事责任。

二、消费者权益保护法

(一)消费者权益保护法概述

消费者权益保护法,是指调整在保护消费者权益过程中发生的经济关系的法律规范的总称。消费者权益保护法最重要的主体是消费者,而保护的核心则是消费者权益。所谓消费者,是指为了生活消费需要购买、使用商品或者接受服务的人。所谓消费者权益,是指消费者依法享有的权利以及该权利受到保护时给消费者带来的应得的利益,其核心是消费者的权利。消费者的权利的有效实现是消费者权益从应然状态转化为实然状态的前提和基础,而对于消费者权利的实现直接提供法律保证的,则是消费者权益保护法。

我国《消费者权益保护法》以"保护消费者的合法权益,维护社会经济秩序,促进社会主义市场经济健康发展"为立法宗旨,全面规定了消费者的权利和经营者的义务。

(二)消费者的权利

我国《消费者权益保护法》第二章专门规定了消费者的九种权利:

1.安全保障权

安全保障权是消费者最重要的权利,是为了保护生命健康和财产的安全性而存在的一项基本权利。消费者在购买、使用商品和接受服务时享有人身、财产安全不受损害的权利。消费者有权要求经营者提供的商品和服务,符合保障人身、财产安全的要求。

2. 知情权

消费者知情权是实现自由选择权的前提,没有消费者的知情权,就不会有消费者对商品和服务的自由选择权。因此,消费者享有知悉其购买、使用的商品或者接受的服务的真实情况的权利。消费者有权根据商品或者服务的不同情况,要求经营者提供商品的价格、产地、生产者、用途、性能、规格、等级、主要成分、生产日期、有效期限、检验合格证明、使用方法说明书、售后服务,或者服务的内容、规格、费用等有关情况。

3. 选择权

消费者选择权的核心在于自愿性和自主性。选择权不仅是对消费者物质利益的基本保障,更是对消费者人格利益的尊重和保护,是社会文明的象征。消费者选择权主要内容有:一是消费者享有自主选择商品或者服务的权利。二是消费者有权自主选择提供商品或者服务的经营者,自主选择商品品种或者服务方式,自主决定购买或者不购买任何一种商品、接受或者不接受任何一项服务。三是消费者在自主选择商品或者服务时,有权进行比较、鉴别和挑选。

4. 公平交易权

消费者享有公平交易的权利。公平的交易是市场经济最基本的原则和要求,消费者在购买商品或接受服务时,享有公正、合理地进行市场交换的权利。消费者在购买商品或者接受服务时,有权获得质量保障、价格合理、计量正确等公平交易条件,有权拒绝经营者的强制交易行为。

5. 获得赔偿权

获得赔偿权是消费者在消费时受到损害时的救济性权利。消费者因购买、使用商品或者接受服务受到人身、财产损害的,享有依法获得赔偿的权利。

6. 成立维权组织权

消费者享有依法成立维护自身合法权益的社会组织的权利。成立维权组织权是消费者的依法结社权。消费者有权通过成立维权组织,将孤立、分散和弱小的个体成员团结起来,努力实现与实力强大的经营者之间的真正平等,维护自身合法权益。

7. 获得知识权

消费者获得商品和服务的有关知识,对其消费决策具有重要的影响,能在一定程度上消除供需双方之间的信息不对称现象,保护自身合法权益。因此,消费者享有获得有关消费和消费者权益保护方面的知识的权利,同时消费者应当努力掌握所需商品或者服务的知识和使用技能,正确使用商品,提高自我保护意识。

8. 受尊重权及信息得到保护权

受尊重权是消费者的诸多权利中一项重要的基础性权利,经营者不得对消费者进行辱骂、诽谤、名誉诋毁、非法搜查、拘禁等行为。同时,消费者依法对其个人信息享有支配、控制并排除他人侵害的权利,消费者因此也有权要求经营者对其获得的消费者信息予以保护。《消费者权益保护法》第14条规定,"消费者在购买、使用商品和接受服务时,享有人格尊严、民族风俗习惯得到尊重的权利,享有个人信息依法得到保护的权利"。

9. 监督权

消费者享有对商品和服务以及保护消费者权益工作进行监督的权利。消费者有权检举、控告侵害消费者权益的行为和国家机关及其工作人员在保护消费者权益工作中的违法失职行为,有权对保护消费者权益工作提出批评、建议。监督权的行使既是消费者维护自身和其他消费者合法利益的行为,同时也有利于形成社会共治的良好氛围,应当得到法律的保护。

(三)经营者的义务

消费者权利的有效实现,有赖于各方的共同努力,其中最为关键的便是经营者相关义务的履行。我国《消费者权益保护法》第三章专门规定了经营者在保护消费者权益方面的相关义务。

1. 尊法守约、恪守社会公德的义务

履行法律法规规定及与消费者约定的义务,恪守社会公德,诚信经营,这是经营者的最基本的义务。一是经营者向消费者提供商品或者服务,应当依照本法和其他有关法律、法规的规定履行义务。二是经营者和消费者有约定的,应当按照约定履行义务,但双方的约定不得违背法律、法规的规定。三是经营者向消费者提供商品或者服务,应当恪守社会公德,诚信经营,保障消费者的合法权益;不得设定不公平、不合理的交易条件,不得强制交易。

2. 听取意见、接受监督的义务

消费者享有对商品和服务进行监督的权利,相应的,经营者应当听取消费者对其提供的商品或者服务的意见,接受消费者的监督。

3. 安全保障义务

经营者的安全保障义务与消费者的安全保障权相对应。经营者应当保证其提供的商品或者服务符合保障人身、财产安全的要求。对可能危及人身、财产安全的商品和服务,应当向消费者作出真实的说明和明确的警示,并说明和标明正确使用商品或者接受服务的方法以及防止危害发生的方法。同时,宾馆、商场、餐馆、银行、机场、车站、港口、影剧院等经营场所的经营者,应当对消费者尽到安全保障义务。

4. 对缺陷产品和服务及时采取措施的义务

经营者对其已经投入流通的缺陷产品和服务及时采取措施的义务,是其安全保障义务的延伸。经营者发现其提供的商品或者服务存在缺陷,有危及人身、财产安全危险的,应当立即向有关行政部门报告和告知消费者,并采取停止销售、警示、召回、无害化处理、销毁、停止生产或者服务等措施。采取召回措施的,经营者应当承担消费者因商品被召回支出的必要费用。

5. 提供真实、全面信息的义务

经营者提供真实、全面信息的义务与消费者的知情权相对应,其主要内容有:一是经营者向消费者提供有关商品或者服务的质量、性能、用途、有效期限等信息,应当真实、全面,不得作虚假或者引人误解的宣传。二是经营者对消费者就其提供的商品或者服务的质量和使用方法等问题提出的询问,应当作出真实、明确的答复。三是经营者提供商品或者服务应当明码标价。

6. 标明真实名称和标记的义务

企业名称和标记标明企业的身份,是一个企业区分于其他企业的标志,对消费者正确选择商品或服务起着重要的作用。因此,经营者应当标明其真实名称和标记;租赁他人柜台或者场地的经营者,应当标明其真实名称和标记。

7. 出具凭证或者单据的义务

购货凭证或者服务单据具有重要的证据价值,对于界定消费者和经营者的权利义务关系具有重要意义。经营者提供商品或者服务,应当按照国家有关规定或者商业惯例向消费者出具发票等购货凭证或者服务单据;消费者索要发票等购货凭证或者服务单据的,经营者必须出具。

8. 质量保证义务、瑕疵举证责任

经营者有义务保证商品和服务的质量,并在法律规定的情况下承担有

关瑕疵的举证责任。其主要内容有：一是经营者应当保证在正常使用商品或者接受服务的情况下其提供的商品或者服务应当具有的质量、性能、用途和有效期限；但消费者在购买该商品或者接受该服务前已经知道其存在瑕疵，且存在该瑕疵不违反法律强制性规定的除外。二是经营者以广告、产品说明、实物样品或者其他方式表明商品或者服务的质量状况的，应当保证其提供的商品或者服务的实际质量与表明的质量状况相符。三是经营者提供的机动车、计算机、电视机、电冰箱、空调器、洗衣机等耐用商品或者装饰装修等服务，消费者自接受商品或者服务之日起6个月内发现瑕疵，发生争议的，由经营者承担有关瑕疵的举证责任。

9. 履行售后"三包"的义务

经营者提供的商品或者服务不符合质量要求的，应该按照国家规定或当事人约定进行退货、更换、修理。其主要内容有：一是经营者提供的商品或者服务不符合质量要求的，消费者可以依照国家规定、当事人约定退货，或者要求经营者履行更换、修理等义务。二是没有国家规定和当事人约定的，消费者可以自收到商品之日起7日内退货；7日后符合法定解除合同条件的，消费者可以及时退货，不符合法定解除合同条件的，可以要求经营者履行更换、修理等义务。三是依照规定进行退货、更换、修理的，经营者应当承担运输等必要费用。

10. 无理由退货的义务

在非现场购物场合，消费者有权自收到商品之日起7日内退货且无须说明理由。其主要内容有：一是经营者采用网络、电视、电话、邮购等方式销售商品，消费者有权自收到商品之日起7日内退货，且无须说明理由。但下列商品除外：①消费者定作的；②鲜活易腐的；③在线下载或者消费者拆封的音像制品、计算机软件等数字化商品；④交付的报纸、期刊。二是除前述所列商品外，其他根据商品性质并经消费者在购买时确认不宜退货的商品，不适用无理由退货。三是消费者退货的商品应当完好。经营者应当自收到退回商品之日起7日内返还消费者支付的商品价款。退回商品的运费由消费者承担；经营者和消费者另有约定的，按照约定。

11. 不得滥用格式条款的义务

经营者不得滥用格式条款等方式，单方作出对消费者不利规定。其主要内容有：一是经营者在经营活动中使用格式条款的，应当以显著方式提请消费者注意商品或者服务的数量和质量、价款或者费用、履行期限和方式、安全注意事项和风险警示、售后服务、民事责任等与消费者有重大利害关系的内容,并按照消费者的要求予以说明。二是经营者不得以格式条款、通知、声明、店堂告示等方式,作出排除或者限制消费者权利、减轻或者免除经营者责任、加重消费者责任等对消费者不公平、不合理的规定,不得利用格式条款并借助技术手段强制交易。格式条款、通知、声明、店堂告示等含有前述所列对消费者不利规定内容的,其内容无效。

12. 不得侵犯人格尊严和人身自由的义务

消费者的人格尊严和人身自由依法受法律保护。经营者不得对消费者进行侮辱、诽谤,不得搜查消费者的身体及其携带的物品,不得侵犯消费者的人身自由。

13. 特定领域经营者的信息披露义务

采用网络、电视、电话、邮购等方式提供商品或者服务的经营者,以及提供证券、保险、银行等金融服务的经营者,应当向消费者提供经营地址、联系方式、商品或者服务的数量和质量、价款或者费用、履行期限和方式、安全注意事项和风险警示、售后服务、民事责任等信息。

14. 合理收集、使用消费者个人信息的义务

消费者在购买、使用商品和接受服务时,享有个人信息依法得到保护的权利,经营者有义务合理收集、使用消费者个人信息。其主要内容有:一是经营者收集、使用消费者个人信息,应当遵循合法、正当、必要的原则,明示收集、使用信息的目的、方式和范围,并经消费者同意。经营者收集、使用消费者个人信息,应当公开其收集、使用规则,不得违反法律、法规的规定和双方的约定收集、使用信息。二是经营者及其工作人员对收集的消费者个人信息必须严格保密,不得泄露、出售或者非法向他人提供。经营者应当采取技术措施和其他必要措施,确保信息安全,防止消费者个人信息泄露、丢失。在发生或者可能发生信息泄露、丢失的情况时,应当立即采取补救措施。三是经营者未经消费者同意或者请求,或者消费者明确表示拒绝的,不得向其发送商业性信息。

(四)经营者的法律责任

1. 法律责任主体的确定

(1)一般责任主体:销售者、生产者、服务者。主要有以下几种情况:一是消费者在购买、使用商品时,其合法权益受到损害的,可以向销售者要求赔偿。销售者赔偿后,属于生产者的责任或者属于向销售者提供商品的其他销售者的责任的,销售者有权向生产者或者其他销售者追偿。二是消费

者或者其他受害人因商品缺陷造成人身、财产损害的,可以向销售者要求赔偿,也可以向生产者要求赔偿。属于生产者责任的,销售者赔偿后,有权向生产者追偿。属于销售者责任的,生产者赔偿后,有权向销售者追偿。三是消费者在接受服务时,其合法权益受到损害的,可以向服务者要求赔偿。

(2)企业变更时的责任主体。消费者在购买、使用商品或者接受服务时,其合法权益受到损害,因原企业分立、合并的,可以向变更后承受其权利义务的企业要求赔偿。

(3)使用他人营业执照时的责任主体。使用他人营业执照的违法经营者提供商品或者服务,损害消费者合法权益的,消费者可以向其要求赔偿,也可以向营业执照的持有人要求赔偿。

(4)展销会、租赁柜台中的责任主体。消费者在展销会、租赁柜台购买商品或者接受服务,其合法权益受到损害的,可以向销售者或者服务者要求赔偿。展销会结束或者柜台租赁期满后,也可以向展销会的举办者、柜台的出租者要求赔偿。展销会的举办者、柜台的出租者赔偿后,有权向销售者或者服务者追偿。

(5)网络交易中的责任主体。主要有以下几种情况:一是消费者通过网络交易平台购买商品或者接受服务,其合法权益受到损害的,可以向销售者或者服务者要求赔偿。二是网络交易平台提供者不能提供销售者或者服务者的真实名称、地址和有效联系方式的,消费者也可以向网络交易平台提供者要求赔偿;网络交易平台提供者作出更有利于消费者的承诺的,应当履行承诺。网络交易平台提供者赔偿后,有权向销售者或者服务者追偿。三是网络交易平台提供者明知或者应知销售者或者服务者利用其平台侵害消费者合法权益,未采取必要措施的,依法与该销售者或者服务者承担连带责任。

(6)虚假宣传中的责任主体。主要有以下几种情况:一是消费者因经营者利用虚假广告或者其他虚假宣传方式提供商品或者服务,其合法权益受到损害的,可以向经营者要求赔偿。二是广告经营者、发布者发布虚假广告的,消费者可以请求行政主管部门予以惩处。广告经营者、发布者不能提供经营者的真实名称、地址和有效联系方式的,应当承担赔偿责任。三是广告经营者、发布者设计、制作、发布关系消费者生命健康商品或者服务的虚假广告,造成消费者损害的,应当与提供该商品或者服务的经营者承担连带责任。四是社会团体或者其他组织、个人在关系消费者生命健康商品或者服务的虚假广告或者其他虚假宣传中向消费者推荐商品或者服务,造成消费者损害的,应当与提供该商品或者服务的经营者承担连带责任。

2. 经营者的民事责任

(1)经营者承担责任的情形。根据《消费者权益保护法》第 48 条的规定,经营者提供商品或者服务有下列情形之一的,除本法另有规定外,应当依照其他有关法律、法规的规定,承担民事责任:①商品或者服务存在缺陷的;②不具备商品应当具备的使用性能而出售时未作说明的;③不符合在商品或者其包装上注明采用的商品标准的;④不符合商品说明、实物样品等方式表明的质量状况的;⑤生产国家明令淘汰的商品或者销售失效、变质的商品的;⑥销售的商品数量不足的;⑦服务的内容和费用违反约定的;⑧对消费者提出的修理、重作、更换、退货、补足商品数量、退还货款和服务费用或者赔偿损失的要求,故意拖延或者无理拒绝的;⑨法律、法规规定的其他损害消费者权益的情形。经营者对消费者未尽到安全保障义务,造成消费者损害的,应当承担侵权责任。

(2)造成人身损害的赔偿责任。经营者提供商品或者服务,造成消费者或者其他受害人人身伤害的,应当赔偿医疗费、护理费、交通费等为治疗和康复支出的合理费用,以及因误工减少的收入。造成残疾的,还应当赔偿残疾生活辅助具费和残疾赔偿金。造成死亡的,还应当赔偿丧葬费和死亡赔偿金。

(3)侵犯人格尊严的责任。经营者侵害消费者的人格尊严、侵犯消费者人身自由或者侵害消费者个人信息依法得到保护的权利的,应当停止侵害、恢复名誉、消除影响、赔礼道歉,并赔偿损失。

(4)精神损害赔偿责任。经营者有侮辱诽谤、搜查身体、侵犯人身自由等侵害消费者或者其他受害人人身权益的行为,造成严重精神损害的,受害人可以要求精神损害赔偿。

(5)造成财产损害的民事责任。经营者提供商品或者服务,造成消费者财产损害的,应当依照法律规定或者当事人约定承担修理、重作、更换、退货、补足商品数量、退还货款和服务费用或者赔偿损失等民事责任。

(6)预付款后未履约的责任。经营者以预收款方式提供商品或者服务的,应当按照约定提供。未按照约定提供的,应当按照消费者的要求履行约定或者退回预付款;并应当承担预付款的利息、消费者必须支付的合理费用。

(7)退货责任。依法经有关行政部门认定为不合格的商品,消费者要求退货的,经营者应当负责退货。

(8)惩罚性赔偿。根据《消费者权益保护法》第55条的规定,经营者提供商品或者服务有欺诈行为的,应当按照消费者的要求增加赔偿其受到的损失,增加赔偿的金额为消费者购买商品的价款或者接受服务的费用的3倍;增加赔偿的金额不足500元的,为500元。法律另有规定的,依照其规定。经营者明知商品或者服务存在缺陷,仍然向消费者提供,造成消费者或者其他受害人死亡或者健康严重损害的,受害人有权要求经营者依照《消费者权益保护法》第49条、第51条等法律规定赔偿损失,并有权要求所受损失2倍以下的惩罚性赔偿。

3. 经营者的行政责任

(1)行政处罚。根据《消费者权益保护法》第56条第1款规定,经营者有下列情形之一,除承担相应的民事责任外,其他有关法律、法规对处罚机关和处罚方式有规定的,依照法律、法规的规定执行;法律、法规未作规定的,由工商行政管理部门或者其他有关行政部门责令改正,可以根据情节单处或者并处警告、没收违法所得、处以违法所得1倍以上10倍以下的罚款,没有违法所得的,处以50万元以下的罚款;情节严重的,责令停业整顿、吊销营业执照:①提供的商品或者服务不符合保障人身、财产安全要求的;②在商品中掺杂、掺假,以假充真,以次充好,或者以不合格商品冒充合格商品的;③生产国家明令淘汰的商品或者销售失效、变质的商品的;④伪造商品的产地,伪造或者冒用他人的厂名、厂址,篡改生产日期,伪造或者冒用认证标志等质量标志的;⑤销售的商品应当检验、检疫而未检验、检疫或者伪造检验、检疫结果的;⑥对商品或者服务作虚假或者引人误解的宣传的;⑦拒绝或者拖延有关行政部门责令对缺陷商品或者服务采取停止销售、警示、召回、无害化处理、销毁、停止生产或者服务等措施的;⑧对消费者提出的修理、重作、更换、退货、补足商品数量、退还货款和服务费用或者赔偿损失的要求,故意拖延或者无理拒绝的;⑨侵害消费者人格尊严、侵犯消费者人身自由或者侵害消费者个人信息依法得到保护的权利的;⑩法律、法规规定的对损害消费者权益应当予以处罚的其他情形。

(2)信用记录。《消费者权益保护法》第56条第2款规定,"经营者有前款规定情形的,除依照法律、法规规定予以处罚外,处罚机关应当记入信用档案,向社会公布"。

(3)治安行政处罚。拒绝、阻碍有关行政部门工作人员依法执行职务,未使用暴力、威胁方法的,由公安机关依照《中华人民共和国治安管理处罚法》的规定处罚。

4.经营者的刑事责任

(1)经营者违反《消费者权益保护法》规定提供商品或者服务,侵害消费者合法权益,构成犯罪的,依法追究刑事责任。

(2)以暴力、威胁等方法阻碍有关行政部门工作人员依法执行职务的,依法追究刑事责任。

三、产品质量法

(一)产品质量法概述

产品质量法,是指调整在生产、流通及监督管理过程中,因产品质量而发生的各种经济关系的法律规范的总称。所谓产品,是指经过加工、制作,用于销售的产品。所谓产品质量,是指产品满足需要的适用性、安全性、可用性、可靠性、维修性、经济性和环境等所具有的特征和特性的总和。从事产品生产、销售活动的生产者、销售者应当建立健全内部产品质量管理制度,确保提供检验合格产品、不断提高产品质量水平,并依法承担产品质量责任。

我国《产品质量法》以"加强对产品质量的监督管理,提高产品质量水平,明确产品质量责任,保护消费者的合法权益,维护社会经济秩序"为立法宗旨,全面规定生产者、销售者的产品质量责任和义务。

(二)生产者的产品质量责任和义务

我国《产品质量法》第三章第一节专门规定了生产者的产品质量责任和义务:

1.生产者的产品质量要求

生产者应当对其生产的产品质量负责。产品质量应当符合下列要求:①不存在危及人身、财产安全的不合理的危险,有保障人体健康和人身、财产安全的国家标准、行业标准的,应当符合该标准;②具备产品应当具备的使用性能,但是,对产品存在使用性能的瑕疵作出说明的除外;③符合在产品或者其包装上注明采用的产品标准,符合以产品说明、实物样品等方式表明的质量状况。

2.产品及其包装上的标识要求

产品或者其包装上的标识必须真实,并符合下列要求:①有产品质量检验合格证明;②有中文标明的产品名称、生产厂厂名和厂址;③根据产品的特点和使用要求,需要标明产品规格、等级、所含主要成分的名称和含量的,用中文相应予以标明;需要事先让消费者知晓的,应当在外包装上标明,或者预先向消费者提供有关资料;④限期使用的产品,应当在显著位置清晰地标明生产日期和安全使用期或者失效日期;⑤使用不当,容易造成产品本身损坏或者可能危及人身、财产安全的产品,应当有警示标志或者中文警示说明。但裸装的食品和其他根据产品的特点难以附加标识的裸装产品,可以不附加产品标识。

3. 危险物品包装质量要求

易碎、易燃、易爆、有毒、有腐蚀性、有放射性等危险物品以及储运中不能倒置和其他有特殊要求的产品,其包装质量必须符合相应要求,依照国家有关规定作出警示标志或者中文警示说明,标明储运注意事项。

4. 禁止性要求

一是生产者不得生产国家明令淘汰的产品;二是生产者不得伪造产地,不得伪造或者冒用他人的厂名、厂址;三是生产者不得伪造或者冒用认证标志等质量标志;四是生产者生产产品,不得掺杂、掺假,不得以假充真、以次充好,不得以不合格产品冒充合格产品。

(三)销售者的产品质量责任和义务

我国《产品质量法》第三章第二节专门规定了销售者的产品质量责任和义务:

1. 销售者作为义务

一是销售者应当建立并执行进货检查验收制度,验明产品合格证明和其他标识;二是销售者应当采取措施,保持销售产品的质量;三是销售者销售的产品的标识应当符合相关规定。

2. 销售者不作为义务

一是销售者不得销售国家明令淘汰并停止销售的产品和失效、变质的产品;二是销售者不得伪造产地,不得伪造或者冒用他人的厂名、厂址;三是销售者不得伪造或者冒用认证标志等质量标志;四是销售者销售产品,不得掺杂、掺假,不得以假充真、以次充好,不得以不合格产品冒充合格产品。

(四)法律责任

1. 民事责任

我国《产品质量法》第四章专门规定了相关责任主体的损害赔偿责任:

(1)销售者的三包义务与损害赔偿责任。售出的产品有下列情形之一的,销售者应当负责修理、更换、退货;给购买产品的消费者造成损失的,销售者应当赔偿损失:①不具备产品应当具备的使用性能而事先未作说明的;②不符合在产品或者其包装上注明采用的产品标准的;③不符合以产品说明、实物样品等方式表明的质量状况的。销售者按规定负责修理、更换、退货、赔偿损失后,属于生产者的责任或者供货者的责任的,销售者有权向生产者、供货者追偿。生产者之间,销售者之间,生产者与销售者之间订立的买卖合同、承揽合同有不同约定的,合同当事人按照合同约定执行。

(2)人身、他人财产的损害赔偿责任。因产品存在缺陷造成人身、缺陷产品以外的其他财产(以下简称他人财产)损害的,生产者应当承担赔偿责任。生产者能够证明有下列情形之一的,不承担赔偿责任:①未将产品投入流通的;②产品投入流通时,引起损害的缺陷尚不存在的;③将产品投入流通时的科学技术水平尚不能发现缺陷的存在的。

(3)销售者的过错赔偿责任。由于销售者的过错使产品存在缺陷,造成人身、他人财产损害的,销售者应当承担赔偿责任。销售者不能指明缺陷产品的生产者也不能指明缺陷产品的供货者的,销售者应当承担赔偿责任。

(4)受害者的选择赔偿权。因产品存在缺陷造成人身、他人财产损害的,受害人可以向产品的生产者要求赔偿,也可以向产品的销售者要求赔偿。属于产品的生产者的责任,产品的销售者赔偿的,产品的销售者有权向产品的生产者追偿。属于产品的销售者的责任,产品的生产者赔偿的,产品的生产者有权向产品的销售者追偿。

(5)人身伤害的赔偿范围。因产品存在缺陷造成受害人人身伤害的,侵害人应当赔偿医疗费、治疗期间的护理费、因误工减少的收入等费用;造成残疾的,还应当支付残疾者生活自助具费、生活补助费、残疾赔偿金以及由其扶养的人所必需的生活费等费用;造成受害人死亡的,并应当支付丧葬费、死亡赔偿金以及由死者生前扶养的人所必需的生活费等费用。因产品存在缺陷造成受害人财产损失的,侵害人应当恢复原状或者折价赔偿。受害人因此遭受其他重大损失的,侵害人应当赔偿损失。

2. 行政责任

(1)承担行政责任的情形:生产、销售不符合保障人体健康和人身、财产安全的国家标准、行业标准的产品的;在产品中掺杂、掺假,以假充真,以次充好,或者以不合格产品冒充合格产品的;生产国家明令淘汰的产品的,销售国家明令淘汰并停止销售的产品的;销售失效、变质的产品的;伪造产品产地的,伪造或者冒用他人厂名、厂址的,伪造或者冒用认证标志等质量标志的;产品标识不符合产品质量法有关规定的;拒绝接受依法进行的产品质量监督检查的。

(2)承担行政责任的主要形式:警告,责令改正,责令停止生产、销售,没收违法生产、销售的产品,罚款,没收违法,吊销营业执照。

3.刑事责任

生产者、销售者违反《产品质量法》的行为,如果构成犯罪的,依法追究刑事责任。可能构成犯罪的违法行为主要有:生产、销售不符合保障人体健康和人身、财产安全的国家标准、行业标准的产品的;在产品中掺杂、掺假,以假充真,以次充好,或者以不合格产品冒充合格产品的;销售失效、变质的产品的。

四、广告法

(一)广告法概述

广告法,是指调整因商业广告活动而发生的各种经济关系的法律规范的总称。所谓商业广告,是指商品经营者或者服务提供者通过一定媒介和形式直接或者间接地介绍自己所推销的商品或者服务的商业活动,其法律关系主体主要涉及广告主、广告经营者、广告发布者、广告代言人等。广告主,是指为推销商品或者服务,自行或者委托他人设计、制作、发布广告的自然人、法人或者其他组织;广告经营者,是指接受委托提供广告设计、制作、代理服务的自然人、法人或者其他组织;广告发布者,是指为广告主或者广告主委托的广告经营者发布广告的自然人、法人或者其他组织;广告代言人,是指广告主以外的,在广告中以自己的名义或者形象对商品、服务作推荐、证明的自然人、法人或者其他组织。

上述主体在从事广告活动中,应当遵守法律、法规,诚实信用,公平竞争。广告应当真实、合法,以健康的表现形式表达广告内容,符合社会主义精神文明建设和弘扬中华民族优秀传统文化的要求。

我国《广告法》以"规范广告活动,保护消费者的合法权益,促进广告业的健康发展,维护社会经济秩序"为立法宗旨,全面规定了广告内容准则和广告行为规范。

(二)广告内容准则

我国《广告法》第二章专章规定了广告内容准则,包括广告内容的一般规定和重点行业领域的特殊规定。

1.广告内容的一般规定

(1)广告表述要求。广告中对商品的性能、功能、产地、用途、质量、成分、价格、生产者、有效期限、允诺等或者对服务的内容、提供者、形式、质量、价格、允诺等有表示的,应当准确、清楚、明白。广告中表明推销的商品或者服务附带赠送的,应当明示所附带赠送商品或者服务的品种、规格、数量、期限和方式。法律、行政法规规定广告中应当明示的内容,应当显著、清晰表示。另外,涉及行政许可和引证内容以及涉及专利的广告应符合相关规定要求。

(2)广告禁止性规定。广告不得有下列情形:①使用或者变相使用中华人民共和国的国旗、国歌、国徽、军旗、军歌、军徽;②使用或者变相使用国家机关、国家机关工作人员的名义或者形象;③使用"国家级""最高级""最佳"等用语;④损害国家的尊严或者利益,泄露国家秘密;⑤妨碍社会安定,损害社会公共利益;⑥危害人身、财产安全,泄露个人隐私;⑦妨碍社会公共秩序或者违背社会良好风尚;⑧含有淫秽、色情、赌博、迷信、恐怖、暴力的内容;⑨含有民族、种族、宗教、性别歧视的内容;⑩妨碍环境、自然资源或者文化遗产保护;⑪法律、行政法规规定禁止的其他情形。另外,广告不得损害未成年人和残疾人的身心健康;不得贬低其他生产经营者的商品或者服务。

(3)禁止虚假广告。广告不得含有虚假或者引人误解的内容,不得欺骗、误导消费者。广告有下列情形之一的,为虚假广告:①商品或者服务不存在的;②商品的性能、功能、产地、用途、质量、规格、成分、价格、生产者、有效期限、销售状况、曾获荣誉等信息,或者服务的内容、提供者、形式、质量、价格、销售状况、曾获荣誉等信息,以及与商品或者服务有关的允诺等信息与实际情况不符,对购买行为有实质性影响的;③使用虚构、伪造或者无法验证的科研成果、统计资料、调查结果、文摘、引用语等信息作证明材料的;④虚构使用商品或者接受服务的效果的;⑤以虚假或者引人误解的内容欺骗、误导消费者的其他情形。

(4)广告可识别性以及发布要求。广告应当具有可识别性,能够使消费者辨明其为广告。大众传播媒介不得以新闻报道形式变相发布广告。通过大众传播媒介发布的广告应当显著标明"广告",与其他非广告信息相区别,不得使消费者产生误解。广播电台、电视台发布广告,应当遵守国务院有关部门关于时长、方式的规定,并应当对广告时长作出明显提示。

2. 重点行业领域广告的特殊规定

针对事关人民群众生命财产安全的重要商品和服务的广告,我国《广告法》第15条至27条进行了特殊的规定,涉及处方药、特殊药品、易制毒化学品、戒毒等广告,医疗、药品、医疗器械广告,保健食品广告,母乳代用品广告,农药、兽药、饲料和饲料添加剂广告,烟草广告,酒类广告,教育、培训广告,有投资回报预期的商品或者服务广告,房地产广告,种子、种养殖广告等行业领域。

(三)广告行为规范

我国《广告法》第三章专章规定了广告行为规范,包括对于各广告主体的规定以及对于未成年保护、户外广告、"垃圾广告"、网络广告等规定。

1. 各广告主体的一般规定

(1)广告主、广告经营者、广告发布者之间在广告活动中应当依法订立书面合同,并不得在广告活动中进行任何形式的不正当竞争。

(2)广告主应当对广告内容的真实性负责,其委托设计、制作、发布广告,应当委托具有合法经营资格的广告经营者、广告发布者。

(3)广告经营者、广告发布者应当公布其收费标准和收费办法,应当按照国家有关规定,建立、健全广告业务的承接登记、审核、档案管理制度,对法律、行政法规规定禁止生产、销售的产品或者提供的服务,以及禁止发布广告的商品或者服务,任何单位或者个人不得设计、制作、代理、发布广告。

(4)广告代言人在广告中对商品、服务作推荐、证明,应当依据事实,符合《广告法》和有关法律、行政法规规定,并不得为其未使用过的商品或者未接受过的服务作推荐、证明。

2. 对于未成年人保护的规定

(1)不得利用不满十周岁的未成年人作为广告代言人。

(2)不得在中小学校、幼儿园内开展广告活动,不得利用中小学生和幼儿的教材、教辅材料、练习册、文具、教具、校服、校车等发布或者变相发布广告,但公益广告除外。

(3)在针对未成年人的大众传播媒介上不得发布医疗、药品、保健食品、医疗器械、化妆品、酒类、美容广告,以及不利于未成年人身心健康的网络游戏广告。

(4)针对不满14周岁的未成年人的商品或者服务的广告不得含有劝诱其要求家长购买广告商品或者服务或者可能引发其模仿不安全行为的内容。

3. 对于户外广告的规定

县级以上地方人民政府应当组织有关部门加强对利用户外场所、空间、设施等发布户外广告的监督管理,制定户外广告设置规划和安全要求。户外广告的管理办法,由地方性法规、地方政府规章规定。《广告法》第42条还列举了不得设置户外广告的四种具体情形。

4. 对于"垃圾广告"的规定

任何单位或者个人未经当事人同意或者请求,不得向其住宅、交通工具等发送广告,也不得以电子信息方式向其发送广告。以电子信息方式发送广告的,应当明示发送者的真实身份和联系方式,并向接收者提供拒绝继续接收的方式。

5. 对于互联网广告的规定

利用互联网从事广告活动,应符合《广告法》的各项规定。利用互联网发布、发送广告,不得影响用户正常使用网络。在互联网页面以弹出等形式发布的广告,应当显著标明关闭标志,确保一键关闭。

(四)法律责任

我国《广告法》第五章专章规定了法律责任。广告主、广告经营者、广告发布者、广告代言人以及公共场所的管理者和电信业务经营者、互联网信息服务提供者,根据不同的违法情形,都有可能承担相应的法律责任,而法律责任包括民事责任、行政责任以及刑事责任。需要注意的是,国家加大了市场信用体系的建立和完善,《广告法》第66条明确规定,"有本法规定的违法行为的,由市场监督管理部门记入信用档案,并依照有关法律、行政法规规定予以公示"。

五、价格法

(一)价格法概述

价格法,是指国家为调整与价格的制定、执行、监督有关的各种经济关系而制定的法律规范的总称。目前,我国除了少数不适宜在市场竞争中形成价格的商品和服务实行政府指导价和政府定价外,大多数商品及服务项目的价格已由市场调节,由经营者依法自主制定。[1]

我国《价格法》以"规范价格行为,发挥价格合理配置资源的作用,稳定市场价格总水平,保护消费者和经营者的合法权益,促进社会主义市场经济健康发展"为宗旨,全面规定了经营者的。

(二)经营者的权利和义务

经营者定价应该以生产经营成本和市场供求状况为基本依据,并遵循

---

[1] 杨紫烜:《经济法》,北京大学出版社、高等教育出版社,1999年版,第452页。

公平、合法和诚实信用的原则。

经营者进行价格活动,享有下列权利:自主制定属于市场调节的价格;在政府指导价规定的幅度内制定价格;制定属于政府指导价、政府定价产品范围内的新产品的试销价格,特定产品除外;检举、控告侵犯其依法自主定价权利的行为。

经营者进行价格活动,负有下列义务:为消费者提供价格合理的商品和服务,并在市场竞争中获取合法利润;建立、健全内部价格管理制度,准确记录与核定商品和服务的生产经营成本;遵守法律、法规,执行依法制定的政府指导价、政府定价和法定的价格干预措施、紧急措施;应当按照有关规定明码标价,并不得在标价之外加价出售商品,不得收取任何未予标明的费用。

经营者进行价格活动,不得有下列不正当价格行为:①相互串通,操纵市场价格,损害其他经营者或者消费者的合法权益;②在依法降价处理鲜活商品、季节性商品、积压商品等商品外,为了排挤竞争对手或者独占市场,以低于成本的价格倾销,扰乱正常的生产经营秩序,损害国家利益或者其他经营者的合法权益;③捏造、散布涨价信息,哄抬价格,推动商品价格过高上涨的;④利用虚假的或者使人误解的价格手段,诱骗消费者或者其他经营者与其进行交易;⑤提供相同商品或者服务,对具有同等交易条件的其他经营者实行价格歧视;⑥采取抬高等级或者压低等级等手段收购、销售商品或者提供服务,变相提高或者压低价格;⑦违反法律、法规的规定牟取暴利;⑧法律、行政法规禁止的其他不正当价格行为。

(三)政府的定价行为以及干预措施、紧急措施

(1)政府对于与国民经济发展和人民生活关系重大的极少数商品价格、自然垄断经营的商品价格、重要的公用事业价格、重要的公益性服务价格,在必要时可以实行政府指导价或者政府定价。

(2)当重要商品和服务价格显著上涨或者有可能显著上涨,国务院和省、自治区、直辖市人民政府可以对部分价格采取限定差价率或者利润率、规定限价、实行提价申报制度和调价备案制度等干预措施。

(3)当市场价格总水平出现剧烈波动等异常状态时,国务院可以在全国范围内或者部分区域内采取临时集中定价权限、部分或者全面冻结价格的紧急措施。

(四)法律责任

经营者因价格违法行为致使消费者或者其他经营者多付价款的,应当

退还多付部分;造成损害的,应当依法承担赔偿责任。根据价格违法行为的不同情形,应当承担警告、责令改正、没收违法所得、罚款、责令停业整顿以及吊销营业执照等行政责任。价格违法行为构成犯罪的,依法承担刑事责任。

特别注意的是,根据最高人民法院、最高人民检察院有关司法解释,违反国家在预防、控制突发传染病疫情等灾害期间有关市场经营、价格管理等规定,哄抬物价、牟取暴利,严重扰乱市场秩序,违法所得数额较大或者有其他严重情节的,以非法经营罪定罪,依法从重处罚。

第三节 创业市场监管法律风险及防控

在时代的召唤下,年轻人的创业热情越来越高涨,全社会都表现出对于大学生创业的鼓励和支持。但仅凭热情支撑的创业是不会成功的,创业过程中的风险无处不在,特别是面对严格的市场监管,创业过程伴随着市场竞争行为风险、消费者权益保护风险、产品质量风险、广告行为风险以及价格行为风险等众多法律风险。因此,对于创业的大学生来说,如何加强自身对创业风险的辨识和应对能力,对提高创业成功率来说具有重要意义。

一、反不正当竞争相关法律风险及防控

市场的充分竞争是市场经济秩序的核心内容,国家市场监管的首要目标就是要维护公平竞争。常见的法律风险有:

1. 商业混淆

经营者拥有的独特商业标识,在知识产权范围之外同样受到法律的保护,法律明确禁止商业混淆行为。如义乌某网络科技有限公司将域名hao360sou.com在工信部备案,并擅自使用知名导航网站——360导航网站网页名称和页面设计,复制使用360导航网站网页底部内容及其链接,仅修改了电话号码。当事人使用与知名网站域名主体部分相近似的域名,并擅自使用知名网站的网站名称和网页底部内容,使用知名网站页面设计,造成混淆。如某酒厂生产销售"午拦山"陈酿白酒,其在包装箱、瓶盖及瓶身标识上使用了与北京顺鑫农业股份有限公司牛栏山酒厂生产的"牛栏山"陈酿白酒极为近似的排版方式、近似的金牛图形、黑牛头图标,并选用近似的艺术字体(例如"午"与"牛","拦"与"栏")标注在醒目位置,足以使消费者产生混淆。

针对上述法律风险,一方面,经营者在生产经营活动中,应当通过自身努力,提高商品或者服务的质量,增加影响力和美誉度,从而提高市场竞争力,坚决杜绝"搭便车""傍名牌"的方式不劳而获;另一方面,经营者应大力培育商业标识,要注意及时进行商标注册,对自有商标经销商加强识别正品的培训和指导,积极向消费者宣传商品真伪,增强消费者识别商标的能力和习惯,同时加强防伪技术在注册商标上的应用,使商标不易被复制、仿冒。

2. 商业贿赂

如某土特产销售商为了促进销售,采取向上海、无锡、南京等地的旅行社及带团导游、驾驶员给付现金的方式,吸引导游、驾驶员带游客过来消费。给付现金的方式均在账外暗中支付,包括根据旅游团游客人数,以10元/人或12元/人的标准支付"人头介绍费"和按游客消费总额10%~30%的标准支付"销售提成"。如某公司在推广药品过程中,以组织召开相关会议的形式或者直接对临床主治医师以上级别的医生支付巨额讲课费,从而增加医生的处方量。

经营者对商业贿赂的防范,一方面应重视培养诚信的企业文化氛围,建立可行的道德规范行为准则;另一方面应建设全面的内部控制内容体系,包括规范的工作流程、畅通的信息传递、严格的内部审计以及严厉的处罚措施等。通过建立健全企业内部良好的软环境和硬制度,让行贿者无从下手,也让受贿者无法越权操作。

3. 商业秘密泄露和侵权

如朱某违反保密协议要求,通过微信将所在公司自建的论坛网站登入密码以及公司邮箱账号密码提供给其丈夫韩某(在另一同行业公司任职)使用,并利用公司客户名单,主动向客户推销韩某所在公司业务;再如,广州4名软件开发工程师离职前带走了原公司一款软件的源代码,离职后成立新公司并开发出一款同质化APP推向市场获利。

上述行为均属侵犯商业秘密的违法行为。对于经营者来说,一要加强对商业秘密的保护。对在研发产品过程中所产生的实验数据、设计图纸、技术资料乃至阶段性成果要予以关注,对研发过程中产生的资料采取适当的保护措施,避免资源泄露并被竞争对手获取;在产品研发完成后,在推向市场前要申请专利或采取商业秘密保护,否则新的成果将可能因为产品被推向市场成为公共免费资源。在劳动合同中明确约定公司员工对公司负有的忠实义务,明确对工作中接触到的商业秘密有保密的义务。同时,不要过分相信仅凭"保密协议"即可对员工或其他企业产生足够的约束力,针对商业秘密的具体情况采取与其价值相符的合理保密措施,对涉密资料以及生产现场进行保密,比如设置门禁权限、视频监控、物理隔离等措施。对需要"拿出去"与其他企业合作的技术,尽量以专利的方法予以保护,否则应注意与对方签订保密协议加以约束,并根据客观情况采取合理的物理保密措施。二要避免侵犯他人的商业秘密。在录用其他公司的"跳槽员工"时,应尽合理审查义务,对与原单位存在有效竞业禁止协议的,或以掌握原单位商业秘密而要求提高录用后待遇的,应合理评估风险,拒绝录用。企业在磋商、履行合同过程中,经常不可避免地接触到交易伙伴的商业信息甚至商业秘密,在磋商、履行合同乃至履行完毕后务必不要泄露或者使用这些信息,否则将可能承担相应责任。

4. **不正当有奖销售**

如某商场举办了一场"中秋博饼"有奖销售活动,活动期间消费满98元即可参加博饼,"状元王中王"奖品为一辆丰田汽车,价值7.78万元。该行为违反了"抽奖式有奖销售最高奖的金额不得超过5万元"的规定。如某商场在开业庆典活动的户外广告及宣传资料中,标注"送车子,送金子,送票子,免单100%""终极大奖礼献全城,奔驰豪车免费开回家"等内容,而实际上设置的终极大奖并非全新奔驰 smart 小轿车的所有权,而是一辆二手奔驰 smart 小轿车的一年使用权。商场对上述奖品的信息未作明确清晰的表述,容易让消费者对此产生误解,使消费者无法实际获得可以合理期待的奖励。经营者在制定有奖销售活动方案时,不要只注重利用消费者的投机心理设立奖项和宣传,应充分考虑所设置奖项方案和宣传各方面是否合法。

二、消费者权益保护相关法律风险及防控

消费是市场的原始动力,国家对消费者权益进行了特殊的保护,生产经营者必须对消费者权益予以重视,并严格遵守相关法律法规。常见的法律风险有:

1. **不当收集适用消费者个人信息**

消费者个人信息是指经营者在提供商品或者服务活动中收集的消费者姓名、性别、职业、出生日期、身份证件号码、住址、联系方式、收入和财产状况、健康状况、消费情况、生物识别特征等能够单独或者与其他信息结合识别消费者的信息。经营者负有合理收集、使用消费者个人信息的义务,以下情况属违法:

(1)未经消费者同意擅自收集个人信息。如洛阳市某房产经纪有限公

司某分公司未经消费者同意擅自收集业主的个人信息4623条,其中包含有业主姓名、联系电话、门牌号、小区名称等内容。目前,该案已依法移交公安机关。

(2)未按约定违规使用个人信息。如某家用电器经销商以确保售后质量、提升用户体验等为由收集消费者个人信息,但随后利用此项信息向消费者推送公司新产品展示。

(3)泄露、出售或者非法向他人提供消费者个人信息。如浙江某地产有限公司开发销售某小区对收集到的业主个人信息未妥善保管,导致业主个人信息被其员工获取并以1200元的价格非法出售给他人获利,造成小区业主个人信息泄露。

(4)未经消费者同意向其发送商业性信息。如福州市某装饰装修公司从上门销售的背包客处购买了多个小区的业主信息1248条,通过拨打电话的方式推销智能家居产品及安装业务。

经营者收集、使用消费者个人信息应当遵循合法、必要、正当的原则,经营者可采取以下措施避免法律风险:一是经营者在收集消费者个人信息之前应当得到消费者的授权或同意,取得消费者授权或同意的方式可以是在用户协议中植入消费者授权或同意收集、使用其个人信息的条款,也可以是通过单独的隐私协议或说明等其他书面方式取得消费者授权或同意。二是经营者从第三方处获取消费者个人信息时,应当在协议中尽可能要求数据提供方对其资质、行为等内容进行承诺保证,必要时可以在业务开展前进行尽职调查。三是向第三方提供消费者个人信息时必须取得消费者同意或者对数据进行处理以确保其无法识别特定个人且不能复原。

2. 未尽安全保障义务

如于某在安徽某超市内购物时踩到地上的菜叶滑倒受伤,导致于某左膝髌骨骨折(粉碎性),因超市未及时清理菜叶,未尽安全保障义务,法院判令超市对于某相关损失承担60%的赔偿责任;如周某在某海滨浴场游泳时发生溺水身亡,因浴场在周某发生溺水后未给予及时救助,未尽合理安全保障义务,法院判令浴场承担相应赔偿责任。经营者为消费者提供的消费场所、服务设施、店堂装饰、商品陈列、网络环境等场所与设施应当符合保障人身、财产安全的要求;对可能危及消费者人身、财产安全的场所和设施条件,经营者应当以显著的方式设置安全使用说明、警示标识,并采取必要的安全防护措施。

3. 滥用格式条款

如某快捷酒店"旅客住宿登记表"的"旅客须知"栏中,有"如有贵重物品和行李请寄存,否则造成损失由本人承担一切责任"的规定;如某美容院在与顾客签订的瘦身塑形售后顾客档案书中包含了"本疗程卡一经售出,概不接受任何理由的退款"等条款;再如某咖啡店在为消费者办理充值会员卡时,使用的会员章程中载有"本活动的最终解释权属某咖啡店所有"条款。上述规定和条款单方面对消费者权利作出了排除或者限制,减轻或者免除经营者责任,侵犯了消费者合法权益。经营者向消费者提供商品或者服务时使用格式条款、通知、声明、店堂告示等方式的,应当以显著方式提请消费者注意商品或者服务中与消费者有重大利害关系的内容,并按照消费者的要求予以说明,不得作出含有对消费者不公平、不合理的规定。经营者在起草有关合同、会员章程等文件时,应对相关条款进行风险评估,必要时通过法律专业人士起草和审查。

4. 实施消费欺诈行为

欺诈消费者的行为涵盖相当广泛,包括:生产或者销售的商品或者提供的服务不符合保障人身、财产安全要求;销售失效、变质的商品;生产或者销售伪造产地、伪造或者冒用他人的厂名、厂址、篡改生产日期的商品;生产或者销售伪造冒用认证标志等质量标志的商品;生产或者销售的商品或者提供的服务侵犯他人注册商标专用权;生产或者销售伪造或者冒用知名商品特有的名称、包装、装潢的商品;在生产或者销售的商品中掺杂、掺假,以假充真,以次充好,以不合格商品冒充合格商品;生产或者销售国家明令淘汰并停止销售的商品;提供商品或者服务中故意使用不合格的计量器具或者破坏计量器具准确度;骗取消费者价款或者费用而不提供商品或者服务;以虚假的名称和标记提供商品或者服务;以虚假的商品说明、商品标准、实物样品、价格表示、促销方式、现场说明和演示等方式销售商品或者服务;采用虚构交易、虚标成交量、虚假评论或者雇佣他人等方式进行欺骗式销售诱导;将"处理品""残次品""等外品"等商品作为正品销售;经营者在提供金融商品或者服务过程中出现的欺诈金融消费者的行为。经营者在提供商品或者服务中有上述欺诈行为的,应当按照消费者的要求增加赔偿其受到的损失,增加赔偿的金额为消费者购买商品的价款或者接受服务的费用的3倍;增加赔偿的金额不足500元的,为500元。

三、产品质量法律风险及防控

产品质量是经营者的生命线,是经营者市场竞争制胜的法宝,同时产品质量也事关人民群众的生活质量和生命健康财产安全。因此,生产者应当对其生产的产品质量负责,销售者也有义务采取措施保持销售产品的质量,对产品质量法律风险的预见和防控是经营者必备生存技能。

产品质量风险涉及生产、流通等方方面面,主要包括因产品缺陷导致的产品质量风险和因产品瑕疵导致产品质量风险。产品缺陷是指产品存在危及人身、他人财产安全的不合理的危险;产品有保障人体健康和人身、财产安全的国家标准、行业标准的,是指不符合该标准。缺陷是产品存在较大的质量问题,生产者或销售者必须承担法律责任,特别是因产品存在缺陷造成人身、他人财产损害的,受害人有选择权,其可以向产品的生产者要求赔偿,也可以向产品的销售者要求赔偿。产品瑕疵是指产品不具备良好的使用性能或不符合产品明示的产品标准、质量状况,但不存在危及人身、财产安全的不合理的危险。瑕疵是产品存在一般性的质量问题,存在瑕疵的产品并不是完全禁止销售的,但如果销售则必须以"处理品""残次品"等形式作出说明,否则应承担相应法律责任。这里需要注意几个容易发生的误区。

误区一:产品包装标识与产品质量无关。产品或者其包装上的标识必须真实,危险物品等特殊产品的包装质量必须符合相应要求,产品必须符合其注明采用的产品标准、质量状况。

误区二:促销、赠与产品不需要保证质量。奖品、赠品等视同销售的商品,促销经营者在促销活动中销售、附赠的商品应当符合《产品质量法》的规定,不得销售、附赠国家明令禁止销售的商品,不得因促销降低商品质量和售后服务水平。

误区三:对产品质量问题无过错就不用承担责任。因产品存在缺陷造成人身、他人财产损害的,生产者应当承担赔偿责任。这里对生产者是严格责任原则,生产者只要其生产的产品存在缺陷造成他人损害的,除了法定可以减轻或免除责任事由外,不论缺陷产品的生产者主观上是否存在过错,都应当承担侵权责任。

误区四:产品的销售者不承担产品质量责任。销售者应当售出的瑕疵产品负责修理、更换、退货;给购买产品的消费者造成损失的,销售者应当赔偿损失。由于销售者的过错使产品存在缺陷,造成人身、他人财产损害的,销售者应当承担赔偿责任;销售者不能指明缺陷产品的生产者也不能指明缺陷产品的供货者的,销售者应当承担赔偿责任。

产品质量风险广泛存在于原材料购买、加工制造、储存、检验、运输、销售等各个环节,生产者、销售者都有可能因此而承担法律责任。对于上述风险的防控,生产者、销售者除了严格履行《产品质量法》等法律法规规定的义务外,还应注意以下方面:一是重视企业质量体系认证制度和产品质量认证制度。如ISO9001质量管理体系认证、ISO14001环境管理体系认证,如涉农领域的有机、绿色、无公害农产品认证,如服务领域的星级宾馆、星级旅游景区质量管理体系认证等等。通过建立和实行相关认证制度,既能满足指导产品生产提升产品质量的要求,又能在质量检验、产品纠纷中发挥重要作用。二是借助产品责任保险,分担风险带来的法律责任。当缺陷产品造成人身、他人财产损害而需要承担赔偿责任时,由保险公司按约定承担相应保险责任。三是创业者要增强法律风险预防与控制意识,特别是要有证据意识,对各个生产、销售环节进行留痕管理,重视各种记录、凭据的收集、整理、归档工作。

四、广告宣传法律风险及防控

广告宣传作为经营者开拓市场、争取消费者的重要手段,必须遵循相应的法律法规。常见的法律风险有以下几种:

1. 广告宣传用语不合规

如中央广电总台因"CCTV国家品牌计划"涉嫌广告违法问题被市场监管总局约谈,如某企业产品进行宣传时使用了"质量第一、顶级音响"的绝对化用语被予以处罚。根据相关法律规定,广告宣传中不得使用"最高级""最佳""国家级"等绝对化用语,应避免使用"第一""顶级""特级""万能"等宣传用语,并不得以"驰名商标"的名义进行广告宣传。

2. 广告宣传内容侵犯著作权、肖像权

如某公司在广告宣传中使用互联网上下载的来源不明风景照片,而被著作权人起诉索赔;如某公司因在其产品宣传手册中使用未经某知名明星授权的肖像图片,而受到该明星委托律师寄送的律师函。广告中涉及的肖像、图片等他人肖像权、知识产权的,必须经过当事人同意或授权。

3. 广告宣传贬低其他生产经营者的商品、服务

如飞鹰公司广告宣传中使用圆柱图和文字说明内容将"飞鹰"品牌的市场成长力排名第一,而将"宗申"品牌的市场成长力排在末位,上述数据缺乏客观依据,贬低了宗申公司及其产品,涉嫌广告违法和商业诋毁。当然,利用广告宣传之外的其他形式,编造、传播虚假信息或者误导性信息,损害竞争对手商业信誉、商品声誉的,也属于法律禁止的行为。需要注意的是,广告贬低的对象是其他生产经营者的商品或者服务,如果泛泛宣传自己的商品或者服务比其他商品或者服务好,但并未明示或者暗示地指向其他特定

生产经营者的商品或者服务,一般不认为构成贬低。如海尔公司在商场宣传海报上使用"海尔冰柜 PK 普通冰柜,海尔冰柜:冻得好、冷冻后虾头不变黑、虾新鲜肉质紧实,普通冰柜:虾头变黑掉虾头"不构成贬低和商业诋毁。

4. 广告宣传中不当使用"最终解释权"

如中石化公司在举办加油站新开卡送礼活动中,宣传海报上标注"中国石化山西石油分公司对本次活动拥有最终解释权",该行为因"涉嫌在格式条款中排除消费者对格式条款的解释权利"被市场监督管理局处罚。根据《消费者权益保护法》以及国家市场监督管理总局颁布的《合同违法行为监督处理办法》规定,经营者不得以格式合同、通知、声明、店堂告示等方式作出对消费者不公平、不合理的规定,或者减轻、免除其损害消费者合法权益应当承担的民事责任,含有这些内容的格式合同、通知、声明等均属无效。

5. 虚假广告宣传

如某护肤品的"8 天肌肤犹如新生",某品牌牙膏的"只需一天,牙齿真的白了",某通信运营商"流量不限量"(实际上超过一定的流量使用额度就会被限速,或者超过一定流量后无法上网)都因涉嫌虚假宣传而受到行政处罚。应当注意的是,利用广告之外的其他形式所作的虚假或者引人误解的商业宣传,也被法律明确禁止。如某公司通过向刷手发布刷单任务,采用刷手假拍、发空包的方式对其开设于天猫商城、京东商城的旗舰店进行刷单,当事人以退差价或好评返现的名义通过微信将本金和佣金转账给刷手,当事人的此种"刷单"行为为法律明令禁止。

6. 其他法律风险

如"垃圾广告":某房地产开发有限公司因在市区内主要街道把宣传彩页插放在路边停放车辆上而受到处罚。如户外广告侵权:某公司设置的户外广告牌因管理不善掉落伤人伤物而被判赔偿损失。

经营者针对可能出现的上述风险,一要遵守法律、法规,诚实信用,公平竞争;二要确保广告经营者等合作伙伴具有相关资质,并在广告合同中对可能出现的风险责任进行明确;三要加大自身网站、微信等媒体运营人员培训,对稿件来源进行严格审查,避免通过网上搜索内容、直接复制粘贴等方式转发来源不明或未获得授权的内容,确保规范使用;四要积极维护自身合法权益,在自身合法权益受到侵害时,要积极寻求法律专业人士帮助,或向市场监管部门举报,或向法院提起诉讼。

五、产品价格法律风险及防控

价格直接体现商品经营者与消费者之间的经济关系,价格信号的正常显现和传递作用是市场机制得以健康运转的基本条件。价格违法行为严重侵害消费者和其他经营者的合法权益,破坏社会主义市场经济健康秩序,因此实施价格违法行为必然要承担法律责任。常见的价格违法行为主要有以下几种。

1. 未按规定进行明码标价

经营者销售、收购商品和提供服务,应当按照政府价格主管部门的规定明码标价,注明商品的品名、产地、规格、等级、计价单位、价格或者服务的项目、收费标准等有关情况。经营者不得在标价之外加价出售商品,不得收取任何未予标明的费用。经营者实行明码标价,应当遵循公开、公平和诚实信用的原则,做到价格标示内容真实明确,字迹清晰、标示醒目,并明确所标示的价格对应的商品。价格变动时应当及时调整。以下情况均属违法:

(1)不明码标价的。如某景区小卖部销售的食品、饮料和工艺品等没有明码标价,价格只由销售人员口头告知消费者。

(2)不按规定的内容和方式明码标价的。如某超市在散装坚果的商品标价签上,只标示"50元"的价格,未标示计价单位("500g"或是"kg")。再如某超市销售特色鱿鱼丝,销售价格为每袋138元,价签标示时用大号字体标示"13",用小号字体标示"8.0",诱导消费者误认为销售价格为每袋13.80元。

(3)在标价之外加价出售商品或收取未标明的费用的。如某超市清洁剂标价签价格为11元/盒,实际结算价13.2元/盒。(例外:经营商品种类、数量较多,采用消费者自选方式,统一收银的超市、商场,个别商品的标示价格与结算价格不一致,但是能够及时更正,建立了明确的错收价款退赔制度并能够有效实施的。)

2. 不正当价格行为

《价格法》第14条列举了七类不正当价格行为,包括操纵市场价格、低价倾销、哄抬价格、价格欺诈、价格歧视、变相提高或者压低价格、违规牟取暴利等,这里重点介绍以下几种常见的价格欺诈行为:

(1)标示内容与实际不符。标价签、价目表等所标示商品的品名、产地、规格、等级、质地、计价单位、价格等或者服务的项目、收费标准等有关内容与实际不符:如国产的标示为进口的;如金银饰品质地与实际不符,含金量为998却表示为999。

（2）虚构原价。如部分经营者为了吸引消费者把"吊牌价"、标示的价格和该商品上市时的销售价格叫作"原价"。而实际上，原价是指经营者在本次降价前 7 日内在本交易场所成交的有交易票据的最低交易价格；如前 7 日内没有交易价格，以本次降价前最后一次交易价格作为原价。

（3）虚假打折。如某品牌服装店同时开展"全场单件 7 折，两件 5 折"活动，事实上并非全部商品参加，经营者未在促销宣传中明确说明参加促销的商品范围，现场也未将不参加活动的除外商品与促销商品在展示区域上明显区分。

（4）虚夸标价。经营者将当前售价与标示的特价、出厂价、批发价、极品价、惊爆价、震撼价、超值价等无从考证的价格标示进行比较。如某电商销售某品牌男士 T 恤衫，网页标示"售价：￥288 ￥588"，未准确标明被比较价格的含义。

（5）模糊馈赠。以馈赠的方式销售商品，但没有如实标示馈赠物品的品名、价格、数量等相关内容或者赠送物品为假冒伪劣商品。如某超市销售红酒，促销宣传"买一赠一"，而实际上"买一赠一"是指买一瓶红酒，赠开瓶器一个。再如某电商在实际使用赠券时，限定购买一件商品只能使用一定额度的赠券，超过部分必须使用现金，但事先没有标明。

（6）违反价格承诺。如经营者在广告中宣称该商品价格为市场最低价，买贵可退差价，有顾客购买后发现还有其他市场有同等低价商品，结果该店以种种借口理由不退差价。再如某电商销售某品牌棉衣，承诺在 15 天内有任何价格变动补差价，第 5 天该商品降价，但以各种理由拒绝补差。

3. 不执行政府指导价、政府定价，以及法定的价格干预措施、紧急措施

经营者进行价格活动，应当遵守法律、法规，执行依法制定的政府指导价、政府定价和法定的价格干预措施、紧急措施。以下情况属违法：

（1）不执行政府指导价、政府定价。如超出政府指导价浮动幅度制定价格；高于或者低于政府定价制定价格；擅自制定属于政府指导价、政府定价范围内的商品或者服务价格；提前或者推迟执行政府指导价、政府定价的；自立收费项目或者自定标准收费；采取分解收费项目、重复收费、扩大收费范围等方式变相提高收费标准；对政府明令取消的收费项目继续收费；违反规定以保证金、抵押金等形式变相收费；强制或者变相强制服务并收费；不按照规定提供服务而收取费用等。

（2）不执行法定的价格干预措施、紧急措施。如不执行提价申报或者调价备案制度；超过规定的差价率、利润率幅度；不执行规定的限价、最低保护

价;不执行集中定价权限措施;不执行冻结价格措施等。

经营者针对上述违法风险,一方面应当在合法的基础上诚信经营,加强自律,自觉维护公平有序的市场价格环境;另一方面应根据自身的经营条件建立、健全价格管理制度,如建立定价调价、削价优惠、价格资料等价格管理的规章制度等,如建立、健全错收价款退赔、同城同价等个性化价格诚信承诺制度,主动规范自身价格行为。

【案例分析】

家纺网店刷单炒信案

案情介绍:2018年3月,江苏省南通市崇川区市场监管局根据举报,对国美在线网站某家纺旗舰店在交易过程中对商品的用户评价作虚假商业宣传的行为进行立案调查。经查,当事人某棉纺电子商务有限公司自2017年12月下旬起,授意两名公司员工卢某和吴某注册多个账号,以消费者的身份在该网店购买床上用品,并逐一评价给出好评。实际交易过程中,当事人并没有发货,卢某和吴某也未收货,所付货款仍转回两人银行卡账户。至案发时,当事人共完成刷单交易58次,虚构交易金额5162元、好评记录58条。当事人授意员工进行虚假交易,通过虚构其网店商品的交易数量和用户评价,来增加人气,以吸引消费者点击、购买,不当谋取交易机会及竞争优势,其行为违反了《反不正当竞争法》第8条的规定,鉴于当事人在案发后主动认识错误,及时消除危害后果,崇川区市场监管局依法责令当事人停止违法行为,并处以罚款3万元。

案件评析:网络刷单炒信,是指在网络交易中通过刷单、刷量等方式,获取虚假的商品销量或商品评论等,并以此虚假交易来炒作商家信用的违法。网络刷单炒信行为既是欺骗、误导消费者的欺诈行为,也是对损害其他经营者合法权益的不正当竞争行为,其已经成为网络商品交易中典型的商业毒瘤。对于网络刷单炒信行为的规制,主要涉及以下法律条款:

第一,《消费者权益保护法》关于消费者知情权和经营者提供真实、全面信息义务的规定。该法第8条规定,"消费者享有知悉其购买、使用的商品或者接受的服务的真实情况的权利"。第20条规定,"经营者向消费者提供有关商品或者服务的质量、性能、用途、有效期限等信息,应当真实、全面,不得作虚假或者引人误解的宣传"。

第二,《反不正当竞争法》关于禁止误导性宣传的规定。该法第8条规定:"经营者不得对其商品的性能、功能、质量、销售状况、用户评价、曾获荣誉等作虚假或者引人误解的商业宣传,欺骗、误导消费者。经营者不得通过组织虚假交易等方式,帮助其他经营者进行虚假或者引人误解的商业宣传。"

第三,《广告法》关于禁止虚假广告的规定。该法第8条规定,"广告不得含有虚假或者引人误解的内容,不得欺骗、误导消费者"。第28条规定,"虚构使用商品或者接受服务的效果的"构成虚假广告。

第四,《电子商务法》关于电子商务经营者保障消费者知情权和选择权的规定。该法第17条规定,"电子商务经营者应当全面、真实、准确、及时地披露商品或者服务信息,保障消费者的知情权和选择权。电子商务经营者不得以虚构交易、编造用户评价等方式进行虚假或者引人误解的商业宣传,欺骗、误导消费者"。第39条规定,"电子商务平台经营者应当建立健全信用评价制度,公示信用评价规则,为消费者提供对平台内销售的商品或者提供的服务进行评价的途径。电子商务平台经营者不得删除消费者对其平台内销售的商品或者提供的服务的评价"。

第五,网络刷单炒信行为还可能触犯《反不正当竞争法》和《广告法》关于禁止商业诋毁的规定。《反不正当竞争法》第11条规定,"经营者不得编造、传播虚假信息或者误导性信息,损害竞争对手的商业信誉、商品声誉"。《广告法》第13条规定,"广告不得贬低其他生产经营者的商品或者服务"。

【项目训练】

王老吉、加多宝不正当竞争案分析

项目训练要求:搜集"王老吉和加多宝之争"的相关材料,采取原被告角色模拟等方式,深入分析其中涉及的相关法律问题,总结其中的创业法律风险点,提出法律风险的规避措施。

第九章

电子商务创业法律实务

【案例导入】

安徽男子张某先从网上购买"高仿"假货,再到正规电商平台上购买同款正品,收到货物后,将价格远低于正牌商品的假货调包退换给网店。2016年12月底,某网购平台的售后部门和监察部门注意到这位出手阔绰,专爱"挑刺"且频繁退换货品的"钻石"客户张某,在对其所退货品进行查验时,该平台防损部门发现,货品竟然被调包了。由于被调包的货品金额较大,该平台将客户张某退回的货品送至出货厂家鉴定,经鉴定,张某退回的货品为"非厂家出产产品"。网购平台在进行内部排查后,排除了货源、运输、"内鬼"等环节出错的情况下,确定张某存在退货调包的嫌疑。2017年1月4日,该网购平台向湖北省武汉市新洲区公安机关报案。经查,2016年10月8日,张某先在另一网购平台以人民币1100元的价格购买53度飞天茅台假酒2箱。12日,张某又以6354元的价格在报案的网购平台下单购买53度飞天茅台白酒1箱。13日,张某收货后,以包装箱有挤压且箱体出现水渍为由,向该网购平台要求换货,被允许换货后,张某将事先从另一平台购买的假茅台酒退回至该平台。除此之外,自2016年10月23日至2017年2月16日,张某采取上述方式调包退货,以假换真共22次,前后共骗取该平台53度飞天茅台酒36箱,价值25.2万元。

案例中的张某利用"网上交易七天无理由退换货"的条款和相关办法,对网购平台及商家实施诈骗,构成诈骗罪,2017年9月20日,被法院依法判处有期徒刑3年9个月,并处罚金人民币2万元。张某诈骗案,在当前高速发展的网络购物活动中绝非个例。统计显示,从2012年到2016年,我国网络购物用户人数从2.42亿人增长至4.67亿人,增长近一倍。网络零售交易额从 1.31 万亿元增长至 5.16 万亿元,年均增长 40%,对社会消费品零售总额增加值的贡献率从 17% 增长至 30%。电子商务发展直接和间接带动的就业人数从 1500 万人增长至 3700 万人。数字表明,当今时代,以互联网为代表的新一代信息技术正在加速与经济社会各领域渗透融合,引领了社会生产新变革,创造了人类生活新空间,拓展了国家治理新领域,尤其是电子商务的发展,极大地改变了传统的商业模式。电子商务取得了巨大的成绩,但同时还存在一些尚待解决的急迫问题。特别是电子商务信用风险的防范和控制相对薄弱,加之网络诈骗行为手法不断翻新升级,防不胜防,这不仅破坏了市场规则,也侵害着交易主体的合法权益。就消费者而言,网络购物中存在典型的四大风险,即:商品促销假象风险、用户体验"代写"风险、线上线下双重标准风险、售后服务难以兑现风险。就网络销售平台而言存在着三大风险,即:恶意退货风险、职业差评风险、广告违法风险。就生产商家而言存在着四大风险,即:网店代运营风险、代发货风险、集资诈骗风险、侵犯知识产权风险。这些风险的防控既需要电子商务参与各方的信用保障,更需要法律法规的规范。

第一节　电子商务创业法律规范

一、电子商务法

电子商务法是指调整运用现代电子信息技术手段,进行商品、服务、信息和其他交换等商务活动的法律规范的总称。其表现形式包括各种法律、规则、标准、协议、示范、规定等;其内容主要为确定电子商务活动中相关各方的权利与义务,调整各方关系,规范各方电子商务行为;其调整范围包括所有与电子商务活动相关的环节。

(一)电子商务法体系

电子商务法是国家法律体系的组成部分,同时,因电子商务活动的特殊性,电子商务法也具有其自身的法律体系。电子商务法体系由电子商务基本法、电子商务实体法和电子商务程序法三部分构成。电子商务基本法是一个国家或地区具有最高法律效力的电子商务方面的法律规范,是关于电子商务活动最基本的原则、规范和处理程序的规定;电子商务实体法,则是有关参与电子商务活动各方的权利与义务,及权利与义务产生、变更、消灭等的法律规范,如电子交易、电子签名、电子商务合同等行为的具体规范与要求;电子商务程序法是关于电子商务参与各方的权利实现和义务履行应遵行的程序的法律规定,比较典型的就是电商务诉讼法。电子商务体系中的三部分内容是相互联系、相互制约的,电子商务基本法规范了电子商务活动应遵守的基本原则和规范,是其他两部分法律的制定依据;电子商务实体法则是电子商务基本法内容的具体实现,同时又是电子商务程序法的依据;电子商务程序法是解决实体权利与义务纠纷的依据。

2018年8月31日第十三届全国人民代表大会常务委员会第五次会议通过的《中华人民共和国电子商务法》(以下简称《电子商务法》),由中华人民共和国主席令第七号公布,自2019年1月1日起施行,该法即属于我国的电子商务基本法。在这部法律出台前颁布的《中华人民共和国电子签名法》、中国人民银行公告发布的《第三方支付管理办法》《非金融机构支付服务管理办法》、中华人民共和国国家市场监督管理总局公布的《网络商品交易及有关服务行为管理暂行办法》、中国互联网络信息中心公布的《中国互联网络域名注册实施细则》、中华人民共和国信息产业部颁布的《互联网电子公告服务管理规定》《非经营性互联网信息服务备案管理办法》《互联网IP地址备案管理办法》、中华人民共和国工业和信息化部制定发布的《中国互联网络域名管理办法》《电子认证服务管理办法》等,都属于电子商务实体法。到目前为止,尚未出台单行的电子商务程序法。

(二)电子商务法的特点

电子商务法就其本质内容来看应属于商法的范畴,但因电子商务活动与普通商务在商务行为、商务管理、商务权利与义务关系的形成方面存在明显差异,所以其具有传统商法所不具备的一些特征,国际性、行业惯例性、开放性、兼容性和技术性等特点相比传统商法更为显著。

1. 国际性

电子商务活动在空间上彻底打破了传统商务活动的国别和地域限制,双边、多边,乃至全球化是其明显特征。电子商务活动这一特征,决定了电子商务法的国际性。在电子商务的立法实践中,任何一个国家或地区都不能以自己特定的情况为理由进行特殊化立法,必须以全球性的商务统一为立法出发点,这是传统商法所不具备的。为规范全球性的电子商务立法,联合国国际贸易法委员会制定了《联合国国际贸易法委员会电子商务示范法》和《联合国国际贸易法委员会电子签名示范法》,以此来指引各国的电子商务立法。

2. 行业惯例性

行业惯例是指以行业通行的惯例作为调整该行业行为的规范。电子商务领域的商务活动具有特殊性,且随着信息技术的迅速发展,一般性的法律规范难以适应电子商务方式的迅速发展,所以只能依赖电子商务领域内已经为人们普遍遵守的行业惯例。也正因此,有人说相比于那些"刚性"的法律,电子商务法应当是"柔性"的法律规范,能够根据网络、信息技术和电子商务业务的发展不断更新。

3. 开放性

电子商务是以数据电文、计算机技术及计算机网络为基础的商务活动,其表现形式具有多样性,同时发展变化较快,因此,电子商务法必须是开放性的法律规范。这在一些国际组织和各国的电子商务立法中得到了体现,已有立法大量使用开放性的条款以满足电子商务的迅速发展。

4. 兼容性

电子商务活动与传统的商务活动相比具有参与者更为广泛、交易关系复杂多变、交易手段多样化等特点。交易过程中大量应用数据电文、计算机技术和计算机网络技术手段和形式,使得电子商务活动涉及面不仅是商务交易行为,还涉及数据应用、计算机和网络管理方面。电子商务的复合性和复杂性决定了电子商务法所调整的对象具有广泛性,除调整基本的商务交易行为外,还调整商务交易发生的手段和工具选择和使用。

5. 技术性

从已有规范电子商务的法律法规来看,许多规范涉及技术内容,而且许多规范都是直接或间接地由技术规范演变而来的。如电子加密技术、数字签名技术、网络协议技术、网络安全技术、数据电文生成技术及传输技术等,都会由技术规范演变成法律规范。

(三)电子商务立法的必要性

电子商务是一种新型的经济形式,其涉及的电子数据、电子交易、电子支付、电子认证、现代物流等诸多新型的交易手段和形式,是普通的商事法律所无法完全调整的。电子商务活动的虚拟性使得交易过程中风险时刻伴生,如果没有法律的规范,势必会造成电子商务活动的无序,最终使各方利益受损。特别是电子商务的安全问题让交易产生的质疑,最终影响电子商务的信用力,而一旦电子商务信用缺失,其活动必然受限。所以通过立法规范电子商务行为,惩治电子商务中的欺诈行为,依法解决电子商务争端,引导电子商务行为人通过规范的操作来建立健康的电子商务运行体制。

二、国际电子商务立法

(一)联合国的电子商务立法

随着电子商务在国际范围内广泛开展,为建立健康的、稳定的电子商务秩序,联合国国际贸易法委员会很早就开始了国际性的电子商务立法,以此来引导国家或地区的电子商务立法。其中影响较大的有《联合国国际贸易法委员会电子商务示范法》和《联合国国际贸易法委员会电子签名示范法》两部。

1.《联合国国际贸易法委员会电子商务示范法》

1996年12月16日,联合国国际贸易委员会第85次大会通过的《联合国国际贸易法委员会电子商务示范法》(以下简称《电子商务示范法》)共17条,分为两部分。第一部分为电子商务总则,内容包括一般条款、对数据电文的适用法律要求、数据电文传递。涉及电子商务中的数据电文、电子数据交换(EDI)的定义;数据电文的法律承认;电子签名的效力;电子证据的形式、可接受性、证明力的要求;数据电文的确认与收讫及发出和接收的时间、地点等问题。第二部分是就特定领域的规范,包括货物运输中的运输合同、运输单据、电子提单的效力和证据效力等问题。该法是世界范围内第一部电子商务统一法,目的是在向各国提供一个国际公认的电子商务法律范本,以供各国电子商务立法参考。

2.《联合国国际贸易法委员会电子签名示范法》

2000年7月,联合国国际贸易委员会下属的电子商务工作组第三十七届会议决定将《联合国国际贸易法委员会电子签名统一规则》修改为《联合国国际贸易法委员会电子签名示范法》(以下简称《电子签名示范法》)。2001年3月第三十八届会议进行了最后的修改和审定,2002年1月24日联合国第56次全体会议正式通过。《电子签名示范法》共12条,是《电子商务示范法》的具体化,在《电子商务示范法》第7条的基础上,《电子签名示范法》对电子签名相关的内容做了明确的规定。对电子签名的定义、电子签名的要求、签名人和认证服务提供者及签名信赖方的行为和义务等,都做出了详细的规定,其内容更具有可操作性。

(二)欧美地区电子商务立法

随着电子商务的普及,为稳定和规范电子商务活动,维护经济的安全性,世界各国都开始通过立法来规范电子商务行为。在一些电子商务起步早的国家地区,单行的、区域性的电子商务法律法规开始出现。

1. 美国的电子商务立法

世界上最早的关于电子签名的立法是美国犹他州1995年颁布的《数字签名法》(Utah Digital Signature Act)。这部法律以"技术特定化"(即规定采用某种电子技术的数字签名才具有法律效力)为基础,对数字签名提出了法律化的要求。具有全美性的电子商务的规范文件是1997年7月1日美国总统克林顿发布的《全球电子商务纲要》。《全球电子商务纲要》基本内容包括五大原则和九大议题,五大原则即:私营企业应居于主导地位原则、政府应避免对电子商务做不必要的限制原则、政府必须支持商务法治环境的建设原则、政府应当认识到互联网的独特性质原则、电子商务应在国际化基础上被推进原则。九大议题即:海关与税务问题、电子支付系统问题、针对电子商务修订《统一商法典》问题、知识产权的保护问题、隐私权保护问题、网络安全问题、电信基础设施与信息技术问题、网络内容问题和技术标准问题。《全球电子商务纲要》旨在促进电子商务的国际讨论与签订国际协议,其已成为主导全球电子商务发展的宪章性文件。美国自发布《全球电子商务纲要》之后,又先后出台了《互联网免税法案》《政府文书作业简化法案》《数字千禧年著作权法案》《1998年儿童网上隐私权保护法案》等法律文件。为统一美国各州的电子商务交易规范体系,2000年9月29日,美国统一州法委员会颁布了《统一计算机信息交易法》。为统一各州的电子签名法,2000年6月30日,克林顿政府正式签署通过了《国际与国内商务电子签名法》,该法案遵行"技术中立"[①]原则,规定只要是符合标准的电子签名即具有法律效力。

2. 欧洲地区的电子商务立法

为规范欧洲电子商务活动,欧盟委员会于1997年提出了《欧洲电子商务行动方案》,1998年颁布了《关于信息社会服务的透明度机制的指令》,1999年通过了《关于建立有关电子签名共同法律框架的指令》(以下简称《电子签名指令》)。其中,《电子签名指令》为欧盟电子签名建立起了基本框架,成为各成员国电子签名的立法范本。《电子签名指令》包括15个条款

[①]"技术中立"原则,是指政府或立法机构对于各种有关电子商务的技术、软件、媒体等采取中立的态度,由实际从事电子商务者和信息服务商自己根据技术发展自由选择新的或与国际社会接轨的技术,政府鼓励新技术的采用与推广。包括对不同贸易形式中立、不同当事人中立、不同技术中立、不同通信和交易形式中立、不同形式的法律中立。

和4个附件,主要内容包括:电子签名的范围、电子签名的定义、市场的准入、内部市场原则、电子签名的法律效力、电子签名的责任、电子签名的国际问题、数据保护、委员会的设立及责任、通告、检查、执行等,其主旨在于推动电子签名在欧盟成员国间的使用和法律承认。指令明确规定了电子签名服务提供者应承担确保其所签发证书内容的准确性的义务,在电子签名的法律认定上遵行"技术中立"原则。之后,欧盟于2000年又颁布了《关于内部市场中与信息社会的服务,特别是与电子商务有关的若干法律问题的指令》(以下简称《电子商务指令》)。该指令旨在规范电子商务市场、电子商务合同、电子交易、信息社会服务、电子商务服务提供者的责任等相关行为,为欧盟构建起电子商务的基本框架,成为各成员国电子商务立法的基础。为确保欧盟于2017年12月颁布的《电子商务增值税条例》顺利实施,欧盟于2019年2月公布了《电子商务增值税改革实施条例》,2021年1月开始实施,该条例延续了欧盟全境内现存的增值税跨境缴纳门槛——小额单笔消费规则,即低于此门槛无须缴增值税;为来自第三国的跨境销售建立了一个低于150欧元的新门槛,借以降低从电商到买家的增值税操作费用;并取消了对小额寄售免除增值税的规定。新条例的实施将确保网上销售平台,在跨境销售时对卖家代征增值税,在线市场将对任何增值税漏缴负责。增值税均由消费者所在欧盟成员国收缴,以确保成员国之间税收的公平分配。条例中的MOSS规则,将使电商免于向商品买方成员国进行增值税注册登记。该规则的推行,将为所有电商节省23亿欧元第三国办理相关纳税手续费用,同时为欧盟成员国增加70亿欧元增值税收入。另外,条例取消了一项小额寄售增值税豁免条款。根据该条款,从欧盟以外寄来的低于22欧元的商品免征增值税。该条款的取消有效解决了滥用豁免条款而产生的欺诈问题。新条例还将确保从欧盟内部的仓储设施出售的货物缴纳足额的增值税,即使货物在技术上被非欧盟企业出售给消费者。

三、我国电子商务立法

我国专门的电子商务立法起步较晚,但《中华人民共和国合同法》《中华人民共和国计算机信息系统安全保护条例》《互联网信息服务管理办法》以及《中华人民共和国刑法》中都对电子商务活动有相关规定。随着2018年8月31日《中华人民共和国电子商务法》的公布,我国专门性的电子商务立法步入了快车道。自2021年1月1日起施行的《中华人民共和国民法典》对合同法、电子商务法和相关规则予以确认和完善。

(一)《中华人民共和国电子商务法》

2013年12月27日,全国人民代表大会财政经济委员会召开电子商务法起草组成立暨第一次全体会议正式启动了电子商务法立法工作。2018年8月31日,第十三届全国人民代表大会第五次会议通过了《中华人民共和国电子商务法》(以下简称《电子商务法》),自2019年1月1日起施行。

《电子商务法》旨在保障电子商务各方主体的合法权益,规范电子商务行为,维护电子商务市场,促进电子商务持续健康地发展。该法共七章89条,第一章为总则,第二章为电子商务经营者(包括一般规定和电子商务平台经营者),第三章为电子商务合同的订立与履行,第四章为电子商务争议解决,第五章为电子商务促进,第六章为法律责任,第七章为附则。

《电子商务法》有八大特点:一是严格范围。因为电子商务具有跨时空、跨领域的特点,所以电子商务法把调整范围严格限定在中华人民共和国境内,限定在通过互联网等信息网络销售商品或者提供服务,因此对金融类产品和服务,对利用信息网络提供的新闻、信息、音视频节目、出版以及文化产品等方面的内容服务都不在这个法律的调整范围内。二是促进发展。因为电子商务属于新兴产业,所以电子商务法就把支持和促进电子商务持续健康发展摆在首位,拓展电子商务的空间,推进电子商务与实体经济深度融合,在发展中规范,在规范中发展。所以法律对于促进发展、鼓励创新做了一系列的制度性的规定。三是包容审慎。目前我们国家电子商务正处于蓬勃发展的时期,渗透广、变化快,新情况、新问题层出不穷,在立法中既要解决电子商务领域的突出问题,也要为未来发展留出足够的空间。电子商务法不仅重视开放性,而且也更加重视前瞻性,以鼓励创新和竞争为主,同时兼顾规范和管理的需要,这就为我们电子商务未来的发展奠定了体制框架。四是平等对待。电子商务技术中立、业态中立、模式中立。在立法过程中,各个方面逐渐对线上线下在无差别、无歧视原则下规范电子商务的市场秩序,达到了一定的共识。所以法律明确规定,国家平等地对待线上线下的商务活动,促进线上线下融合发展。五是均衡保障。这些年的实践证明,在电子商务有关三方主体中,最弱势的是消费者,其次是电商经营者,最强势的是平台经营者,所以电子商务法在均衡地保障电子商务这三方主体的合法权益,适当加重了电子商务经营者,特别是第三方平台的责任义务,适当地加强对电子商务消费者的保护力度。现在这种制度设计是基于我们国家的实践,反映了中国特色,体现了中国智慧。六是协同监管。根据电子商务发展的特点,电子商务法完善和创新了符合电子商务发展特点的协同监管体制和具体制度。法律规定国家建立符合电子商务特点的协同管理体系,各级政府要按照职责分工,我们没有确定哪个部门是电子商务的主管部门,根据已有分工,各自负责电子商务发展促进、监督、管理的工作。在这样的情况下,监管的要义就在于依法、合理、有效、适度,既非任意地强化监管,又非无原则地放松监管,而是宽严适度、合理有效。七是社会共治。电子商务立法运用互联网的思维,充分发挥市场在配置资源方面的决定性作用,鼓励支持电子商务各方共同参与电子商务市场治理,充分发挥电子商务交易平台经营者、电子商务经营者所形成的一些内生机制,来推动形成企业自治、行业自律、社会监督、政府监管这样的社会共治模式。八是法律衔接。电子商务法是电子商务领域的一部基础性的法律,但因为制定得比较晚,所以其中的一些制度在其他法律中间都有规定,所以电子商务法不能包罗万象。电子商务立法中就针对电子领域特有的矛盾来解决其特殊性的问题,在整体上能够处理好电子商务法与已有的一些法律之间的关系,重点规定其他法律没有涉及的问题,弥补现有法律制度的不足。比如在市场准入上与现行的商事法律制度相衔接,在数据文本上与合同法和电子签名法相衔接。在纠纷解决上,与现有的消费者权益保障法相衔接。在电商税收上与现行税收征管法和税法相衔接。在跨境电子商务上,与联合国国际贸易法委员会制定的电子商务示范法、电子商务合同公约等国际规范相衔接。[①]

(二)电子商务相关的法律法规

在《电子商务法》之前,我国的《合同法》《电子签名法》《刑法》《计算机信息系统安全保护条例》《全国人民代表大会常务委员会关于维护互联网安全的决定》《计算机信息网络国际联网管理办法》《计算机信息网络国际联网管理暂行规定实施办法》《互联网信息服务管理办法》《网络安全法》《中华人民共和国电信条例》《中华人民共和国认证认可条例》《关于促进跨境电子商务健康快速发展的指导意见》《中华人民共和国著作权法实施条例》《计算机软件保护条例》等相关法律法规都有关于电子商务行为的规定,自2021年1月1日起施行的《中华人民共和国民法典》对相关规则予以进一步的发展和完善。

我国《民法典》主要从以下几个方面规范了电子商务行为:一是规定数据电文是书面形式的一种。《民法典》第469条规定,书面形式是合同书、信

---

① 尹中卿:《新电子商务法八大亮点:立法运用互联网思维》,http://wemedia.ifeng.com。2022年10月23日访问。

件、电报、电传、传真等可以有形地表现所载内容的形式。以电子数据交换、电子邮件等方式能够有形地表现所载内容,并可以随时调取查用的数据电文,视为书面形式。这就确认了数据电文的法律地位,将数据电文赋予与其他书面形式同等的法律地位。二是明确了数据电文意思表示的生效时间。《民法典》第137条规定,以对话方式作出的意思表示,相对人知道其内容时生效。以非对话方式作出的意思表示,到达相对人时生效。以非对话方式作出的采用数据电文形式的意思表示,相对人指定特定系统接收数据电文的,该数据电文进入该特定系统时生效;未指定特定系统的,相对人知道或者应当知道该数据电文进入其系统时生效。当事人对采用数据电文形式的意思表示的生效时间另有约定的,按照其约定。三是明确了数据电文合同的成立地点。《民法典》第492条规定,采用数据电文形式订立合同的,收件人的主营业地为合同成立的地点;没有主营业地的,其住所地为合同成立的地点。当事人另有约定的,按照其约定。

我国第一部关于电子商务方面的立法是2004年8月28日第18号主席令公布的《中华人民共和国电子签名法》(以下简称《电子签名法》),2015年经第十二届全国人民代表大会常务委员会第十四次会议修正。《电子签名法》旨在规范电子签名行为,确立电子签名的法律效力,维护有关各方的合法权益,分总则、数据电文、电子签名与认证、法律责任和附则五章,共36条。

为维护计算机网络信息安全,我国1997年10月1日起施行的刑法增加了计算机犯罪的罪名。包括非法侵入计算机系统罪,破坏计算机系统功能罪,破坏计算机系统数据、程序罪,制作、传播计算机破坏程序罪等。

除上述全国人民代表大会及其常务委员会制定的法律及国务院颁布的行政法规外,我国还有大量的部门规章也对电子商务的相关行为进行了规定。包括:《电子认证服务管理办法》《电子认证业务规则规范》《电子银行业务管理办法》《非金融机构支付服务管理办法》《非银行支付机构网络支付业务管理办法》《电子银行安全评估指引》《关于跨境电子商务零售出口税收政策的通知》《互联网广告管理暂行办法》《网上证券委托暂行管理办法》《证券账户非现场开户实施暂行办法》《互联网域名管理办法》《网络购买商品七日无理由退货暂行办法》《侵害消费者权益行为处罚办法》《网络交易管理办法》《工商行政管理部门处理消费者投诉办法》等等。

为规范相关法律法规及规章的适用,最高人民法院还出台一系列涉及电子商务的司法解释,包括:《最高人民法院关于审理涉及计算机网络著作权纠纷案件适用法律若干问题的解释》《最高人民法院关于审理买卖合同纠纷案件适用法律问题的解释》《最高人民法院关于审理涉及计算机网络域名民事纠纷案件适用法律若干问题的解释》《最高人民法院关于审理扰乱电信市场管理秩序案件具体应用法律若干问题的解释》《最高人民法院关于审理涉及计算机网络著作权纠纷案件适用法律若干问题的解释》《最高人民法院关于人民法院网络司法拍卖若干问题的规定》等。

第二节　电子商务创业法律实操

电子商务法律关系存在于电子商务运营商、消费者之间。电子商务行为包括一般交易、数据电文和电子签名、电子认证、电子商务合同签订、电子支付与结算、电子商务税收、互联网广告、网络证券交易、跨境电子商务等。另外,电子商务活动还会涉及知识产权保护问题。

一、电子商务运营者的市场准入

根据《电子商务法》第 9 条第 1 款的规定,电子商务经营者是指通过互联网等信息网络从事销售商品或者提供服务的经营活动的自然人、法人和非法人组织,其存在形式包括电子商务平台经营者、平台内经营者、自营网站等,基本特征就是通过网络销售商品或提供服务。电子商务平台经营者,是指在电子商务中为交易双方或者多方提供网络经营场所、交易撮合、信息发布等服务,供交易双方或者多方独立开展交易活动的法人或者非法人组织。平台内经营者,是指通过电子商务平台销售商品或者提供服务的电子商务经营者。

(一)登记制度

《电子商务法》第 10 条规定,电子商务经营者应当依法办理市场主体登记。但是,个人销售自产农副产品、家庭手工业产品,个人利用自己的技能从事依法无须取得许可的便民劳务活动和零星小额交易活动,以及依照法律、行政法规不需要进行登记的除外。自此,除以个人的名义从事的自产农副产品、家庭手工业产品,以及利用自己的技能从事依法无须取得许可的便民劳务活动和零星小额交易活动的网络销售外,其他市场主体在我国从事电子商务经营的,必须进行登记,电子商务经营步入了有证经营时代。不仅如此,该法第 12 条还规定,电子商务经营者从事经营活动,依法需要取得相关行政许可的,应当依法取得行政许可。实际上,早在 2009 年 6 月,泉州市丰泽区工商管理局就已经颁发第一张"无实体网店营业执照"。

为规范电子商务经营者的市场准入管理,《电子商务法》第15条规定,电子商务经营者应当在其首页显著位置,持续公示营业执照信息、与其经营业务有关的行政许可信息、属于依照本法第10条规定的不需要办理市场主体登记情形等信息,或者上述信息的链接标识。前款信息发生变更的,电子商务经营者应当及时更新公示信息。《电子商务法》第16条规定,电子商务经营者自行终止从事电子商务的,应当提前30日在首页显著位置持续公示有关信息。《电子商务法》第17条规定,电子商务经营者应当全面、真实、准确、及时地披露商品或者服务信息,保障消费者的知情权和选择权。电子商务经营者不得以虚构交易、编造用户评价等方式进行虚假或者引人误解的商业宣传,欺骗、误导消费者。

《电子商务法》第75条规定,电子商务经营者违反本法第12条,未取得相关行政许可从事经营活动的,依照有关法律、行政法规的规定处罚。依据《电子商务法》第76条的规定,电子商务经营者有下列行为之一的,由市场监督管理部门责令限期改正,可以处1万元以下的罚款,对其中的电子商务平台经营者,依照本法第81条第1款的规定处罚:①未在首页显著位置公示营业执照信息、行政许可信息、属于不需要办理市场主体登记情形等信息,或者上述信息的链接标识的;②未在首页显著位置持续公示终止电子商务的有关信息的;③未明示用户信息查询、更正、删除以及用户注销的方式、程序,或者对用户信息查询、更正、删除以及用户注销设置不合理条件的。电子商务平台经营者对违反前款规定的平台内经营者未采取必要措施的,由市场监督管理部门责令限期改正,可以处2万元以上10万元以下的罚款。

为提高市场准入效率,我国自2015年10月1日起,就已推行"三证合一,一照一码"的登记模式,即将"营业执照、组织机构代码证、税务登记证"三证合为一证。"一照一码"则是通过"一口受理、并联审批、信息共享、结果互认",实现由一个部门核发加载统一社会信用代码的营业执照。2016年10月1日起,全国又开始全面实行"五证合一,一照一码",将"营业执照、组织机构代码、税务登记证、社会保险登记证和统计登记证"五证合为一证。

(二)纳税义务

《电子商务法》第11条规定,电子商务经营者应当依法履行纳税义务,并依法享受税收优惠。依照前条规定不需要办理市场主体登记的电子商务经营者在首次纳税义务发生后,应当依照税收征收管理法律、行政法规的规定申请办理税务登记,并如实申报纳税。

(三) 经营范围

根据我国相关法律规定,经营者应当在其营业执照载明的范围内从事生产经营活动。不仅如此,《电子商务法》第12条还规定了对于我国法律法规规定的经营需要许可的商品、服务的,还需要办理相关许可后才能进行商务经营活动。该法第13条又作出了禁止性规定,即电子商务经营者销售或者提供的服务应当符合保障人身、财产安全的要求和环境保护要求,不得销售或者提供法律、行政法规禁止交易的商品或者服务。

二、电子商务经营的强制性义务

电子商务经营一者因其一般无实体店可供消费者有消费前进行现场实物认知,经常出现收到的货物与网页上宣传图片不致的现象,二者因电子商务经营时效快、容量大,极易造成经营垄断。因此,为了规范电子商务经营者的从业行为,保障消费者的合法权益,规范电子商务经营市场,各国都对电子商务经营活动设置了一些强制性的从业义务。在我国,比较典型的两种强制性从业义务就是"七日无理由退货"和"合法竞争"。

(一) 七日无理由退货

七日无理由退货,是指消费者在购买商品收到日起,七日内无须说明理由直接退货。我国对经营者的这一强制性义务首次规定在2014年3月15日起施行的《消费者权益保护法》。2017年1月6日,原国家工商总局第90号令公布了《网络购买商品七日无理由退货暂行办法》,并规定自2017年3月15日起施行。该法共七章39条,内容包括:总则,不适用退货的商品范围和商品完好标准,退货程序,特别规定,监督检查,法律责任,附则。

七日无理由退货是对消费购买商品的"后悔权"的保护,但难免会有消费者滥用此权利,为维护电子商务经营市场秩序,《网络购买商品七日无理由退货暂行办法》第二章明确了不能适用的情形以及退货时要求消费务必达到办法要求的完好标准。《网络购买商品七日无理由退货暂行办法》第6条列出的消费者定作的商品,鲜活易腐的商品,在线下载或者消费者拆封的音像制品、计算机软件等数字化商品,交付的报纸、期刊,这四类商品不适用七日无理由退货。该办法第7条又列出了三种性质的经消费者在购买时确认商品,可以不适用七日无理由退货的情形,即:拆封后易影响人身安全或者生命健康的商品,或者拆封后易导致商品品质发生改变的商品;一经激活或者试用后价值贬损较大的商品;销售时已明示的临近保质期的商品、有瑕疵的商品。《网络购买商品七日无理由退货暂行办法》第8条和第9条就退货商品的完好标准作了详细规定。《网络购买商品七日无理由退货暂行办法》第8条规定,消费者退回的商品应当完好,除消费者基于查验需要而打开商品包装,或者为确认商品的品质、功能而进行合理的调试不影响商品的完好性外,商品能够保持原有品质、功能,商品本身、配件、商标标识齐全的,视为商品完好。为规范消费者的查验和确认行为,《网络购买商品七日无理由退货暂行办法》第9条规定,对超出查验和确认商品品质、功能需要而使用商品,导致商品价值贬损较大的,视为商品不完好。具体判定标准如下:食品(含保健食品)、化妆品、医疗器械、计生用品:必要的一次性密封包装被损坏;电子电器类:进行未经授权的维修、改动、破坏、涂改强制性产品认证标志、指示标贴、机器序列号等,有难以恢复原状的外观类使用痕迹,或者产生激活、授权信息、不合理的个人使用数据留存等数据类使用痕迹;服装、鞋帽、箱包、玩具、家纺、家居类:商标标识被摘、标识被剪,商品受污、受损。

为规范七日无理由退货,《网络购买商品七日无理由退货暂行办法》中就退换日期的计算、退货信息和方式、退货商品的配件及赠品的处理、货款的返还、退货商品的处理等都作出了明确规定。

(1)退货期日。《网络购买商品七日无理由退货暂行办法》第10条规定,选择无理由退货的消费者应当自收到商品之日起七日内向网络商品销售者发出退货通知。七日期间自消费者签收商品的次日开始起算。

(2)退货信息和方式。《网络购买商品七日无理由退货暂行办法》第11条规定,网络商品销售者收到退货通知后应当及时向消费者提供真实、准确的退货地址、退货联系人、退货联系电话等有效联系信息。消费者获得上述信息后应当及时退回商品,并保留退货凭证。《网络购买商品七日无理由退货暂行办法》第19条规定,网络商品销售者可以与消费者约定退货方式,但不应当限制消费者的退货方式。网络商品销售者可以免费上门取货,也可以征得消费者同意后有偿上门取货。

(3)配件及赠品的处理。《网络购买商品七日无理由退货暂行办法》第12条规定,消费者退货时应当将商品本身、配件及赠品一并退回。赠品包括赠送的实物、积分、代金券、优惠券等形式。如果赠品不能一并退回,经营者可以要求消费者按照事先标明的赠品价格支付赠品价款。

(4)货款的返还。《网络购买商品七日无理由退货暂行办法》第13条规定,消费者退回的商品完好的,网络商品销售者应当在收到退回商品之日起七日内向消费者返还已支付的商品价款。七日计算的起始时间为收到退回商品之日。《网络购买商品七日无理由退货暂行办法》第 14 条规定,退款方式比照购买商品的支付方式。经营者与消费者另有约定的,从其约定。返还货款的方式上要求比照购买商品的支付方式,购买商品时采用多种方式支付价款的,一般应当按照各种支付方式的实际支付价款以相应方式退款,除征得消费者的同意以其他方式返还货款外,网络商品销售者不应当自行指定其他退款方式,这是对销售者的一种限制。除返还货款外,《网络购买商品七日无理由退货暂行办法》第 15 条还规定,如果消费者采用积分、代金券、优惠券等形式支付价款的,网络商品销售者在消费者退还商品后应当以相应形式返还消费者。对积分、代金券、优惠券的使用和返还有约定的,可以从其约定。消费者以信用卡的方式支付而产生的支付费用不在退还之列。如果支付费用是网络商品销售者免除的,则退还货款时网络商品销售者可以在退款时扣除手续费。《网络购买商品七日无理由退货暂行办法》第 17 条还规定有,退货价款以消费者实际支出的价款为准。套装或者满减优惠活动中的部分商品退货,导致不能再享受优惠的,根据购买时各商品价格进行结算,多退少补。退还货款不包括商品退回所产生的运费,除非购买前有约定,同时,如果消费者参加满足一定条件的免运费活动,退货后已不能达到免运费活动要求的,网络商品销售者在退款时还可以扣除运费。

(5)退回商品的处理。被退回的商品只有在能够完全恢复到初始销售状态下才能再次出售。对不能恢复到初始状态的退回商品,再次出售时应当通过显著的方式将商品的实际情况标明。不按以上两种情况规定要求而再次出售被退回的商品的,违反其他法律、行政法规规定的,依照有关法律、行政法规的规定处罚;法律、行政法规未作规定的,予以警告,责令改正,并处 1 万元以上 3 万元以下的罚款。

为保障消费者权益,按照《消费者权益保护法》第 56 条第 2 款第(八)规定,对消费者提出的修理、重作、更换、退货、补足商品数量、退还货款和服务费用或者赔偿损失的要求,故意拖延或者无理拒绝的,有下列情形之一的,除承担民事责任外,其他法律、法规对处罚机关和处罚方式有规定的,依照规定执行,法律、法规未作规定的,可由工商行政管理部门或者其他有关行政部门责令改正,并可以根据情节轻单处或者并处警告、没收违法所得、处以违法所得 1 倍以上 10 倍以下的罚款,没有违法所提的,处以 50 万元以下的罚款,甚至可以责令停业整顿、吊销营业执照。①未经消费者在购买时确认,擅自以商品不适用七日无理由退货为由拒绝退货,或者以消费者已拆封、查验影响商品完好为由拒绝退货的;②自收到消费者退货要求之日起超过15日未办理退货手续,或者未向消费者提供真实、准确的退货地址、退货联系人有效联系信息,致使消费者无法办理退货手续的;③在收到退回商品之日起超过15日未向消费者返还已支付的商品价款的。

(二)禁止不正当竞争

电子商务合同是当前电子商务交易成立的主要形式,格式条款或者格式合同被普遍采用,如何保证电子商务合同的合法、公平、公正是当前电子商务交易的一大难题。《网络交易管理办法》第17条中规定,网络商品经营者、有关服务经营者在经营活动中使用合同格式条款的,应当符合法律、法规、规章的规定,按照公平原则确定交易双方的权利与义务。对于关系到消费者有重大利害关系的条款,要求网络商品经营者、有关服务经营者必须以显著的方式提请消费者注意,并按照消费者的要求予以说明。禁止以合同格式条款等方式作出排除或者限制消费者权利,减轻或者免除经营者责任,而加重消费者责任等对消费不公平、不合理的规定,更不得借助技术手段强制交易。

为防止网络商品经营者、有关服务经营者利用交易存储的信息进行不正当的宣传和营销,影响消费者的正常生产和生活,《网络交易管理办法》第18条规定,网络商品经营者、有关服务经营者在经营活动中收集、使用消费者或者经营者信息,应当遵循合法、正当、必要的原则,明示收集、使用信息的目的、方式和范围,并经被收集者同意。网络商品经营者、有关服务经营者收集、使用消费者或者经营者信息,应当公开其收集、使用规则,不得违反法律、法规的规定和双方的约定收集、使用信息。网络商品经营者、有关服务经营者及其工作人员对收集的消费者个人信息或者经营者商业秘密的数据信息必须严格保密,不得泄露、出售或者非法向他人提供。网络商品经营者、有关服务经营者应当采取技术措施和其他必要措施,确保信息安全,防止信息泄露、丢失。在发生或者可能发生信息泄露、丢失的情况时,应当立即采取补救措施。网络商品经营者、有关服务经营者未经消费者同意或者请求,或者消费者明确表示拒绝的,不得向其发送商业性电子信息。

电子技术传播迅速、存储量大、信息共享便捷、易侵入等特点,极易给一些不法经营者提供扰乱社会经济秩序的机会。为此,《网络交易管理办法》第19条规定,网络商品经营者、有关服务经营者销售商品或者服务,应当遵守《反不正当竞争法》等法律的规定,不得以不正当竞争方式损害其他经营者的合法权益、扰乱社会经济秩序。同时,不得利用网络技术手段或者载体等方式,从事下列不正当竞争行为:①擅自使用知名网站特有的域名、名称、标识或者使用与知名网站近似的域名、名称、标识,与他人知名网站相混淆,造成消费者误认;②擅自使用、伪造政府部门或者社会团体电子标识,进行引人误解的虚假宣传;③以虚拟物品为奖品进行抽奖式的有奖销售,虚拟物品在网络市场约定金额超过法律法规允许的限额;④以虚构交易、删除不利评价等形式,为自己或他人提升商业信誉;⑤以交易达成后违背事实的恶意评价损害竞争对手的商业信誉;⑥法律、法规规定的其他不正当竞争行为。

作为电子商务交易基础的网站和网页极易被攻击,为此,《网络交易管理办法》第20条规定,网络商品经营者、有关服务经营者不得对竞争对手的网站或者网页进行非法技术攻击,造成竞争对手无法正常经营。第21条规定,网络商品经营者、有关服务经营者应当按照国家市场监督管理总局的规定向所在地工商行政管理部门报送经营统计资料。

对于违反上述规定的经营者,《网络交易管理办法》第53条规定:违反第19条第(一)项规定的,按照《反不正当竞争法》第21条的规定处罚;违反第19条第(二)项、第(四)项规定的,按照《反不正当竞争法》第24条的规定处罚;违反第19条第(三)项规定的,按照《反不正当竞争法》第26条的规定处罚;违反第19条第(五)项规定的,予以警告,责令改正,并处1万元以上3万元以下的罚款。《网络交易管理办法》第54条规定,违反本办法第20条规定的,予以警告,责令改正,并处1万元以上3万元以下的罚款。

三、电子商务经营主体

目前来看,电子商务经营的主体主要为两类,一是企业,企业可以自建自营电子商务网站进行电子商务交易;二是第三方交易平台,第三方交易平台为企业和消费者提供一个网络交易环境,企业将产品交与第三方交易平台进行营销管理与销售运营。

(一)企业自建自营电子商务网站

做了生产者或服务提供者的企业,可以建立自己的网站进行营销活动。根据《互联网信息服务管理办法》的规定,互联网信息服务可分为经营性和非经营性两类。对经营性互联网信息服务实行许可制度,对非经营性互联网信息服务实行备案制度。未取得许可或未履行备案手续的,不得从事互联网信息服务活动。对一些专门性行业,如新闻、出版、教育、医疗保健、药品和医疗器械等,还要求经营者在申请许可或备案前,还需要依照法律、行政法规以及国家有关规定事先经有关主管部门的审核同意。

1. 经营性信息服务网站设立的法律法规

经营性互联网信息服务,是指通过互联网向上网用户有偿提供信息或者网页制作等服务活动。为规范互联网信息服务活动,促进互联网信息健康有序发展,国务院于2011年1月8日以国务院令第588号公布了《互联网信息服务管理办法》,该办法规定,国家对经营性互联网信息服务实行许可制度,即从事经营性互联网信息服务的,除应当符合《中华人民共和国电信条例》的规定要求外,还应当具备下列条件:

第一,要有业务发展计划及相关技术方案。

第二,要有健全的网络与信息安全保障措施,包括网站安全保障措施、信息安全保密管理制度、有户信息安全管理制度。

第三,服务项目属于《互联网信息服务管理办法》第五条规定范围的,已取得有关主管部门同意的文件。

2. 非经营性信息服务网站设立的法律法规

非经营性互联网信息服务,是指通过互联网向上网用户无偿提供具有公开性、共享性信息的服务活动。《互联网信息服务管理办法》规定,国家对非经营性互联网信息服务实行备案制度。即:从事非经营性互联网信息服务,应当向省、自治区、直辖市电信管理机构或国务院信息产业主管部门办理备案手续。办理备案手续时,应提供以下材料:一是主办单位和网站负责人的基本情况;二是网站网址和服务项目;三是服务项目属于《互联网信息服务管理办法》第5条规定范围的,已取得有关主管部门的同意文件。省、自治区、直辖市电信管理机构对于备案材料齐全的,应当予以备案并编号。

3. 特种行业信息服务审批制度

《互联网信息服务管理办法》第5条规定,国家对于从事新闻、出版、教育、医疗保健、药品和医疗器械等互联网信息服务,依照法律、行政法规以及国家有关规定,在申请经营许可或履行备案手续前,应当依法经有关主管部门审核同意。

4. 从事特种信息服务专项备案制度

《互联网信息服务管理办法》规定,从事互联网信息服务,拟开办电子公告服务的,应当在申请经营性互联网信息服务许可或办理非经营性互联网信息服务备案时,按照国家有关规定提出专项申请或专项备案。

5. 电子商务信息服务网站经营

严格按照规定范围提供服务。《互联网信息服务管理办法》规定,互联网信息服务提供者应当按照经许可或者备案的项目提供服务,不利超出经许可或备案的项目提供服务。非经营性互联网信息服务提供者不得从事有偿服务。互联网信息服务提供者变更服务项目、网站网址等事项时,应当提前30日向原审核、发证或备案机关办理变更手续。

对于未取得经营许可证,擅自从事经营性互联网信息服务,或超出许可的项目范围提供服务的,由省、自治区、直辖市电信管理机构责令限期改正,有违法所得的,没收违法所得,处违法所得3倍以上5倍以下的罚款;没有违法所得或违法所得不足5万元的,处10万元以上100万元以下的罚款;情节严重的,责令关闭网站。违反《互联网信息服务管理办法》的规定,未履行备案手续,擅自从事非经营性互联网信息服务,或者超出备案的项目提供服务的,由省、自治区、直辖市电信管理机构责令限期改正;拒不改正的,责令关闭网站。

经营或服务需展示许可证或备案编号。《互联网信息服务管理办法》规定,互联网信息服务提供者应当在其网站主页的显著位置标明其经营许可证编号或备案编号。违反此项规定要求,未在其网站主页上标明其经营许可证编号或者备案编号的,由省、自治区、直辖市电信管理机构责令改正,并处5000元以上5万以下的罚款。另外,《电信条例》第15条规定,电信业务经营者有经营过程中,变更经营主体、业务范围或者停止经营的,应当提前90日向原颁发许可证的机关提出申请,并办理相应手续;停止经营的,还应按照国家有关规定做好善后工作。《电子商务法》第15条规定,电子商务经营者应当在其首页显著位置,持续公示营业执照信息、与其经营业务有关的行政许可信息、属于依照本法第10条规定的不需要办理市场主体登记情形等信息,或者上述信息的链接标识。前款规定的信息发生变更的,电子商务经营者应当及时更新公示信息。《电子商务法》第16条规定,电子商务经营者自行终止从事电子商务的,应当提前30日在首页显著位置持续公示有关信息。

服务内容合法。《互联网信息服务管理办法》规定,互联网信息服务提供者应当向上网用户提供良好的服务,并保证所提供的信息内容合法。从事新闻、出版以及电子公告等服务项目的互联网信息服务提供者,应当记录提供的信息内容及其发布的时间、互联网地址或域名;互联网接入服务提供者应当记录上网用户的上网时间、用户账号、互联网地址或者域名、主叫电话号码等信息。互联网信息服务提供者和互联网接入服务提供者的记录备份应当保存60日,并在国家有关机关依法查询时予以提供。未履行以上规定义务的,由省、自治区、直辖市电信管理机构责令改正;情节严重的,责令停业整顿或暂时关闭网站。《电子商务法》第13条规定,电子商务经营者销售的商品或者提供的服务应当符合保障人身、财产安全的要求和环境保护要求,不得销售或者提供法律、行政法规禁止交易的商品或者服务。

（二）第三方电子商务交易平台

第三方交易平台是一种比较常见的电子商务经营者,又称电子商务平台经营者。《电子商务法》第9条第2款规定,电子商务平台经营者,是指在电子商务中为交易双方或多方提供网络经营场所、交易撮合、信息发布等服务,供交易双方或多方独立开展交易活动的法人或非法人组织。为保证电子商务交易者的安全,法律法规为第三方交易平台设定了如下主要义务：

1. 制定平台进入（入驻）和交易规则、制度

《电子商务法》第32条规定,电子商务平台经营者应当遵循公开、公平、公正的原则,制定平台服务协议和交易规则,明确进入和退出平台、商品和服务质量保障、消费者权益保护、个人信息保护等方面的权利和义务。《电子商务法》第33条规定,电子商务平台经营者应当在其首页显著位置持续公示平台服务协议和交易规则信息或者上述信息的链接标识,并保证经营者和消费者能够便利、完整地阅览和下载。《电子商务法》第34条规定,电子商务平台经营者修改平台服务协议和交易规则,应当在其首页显著位置公开征求意见,采取合理措施确保有关各方能够及时充分表达意见。修改内容应当至少在实施前七日予以公示。平台内经营者不接受修改内容,要求退出平台的,电子商务平台经营者不得阻止,并按照修改前的服务协议和交易规则承担相关责任。《电子商务法》第37条规定,电子商务平台经营者在其平台上开展自营业务的,应当以显著方式区分标记自营业务和平台内经营者开展的业务,不得误导消费者。电子商务平台经营者对其标记为自营的业务依法承担商品销售者或者服务提供者的民事责任。

《电子商务法》第81条规定,电子商务平台经营者违反本法规定,有下列行为之一的,由市场监督管理部门责令限期改正,可以处2万元以上10万元以下的罚款;情节严重的,处10万元以上50万元以下的罚款：①未在首页显著位置持续公示平台服务协议、交易规则信息或者上述信息的链接标识的;②修改交易规则未在首页显著位置公开征求意见,未按照规定的时间提前公示修改内容,或者阻止平台内经营者退出的;③未以显著方式区分标记自营业务和平台内经营者开展的业务的;④未为消费者提供对平台内销售的商品或者提供的服务进行评价的途径,或者擅自删除消费者的评价的。电子商务平台经营者违反本法第40条规定,对竞价排名的商品或者服务未

显著标明"广告"的,依照《中华人民共和国广告法》的规定处罚。《电子商务法》第82条规定,电子商务平台经营者违反本法第35条规定,对平台内经营者在平台内的交易、交易价格或者与其他经营者的交易等进行不合理限制或者附加不合理条件,或者向平台内经营者收取不合理费用的,由市场监督管理部门责令限期改正,可以处5万元以上50万元以下的罚款;情节严重的,处50万元以上200万元以下的罚款。

2. 与进入(入驻)者订立协议

为明确电子商务参与各方的权利和义务,保障电子商务交易秩序,《网络交易管理办法》第24条规定,第三方交易平台经营者应当与申请进入平台销售商品或者提供服务的经营者订立协议,明确双方在平台进入和退出、商品和服务质量安全保障、消费者权益保护等方面的权利、义务和责任。第三方交易平台经营者修改其与平台内经营者的协议、交易规则,应当遵循公开、连续、合理的原则,修改内容应当至少提前七日予以公示并通知相关经营者。平台内经营者不接受协议或者规则修改内容、申请退出平台的,第三方交易平台经营者应当允许其退出,并根据原协议或者交易规则承担相关责任。

3. 审查管理进入(入驻)平台的经营者

根据《电子商务法》第27条的规定,电子商务平台经营者有义务对申请进入平台销售商品或者提供服务的经营者提的身份、地址、联系方式、行政许可等真实信息,进行核验、登记,建立登记档案,并定期核验更新。电子商务平台经营者为进入平台销售商品或者提供服务的非经营用户提供服务,应当遵守本节有关规定。根据《电子商务法》第28条的规定,电子商务平台经营者亦有义务按照规定向市场监督管理部门报送平台内经营者的身份信息,提示未办理市场主体登记的经营者依法办理登记,并配合市场监督管理部门,针对电子商务的特点,为应当办理市场主体登记的经营者办理登记提供便利。有义务依照税收征收管理法律、行政法规的规定,向税务部门报送平台内经营者的身份信息和与纳税有关的信息,并应当提示依照本法第10条规定不需要办理市场主体登记的电子商务经营者依照本法第11条第2款的规定办理税务登记。在交易过程中,电子商务平台经营者有义务对进入平台交易的商品或服务进行管理。《电子商务法》第38条规定,电子商务平台经营者知道或者应当知道平台内经营者销售的商品或者提供的服务不符合保障人身、财产安全的要求,或者有其他侵害消费者合法权益行为,未采取必要措施的,依法与该平台内经营者承担连带责任。对关系消费者生命健康的商品或者服务,电子商务平台经营者对平台内经营者的资质资格未尽到审核义务,或者对消费者未尽到安全保障义务,造成消费者损害的,依法承担相应的责任。

《电子商务法》第39条规定,电子商务平台经营者应当建立健全信用评价制度,公示信用评价规则,为消费者提供对平台内销售的商品或者提供的服务进行评价的途径。电子商务平台经营者不得删除消费者对其平台内销售的商品或者提供的服务的评价。《电子商务法》第40条规定,电子商务平台经营者应当根据商品或者服务的价格、销量、信用等以多种方式向消费者显示商品或者服务的搜索结果;对于竞价排名的商品或者服务,应当显著标明"广告"。

4. 记录和监控交易信息

《电子商务法》第31条规定,电子商务平台经营者应当记录、保存平台上发布的商品和服务信息、交易信息,并确保信息的完整性、保密性、可用性。商品和服务信息、交易信息保存时间自交易完成之日起不少于三年;法律、行政法规另有规定的,依照其规定。《电子商务法》第28条第2款规定,电子商务平台经营者应当依照税收征收管理法律、行政法规的规定,向税务部门报送平台内经营者的身份信息和与纳税有关的信息,并应当提示依照本法第10条规定不需要办理市场主体登记的电子商务经营者依照本法第11条第2款的规定办理税务登记。同时,电子商务平台有义务对在平台上的电商活动的信息进行检查监控,发现有违反工商行政管理法律、法规和规章的行为时,及时向电子平台经营者所在地工商行政管理部门报告,且及时采取措施制止违法行为。工商行政管理部门发现平台内有违反工商行政管理法律、法规和规章的行为,要求电商平台采取措施制止时,电商平台应予以配合,依法要求第三方交易平台经营者采取措施制止的,第三方交易平台经营者应当予以配合,电商平台违反规定不予以配合的,予以警告,责令改正、拒不改正的,处以1万元以上3万元以下罚款。

5. 保护商标等知识产权

《电子商务法》第41条规定:电子商务平台经营者应当建立知识产权保护规则,与知识产权权利人加强合作,依法保护知识产权。《电子商务法》第42条规定:知识产权权利人认为其知识产权受到侵害的,有权通知电子商务平台经营者采取删除、屏蔽、断开链接、终止交易和服务等必要措施。通知应当包括构成侵权的初步证据。电子商务平台经营者接到通知后,应当及时采取必要措施,并将该通知转送平台内经营者;未及时采取必要措施的,对损害的扩大部分与平台内经营者承担连带责任。因通知错误造成平台内经营者损害的,依法承担民事责任。恶意发出错误通知,造成平台内经营者损失的,加倍承担赔偿责任。《电子商务法》第45条规定:电子商务平台经营者知道或者应当知道平台内经营者侵犯知识产权的,应当采取删除、屏蔽、断开链接、终止交易和服务等必要措施;未采取必要措施的,与侵权人承担连带责任。《电子商务法》第84条规定:电子商务平台经营者违反本法第42条、第45条规定,对平台内经营者实施侵犯知识产权行为未依法采取必要措施的,由有关知识产权行政部门责令限期改正;逾期不改正的,处5万元以上50万元以下的罚款;情节严重的,处50万元以上200万元以下的罚款。

6. 押金收取和退还

电子商务经营者收取押金是一种较为普遍的行为,为保护电子商务消费者的合法权益,《电子商务法》第21条规定:电子商务经营者按照约定向消费者收取押金的,应当明示押金退还的方式、程序,不得对押金退还设置不合理条件。消费者申请退还押金,符合押金退还条件的,电子商务经营者应当及时退还。《电子商务法》第78条规定:电子商务经营者违反本法第21条规定,未向消费者明示押金退还的方式、程序,对押金退还设置不合理条件,或者不及时退还押金的,由有关主管部门责令限期改正,可以处5万元以上20万元以下的罚款;情节严重的,处20万元以上50万元以下的罚款。

四、电子签名

电子签名是指数据电文中以电子形式所含、所附用于识别签名人身份并表明签名人认可其中内容的数据。

(一)电子签名的效力

《电子签名法》第14条规定,可靠的电子签名与手写签名或者盖章上具有同等的法律效力。《电子签名法》第13条规定,符合以下条件的电子签名视为可靠的电子签名:一是电子签名制作数据用于电子签名时,属于电子签名人专有,即专有性;二是签署时电子签名制作数据仅由电子签名人控制,即控制性;三是签署后电子签名的任何改动能够被发现,即防篡改性;四是签署后对数据电文内容和形式的任何改动能够被发现,即防改动性。

(二)电子签名的失密

电子签名所有人应该妥善保管和严格使用自己的电子签名制作数据,避免被篡改、被改动、被他人使用,以防止电子签名失密。一旦失密,应该采取必要的措施,特别是及时通知电子签名的相关方,并及时终止使用原电子签名制作数据,否则应当承担相应的法律责任。《电子签名法》第15条规定,电子签名人应当妥善保管电子签名制作数据。电子签名人知悉电子签名制作数据已经失密或者可能已经失密时,应当及时告知有关各方,并终止使用该电子签名制作数据。《电子签名法》第27条规定,电子签名人知悉电子签名制作数据已经失密或者可能已经失密未及时告知有关各方,并终止使用电子签名制作数据,未向电子认证服务提供者提供真实、完整和准确的信息,或者有其他过错,给电子签名依赖方、电子认证服务提供者造成损失的,承担赔偿责任。

(三)电子签名的认证

电子签名数据在制作或使用中,如果需要认证的,应当向依法设立的电子认证服务提供者申请办理。在申请认证时,应当提供真实、完整和准确的相关信息。

《电子签名法》第16条规定,电子签名需要第三方认证的,由依法设立的电子认证服务提供者提供认证服务。

(四)伪造、冒用、盗用他人电子签名的法律责任

电子签名在存储、网络传输和使用过程中极易被盗用、被篡改、被改动、被冒用。为防止被盗用、被篡改、被改动、被冒用风险发生,一是要求电子签名所有人应当妥善保管和使用电子签名;二是《电子签名法》第32条规定了相应的法律责任,即伪造、冒用、盗用他人的电子签名,构成犯罪的,依法追究刑事责任;给他人造成损失的,依法承担民事责任。

五、电子商务认证

电子商务认证是指由第三方机构出具的对电子商务参与者的身份、资格、产品、服务等符合特定标准或规范性文件而作出的证明。电子商务认证由第三方机构进行,主旨就在于保证电子商务交易的安全和正常运行。通过对电子商务当事人的身份、商品和服务等进行认证,一是便于对电子商务参与者的身份进行辨别,以防止电子商务交易过程中的欺诈行为的发生;二是便于建立交易双方的信用,以解决电子商务参与者的顾虑;三是便于确定商品、服务的质量、安全和等级,以预防出现虚假信息,从而保护电子商务参与者的权益。对达到国家法律法规、标准性文件要求的电子商务参与者,认证机构会颁发证明性文件,即电子认证证书。

（一）电子认证证书的申请

《电子认证服务管理办法》第22条规定，电子认证机构受理电子签名认证申请后，应当与证书申请人签订合同，明确双方的权利义务。《电子认证业务规则规范（试行）》中规定，电子认证证书的申请内容包括两个方面：一是提交电子认证申请的主体，包括证书申请者、注册机构等；二是申请人在提交证书申请时所使用的注册过程，以及在此过程中各方的责任。

（二）电子认证证书的审查

电子认证机构受理申请后及时对申请进行审查核实。如，为验证证书申请，电子认证机构或注册机构可能会进行身份标识和鉴别流程，电子认证机构或注册机构会依照某些准则批准或者拒绝该证书申请。

（三）电子认证证书的发放

通过认证机构的审核，对符合法律法规及规范性标准的认证证书的申请，应当签发电子认证证书。签发过程包括：电子认证机构的行为，即电子认证机构验证注册机构签名和确认注册机构的权限，并生成证书的过程；电子认证机构签发证书时对申请者的通告机制，电子认证机构或者以电子邮件的形式将证书发送给认证证书申请者或注册机构，或者用电子邮件告知证书申请者下载证书的信息。

六、电子商务合同

电子商务合同是指在网络环境中，平等主体的自然人、法人、其他组织之间通过现代信息技手段设立、变更、终止民事权利和义务关系的协议。电子商务合同的订立方式传真、计算机网络、电子数据交换、电子邮件等，其存储、发送、接收都是以数据电文的形式进行。《电子商务法》第47条规定，电子商务当事人订立和履行合同，适用本章和《中华人民共和国民法典》《中华人民共和国电子签名法》等法律的规定。

（一）电子商务合同的当事人

电子商务合同的当事人与传统合同的当事人范围基本一致，是指合同约定的履行义务和行使权利的自然人、法人及其他组织。与传统合同不同的是，在签订电子商务合同时，合同双方当事人有时并未见面，于是，确保电子商务合同当事人的真实、有效，是电子商务合同订立的前提。为保证当事人真实、有效，必须通过电子签名、电子认证等方法对当事人双方进行确认。《电子商务法》第48条规定，电子商务当事人使用自动信息系统订立或者履行合同的行为对使用该系统的当事人具有法律效力。在电子商务中推定当事人具有相应的民事行为能力。但是,有相反证据足以推翻的除外。

(二)电子商务合同的成立

要约邀请是指希望他人向自己发出要约的意思表示,要约是指向他人发出的订立合同的意思表示。承诺是指受要约人同意要约的意思表示。承诺的成立应具备以下条件:一是必须是由受要约人发出的;二是必须是向要约人作出的;三是必须是在有效期内做出的;四是承诺的内容必须与要约一致。

《电子商务法》第49条规定,电子商务经营者发布的商品或者服务信息符合要约条件的,用户选择该商品或者服务并提交订单成功,合同成立。当事人另有约定的,从其约定。电子商务经营者不得以格式条款等方式约定消费者支付价款后合同不成立;格式条款等含有该内容的,其内容无效。第50条规定,电子商务经营者应当清晰、全面、明确地告知用户订立合同的步骤、注意事项、下载方法等事项,并保证用户能够便利、完整地阅览和下载。电子商务经营者应当保证用户在提交订单前可以更正输入错误。

(三)电子商务合同成立的时间与地点

当事人采用合同书形式订立合同的,自当事人均签名、盖章或者按指印时合同成立。在签名、盖章或者按指印之前,当事人一方已经履行主要义务,对方接受时,该合同成立。法律、行政法规规定或者当事人约定合同应当采用书面形式订立,当事人未采用书面形式但是一方已经履行主要义务,对方接受时,该合同成立。当事人采用信件、数据电文等形式订立合同要求签订确认书的,签订确认书时合同成立。当事人一方通过互联网等信息网络发布的商品或者服务信息符合要约条件的,对方选择该商品或者服务并提交订单成功时合同成立,但是当事人另有约定的除外。

当事人采用合同书形式订立合同的,最后签名、盖章或者按指印的地点为合同成立的地点,但是当事人另有约定的除外。采用数据电文形式订立合同的,收件人的主营业地为合同成立的地点;没有主营业地的,其住所地为合同成立的地点。当事人另有约定的,按照其约定。

(四)电子商务合同的履行

合同履行是指当事人全面地、适当地完成合同约定的义务,以实现订立合同的目的行为。电子商务合同的特殊性,决定其履行与传统合同的履行有的所不同。《电子商务法》第51条规定,合同标的为交付商品并采用快递物流方式交付的,收货人签收时间为交付时间。合同标的为提供服务的,生成的电子凭证或者实物凭证中载明的时间为交付时间;前述凭证没有载明时间或者载明时间与实际提供服务时间不一致的,实际提供服务的时间为交付时间。合同标的为采用在线传输方式交付的,合同标的进入对方当事人指定的特定系统并且能够检索识别的时间为交付时间。合同当事人对交付方式、交付时间另有约定的,从其约定。《电子商务法》第 52 条规定,电子商务当事人可以约定采用快递物流方式交付商品。快递物流服务提供者为电子商务提供快递物流服务,应当遵守法律、行政法规,并应当符合承诺的服务规范和时限。快递物流服务提供者在交付商品时,应当提示收货人当面查验;交由他人代收的,应当经收货人同意。快递物流服务提供者应当按照规定使用环保包装材料,实现包装材料的减量化和再利用。快递物流服务提供者在提供快递物流服务的同时,可以接受电子商务经营者的委托提供代收货款服务。

根据《电子商务法》上述规定,电子商务合同的履行方式可分为:在线付款,在线交货;在线付款,离线交货;离线付款,离线交货等三种。

七、跨境电子商务

跨境电子商务是指分属不同关境的交易主体,通过网络和电子商务平台进行交易的一种新型贸易形式。我国跨境电子商务的模式主要包括:海外代购平台跨境电子商务模式,这是由符合要求的海外第三方卖家通过跨境电子商务平台与消费者进行交易,然后通过转运或直邮模式将商品发往国内的消费者。直发或直运平台跨境电子商务模式,是指通过跨境电子商务平台将接收到的消费者的订单信息发给批发商或厂商,然后由其按照订单要求以零售的形式对消费者供货的跨境交易模式。自营 B2C 跨境电子商务模式,是指建立跨境电子商务 B2C 平台,并自备平台上的大多数商品以供消费者选择和购买的跨境电子商务模式,有综合型自劳和垂直型自营两种。导购或返利跨境电子商务模式,是一种通过导购来展示、推介商品以促成交易,从而取得佣金或提成的中介式跨境电子商务模式。

(一)跨境电子商务主体

跨境电子商务主体是指参与跨境电子商务活动的电子商务平台、海外商家、国内经营者、消费者等。跨境电子商务平台,又称跨境电子商务第三方交易平台,其经营活动包括:跨境电子商务商家入驻、消费者注册、商品展示、交易、支付结算、物流管理等。海外商家,是指海外提供商品的厂家、商家。国内经营者是指国内的从事跨境商务活动的自然人、法人或其他机构。消费者是指跨境消费的国内外消费者。

我国为发展跨境电子商务，便利跨境电子商务主体的经营活动，根据国务院办公厅发布的《商务部等部门关于实施支持跨境电子商务零售出口有关政策意见的通知》的规定，目前建立起以下支持政策：建立电子商务出口新型海关监管模式并进行专项统计；建立电子商务出口检验监管模式，实行全申报制度，以检疫监管为主，一般工业制成品不再实行法检；支持电子商务出口企业正常收结汇，允许经营主体申请设立海外汇账户，凭海关报关信息办理货物出口收结汇业务；鼓励银行机构和支付机构为跨境电子商务提供支付服务；实施适应电子商务出口的税收政策，对符合条件的电子商务出口货物实行增值税和消费税免税或退税政策；建立电子商务出口信用体系。《电子商务法》第71条亦规定，国家促进跨境电子商务发展，建立健全适应跨境电子商务特点的海关、税收、进出境检验检疫、支付结算等管理制度，提高跨境电子商务各环节便利化水平，支持跨境电子商务平台经营者等为跨境电子商务提供仓储物流、报关、报检等服务。国家支持小型微型企业从事跨境电子商务。

参与跨境电子商务业务的电子商务企业、电子商务平台、支付企业、物流企业，应当事先向所在地海关提交以下材料：一是企业法人营业执照副本复印件；二是组织机构代码证书副本复印件（以统一社会信用代码注册的企业不需提供）；三是企业情况登记表，包括：企业组织机构代码或统一社会信用代码、中文名称、工商注册地址、营业执照注册号、法定代表人（负责人）的身份证明、海关联系人、有效的联系方式、网站网址等。

（二）跨境电子商务的通关

《电子商务法》第72条规定，国家进出口管理部门应当推进跨境电子商务海关申报、纳税、检验检疫等环节的综合服务和监管体系建设，优化监管流程，推动实现信息共享、监管互认、执法互助，提高跨境电子商务服务和监管效率。跨境电子商务经营者可以凭电子单证向国家进出口管理部门办理有关手续。《电子商务法》第73条规定，国家推动建立与不同国家、地区之间跨境电子商务的交流合作，参与电子商务国际规则的制定，促进电子签名、电子身份等国际互认。国家推动建立与不同国家、地区之间的跨境电子商务争议解决机制。

我国对跨境电子商务通关实行无纸化方式进行申报和管理，海关部署发布的《关于跨境电子商务零售出口商品有关监管事宜的公告》要求跨境电子商务经营主体应当遵循以下规定：

(1)信息传输。跨境电子商务零售出口商品申报前，电子商务企业或电子商务交易平台企业、支付企业、物流企业应当分别通过跨境电子商务通关服务平台如实向海关传输交易、支付、物流等电子信息。进出境快件运营人、邮政企业可以受电子商务企业、支付企业的委托，在书面承诺对传输数据真实性承担相应法律责任的前提下，向海关传输交易、支付等电子信息。跨境电子商务零售出口商品申报前，电子商务企业或代理人、物流企业应当分别通过服务平台如实向海关传输交易、支付、物流等电子信息。

(2)进出口报送申报。电子商务企业或代理人应提交《中华人民共和国海关跨境电子商务零售出口商品申报清单》，出口采取"清单核放、汇总申报"方式办理报送手续，进口采取"清单核放"方式办理报送手续。该清单具有《中华人民共和国海关进(出)口货物报送单》同等的法律效力。

(3)核实进口商品消费者。电子商务企业应当对购买跨境电子商务零售商品的个人(订购人)的身份信息进行核实。同时向海关提供由国家主管部门认证的身份有效信息。无法提供或者无法核实订购人身份信息的，订购人与支付人应当为同一人。

(4)做好跨境电子商务出口统计。跨境电子商务零售商品出口后，电子商务企业或代理人应当于每月 10 日前(如果当月 10 日是法定节假日或者法定休息日的，顺延至其后的第一个工作日，第 12 月的清单汇总应当于当月最后一个工作日前完成)，将上月结关的《申报清单》依据清单表头同一收发货人、同一运输方式、同一运抵国、同一出境口岸，以及清单表体同一 10 位海关商品编码、同一申报计量单位、同一币制规则汇总成《中华人民共和国海关进(出)口货物报关单》向海关申报。

(三)跨境电子商务税收

根据财政部、海关部署、国家税务总局《关于跨境电子商务零售进口税收政策的通知》，海关部署《关于跨境电子商务零售进出口商品有关监管事宜的公告》，以及财政部、国家税务总局《关于跨境电子商务零售出口税收政策的通知》等相关法律法规的规定，跨境电子商务经营者应当遵循以下规定要求：

(1)跨境电子商务经营主体应按照货物缴纳关税和进口环节增值税、消费税，完税价格为实际交易价格，包括商品零售价格、运费和保险费。

(2)所有通过与海关联网的电子商务交易平台交易，能够实现交易、支付、物流电子信息"三单"比对的跨境电子商务零售进口商品，以及未通过与海关联网的电子商务交易平台，但快递、邮政企业能够统一提供交易、支付、物流等电子信息,并承诺承担相应法律责任进境的跨境电子商务零售进口商品,都视为缴税的范围。

(3)订购人为纳税义务人,在海关注册登记的电子商务企业、电子商务交易平台企业或物流企业作为税款的代收代缴义务人,代履行纳税义务。代收代缴义务人应当如实、准确地向海关申报跨境电子商务零售进口商品的商品名称、规格型号、税则号列、实际交易价格及相关费用等税收征管要素。跨境电子商务零售进口商品的申报币制为人民币。海关对满足监管规定的跨境电子商务零售进口商品按时段汇总计征税款,代收代缴义务人应当依法向海关提交足额有效的税款担保。

(四)跨境电子商务零售商品的减免税

跨境电子商务零售进口商品的单次交易限值为人民币2000元,个人年度交易限值为人民币2万元,在这两个限值以内进口的跨境电子商务零售进口商品,关税率暂设为0%;进口环节增值税、消费税取消免征税额,暂按法定应纳税额的70%征收。超过单次限值、累加后超过个人年度限值的单次交易,以及完税价格超过2000元限值单个不可分割的商品,按照一般贸易方式全额征税。

(五)跨境电子商务零售出口退(免)税

自建跨境电子商务销售平台的电子商务出口企业和利用第三方跨境电子商务平台开展电子商务出口的企业,可以享受财政部和国家税务总局规定的退(免)税政策。

除财政部、国家税务总局明确不予出口退(免)税的货物外,电子商务出口企业出口的货物符合下列条件的,可以享受退(免)税政策:一是电子商务出口企业属于增值税一般纳税人并已向主管税务机关办理出口退(免)税资格认定;二是出口货物取得海关出口货物报关单(出口退税专用),且与海关出口货物报关单电子信息一致;三是出口货物在退(免)税申报期截止之日内收汇;四是电子商务出口企业属于外贸企业的,购进出口货物取得相应的增值税专用发票、消费税专用缴款书(分割单)或海关进口增值税、消费税专用缴款书,且上述凭证有关内容与出口货物报关单(出口退税专用)有关内容相匹配。

电子商务出口企业出口货物如果不符合上述条件,但同时符合下列条件的,可以享受增值税、消费税免税政策:一是电子商务出口企业已办理税务登记;二是出口货物取得海关签发的出口货物报关单;三是购进出口货物取得合法有效的进化凭证。

第三节 电子商务创业法律风险及防控

随着开放的互联网络系统 Internet 的飞速发展,电子商务的应用和推广极大了改变了人们的工作和生活方式,带来了无限的商机。然而,电子商务发展所依托的平台——互联网络却充满了巨大、复杂的安全风险。黑客的攻击、病毒的肆虐等都使得电子商务业务很难安全顺利地开展;此外,电子商务的发展还面临着严峻的内部风险,电子商务企业内部对安全问题的盲目和安全意识的淡薄,高层领导对电子商务的运作和安全管理重视程度不足,使得企业实施电子商务不可避免地会遇到这样或那样的风险。"南方微路演"观察团中的园区运营商代表,C 时代互联网产业园副总经理李波波结合本土的状况表示,目前整个电商的环境比较严峻。创业是一项系统工程,涉及方方面面,任何一块位置的短板都有可能导致创业失败。

一、电子商务企业的设立

(一)取得营业执照

电子商务属于经营活动,从事经营行为的企业必须取得营业执照。企业通过设立网站经营电子商务时,应当向省、自治区、直辖市电信管理机构或者国务院信息产业主管部门申请办理互联网信息服务增值电信业务经营许可证即经营性 ICP 证,拟开办电子公告服务的,还须向上述主管部门提出专项申请或者专项备案,从事新闻、出版、教育、医疗保健、药品和医疗器械等特种行业互联网信息服务的,还须经该行业有关主管部门审核同意。如果不了解电子商务所应遵从的独特规定,依然简单地按照传统企业的设立来对待,很可能在无意识状态下违反了相关的法律法规和政策要求,触发设立环节的风险。

企业应该全面了解相关的政策法规,充分了解和理解相关规定,对于设立程序做到心中有数,除了向工商管理部门办理企业登记手续外,还须获得网上经营的相关许可。电商企业在经过工商、税务合法登记并成立后,对于涉及电子商务业务依法律规定须办理许可、备案及审批事项,也应依法申请,并经主管部门批准。如电商企业特许经营许可、支付业务许可、电子认证许可等业务应根据经营内容和法律规定办理,并在获得相关资质后按照监管部门的要求,定期报送相应材料以保证许可、备案及审批相关事项的有效性。

(二)网站建设

电商企业设立并开展业务,首先要有进行操作的网络交易平台,所以电商企业在预定平台开发、网站设计过程中,需要及时对委托开发事项及权利归属进行约定。《中华人民共和国著作权法》第17条规定:"受委托创作的作品,著作权的归属由委托人和受托人通过合同约定。合同未作明确约定或者没有订立合同的,著作权属于受托人。"《计算机软件保护条例》第11条规定:"接受他人委托开发的软件,其著作权的归属由委托人与受托人签订书面合同约定;无书面合同或者合同未作明确约定的,其著作权由受托人享有。"根据这些相关规定,如受委托制作的网站预定系统没有明确约定权利归属的,著作权归于受托人即网站程序开发者所有,致使电商企业存在无法拥有该网站的所有权的风险。电子商务企业在成立之初首先应需要对业务需求进行分析,结合运营模式、资源优势综合考虑,设计合理的交易结构,比如是自营,还是联营或者代销,是仅提供第三方交易平台,还是直接作为交易方介入,在确定交易结构的同时,应对其进行先期法律框架设计,针对特定的交易,向提供法律服务方进行咨询,在电子商务运行之初就确立规避风险的意识。

(三)域名管理

电商企业通过互联网开展业务,所开发网站进行运营须拥有合法的网站域名、空间,应加强对电商企业域名使用权的保护,以预防域名抢注和变异的发生。对此,最高人民法院出台了《关于审理涉及计算机网络域名民事纠纷案件适用法律若干问题的解释》,为解决此类域名纠纷提供了基本法律依据。

(四)行政备案、审批事项

电商企业开展网上业务须进行行政备案或审批,应依法根据《互联网信息服务管理办法》等相关规定进行备案或审批。此外,电商行业如涉及增值电信业务,须特殊许可或备案项目(如医疗保健、药品和器械信息服务、网络文化经营),外商投资电信等应提前获得许可。电商企业根据实际情况进一步向管理部门了解并确认其经营类型,以及时办理相关证件或进行备案,以免未获得许可或超许可范围而受到有关部门的处罚,对其网上业务造成不良影响。

(五)网站营销、网络营销

电商企业开展网络营销经营活动会产生很多网上交易的风险和不安全

因素,除了互联网操作系统、软件等存在的安全技术风险外,交易双方的信用风险应该说是网络营销发展中的最大障碍。网络营销是基于交易双方相互信任在虚拟空间进行的,但目前为止,在没有完善的信用管理机制条件下,在网络用户匿名性的特点下,可能存在用户虚假下单、用户使用信用卡恶意透支,或者以其他方式骗取企业产品、拖欠货款等风险,而电商企业将不得不承担这种风险。

(六)网站内容管理

电商企业作为服务提供者应首先提高网上交易平台软件、应用软件、终端设备等关键产品的服务质量和技术水平,确保交易平台的安全。电商企业应保证网上交易平台的正常运行,提供公平、公正、公开以及安全可靠的交易环境和交易服务,维护交易秩序。对于系统安全及平台信息进行监督和维护;对于广告和信息披露应合规合法;不损害用户利益,保障消费者的权益;对于电商企业的商业秘密或者用户信息的数据资料信息应采取必要措施进行保护,对于电商企业、第三方的知识产权保障方面应制定相关制度等。网站内容是电子商务进行交易的基础,以上的内容在电商企业运营过程中都可能出现法律风险,电商企业应在建设网站之初确立完善的规章制度,并在网站实际运行过程中不断加以完善以降低风险。

二、电子商务面临的安全风险

(一)电子商务安全风险的各类

由于网络的复杂性和脆弱性,以因特网为主要平台的电子商务的发展面临着严峻的安全问题。一般来说,电子商务普遍存在着以下几个安全风险:一是信息的截获和窃取,这是指电子商务相关用户或外来者未经授权通过各种技术手段截获和窃取他人的文电内容以获取商业机密。二是信息的篡改。网络攻击者依靠各种技术方法和手段对传输的信息进行中途的篡改、删除或插入,并发往目的地,从而达到破坏信息完整性的目的。三是拒绝服务。拒绝服务是指在一定时间内,网络系统或服务器服务系统的作用完全失效。其主要原因来自黑客和病毒的攻击以及计算机硬件的人为破坏。四是系统资源失窃问题。在网络系统环境中,系统资源失窃是常见的安全威胁。五是信息的假冒。信息的假冒是指当攻击者掌握了网络信息数据规律或解密了商务信息后,可以假冒合法用户或假冒信息来欺骗其他用户。主要表现形式有假冒客户进行非法交易,伪造电子邮件等。六是交易的抵赖。交易抵赖包括发信者事后否认曾经发送过某条信息;买家做了订单后不承认;卖家卖出的商品因价格差而不承认原先的交易等。

(二)电子商务安全风险防控

针对电子商务面临的各种安全风险,电子商务企业不能被动、消极地应付,而应该主动采取措施维护电子商务系统的安全,并监视新的威胁和漏洞。因此,这就需要制定完整高效的电子商务安全风险防控机制。一般来说,风险管理规则的制定过程有评估、开发和实施以及运行三个阶段。评估阶段的主要任务是对电子商务的安全现状、要保护的信息、各种资产等进行充分的评估以及一些基本的安全风险识别和分析。对电子商务安全现状的评估是制定风险防控机制的基础。对信息和资产的评估是指对可能遭受损失的相关信息和资产进行价值的评估,以便确定相适应的风险防控机制,从而避免投入成本和要保护的信息和资产的严重不匹配。安全风险识别要求尽可能地发现潜在的安全风险,应收集有关各种威胁、漏洞、开发和对策的信息。安全风险分析是确定风险,收集信息,对可能造成的损失进行评价以估计风险的级别,以便做出明智的决策,从而采取措施来规避安全风险。开发和实施阶段的任务包括风险补救措施开发、风险补救措施测试和风险知识学习。风险补救措施开发利用评估阶段的成果来建立一个新的安全防控策略,其中涉及配置管理、修补程序管理、系统监视与审核等等。在完成对风险补救措施的开发后,即进行安全风险补救措施的测试,在测试过程中,将按照安全风险的控制效果来评估对策的有效性。运行阶段的主要任务包括在新的安全风险防控下评估新的安全风险。这个过程实际上是变更管理的过程,也是执行安全配置管理的过程。运行阶段的第二个任务是对新的或已更改的对策进行稳定性测试和部署。这个过程由系统管理、安全管理和网络管理小组来共同实施。

(三)风险管理步骤

风险管理是识别风险、分析风险并制定风险管理计划的过程。电子商务安全风险的管理和控制方法,包括安全风险识别、安全风险分析、安全风险控制以及安全风险监控等四个方面。

1. 安全风险识别

电子商务系统的安全要求是通过对风险的系统评估而确认的。为了有效管理电子商务安全风险,识别安全风险是风险防控的第一步。风险识别是在收集有关各种威胁、漏洞和相关对策等信息的基础上,识别各种可能对电子商务系统造成潜在威胁的安全风险。风险识别的手段五花八门,对于电子商务系统的安全来说,风险识别的目标是主要是对电子商务系统的网络环境风险、数据存在风险和网上支付风险进行识别。需要注意的是,并非所有的电子商务安全风险都可以通过风险识别来进行管理,风险识别只能发现已知的风险或根据已知风险较容易获知的潜在风险。而对于大部分的未知风险,则依赖于风险分析和控制来加以解决或降低。

2. 安全风险分析

风险分析是运用分析、比较、评估等各种定性、定量的方法,确定电子商务安全各风险要素的重要性,对风险排序并评估其对电子商务系统各方面的可能后果,从而使电子商务系统项目实施人员可以将主要精力放在对付为数不多的重要安全风险上,使电子商务系统的整体风险得到有效的控制。风险分析是一种确定风险以及对可能造成的损失进行评估的方法,它是制定安全措施的依据。风险分析的目标是确定风险,对可能造成损坏的潜在风险进行定性化和定量化,以及最后在经济上寻求风险损失和对风险投入成本的平衡。目前,风险分析主要采用的方法有:风险概率/影响评估矩阵,敏感性分析,模拟等。在进行电子商务安全风险分析时,由于各影响因素量化在现实上的困难,可根据实际需要,主要采用定性方法为主辅以少量定量方法相结合来进行风险分析,为制定风险管理制度和风险的控制提供理论上的依据。

3. 安全风险控制

风险控制就是选择和运用一定的风险控制手段,以保障风险降到一个可以接受的水平。风险控制是风险管理中最重要的一个环节,是决定风险管理成败的关键因素。电子商务安全风险控制的目标在于改变企业电子商务项目所承受的风险程度。一般来说,风险控制方法有两类:一是风险控制措施,比如降低、避免、转移风险和损失管理等。在电子商务安全风险管理中,比较常用的是转移风险和损失管理。二是风险补偿的筹资措施,包括保险与自担风险。在电子商务安全风险管理中,管理人员需要对风险补偿的筹资措施进行决策,即选择保险还是自担风险。此外,风险控制方法的选择应当充分考虑相对风险造成损失的成本,当然其他方面的影响也是不容忽视的,如企业商誉等。对电子商务安全来说,其有效可行的风险控制方法是:建立完整高效的降低风险的安全性解决方案,掌握保障安全性所需的一些基础技术,并规划好发生特定安全事故时企业应该采取的解决方案。

4. 安全风险监控

风险监控包括两方面的工作：一是跟踪已识别风险的发展变化情况，包括在整个商务活动周期内，风险产生的条件和导致的后果变化，衡量风险消减计划需求；二是根据风险的变化情况及时调整风险应对计划，并及时识别和分析已发生的风险及其产生的遗留风险和新增风险，采取适当的应对措施。

电子商务安全风险管理是一个连续不间断的特有过程，首先，要在形成问题之前发现风险，以便采取主动行动，而不是被动地做出反应。其次，在发现了可能存在的风险以后，就要对风险产生的可能性和可能产生的危害程度进行评估。最后，应制定尽量避免风险的发生的计划，在风险无法避免时，应降低风险的危害程度。作为电子商务企业来讲，应当设置专门的电子商务安全风险监控岗位，由专职人员负责风险监控。对于风险监控职员来讲，应当了解电商平台相关法规和政策，以确保电商平台的合法性和合规性，实时监控电商平台的交易情况，检查电商平台提供的各种服务是否完善，对各类电商平台数据进行分析，发现各种市场行情并及时报告风险。

三、电子商务合同法律风险

电子商务合同的内容可能与其他类型合同并无本质区别，但是沟通媒介不同导致其具有自身的一些特点。

合同是商务活动的重要手段，电子商务合同是电子商务环境下的主要合同形式。作为以数据电文形式存在的新的合同形式，其法律风险是电子商务交易的主要法律风险之一。电子商务合同涉及的法律风险主要体现在以下几个方面：

第一，电子商务合同的法律效力问题。根据《中华人民共和国民法典》的规定，当事人订立合同，可以根据自己的意愿采取书面形式和其他形式，同时《民法典》将数据电文纳入"书面形式"之内，所以电子商务合同属于法律认可的书面合同形式，电商企业经营时的电子商务合同涉及技术支持、商务合作、市场营销、认证服务合同等。但是，电子商务合同的关键问题在于需保留相关的数据证据，同时需要能够确定合同双方的身份和合同的具体内容。另外，部分电子商务合同通常是以网站运营方提供的合同版本为基础，本质上是一种格式合同或合同中存在大量的格式条款。此类的合同内容有被认定为"霸王条款"而难以如合同提供方即电商企业所期待的保障其利益的可能。

第二,点击合同等电子格式合同的效力问题。点击合同等电子格式合同是电子商务中常见的合同类型,由于一方对合同条款只能选择接受与否,存在可能会因缺少双方的合意而被认定为无效的风险。

第三,电商企业对于网络支付的交易安全、供货、电子证据保存及与电商企业被欺诈交易应加以注意,对于电商企业的售后及纠纷、未尽保密义务产生的纠纷、消费者权益纠纷、侵害他人知识产权纠纷、运输合同纠纷等也是时有发生的并需及时关注加以解决的。

电子商务合同法律风险的防控可采取以下措施：

第一,针对电子商务合同所具有的与书面合同相比的独有特性,在订立电子商务合同时,需要注意对电子商务合同进行恰当保存,并可借助第三方交易平台缔结合同,以解决目前电子商务合同立法过于笼统的风险;同时,企业也可以采取积极措施,以推动立法机关进一步完善相应的电子商务合同立法。

第二,对于电子格式合同,合同提供方应采取积极的技术手段提醒消费者注意格式条款,并尽可能保障相对方有充分审阅合同的机会,以避免合同可能事后被认定为无效。与此同时,要加强对电子商务的宣传和推广,提高交易主体在进行电子商务交易时的自我保护意识。

四、知识产权侵权风险

电子商务发展伊始,即出现了大量的域名抢注、商标侵权等知识产权侵权纠纷,企业从事电子商务活动时存在的知识产权侵权风险是不容忽视的。一方面,电子商务产生了一些新型的知识产权形式,如受著作权保护的多媒体作品、网页设计、数据库,受专利法保护的计算机商业方法专利,对域名的保护等;另一方面,权利人所享有的权利内容也发生了变化,我国修订后的《著作权法》明确了作者对作品享有信息网络传播权。

规避电子商务中的知识产权侵权风险,就要求企业在从事电子商务时,对电子商务活动所具有的特殊知识产权形式有敏感的识别能力和充分的尊重意识,避免各种技术手段的不当运用构成对知识产权的侵权。电商企业网页信息丰富,普遍面临网站内容(如图片、文字、网页设计等)侵权的投诉甚至诉讼,根据《信息网络传播权保护条例》相关规定,对于可能侵犯其他相关方权益的,电商企业应设立投诉机制并采取有效的审核和处理措施,以免承担侵权责任。另外,对于《中华人民共和国民法典》侵权责任编提及的网络用户利用网络服务实施侵权行为,电商企业也应及时采取必要措施,以免承担损失扩大的责任。同时,也应注重保护自己拥有的电子商务知识产权。对于电商企业自己来讲,应加强对域名使用权的保护,以减少域名抢注和变异及域名纠纷的发生,同时对于网站内容的著作权及已申请或应申请的专利权、商标权进行保护,防止知识产权侵权行为发生。

五、程序法上的风险

由于电子商务活动范围不受地域限制,一旦发生纠纷,如何确定司法管辖权以及所适用的法律成为难题,也使电子商务企业可能面临管辖权和适用法律超出其预期的风险。

应对这种类型的风险,企业可预先通过合同约定发生纠纷时管辖的法院和所适用的法律,约定的管辖法院和所适用的法律应和合同本身具有一定的联系。一般情况下,这种约定是具有法律效力的,除非违反了某些强行法的规定。关于数据电文,我国《电子签名法》明确了其证据力,但作为证据的数据电文应符合可靠性、完整性等技术要求。

由于电子证据容易被毁坏,企业可以在交易前预先约定符合可靠性、完整性等要求的技术标准,并可以通过专业人员对电子证据进行保存、提取,采取公证的方式对电子证据进行保全。

此外,企业在进行电子商务活动时,还涉及消费者权益的保护、网络广告的规制、电子支付风险的划分、外国法院管辖和外国法适用等其他法律风险。

总之,电子商务活动作为商事活动,其法律规范的本质属于商法,兼具技术性的特点,企业应尽量利用商法自治性规范、通过合同的约定,规避由于技术发展所带来的种种法律风险。

【案例分析】

王某与当当网买卖合同纠纷案

基本案情:王某在当当网购买商品,因不满意货物质量,遂向合同履行地广州市白云区人民法院起诉当当网。当当网提出管辖权异议,称其已在官方网站上的交易条款中载明"所有争端将诉诸北京某某网所在地的人民法院",因此案件应当由当当网所在地北京市东城区人民法院管辖。

裁判结果:法院经审理认为,案件属于买卖合同纠纷,当当网提出管辖权异议的主要依据是王某完成在当当网上的用户注册后即知悉并同意该网站的《当当网交易条款》,即应遵循条款内的协议管辖条款。但是,当消费者进入该网注册页面时,已经默认选定为同意《当当网交易条款》,同时,网站没有通过合理、明确的方式让消费者注意到该协议管辖条款,消费者难以注意到该格式条款的具体内容。而且,网上购物往往具有买卖双方地理位置相距较远的特征,该条款使得当当网所在地以外的所有消费者负担大量额外的、相比购物价格明显不合理的差旅和时间花费,导致消费者的诉讼权利无法正常实现。因该条款对消费者作出不合理限制,故裁定驳回当当网提出的管辖权异议。

案情点评:消费者在网站上注册时,经常遇到只有点击"同意"若干"服务协议"、"服务条款"才可能进入网站进行消费的情况,若网站经营者在其中设置一些不利于消费者的条款,消费者一是难以发现,二是即使发现也无法拒绝(除非不享受网站服务),对于这类限制消费者权利、免除经营者义务的格式条款,既不利于经营者社会声誉的塑造,更有被法院认定为无效条款的风险,应当慎重为之。

讨论:
1. 网站用户注册界面的用户协议的性质。
2. 网站用户注册界面的用户协议应当注意的事项。

【项目训练】

电子商务创业失败案例分析

项目训练要求:选取三个创业失败的典型案例,深入分析失败案例中存在的法律问题,总结电子商务创业法律风险点,提出电子商务创业法律风险的规避措施。

第十章

创业退出法律实务

【案例导入】

章某、钱某诉数码公司解散纠纷案①

数码公司由章某、钱某与江某共同发起设立,公司注册资金50万元,章某、钱某及江某分别为公司出资股东,其中章某认缴出资额为20万元,钱某认缴出资额10万元、江某认缴出资额为20万元。三人分别持有的股份为40%、20%、40%。其中由江某担任公司执行董事并作为该公司的法定代表人,章某任公司监事。数码公司成立后在经营过程中,章某、钱某与江某之间开始产生矛盾并逐渐加剧,江某作为执行董事一直未能召集并主持股东会议。2014年6月19日,章某向江某发出"关于请求召开数码公司临时股东会的通知"。通知向江某发出后,江某未按通知要求在规定期限内召集、主持临时股东会议。2014年7月15日上午9时30分,章某作为公司监事在某律师事务所会议室召集并主持了数码公司2014年度第一次临时股东会决议,到会股东为章某、钱某,列席人员为某律师事务所黄某、张某,江某缺席。该股东会决议通过了有关议案,其中决定免去江某公司执行董事的职务,选举章某为公司执行董事并担任公司法定代表人,决定免去章某公司监事的职务,选举钱某为公司监事,江某所掌控的公司相关资料于5日内移交公司新选任的执行董事。上述股东会决议内容书面告知江某后,江某未按股东会决议要求执行,数码公司未就法定代表人变更事项至工商部门办理相关手续。现江某下落不明无法联系,数码公司员工被遣散,公司已实际停止经营,章某、钱某遂向法院提起诉讼,要求解散数码公司。

---

① 参见苏州市姑苏区人民法院(2014)姑苏商初字第01107号民事判决书。

法院认为：本案中，原告章某、钱某作为数码公司的股东，其出资份额分别达到40%和20%，符合《公司法》关于股东提起解散公司诉讼须持有全部股东表决权10%以上的法定条件，依法有权提起解散数码公司的诉讼。而数码公司自成立以来，除2013年4月26日设立时为了通过公司章程、选举执行董事、监事而召开了一次股东会议外，作为执行董事的江某从未履行召集、主持召开股东会议，公司股东之间长期以来缺乏有效沟通，矛盾加剧，关系陷入僵局。现数码公司已实际停止经营，江某下落不明无法联系，公司股东会等内部机制难以按照法定程序正常运转，公司经营管理出现严重困难并陷入僵局，继续存在势必会使股东利益受到重大损失，且无法通过其他途径解决，在此情况下，原告提出解散数码公司，符合有关法律规定，本院予以支持。

创业退出是大学生在创业发展过程中所出现的一种正常现象。这个主题虽然有些低沉，当初志向满满、一起同甘共苦的创业团队，因为创业理念不同或者存在利益纠葛，即将分崩离析。但是，从法律的角度而言，大学生创业退出机制实质是一种公司终止制度，公司终止制度直接影响市场秩序的稳定与社会信用体系的完善，建立一种完善的创业退出机制是保护大学生基本利益和市场经济发展的内在要求。对于依照我国《民法典》《公司法》《最高人民法院关于适用〈中华人民共和国公司法〉若干问题的规定（二）》，以及《公司登记管理条例》的相关规定，对公司进行解散，并进行清算。以下将会详细介绍大学生创业退出的基本内容。

第一节　创业退出法律规范

公司终止是公司退出市场并且消灭公司法人资格的一种法律制度，公司解散与清算是公司终止制度的重要组成部分。公司的解散、清算与终止相互联系又相互区别，公司解散是公司终止的启动程序，公司解散必然引起公司清算，当公司经过法定的清算程序后，公司终止。公司解散是依法消灭公司法人人格的法律行为。公司解散是指已经成立的公司，因公司章程或者法定事由出现而停止公司的对外经营活动，并开始公司的清算，处理未了结事务从而使公司法人资格消灭的法律行为。当一个公司解散之后应该及时组成清算组，加以清算。由于公司法人不同于自然人，法人是法律所拟制的主体，法人人格消灭后，其法律地位及权利义务并无继承可言，所以，在其法人人格正式消灭之前,必须处理有关事务,了结各种法律关系。解散程序需要一个过程,在这个过程中,公司法人人格暂时保留,直至清算完结,才正式消灭,即公司终止。

一、公司解散的概念与法律特征

(一)公司解散的概念

公司解散时基于一定的事由而进行的一种法律行为。公司解散(dissolution of corporation)是指公司发生一定的事由而停止公司经营业务活动,开始处理公司未了事务以及债权债务关系的法律行为。公司解散仅为引起公司人格消灭的法律事实,本身并不导致公司人格的消灭,是公司终止的起点。[①]根据《民法典》第70条规定:"法人解散的,除合并或者分立的情形外,清算义务人应当及时组成清算组进行清算。法人的董事、理事等执行机构或者决策机构的成员为清算义务人。法律、行政法规另有规定的,依照其规定。清算义务人未及时履行清算义务,造成损害的,应当承担民事责任;主管机关或者利害关系人可以申请人民法院指定有关人员组成清算组进行清算。"可以看出,公司解散并不是等于公司终止,应该先进行清算再终止公司,也就是所谓的"先清后终"。当公司出现解散事由时,应该在一定期限内组成清算组进行清算,当清算结束后,清算组将制作的清算报告提交公司登记机关,申请公司注销登记,公告公司终止。

(二)公司解散的法律特征

公司解散的事由主要基于主体意志、法定事由才发生的,公司解散的法律特征主要有以下几点:

1. 公司终止的前提

公司是取得法人资格的主体,我国《公司法》第3条规定:"公司是企业法人,有独立的法人财产,享有法人财产权。"独立的法人资格是公司对外正常开展商业获得的前提资格。公司解散的目的是消灭其独立法人人格。但是公司解散是公司法人资格消灭的原因,但此时并非法人资格消灭的结果。商事营业登记公示公信,商主体人格是通过商事经营登记而取得的,公司解散对公司法人人格的消灭必须通过注销登记才能实现。[②] 公司解散时,必须

[①] 郑云瑞:《公司法学》,北京大学出版社,2016年版,第464页。
[②] 张晓飞:《公司法实训教程》,法律出版社,2017年版,第289页。

对公司进行清算,在清算期间,公司仍然存续。公司独立法人人格必须在清算完毕并办理完注销登记之后才完全消灭。

2. 法定事由的出现

公司是依法设立的法人,具有民事权利能力和民事行为能力。公司法人的人格非依法定程序不得剥夺,公司是一个法律拟制的"人",实质是由人组成的,公司解散对公司股东、员工、债权人等都会产生影响。因此,公司解散必须基于法律规定的事由,公司章程规定的事由、股东会决议、强制性解散等事由都会引起公司解散。根据《民法典》第69条的规定,有下列情形之一的,法人解散:①法人章程规定的存续期间届满或者法人章程规定的其他解散事由出现;②法人的权力机构决议解散;③因法人合并或者分立需要解散;④法人依法被吊销营业执照、登记证书,被责令关闭或者被撤销;⑤法律规定的其他情形。公司解散有自愿解散与强制解散两类。当公司解散事由出现,立即进入清算程序。

3. 实体行为与程序行为的结合

公司解散是一种法律行为,应符合法律、法规和公司章程的相关规定。公司解散是一种程序行为,须经过法定的清算程序。为维护债权人和股东利益,法律规定公司解散时必须组成清算组织进行清算,依法清偿公司债务,分配公司财产。①

二、公司解散的分类

公司解散有自愿解散与强制解散,强制解散包括行政解散和司法解散。自愿解散是指依公司章程或股东决议而解散,此种解散与外在因素无关,取决于公司股东的意志,由股东自由抉择。强制解散指因政府行为或法院判决而发生的解散。

(一)自愿解散

自愿解散也称任意解散,是指公司解散的事由基于公司自己的意愿,主要包括公司章程的规定或者股东会决议而自动解散公司。自愿解散的事由出现后同样必须依法组织清算组进行清算、履行注销登记,公司此时才算终止。

1. 公司章程规定的解散事由出现

公司在成立之时,会在公司章程中规定公司解散的事由,这种自由制定

---

①郑云瑞:《公司法学》,北京大学出版社,2016年版,第464页。

章程的权利是法律所赋予的权利,但不得违反法律的强制性规定,一旦公司出现了章程中出现的解散事由,公司即例行解散,进入清算程序。公司的营业期限是公司存续的时间界限,公司章程可以规定公司的营业期限。对于公司存续的时长,法律并没有进行限制,一般情形下,当公司规定的营业期限届满,公司应该立即解散。如果公司的营业期限届满仍有存在的必要,经公司的权力机构修改公司章程中的营业期限,并向工商行政管理部门申请营业期限变更,经变更登记后,公司的解散事由消灭,可以继续经营。一旦公司出现了公司章程中规定的应当解散的原因,公司就应当停止生产或者经营活动,进入公司解散程序。

2. 股东会议决议解散

这是基于公司意思机关决议的解散。公司存续期间,有限责任公司股东会经持有2/3以上表决权的股东通过,股份有限公司股东大会经出席股东大会会议的股东所持表决权的2/3以上通过,可以作出解散公司的特别决议。这种解散的决议并不受公司营业期限的限制,只要达到了上述解散的股份基数,就可以自行解散公司。

(二) 强制解散

强制解散是指公司因违反法律、行政法规的规定,被行政机关或法院撤销或裁定解散。这是公司基于法律或主管机关命令而被迫进行的解散。主要包括行政解散和司法解散。

1. 行政解散

指公司因自身的违法行为而被依法吊销营业执照、责令关闭或者被撤销。公司在存续过程中,可能因违反法律和行政法规、规章的强制性规定,而被行政主管机关吊销营业执照、责令关闭或者被撤销,公司也可能因此就失去法律存续的资格。公司行政强制解散以前散见于各有关的法律、行政法规或规章中,新公司法对此在公司解散事由中做出了统一明确的规定。有关行政机关强制公司进行解散的方式主要有以下两种:

(1)由工商行政管理部门通过收缴公司法人营业执照强制公司解散。《企业法人登记管理条例》《公司登记管理条例》规定,企业法人领取企业法人营业执照后满六个月尚未开展经营活动或者停止经营活动满一年的,或者擅自改变主要登记事项或超出核准登记的经营活动范围从事经营活动的,可以处以吊销企业法人营业执照的行政处罚。

(2)公司主管机关做出撤销或者关闭决定。金融机构的撤销是中国人民银行依法对金融机构采取终止经营活动,并予以解散的行政强制措施。

金融机构的撤销均由地方政府或者监管部门负责组成清算组进行特别清算。①

2. 司法解散

公司的司法解散又称为法院勒令解散,是指公司的目的和行为违反法律、公共秩序和善良风俗的,可通过法院判决其解散;或者当公司经营出现显著困难、重大损害或董事、股东之间出现僵局导致公司无法继续经营时,依据股东的申请,裁判解散公司。公司司法解散程序的启动必须基于公司股东等利害关系人或者特定国家机关的请求,否则不能自发启动这一程序。公司自治是公司法的灵魂所在,是民商法私法自治精神在公司法领域的延展。② 我国《公司法》第 183 条规定,公司经营管理发生严重困难,继续存续会使股东利益受到重大损失,通过其他途径不能解决的,持有公司全部股东表决权百分之十以上的股东,可以请求人民法院解散公司。同时,《公司法》第 184 条还规定了公司被裁判解散后应当进行清算。根据该条规定,公司应当自司法解散之日起 15 日内成立清算组,开始清算。有限责任公司的清算组由股东组成,股份有限公司的清算组由董事或者股东大会确定的人员组成。逾期不成立清算组进行清算的,债权人可以申请人民法院指定有关人员组成清算组进行清算。人民法院应当受理该申请,并及时组织清算组进行清算。公司的司法解散作为一种制度,其立法价值在于当公司内部发生股东之间的纠纷,出现公司僵局时,在穷尽其他处理手段仍不能平息矛盾时,赋予少数股东请求司法机关介入以终止投资合同,解散企业,恢复各方权利,最终使基于共同投资所产生的社会冲突得以解决的可选择的一种救济方式。

三、司法解散制度

公司司法制度是公司法对股东权利救济的制度,是股东权利保护体系不可或缺的一部分。近年来,公司法以及最高法院对该条做出进一步解释与完善。

(一)司法解散制度的演变

公司司法解散最早出现在英国,其产生有一个逐步演变的过程。司法解散制度源于 19 世纪中期的英国,但是英国早期公司立法和司法实践却禁止公司股东以诉讼方式解散公司。公司是由股东投资运营且以营利为目的

---

① 郑云瑞:《公司法学》,北京大学出版社,2016 年版,第 467 页。
② 吴长波:《公司司法解散制度研究》,知识产权出版社,2010 年版,第 12 页。

设立的,具有独立人格的法人大股东控制了公司运营,资本多数原则体现了投资与风险的分担的合理性。但公司中小股东的表决权和公司运营管理监督权处于非常不利的境界,大股东以决议的方式压榨小股东的现象频发。公司司法解散制度赋予占公司一定比例股份的股东以解散公司诉讼请求权,避免股东权益因公司继续经营而无法挽回的损失。[1] 司法解散制度被普遍认为是公司法上小股东保护机制的重要部分,就法院而言,这种以司法裁判的方式宣告公司命运的终结,是一种极端的救济方式,因此在英国早期是被禁止的。但是,在实践中,大股东滥用股东权利的行为不断发生,英国法官在150年前创设了受压迫的小股东可以申请法院发布强制清盘令的制度,即通过司法途径解散公司,避免自身利益进一步受损,之后在此基础上,公司司法解散制度进一步完善,从而在实体和程序上都得到了发展。[2] 美国公司司法解散制度经历了从禁止到许可再到限制适用的演变过程。根据公司自治理念,美国法院通常不干涉公司内部事务,导致中小股东对大股东权力的滥用缺乏救济措施。20世纪30年代,美国开始确立由成文法和判例法共同构成的公司司法解散制度。[3]

（二）司法解散制度的理论基础

1. 公司的法人人格角度

关于法人的本质有不同的学说,但无论其本质如何,公司在成立之后便具有独立的人格,公司与股东之间只有股权的关系,股东能依股权关系提起诉讼要求解散公司吗？法人制度是为了方便自然人在经济社会舞台上的运筹,促进整体经济的发展,法人不能异化为凌驾于个人之上的怪物,个人应当是民法的终极关怀所在。公司不过是股东们协商一致、达成合意、形成合同、共同投资的产物,当股东们在投资合同的履行出现不可调和的矛盾、公司的运行发生背离该投资合同所确立的宗旨、一部分股东成为自己创建的公司的受害者时,他们当然有权选择逃离自己设立的"经济监狱",诉请司法机关解除这一投资合同,请求判令解散公司,撤回投资。

2. 从公司法理的角度

根据《公司法》的学理分析,承认股东的此项请求权亦有如下充分理由：

（1）公司的解散本属股东大会决议的事项,而股东大会的决议又是以股

---

[1] 郑云瑞：《公司法学》,北京大学出版社,2016年版,第468页。
[2] 吴长波：《公司司法解散制度研究》,知识产权出版社,2010年版,第66页。
[3] 郑云瑞：《公司法学》,北京大学出版社,2016年版,第468页。

东提请解散的议案为前提,可见正常情况下的公司解散其实也是股东行使权利的结果。

(2)在公司不能作出任何决议的情况下,股东的各种法定权利都失去了行使的条件,公司的存在本身就是对股东权益的持续冻结和变相剥夺。

(3)在公司僵局状态中,通常存在着一方股东对其他股东事实上的强制和严重的不公平,原管理公司的少数股东控制着公司经营和财产,事实上剥夺了其他股东的任何权利,不允许解散等于允许控制股东对其他股东权利的侵犯和对公司财产的非法占有。

(4)除解散公司外,没有更为有效的股东退出机制。在公司法的法定资本制和资本不变原则之下,任何公司一经成立,资本实质上就被冻结,除非通过严格复杂的减资程序,股东的出资不能收回,股东退出公司的法律途径是转让股权,但在公司尖锐的矛盾冲突情况下,股权的转让同样存在严重的困难。[1]

(三)我国司法解散制度的发展

我国司法介入公司困境的规定,肇始于2001年3月15日第九届全国人民代表大会第四次会议通过的《全国人民代表大会关于修改〈中华人民共和国中外合资经营企业法〉的决定》,该决定第7条规定,合营双方发生纠纷,董事会不能协商解决时,由中国仲裁机构进行调解或仲裁,也可以由合营各方协议在其他仲裁机构仲裁。这一条是我国立法上首次将司法介入公司困境写入法律。2005年《公司法》确立了司法解散制度,即该法第183条规定,公司经营管理发生严重困难,继续存续会使股东利益受到重大损失,通过其他途径不能解决的,持有公司全部股东表决权10%以上的股东,可以请求人民法院解散公司。为了明确公司僵局的认定标准,最高人民法院司法解释对公司司法解散制度作了进一步的规定。至此,我国公司法立法以及司法实践中对司法介入公司僵局以及公司解散案件的审理裁判有了较为明确的标准。[2]

四、公司解散的法律后果

公司解散会引起以下三个明显的法律后果。

(一)公司清算

公司解散后,除了合并或分立外,都应当依法及时成立清算组,进行清

---

[1] 吴长波:《公司司法解散制度研究》,知识产权出版社,2010年版,第22-64页。
[2] 云闯:《公司法司法实务与办案指引》,法律出版社,2016年版,第331-332页。

算。《民法典》第70条规定:"法人解散的,除合并或分立的情形外,清算义务人应当及时组成清算组进行清算。"

(二)宣告破产

《公司法》第187条规定:"清算组在清理公司财产、编制资产负债表和财产清单后,发现公司财产不足清偿债务的,应当向人民法院申请宣告破产。公司经人民法院裁定宣告破产后,清算组应当将清算事务移交给人民法院。"公司解散清算进入破产清算,清算组应将清算事务移交给人民法院,清算组解散,由人民法院依照企业破产法规定实施破产清算。

(三)公司注销登记

《公司法》第188条规定:"公司清算结束后,清算组应当制作清算报告,报股东会、股东大会或者人民法院确认,并报送公司登记机关,申请注销公司登记,公告公司终止。"申请注销公司登记,是清算组法定职责,法人注销登记时,公司终止。[1]

第二节 创业退出法律实操

《民法典》第70条规定:"法人解散的,除合并或者分立的情形外,清算义务人应当及时组成清算组进行清算。法人的董事、理事等执行机构或者决策机构的成员为清算义务人。法律、行政法规另有规定的,依照其规定。清算义务人未及时履行清算义务,造成损害的,应当承担民事责任;主管机关或者利害关系人可以申请人民法院指定有关人员组成清算组进行清算。"公司清算是公司解散程序启动的必然结果。公司要终止,如同自然人死亡一样,要对其相关权利义务进行处置,以此才能真正达到"寿终正寝"的效果。公司清算是以公司现有资产能够清偿公司的债务为前提的,当资不抵债时,就应该进入破产程序,按照《破产法》的相关规定进行破产清算。公司清算的目的在于,明确清算义务,规范清算程序,公司清算的目的在于使得公司与其他社会主体之间产生的权利和义务归于消灭,从而为公司的终止提供合理依据。公司清算的最终目的在于规范市场秩序,逐步减少在实践中存在的大量僵尸企业的现象。

---

[1] 张晓飞:《公司法实训教程》,法律出版社,2017年版,第292-293页。

一、公司清算的概念和类型

(一)公司清算的概念

公司的清算是指在公司面临终止的情况下,负有清算义务的主体按照法律规定的方式、程序对公司的资产、负债、股东权益等公司的状况作全面的清理和处置,使得公司与其他社会主体之间产生的权利和义务归于消灭,从而为公司的终止提供合理依据的行为。

公司清算具有以下特征:首先,公司终止是公司清算的必然结果。公司解散引起公司清算,而公司清算后会导致公司的最终消灭。公司法人人格并不因为公司的解散而消灭,在公司清算期间,公司的法人人格仍然持续,且在清算范围内具有相应的权利能力和行为能力。其次,公司清算时实体与程序相结合。公司的清算是清算主体的义务行为,同时法律必须规定清算时程序和方法。公司的清算涉及股东、债权人、债务人、担保人、公司职员的利益,并与一些社会公共利益相联系。因此,公司清算必须公正、客观地反映公司实际情况、公正处理相关的利益纠纷。而要想结果公正,从自然法的角度上讲,就离不开相关程序正义的保障。因此,公司的清算必须是以科学的程序和方法予以规制的行为。

(二)公司清算的类型

1. 正常清算和破产清算

以产生清算的原因和清算所依据的法律不同,公司清算可以分为正常清算和破产清算。正常清算也称公司清算,是指公司除因合并、分立或破产的原因解散外,公司被其他一切原因解散而适用的清算程序。破产清算是指公司被依法宣告破产时适用的清算程序。

2. 任意清算和法定清算

以是否根据法定程序进行公司清算,可以分为任意清算和法定清算。任意清算也称自由清算,即指公司按照股东的意志和公司章程的规定进行的清算。此种清算一般没有先后程序规定,也无论是否能足额清偿,不能清偿的债权不因清算结束而消灭。任意清算仅适用于出资者承担无限责任的公司,如个人独资企业、无限责任公司等人合性公司,这些公司的性质决定了公司出资者应该对公司债务承担无限连带责任,即使公司清算程序结束,公司法人人格消灭,出资者对公司债务所承担的无限责任并不能免除。[①] 法

[①] 郑云瑞:《公司法学》,北京大学出版社,2016年版,第471页。

定清算对公司财产的清算有顺序规定,法定清算结束,公司法人资格依程序消灭。法定清算适用于所有类型的公司,但股份有限公司仅适用法定清算。我国公司法规定的清算均是法定清算。

3. 普通清算和特别清算

以是否需要公权力介入公司清算,可以分为普通清算和特别清算。法定清算可以分为普通清算和特别清算。普通清算是指由公司自行组织清算机构依法进行的清算。普通清算一般适用于自愿解散且公司资产能够抵偿其债务的情况。特别清算是指公司解散时不能自行组织清算,或者在普通清算过程中发生显著障碍,由有关政府部门或者法院介入进行的清算。特别清算一般适用于强制解散的情况。

4. 自愿清算和强制清算

以公司清算是否依照自己的意愿为标准,公司清算可以分为自愿清算和强制清算。自愿清算是公司按照自己的意愿解散公司,清算公司债权债务,消灭公司法人资格的清算。因股东会关于解散公司决议和公司章程规定解散公司事项出现而进行的清算就是自愿清算。强制清算是指公司因违法行为被主管机关依法责令关闭而进行的清算。

二、公司清算人

公司作为市场经济的主要参与者,其在进入市场时应遵循一定的准入规则,在退出时也应该建立完善的退出机制。公司清算是公司终止的必经程序,在公司进行清算的时候,清算人是负责进行公司债权债务清算的一个组织,是清算中公司行为能力的实施机构,具体执行公司的清算事务。

(一)公司清算人概念与资格

公司清算时清理公司财务状况,涉及公司财产的分配、债权人的受偿程度,清算人的确定是公司清算的核心问题。

1. 公司清算人的概念

公司清算人是指清算义务人依法设立的负责清算公司债权债务并处理公司清算事务的执行机构。公司清算人是各国立法对进行公司清算事务的组织进行的称谓。公司清算法人制度起源于破产管理人制度,19世纪随着公司制度的确立和完善,在破产法的破产管理人制度基础上,各国公司法将其引入公司清算制度,渐次形成了系统的清算人制度。[1]

---

[1] 刘敏:《公司解散清算制度》,北京大学出版社,2012年版,第54页。

2. 公司清算人的资格

公司清算人的资格有消极资格和积极资格之分。

(1) 公司清算人任职的积极资格。公司清算人的积极资格是指担任公司清算人所应具备的基本条件,主要需要具备以下几点:首先是清算人的身份属性。我国对清算人的身份属性并未明确限制,自然人和法人均可称为清算人。其次是清算人的法律属性,即本国抑或是外国人均可成为清算人。最后是清算人的专业性。在自愿清算的情形下,立法对清算人的专业性没有强制性规定,遵循意思自治原则,由公司股东、管理层或聘请的人进行清算。在强制性清算情形下,立法对清算人的专业性实际上是有要求的,法院在指定清算人时,通常指定律师事务所或会计师事务所等专业机构担任清算人。

(2) 公司清算人的消极资格。首先,必须是完全民事行为能力人。限制行为能力人或无民事行为能力人不能成为清算人,清算人所实施的清算行为属于法律行为,而法律行为生效的前提要件就是行为人必须具有完全民事行为能力。其次,不得有违法、破产记录或者高额的个人债务。我国清算人可准用董事和高管任职资格的规定,但是违反忠实义务和勤勉义务的公司董事和经理,不得为公司清算人。①

(二) 公司清算人的职权②

1. 公司资产的清理与保管

清理公司财产,分别编制资产负债表和财产清单。清算组在组成后,应组织清理公司的全部现有财产,根据公司账簿和债权申报等资料,查清公司的债权和债务,并且据此编制公司资产负债表、财产清单、债权债务目录等均属于公司清算人的职责范围。在清算结束之后,清算人应该将编制的资产负债表和财产清单送交股东会确认。

2. 处理与清算有关的公司未了结的业务

公司在清算期间,应当停止正常的生产经营活动,并由清算组了结公司未了的业务,处理公司善后事务。

---

① 郑云瑞:《公司法学》,北京大学出版社,2016年版,第475页。
② 《公司法》第184条规定了清算人的具体职权。在清算期间清算人可以行使下列职权:①清理公司财产,分别编制资产负债表和财产清单;②通知、公告债权人;③处理与清算有关的公司未了结的业务;④清缴所欠税款以及清算过程中产生的税款;⑤清理债权、债务;⑥处理公司清偿债务后的剩余财产;⑦代表公司参与民事诉讼活动。

(1)公司债权债务的清理。清算人应该及时通知相关债权人,要求债权人及时申报债权;对于债务人,清算人应及时要求债务人向公司清偿一切债务。股东认缴而未缴的股份款项也应全部收回,并且按照法定顺序偿还公司的债务。

(2)清缴所欠税款以及清算过程中产生的税款。公司所欠的税款清缴具有优先性,清算人应该全部缴清。

(3)公司现存业务的了结。在清算过程中,公司并未终止,正在进行的公司业务应该及时停止,清算人可以对公司资产进行变现处理。

(4)处理公司清偿债务后的剩余财产。清算组在清偿公司全部债务后,公司财产仍有剩余的,清算组应当按法律规定的顺序和比例向公司股东分配剩余财产。

3. 代表公司参与诉讼活动

公司清算人应该代表公司参与一切仲裁与诉讼的活动。《公司法》第184条规定,代表公司参与民事诉讼活动是清算人的职权之一。在清算过程中,当发生债权债务关系的纠纷时,必须通过诉讼或者仲裁方式的,清算人需要代表公司参与。清算人此时是以公司的名义参加的诉讼活动,因为在清算期间,公司仍处于存续状态。

三、公司清算程序

《公司法》第186条规定了清算程序:清算组在清理公司财产、编制资产负债表和财产清单后,应当制定清算方案,并报股东会、股东大会或者人民法院确认。公司财产在分别支付清算费用、职工的工资、社会保险费用和法定补偿金,缴纳所欠税款,清偿公司债务后的剩余财产,有限责任公司按照股东的出资比例分配,股份有限公司按照股东持有的股份比例分配。清算期间,公司存续,但不得开展与清算无关的经营活动。公司财产在未依照前款规定清偿前,不得分配给股东。公司清算是实体与程序的结合,清算程序的公正是保护公司股东、债权人以及相关利害关系人的重要保障,因此法定的清算程序是必要且必需的。根据《公司法》及相关司法解释,公司清算的一般程序具体如下。

(一)选择清算人组成清算组

选择清算人就标志着清算活动的开始。我国《公司法》第184条规定,在公司解散事由出现之日起15日内,公司选任清算人,有限责任公司的清算人由股东组成,股份有限公司的清算人由董事或者股东大会确定的人员组成。公司确定清算人之后应该将清算人名单向公司登记机关备案。

(二)通知、公告债权人

根据《公司法》第 185 条的规定,清算组应当自成立之日起 10 日内通知债权人,并于 60 日内在报纸上公告。债权人应当自接到通知书之日起 30 日内,未接到通知书的自公告之日起 45 日内,向清算组申报其债权。债权人申报债权,应当说明债权的有关事项,并提供证明材料。清算组应当对债权进行登记。在申报债权期间,清算组不得对债权人进行清偿。

(三)登记审核债权

清算组对依法申报的债权应该依法审核,经审核无误后予以登记。债权人对清算人的核定有异议的,可要求清算人重新核定。清算人拒绝重新审核或者债权人对重新审核的债权仍有异议,则有权以公司为被告向人民法院提起确认之诉。债权人补充申报的债权,在公司清算程序终结前补充申报的,清算组应该予以登记。①

(四)公司财产清理、资产负债表和财产清单的编制

清算组对公司财产进行清理时,应该及时编制资产负债表和财产清单。清算组如果在清理公司财产、编制资产负债表和财产清单后,发现公司资产不足以清偿债务的,应当向人民法院依法申请破产宣告。清算组将清算事务移交给人民法院后,清算组自动解散,强制清算程序终结,转入破产清算程序。②

(五)制定与实施清算方案

在清理公司财产、编制资产负债表和财产清单后,清算人应该制定清算方案,并报清算公司股东会或者法院确认。未经公司确认的清算方案,公司清算人不得执行。公司清算方案经清算公司股东会或法院确认后,清算人按清算方案执行,清偿顺序为:支付清算费用;支付职工工资、社会保险费用和法定补偿金;缴纳所欠税款;清偿公司债务;分配剩余财产。③

(六)清算事务的结束

自清算报告被确认之日起 10 日内,清算组向公司登记机关申请注销登记。有下列情形之一的,公司清算组应当自公司清算结束之日起 30 日内向

---

①张晓飞:《公司法实训教程》,法律出版社,2017 年版,第 303 页。
②同上。
③郑云瑞:《公司法学》,北京大学出版社,2016 年版,第 479 页。

原公司登记机关申请注销登记:①公司被依法宣告破产;②公司章程规定的营业期限届满或者公司章程规定的其他解散事由出现,但公司通过修改公司章程而存续的除外;③股东会决议解散或者一人有限责任公司的股东决议解散;④依法被吊销营业执照、责令关闭或者被撤销;⑤人民法院依法予以解散;⑥法律、行政法规规定的其他解散情形。

申请注销登记应提交以下材料:①公司清算组负责人签署的《企业注销登记申请书》;②《指定(委托)书》;③人民法院的破产裁定、解散裁判文书,公司依照《公司法》作出的解散决议或者决定,行政机关责令关闭或者公司被撤销的文件;④股东会、一人有限责任公司的股东或者人民法院、公司批准机关备案、确认的清算报告;⑤清算组成员《备案确认通知书》;⑥《企业法人营业执照》正、副本;⑦法律、行政法规规定应当提交的其他文件。登记机关核准注销登记后,公告公司终止。

第三节 创业退出法律风险及防控

清算程序的最大价值就在于,通过该制度确保公平对待被清算公司的所有债权人,防止因为个别债权人利用先机主张先行给付,损害其他债权人的利益。我国《公司法》规定,在注销公司前必须要对公司进行清算,这一步主要是来清理公司的债权与债务,只有经过清算公司注销这个行为才具有法律效果,有些公司在注销公司注销前并没有成立清算组,这样会导致非常严重的后果。在现实中存在大量公司解散后相关人员迟迟不予清算从而逃避债务的行为,有的甚至借吊销营业执照来规避公司债务,严重影响了经济秩序。这些都是在创业退出过程中可能遇到的风险,而且当退出时如果没有彻底清理债权债务的关系,可能会为以后的重新创业带来隐患。而了解在创业退出过程中会出现的法律风险,并且能够及时作出一些预防性措施,是保护自己也是保护债权人的必然要求,完善的退出机制是保障市场经济秩序稳定的应然举措。

一、创业退出的法律风险

按照不同的划分标准,法律风险可以作不同的划分。从风险成因的角度,可以将法律风险分为违法、违约、侵权以及怠于权利行使等;从风险来源的角度,法律风险可以分为来自监管机构、投资者、竞争者、企业内部管理、用户的风险等;从风险责任主体看,可以分为企业承担责任和由个人承担责任的法律风险;从法律风险对应的法律责任形式看,有刑事责任、民事责任和行政责任之分。此外,还可以将法律风险分为显性法律风险和隐性法律风险、动态法律风险和静态法律风险、阶段性风险和持续性风险、内部环境法律风险和外部环境法律风险等。需要澄清的是法律风险并不等于法律责任。法律责任是由于行为人的不当行为或者因为法律规定而应承受的某种不利的法律后果。法律风险只是一种可能,具有偶然性,不一定会演化成一种法律责任,法律风险也不同于法律问题,法律问题是法律风险发生的现实状态,这种状态仅仅是法律风险发生的基础。①

根据《公司法》以及司法解释的规定,公司清算义务主体包括有限责任公司的清算义务人为公司全体股东,股份有限公司的清算主体义务人是董事和控股股东。公司清算义务主体违反清算义务的,应该对公司债权人的损失承担连带赔偿责任。股东承担有限责任是现代公司制度的基石,而股东承担有限责任是有条件的。有限责任是建立在股东与公司行为规范、股东人格与公司法人人格相区分、公司拥有独立的财产基础上的。股东怠于或者不履行清算义务,则不能承担有限责任,即股东有限责任与清算义务相关联,体现公司在清算终结之后。公司清算义务人违反清算义务的情形主要有以下几种,这是大学生在创业退出时应该及时注意的法律风险。

(一)清算义务不履行

公司解散后,其经营资格消灭,善后事宜应由股东等清算义务人负责处理。清算义务人应在法律规定的期限内开始清算活动,如保管公司财产、向债务人追索债权、履行尚未履行的合同、向债权人履行债务、协调债权人之间的利益关系、向股东分配剩余财产等行为。如果公司解散后,公司清算义务人在公司解散后长期不履行清算义务,或者在判决确定的期限内仍不履行清算责任,由于公司资产未经清算,公司债权能否得以实现以及实现的程度均无法明确,此时应视为清算义务人以其行为表明放弃有限责任原则的豁免。由此导致公司财产流失、贬值或无法清算的,债权人可以侵权为由,要求清算义务人在上述权益能够实现的价值范围内,或者对损失扩大部分,承担民事赔偿责任。

(二)公司财产减少或混同

由于清算人怠于履行清算义务或者不当履行清算义务而导致公司的财

---

①游福兴:《电网企业法律风险防范》,中国电力出版社,2018年版,第9页。

产遭受毁损、贬值、毁灭,导致债权无法受偿的,应该对公司债权人的损失承担连带赔偿责任。

清算义务人与清算法人财产混同的,是公司独立法律人格瑕疵。比如,股东与公司之间在资产或财产边界故意混淆不分,将属于子公司的财产登记在母公司名下,子公司的财产经常处于母公司的无偿控制和使用之下;控股股东长期掏空公司的资产尤其是优质资产,而未对公司予以充分、公平的补偿等;控股股东对公司负有巨额债务,而公司在控股股东的操纵下长期拒绝或者怠于追索等。这些情形均损害了公司法人人格的独立性,从而导致公司以其法人财产独立承担民事责任的基础不复存在。因此,公司解散后,如有证据证明公司资产与清算义务人财产混同,债权人以清算义务人为被告提起诉讼的,清算义务人对公司债务不得再以股东有限责任抗辩,而应当对清算公司的债务承担连带责任。

(三)清算资料缺失

在公司解散后,清算是以公司的相关财务资料的完备为前提的,清算人负有确保公司相关财务资料完备齐全的义务。然而,有的公司在经营过程中,财务制度不规范,账目不清,财产不明。更有甚者,有的清算义务人出于不当目的,故意销毁或隐瞒相关财务账册,致使相关债权、债务无法查清,公司债权人实现其债权的目的难免落空。对此应甄别不同情形做不同处理。虽然公司财务制度不规范而导致公司资产状况无法查清的,鉴于公司的注册资本明确,作为公司股东的清算义务人在出资时,应当合理地预见公司债务的清偿责任范围以及清算责任范围。因此,清算资料缺失导致清算不能的,且公司资产不足以清偿公司债务的情况下,才由清算义务人承担损害赔偿责任。对于故意销毁或隐瞒相关财务账册的,鉴于其主观恶意,法官可以结合案件事实,积极运用举证责任分配规则,在债权人初步证明其债权合法存在情形下,清算义务人应对公司解散前的资产状况承担证明责任。如果清算义务人举证不能,应对公司债务承担连带责任。

(四)公司财产不当处分

清算人就任后,应立即检查公司财产状况,制作资产负债表及财产目录。未清偿公司债务前,清算人不得将公司财产分配于股东;在债权人申报债权期间,清算人不得擅自对部分债权人进行清偿,亦不得转移和挪用公司的清算财产。如果清算人恶意处置清算财产,包括擅自直接或者变相侵占或分配,致使债权人未受清偿,清算人应在其恶意处置财产的范围内对清算公司的债务承担赔偿责任。如果清算人未依法清算,过失遗漏债权时,由清算人向债权人按其应得到的份额比例进行赔偿。据此可以参考《公司法》第十章"公司解散和清算"、《最高人民法院关于适用〈中华人民共和国公司法〉若干问题的规定(二)》以及《公司登记管理条例》的规定。公司解散后恶意处置公司财产,给债权人造成损失,债权人有权向人民法院主张让股东对公司债务承担相应赔偿责任。

(五)恶意注销

公司注销前应当进行清算,是民法上的诚实信用原则在公司法上的延伸。对清算义务人来说,清算是其开业经营的随附义务,是对债权人及社会公众的最终交代;对债权人而言,清算是债权人通过非诉方式实现债权的后一道保障。因此,清算义务人申请注销公司时,应当出具债权、债务已清理完毕的证明或者清算报告。在公司未经清算即予注销的情况下,本应作为清偿债务的原公司责任财产,便转由股东占有,其性质与投资不实,抽逃资金等并无实质上的区别,均为侵害债权人利益,危害交易安全的行为。如果清算义务人未对公司债权债务进行清算,而是伪造清算资料,虚报公司已清算完毕,或以公司对外无债权债务等理由向公司登记机关申请办理公司注销登记的,应视为股东自愿放弃有限责任。一旦因此诉讼,债权人可申请法院适用公司人格否认理论,由该清算义务人就公司债务向债权人承担清偿责任。

近年来,随着经济形势的下行,不少企业动起了侵害劳动者权益的歪脑筋。一些不良商人或通过"恶意注销企业",或通过"先注销再旧地重起炉灶",或通过"吊销执照后不办理注销也不清算,开办人玩失踪",或通过"同一家庭成员或亲属中多次变换企业责任人"的方式来规避其应当为劳动者承担的义务。在诉讼过程中,有限责任公司股东为逃避债务,偷偷将公司办理了注销登记,对此,法院与原告均不知情。待案件进入执行程序,才发现被执行人已经在诉讼期间注销。根据《最高人民法院关于适用〈中华人民共和国公司法〉若干问题的规定(二)》第19条的规定,有限责任公司的股东、股份有限公司的董事和控股股东,以及公司的实际控制人在公司解散后,恶意处置公司财产给债权人造成损失,或者未经依法清算,以虚假的清算报告骗取公司登记机关办理法人注销登记,债权人主张其对公司债务承担相应赔偿责任的,人民法院应依法予以支持。在实践当中,公司注销,一方面,对有限公司的股东而言,应全面认识公司注销的法律后果,并非公司一经注销,一切万事大吉,要特别重视其在公司清算中的义务和责任以及不当行为可能引起的法律风险,如果未能履行法定的义务,将可能导致直接的民事责任;另一方面,对债权人而言,并非作为债务人的公司一经注销,自己的债权就无从得到保障。在某些特殊的情况下，债权人可以依法向已注销公司的股东请求赔偿，以维护自己的合法权益。

二、创业退出的风险防控

企业法律风险管理的内涵可以从以下两方面来理解：首先，企业法律风险是企业风险的一种，因此企业法律风险管理也是企业风险管理的一种，企业风险管理的目标、组织职责、管理流程等同样适用于企业法律风险管理。其次，企业法律风险管理的对象仅限于企业法律风险，即只针对基于法律规定或合同约定产生的违规、违约、侵权、怠于行使权利和行为不当这五类风险进行管理。至于其他领域的风险，如战略风险、财务风险、运营风险等，如果其并非同时属于法律风险，则不属于企业法律风险管理的范畴。

（一）风险管理的功能

法律风险是指在商业银行的日常经营活动或各类交易应当遵守相关的商业准则和法律原则中，因为无法满足或违反法律要求，导致商业银行不能履行合同发生争议（诉讼）或其他法律纠纷，而可能给商业银行造成经济损失的风险。法律风险是需要被进行管理的。而且这种管理还有一定的必要性。

1. 法律风险管理可以减少企业损失

法律风险，融通于各种企业风险中，不是孤立存在的一种企业风险，从它形成的原因和表现形式上看，有直接的法律风险，即法律因数导致的，或者由于经营管理时缺乏法律支持而带来的各种企业风险，例如：企业决策判断时缺乏法务支持而导致的决策风险、企业管理体系中合同管理、知识产权管理、管理人员法律意识欠缺等而导致的管理风险、立法调整而导致的非经营风险。

2. 法律风险管理可以提升企业价值

法律风险管理是企业全面标准化管理体制的核心内容，与公司治理、内部控制体系、企业道德规范和相关合规体制共同构成一个完整细密的企业管理体系。法律风险管理可以提升企业价值，包括但不限于以下理由：①在"公司治理"成为热门话题的今天，良好的法律风险管理本身就可以增强企业外部利害关系人如作为债权人的银行对企业管理的信心，有利于企业融资。②良好的法律风险管理体系的存在表明了企业良好的治理结构，可以吸引更多的战略投资者，支持企业的长远发展。③企业要面对的不仅仅是债权人及股东,还有消费者、供应商、社区居民、政府等,良好的法律风险管理体系可以为企业赢得公众信任,有利于企业发展。④中国企业正在或已经进入全球市场,良好的法律风险管理可以有力提升企业管理水平,增强竞争力,获得市场的认可。

(二)创业退出风险防范的原则

公司总体上要按照事先防范、事中控制、事后补救的原则,依法预防和控制在清算阶段存在的法律风险,要求如下。

1. 事先防范原则

事先防范主要内容是指铲除法律风险存在的土壤,排除这种风险的可能性。因此,事先防范是公司法律风险防控的前提。如公司成立、合同签订之前的审查,公司重大决策做出前的风险评估等,这就要求公司通过规范化的运作,依照法律专业人员层层把关,逐步筛选和排查刑法法律风险,把这种可能性扼杀在萌芽状态。与事后补救相比,这种事先防范成本小、效益高,不需要通过相应的仲裁、诉讼等程序,就可以保障公司的良性正常运转。为了做到事先防范,这就要求领导层一定要有法律意识,增强防范刑事法律风险的责任感。

2. 事中控制原则

事中控制主要指公司在运作的过程中,通过完善法律工作机制,强化各个部门,直至各个人员的法律责任,实现公司法律风险的全方位防范和动态化监控,使风险在可控的范围内。事中控制与事后补救相比,也具有节约成本,极易控制风险的特点。因此,事中控制是公司法律风险防控的关键,是排除风险的最后一道关卡。如在对外投资、对外担保、合同管理、招投标管理、知识产权管理、债权债务管理、资产处置、纠纷案件管理等过程中,就要求企业要建立动态的防控体系,健全工作程序,完善各项规定制度,强化相应主体的责任意识,使刑事风险在事中控制的过程中逐步被消化和吸收。

3. 事后补救原则

事后补救主要指在法律风险出现时,通过公司内部的法律部门,及时与相应的司法机关沟通,积极配合,最大限度地避免或者挽回企业的经济损失。事后补救要求公司积极主动地开展司法救济,依法维护自身合法权益。事后补救与前面的事先防范和事中控制相比,经济成本比较大,相对比较被动。但是,为了维护自身的合法权益,还是要积极主动地配合相应的司法机关,最大限度地保障企业的各项权益,使自身的损失降到最低限度。

公司经营管理人员要牢固树立法律风险意识,把防范法律风险贯彻到公司的经营管理全过程。公司的管理人员要充分认识到防范法律风险的重要性,公司应当对自己的投资、合并与分立、融资与担保、债权与债务等重大的业务事项进行风险调查,由专业的法律人士进行集中风险分析,提交风险评估报告,为有效化解风险打下坚实的基础。对于极易发生法律风险的业务,公司内部应当建立刑事法律风险内控机制,可从权利授予、报告呈送、限时审批、责任审计、业务考评等几个程序,严格防控法律风险的出现。

(三)风险防范的具体措施

作为民事权利主体,企业与自然人一样,具有一定的生命周期。因为投资者自治原因或因企业存在行政、司法部门强制性原因而解散,解散后应依法清算。公司无论因何种原因解散,即陷入死亡边缘,对如何预防公司解散后清算中的法律风险,有如下几点建议。

1. 避免不及时清算

企业及其股东应在解散事由出现之日起15日内成立清算组进行清算;此外,还应注意,在清算期间,只申报债权,清算组不得对债权人进行清偿;不得开展与清算无关的经营活动。在清理公司财产、编制资产负债表和财产清单后,发现财产不足以清偿债务的,应当向人民法院申请宣告破产。企业经人民法院裁定宣告破产后,清算组应当将清算事务移交给人民法院。

2. 避免未经依法清算即注销登记

企业未经依法清算即办理注销登记,导致股东对公司债务承担相应的民事责任。清算组应当自公司清算结束之日起30日内向原企业登记机关申请注销登记。及时清算是保障股东、债权人以及相关利害关系人的重要程序,这是公司解散最为关键的一步,如果当公司在尚有资产的情形下及时清算,就可以将各方的损失降低到最低,及时止损才是最为明智的退出选择。清算完毕之后应该及时按照相应的程序进行注销登记,这样一个独立的法人人格标志着消灭,大学生创业尚未有足够的社会经验和工作能力,及时止损进入下一个目标,避免在一条弯路上一错再错,最终找到自己的定位,投入下个创业环节。

3. 避免清算方案未按正确顺序进行

我国《公司法》规定了清算的具体程序,对清偿顺序也进行了详细的程序规定,以最大限度地保障各方主体的利益,体现司法的人文主义理念。因此,在清偿过程中,清算组应该按照法律规定的顺序进行清偿,避免更多纠纷的产生。执行未经确认的清算方案给企业或者债权人造成损失,清算组承担赔偿责任。企业自行清算的,清算方案应当报股东会或者股东大会决议确认;人民法院组织清算的,清算方案应当报人民法院确认。未经确认的方案,清算组不得执行。进行支付时,严格按照下列顺序进行:清算费用、职工工资和劳动保险费用、缴纳所欠税款、清偿公司债务,股东分配剩余财产。

4. 避免公司僵局致使企业解散

如果企业代表利益的各方股东约定的股权比例不合理,导致股东意见不一致时,无法形成决议,企业易陷入僵局。建议基于我国公司法上"约定优先于法定"的基本精神,且公司法赋予了股东在章程中很大的自治空间,公司股东事先在公司章程或股东协议中进行前瞻性规制,事先对如何避免和化解僵局作出规定,这是当事人应该优先考虑的方向,可以最大限度地避免僵局的产生。在章程中设置专门的僵局解决条款,在该条款中设定僵局的认定标准,比如:当公司决议事项持续多长时间不能通过或多少次提上股东会不能通过时,视为公司僵局的产生;可以在该条款中设定僵局的多路径解决方式,比如设置协商、调解、仲裁等多层次解决方式,还可以在条款中设置僵局发生时,调动法律顾问、行业协会、主管部门来帮助化解僵局。

5. 避免股东会解散决议瑕疵

大股东或者控股股东认为公司经营困难,自行解散公司,但因未达到法律规定的解散要求,导致决议无效,股东对公司债务承担连带责任。建议严格按照股东会决议解散公司流程进行,有限责任公司经代表2/3以上表决权的股东通过;股份有限公司经出席股东大会的股东所持表决权的2/3以上通过,才可以作出解散公司的决议。

6. 避免司法解散诉讼的主体资格错误

如果解散公司的诉讼主体错误,可能导致法院不予立案或判决驳回诉讼请求。作为诉讼主体的原告资格是明确的,即"持有公司全部股东表决权10%以上的股东",可提起公司司法解散诉讼。股东提起解散公司诉讼应以公司为被告。原告将其他股东一并提起诉讼的,应将其他股东列为第三人。[①]

【案例分析】

王某与某矿产公司解散纠纷案[②]

基本案情:2015年,持有矿产公司26%股份的王某与矿产公司在两年多未召开股东会情况下,各自主动召集股东会,因各种原因未能召开。王某遂

[①] "民营企业常见法律风险防范指引",http://www.sohu.com/a/323405095_100019400,最后访问日期:2019年11月20日。

[②] 参见天津市第二中级人民法院(2016)津02民终2669号民事判决书。

以矿产公司由尤某父子控制,公司严重亏损、资金短缺等经营性困难为由,诉请解散公司。

裁判结果:

1. 法院认为在本案中,王某并未就矿产公司组织机构运行存在严重内部障碍提供充分证据。根据法院调查核实情况看,矿产公司虽连续两年以上未能召开股东会,但近期王某及矿产公司各自均有主动召集股东会意思表示,亦均存在主动召集股东会行为,最终未成功召开股东会原因并非双方主观不愿意召开,而是受其他各种因素影响而未能召开。鉴于双方均有主动召集股东会意愿,在各方协商一致基础上,仍存在召开股东会解决公司内部问题机会,仍具有召开股东会并形成有效决议可能性,故认定矿产公司经营管理发生严重困难的事实依据不足。

2. 王某对所诉称矿产公司经营管理发生其他严重困难,如五年多时间未进行分红、通过关联交易转移巨额利润,其继续存续将会使王某股东利益受到重大损失等问题并未提供充分证据证实。同时,公司是否进行分红以及是否存在关联交易转移巨额利润情形,均涉及公司股东利润分配等权益是否受损害问题。故判决驳回王某诉请。

案例评析: 根据《最高人民法院关于适用〈中华人民共和国公司法〉若干问题的规定(二)》第1条的规定,判断公司经营管理是否出现严重困难,应从公司组织机构运行状态进行综合分析,其侧重点在于判断公司管理方面是否存在着严重内部障碍,如股东会机制失灵、无法就公司经营管理进行决策等,不应片面理解为公司资金缺乏、严重亏损等经营性困难。根据《最高人民法院关于适用〈中华人民共和国公司法〉若干问题的规定(二)》第1条第2款的规定,公司经营中存在的损害股东利润分配权益等情形并非提起公司解散诉讼的法定事由。况且,公司是否分红以及是否进行关联交易均属公司实体经营方面问题,并不属公司经营管理出现严重困难情形,不应适用前述司法解释第1条第4项,即经营管理发生其他严重困难,公司继续存续会使股东利益受到重大损失情形的规定。

【项目训练】

<h3 style="text-align:center">模拟公司清算项目</h3>

基本案情: 2016年6月,为取得某市烟草特许经营权,A公司(占股70%)与B公司(占股10%)、C公司(占股20%)共同投资设立新旺公司,注册地为某市文峰区。后因特许经营权问题项目无法继续实施。为减少损失,维护股东利益,2018年8月26日,新旺公司召开股东大会一致同意注销

公司并进行清算,并成立了清算组,发布了清算公告。经过初步核算,该公司尚有剩余资产约 100 万元。

2019 年 10 月,新旺公司完成了清算报告及税务清算的工作。在注销公司阶段,某市市场监督管理局要求新旺公司全体股东签署注销公司的股东会决议。但三方在签订注销决议时发生争议,B 公司、C 公司以投资失败为由要求 A 公司将 100 万元作为补偿,但 A 公司拒绝。新旺公司因此无法进行自行清算。2022 年初,A 公司诉至法院,要求对新旺公司进行强制清算。本项目具体的程序规则如下:

1. 新旺公司适用清算的类型

本案适用强制清算的法定情形。本案中股东 A 公司在 B 公司与 C 公司不及时办理工商注销登记产生诸多风险,造成财产损失,严重侵害到 A 公司的合法权益。因此,A 公司请求司法介入,符合强制清算的法定情形。

2. 强制清算的管辖权的确定

根据《关于审理公司强制清算案件工作座谈会纪要》(2009 年)通知的规定,对于公司强制清算案件的管辖应当分别从地域管辖和级别管辖两个角度确定。地域管辖法院应为公司住所地的人民法院,即公司主要办事机构所在地法院;公司主要办事机构所在地不明确、存在争议的,由公司注册登记地人民法院管辖。级别管辖应当按照公司登记机关的级别予以确定,即基层人民法院管辖县、县级市或者区的公司登记机关核准登记公司的公司强制清算案件;中级人民法院管辖地区、地级市以上的公司登记机关核准登记公司的公司强制清算案件。根据上述规定,本案中新旺公司的公司注册地为某市文峰区人民法院,故 A 公司应该向某市文峰区人民法院提交强制清算的申请。

3. 新旺公司强制清算的申请与审查

A 公司向某市文峰区人民法院申请强制清算时应当提交清算申请书及相关证据材料,由该法院的审判庭审查决定是否受理,一般情况下法院负责清算的审判庭应当更具案件具体情况决定是否召开听证会。若对书面材料无异议,可直接采用书面方式进行审查。

4. 新旺公司强制清算案件的受理

人民法院应当在听证会召开之日或者自异议期满之日起 10 日内,依法作出是否受理强制清算申请的裁定。

5. 相关申请费用和清算人员报酬的计算标准

本案中新旺公司并未破产,因此清算费用由人民法院从剩余的 100 万中先行扣除。公司股东、实际控制人或者股份有限公司的董事担任清算组成员的,不计付报酬。上述人员以外的有限责任公司的董事、监事、高级管理人员,股份有限公司的监事、高级管理人员担任清算组成员的,可以按照其上一年度的平均工资标准计付报酬。中介机构或者个人担任清算组成员的,其报酬由中介机构或者个人与公司协商确定;协商不成的,由人民法院参照《最高人民法院关于审理企业破产案件确定管理人报酬的规定》确定。

6. 新旺公司清算顺位

新旺公司清算应该制定清算方案,并报法院确认。公司清算方案经法院确认后,法院按清算方案执行,清偿顺序为:支付清算费用;支付职工工资、社会保险费用和法定补偿金;缴纳所欠税款;清偿公司债务;分配剩余财产。

项目训练要求:请按照本案案情,将新旺公司的清算程序分组进行模拟。要求参与的学生分角色扮演A公司、B公司、C公司以及各代理人,根据本案案情分别设计起诉状、答辩状以及准备相关证据,另选学生拟扮演法官、书记员等开展庭审活动,并撰写判决书。在案件审理结束后,参与项目训练的学生还应按照规范要求整理本案的诉讼材料,装订成册保存。

第十一章

创业争议解决法律实务

【案例导入】

案情简介①:2012年3月,苏某与A区人民政府某街道办事处签订《商业用房租赁合同》,约定将街道办位于A区综合楼4楼商业用房出租给苏某,租赁期限为15年,租金采用分年方式支付;苏某利用承租房屋的经营范围仅限于教育、培训及相关行业。房屋租赁后,苏某、何某与周某三方共同缴纳了部分租金。

2012年5月,苏某与周某、何某签订《合伙出资协议》,约定三人共同出资设立培训学校经营教育培训业务,住所设在位于A区某综合楼4楼,注册资本为100万元,其中苏某出资30万元,何某出资40万元,周某出资30万元;全体合伙人同意指定苏某为法定代表人,何某为业务校长,周某为财务负责人;全体合伙人一致同意,学校设立后合伙人按照苏某44%、周某24%、何某32%的比例分红;合伙经营不能时,经全体合伙人一致同意,可停止运营,财产处置时各合伙人按出资享有权利和承担义务;协议有效期为15年。上述协议签订后,三方按约投入资金,但未按协议约定在市场监管部门注册成立学校,而是以该校的名义在A区某综合楼4楼开展教育培训,并购置了空调等固定资产。

2013年9月5日,苏某、周某、何某对2012年12月至2013年8月期间收支进行结算,余额为19万元,该款项由苏某保管,后合伙事务的财务资料由周某、何某管理,其现金日记账显示,2013年9月至2015年2月期间的收支余额为38万元,该款项由周某、何某保管。三方对盈余分配和合伙是否存

---

①参见四川省成都市中级人民法院(2017)川01民终3861号民事判决书。

续发生了争议,三方经某人民调解委员会调解,未能达成调解协议。苏某向某市仲裁委员会申请网上仲裁,仲裁委员会以三方未约定仲裁为由不予受理;苏某遂向一审法院起诉,请求判决解除苏某与周某、何某之间的合伙关系,判决对苏某与周某、何某合伙期间的债权债务进行清算,判决周某、何某返还其实际占有的由苏某承租的位于 A 区综合楼 4 楼的房屋,案件诉讼费由周某、何某承担。

裁判结果:一审法院判决苏某退出其与周某、何某所成立的个人合伙,苏某分得合伙财产的现金 12 万元、空调挂机 2 套和柜机 2 套,周某、何某于判决发生法律效力之日起 10 日内向原告苏某支付苏某退出合伙关系后应分得的前述款项和空调,驳回苏某的其他诉讼请求,案件受理费 600 元,由周某、何某负担 400 元,由苏某负担 200 元。周某、何某不服,向上级人民法院提起上诉,二审法院经过审理,驳回上诉,维持原判。

创业启示:苏某、何某与周某选择了设立合伙的形式创业,但在创业过程中,三方合伙人就利润分配、合伙存续等问题发生争议,导致创业组织难以为继,在苏某等创业者通过自行协商无法解决创业争议时,又能够选择何种方式解决创业当中发生的法律争议呢?本案中,苏某、何某与周某创业三方在争议发生后,首先选择了自行协商的方式,但协商未果。此后,三方选择向人民调解委员会申请调解,但调解不成,仍未能解决争议。之后,苏某向某市仲裁委员会申请网上仲裁,仲裁委员会以三方未约定仲裁为由不予受理。最后,苏某向一审法院起诉,一审法院经过审理,作出了一审判决,由于何某与周某不服一审判决,向上一级人民法院提出上诉,二审法院经审理,维持了一审判决,本案宣告终结,苏某、何某与周某的创业纠纷得以通过司法裁判方式最终得到解决。由此可见,针对创业当中所发生的各类民事纠纷,当事人可以选择自力救济方式予以解决,也可以选择通过不动用公权力的社会第三方进行社会救济,还可以选择司法审判等公力救济方式予以解决。另外,在创业活动中,创业者或创业企业必须处理与各种行政监管者之间的法律关系,也难免与行政主体之间发生行政争议,行政争议的解决,也有一套特定的法律救济系统,创业者必须对此有一定的认识。同时,创业活动中故意或过失的违法行为,可能使创业者走上违法犯罪的道路,创业者了解创业的刑事法律风险和刑事责任追诉体系,也有助于创业者防范法律风险,正确救济权利。综上所述,即使社会分工明确、诸多创业涉法事务可以委托专业法律工作者解决的今天,创业者仍然应当熟知创业争议解决的基本法律方式和操作方法,以便于及时解决创业实践中所发生的纠纷,保障创业者在创业中的合法权利得以及时、正确的救济。

第一节　创业法律争议类型化

一、创业法律争议概述

争议,即纠纷。创业企业是多项经济活动的综合体,经济活动中难免会产生纠纷,因此,在创业活动中所产生的一切与法律权利义务有关的纠纷,均可以被界定为创业法律争议。具体而言,创业企业从设立阶段签署合作协议、融资,到办理企业设立法律手续,再到企业设立后内部治理结构的设计运行、人力资源管理、经营合同业务、税收税务办理、知识产权维护、企业分立和合并等经营性事务,甚至创业企业清算、解散、注销等,每一项活动的实质均为一个法律行为,在诸多法律行为所形成的法律关系协调中,都存在一定的法律风险,处理不当即可能引发法律争议。

上述法律争议,可能存在于创业者之间,也可能存在于创业企业与其他民商事主体之间,但该类争议均为平等主体之间基于人身关系和财产关系所产生的横向的民商事纠纷,即民事争议,该类争议具有纠纷主体法律地位平等、纠纷内容为民事权利义务、纠纷具有可处分性等特征[1],创业企业可以采用协商、调解、仲裁、诉讼等民事争议解决机制加以解决;同时,创业活动必须接受来自政府监管部门的监管,政府部门对创业企业的监管过程中,又极易引发创业企业与政府监管部门之间的争议,该类争议是创业企业作为行政相对人,与作为政府监管部门的行政主体之间的纵向的行政纠纷,即行政争议,该类争议关乎创业企业基本权利的维护,甚至决定创业企业的生死存亡,创业者或创业企业可以采用行政复议、行政裁决、行政诉讼等方式予以救济。另外,创业活动必须在法律框架内进行,创业行为超出法律规定的限度,也有可能引发创业者或创业企业的刑事法律风险,如,创业企业设立阶段可能面临虚假出资罪、虚报注册资本罪、抽逃出资罪等刑事风险,创业企业融资可能涉及非法集资罪、贷款诈骗罪、集资诈骗罪、高利转贷罪、擅自发行股票债券罪、内幕交易、泄露内幕信息罪、诱骗投资者买卖证券罪以及操纵证券交易价格罪等刑事风险,创业企业经营管理过程中,可能涉及生产销售伪劣产品罪、逃税罪、抗税罪、骗取出口退税罪、行贿罪、职务侵占罪等

---

[1] 吴英姿:《民事诉讼法:原理与实训》,南京大学出版社,2014年版,第2页。

多种刑事法律风险,创业者对上述风险的防范意识和防范措施直接决定了创业活动的兴衰成败。

二、创业法律争议类型化

按照创业活动中法律关系的不同,可以将创业法律争议区分为创业民事法律争议、创业行政法律争议和创业刑事法律风险三种不同类型的争议,不同类型的法律争议,其风险防控手段和解决机制也会不同。

(一)创业民事法律争议

创业企业设立、运行、注销等各个环节,无论是创业者之间还是创业者及创业企业对外开展经营活动,都会发生一定的民事法律行为,形成一定的民事法律关系,与此同时,也存在着产生民事争议的风险。依据创业不同阶段为标准,可以将创业过程中可能潜在的民事法律争议分为七个种类①:

1. 创业企业组织创设法律争议

无论创业企业组织形式是选择个体工商户,还是合伙,抑或公司,创业企业组织创设首先必须面对资本募集、投资协议签订、创业企业组织形式选择等问题,不少创业企业还存在设立不能的风险,设立不能后设立协议解除、出资人或发起人责任承担等问题的解决,都可能引发创业者之间以及创业者与第三人之间的物权、债权、知识产权等民事法律争议,这些争议可以被统称为创业企业组织创设法律争议。

2. 创业企业组织运行法律争议

创业企业组织运行过程中,基于投资者权益保障和创业企业主体资格变动等,都可能引发相关的法律争议,不同的创业企业组织,在运行中会发生不同的争议:

(1)就合伙型创业组织而言,其组织运行法律争议的类型主要包括入伙争议和合伙企业财产转让争议等。

(2)就公司型创业组织而言,其组织运行法律争议的类型主要包括股东资格确认争议、股东名册记载争议、请求变更公司登记争议、股权转让争议、公司决议争议、公司证照返还争议、公司盈余分配争议、公司合并争议、公司分立争议、公司增资或减资争议等。

---

① 创业民事法律争议是依据创业企业创设、运营、解散等过程,在参考《最高人民法院民事案由规定》所确定的纠纷类型基础上归纳总结得出的分类,但列举式的表述方法难免产生创业民事法律争议的遗漏,创业实践中可视具体情况再作处理。

(3)就其他类型的企业组织形式而言,其组织运行法律争议的类型主要包括出资人权益确认争议、侵害企业出资人权益争议、企业公司制改造合同争议、企业股份合作制改造合同争议、企业债转股合同争议、企业分立合同争议、企业租赁经营合同争议、挂靠经营合同争议、企业兼并合同争议、中外合资经营合同争议、中外合作经营企业合同争议等。

3. 创业企业融资法律争议

创业者创办企业的核心要素是资本,创业企业融资形式多样,主要包括向金融机构借款、民间借贷、发行企业或公司债券、向社会公开募集资本、员工入股、风险投资融资、信托融资、众筹融资、对赌协议融资等[①]。融资形式不同,创业企业所面临的法律风险和所产生的法律争议也不同。依据上述融资方式,创业企业融资法律争议包括但不限于下列类型:金融借款合同争议、同业拆借争议、企业借贷争议、民间借贷争议、小额借款合同争议、保证合同争议、抵押合同争议、质押合同争议、定金合同争议、证券权利确认争议、证券交易合同争议、金融衍生品种交易争议、证券承销合同争议、证券回购合同争议、证券上市合同争议、证券发行争议、证券返还争议、证券欺诈责任争议、融资融券交易争议、期货交易争议、信托争议等。

4. 创业企业人力资源管理法律争议

人力资源是创业企业运行的重要支撑,创业企业从员工招聘、入职、培训,到管理、使用、福利薪金支付、社会保险缴纳,再到辞职辞退等不同环节,都可能存在着法律争议,总体而言,创业企业人力资源管理法律争议主要包括三大类:

(1)劳动合同争议。具体包括确认劳动关系争议、集体合同争议、劳务派遣合同争议、非全日制用工争议、追索劳动报酬争议、经济补偿金争议、竞业限制争议等。

(2)社会保险争议。具体包括养老保险待遇争议、工伤保险待遇争议、医疗保险待遇争议、生育保险待遇争议、失业保险待遇争议等。

(3)福利待遇争议等。此外,企业人力资源管理过程中还可能发生劳务合同争议、离退休人员返聘合同争议等法律争议。

5. 创业合同法律争议

创业企业的运营过程,即为对外交易的过程,创业企业对外交易的载体主要是合同,合同签订、履行的不同环节,极易产生法律争议,创业企业运营

[①]邓辉:《创业法学》,复旦大学出版社,2015年版,第105-145页。

过程中的合同法律争议种类繁多,一般而言,主要包括:缔约过失责任争议、确认合同效力争议、债权人代位权争议、债权人撤销权争议、债权转让合同争议、债务转移合同争议、债权债务概括转移合同争议、悬赏广告争议、买卖合同争议、招标投标合同争议、拍卖合同争议、建设用地使用权合同争议、临时用地合同争议、探矿权转让合同争议、采矿权转让合同争议、房地产开发经营合同争议、房屋买卖合同争议、房屋拆迁安置补偿合同争议、供用电合同争议、供用水合同争议、供用气合同争议、供用热力合同争议、赠与合同争议、借款合同争议、担保合同争议、银行卡争议、租赁合同争议、承揽合同争议、建设工程合同争议、运输合同争议、保管合同争议、仓储合同争议、委托合同争议、委托理财合同争议、行纪合同争议、居间合同争议、补偿贸易合同争议、借用合同争议、典当争议、合伙协议争议、承包合同争议、服务合同争议、演出合同争议、广告合同争议、展览合同争议、追偿权争议等。

6. 创业知识产权法律争议

创业过程中,知识产权问题是创业者必须面对的问题,无论是以知识产权出资,还是创业企业自有知识产权的保护和维权,都存在着发生争议的可能性。创业中的知识产权民事法律争议,主要包括著作权合同争议、商标合同争议、专利合同争议、植物新品种合同争议、集成电路布图设计合同争议、商业秘密合同争议、技术合同争议、特许经营合同争议、特殊标志合同争议、网络域名合同争议、知识产权职业合同争议、著作权权属及侵权争议、商标权权属及侵权争议、专利权权属及侵权争议、植物新品种权属及侵权争议、侵害企业名称(商号)争议、侵害特殊标志专有权争议、网络域名权属及侵权争议、发现权争议、发明权争议、确认不侵害知识产权争议、因申请知识产权临时措施损害责任争议、因恶意提起知识产权诉讼损害责任争议、专利权宣告无效后返还费用争议、仿冒争议、商业贿赂不正当竞争争议、虚假宣传争议、侵害商业秘密争议、低价倾销不正当竞争争议、捆绑销售不正当竞争争议、有奖销售争议、商业诋毁争议、串通投标不正当竞争争议、垄断争议、滥用市场支配地位争议等。上述知识产权和不正当竞争争议仅涉及争议的大类,基于争议的具体内容,上述各类争议仍可以进一步细分,《最高人民法院民事案由规定》对此有非常明晰的划分,创业实践中可以对照案由规定细化操作。

7. 创业退出法律争议

创业过程中,无论是基于创业目的的达成,还是创业失败终止创业,都可能涉及创业退出问题,创业退出可以通过自行协商清算并注销企业的方式退出,但也有部分创业者,可能会因利益争议无法协商解决创业退出纠纷,甚至出现公司僵局,需要借助于司法途径解决创业退出问题。具体而言,创业退出法律争议主要包括合伙企业退伙争议、公司解散争议、申请公司清算争议、清算责任争议、上市公司收购争议等。

(二)创业行政法律争议

创业者的创业过程,必须在国家法律框架下进行,创业组织作为营利性的社会组织,其从设立、运营到最终消灭主体资格,都不可避免地与行政监管主体发生各种法律关系,甚至发生各种利益冲突,因此,创业中行政法律争议的产生也在所难免,创业者必须对其有充分的了解,才能在创业过程中妥善处理与行政监管主体的关系,保障创业活动的有序进行,维护创业企业合法权益。以创业者创业过程中可能面临行政监管的具体行政行为种类为标准,创业行政法律争议①主要包括行政处罚争议、行政强制争议、行政裁决争议、行政确认争议、行政登记争议、行政许可争议、行政批准争议、行政命令争议、行政撤销争议、行政检查争议、行政合同争议、行政奖励争议、行政补偿争议、行政执行争议、行政受理争议、行政给付争议、行政征用争议、行政征购争议、行政征收争议、行政划拨争议、行政规划争议、行政救助争议、行政协助争议、行政允诺争议及其他行政争议。

(三)创业刑事法律风险

创业者的创业过程,同样存在着刑事风险,把控不好,即有可能坠入犯罪的深渊,创业之路也会毁于一旦。一般而言,创业者可能面临刑法中所规定的几乎所有刑事法律风险,但从创业实践看,创业者或创业组织所面临的刑事犯罪一般可能包括如下几类:

(1)危害国家安全类犯罪,如资助危害国家安全犯罪活动罪。

(2)危害公共安全类犯罪,如重大责任事故罪、强令违章冒险作业罪、重大劳动安全事故罪等。

(3)破坏社会主义市场经济秩序类犯罪,如生产、销售伪劣商品罪,走私罪,虚报注册资本罪,虚假出资或抽逃出资罪,欺诈发行股票或债券罪,违规披露或不披露重要信息罪,妨害清算罪,虚假破产罪,隐匿或故意销毁会计凭证及会计账簿或财务会计报告罪,非法经营同类营业罪,擅自设立金融机构罪,高利转贷罪,非法吸收公众存款罪,伪造或变造股票及公司或企业债券罪,洗钱罪,集资诈骗罪,贷款诈骗罪,票据诈骗罪,保险诈骗罪,逃税罪,

---

① 参见最高人民法院关于规范行政案件案由的通知(法发〔2004〕2号)。

骗取出口退税罪、虚开发票罪、持有伪造的发票罪、侵犯知识产权罪、损害商业信誉或商品声誉罪、虚假广告罪、串通投标罪、合同诈骗罪、强迫交易罪、提供虚假证明文件罪、出具证明文件重大失实罪等。

（4）侵犯公民人身权利或民主权利类犯罪，如过失致人死亡罪、非法拘禁罪、诬告陷害罪、强迫劳动罪、雇用童工从事危重劳动罪、侵犯公民个人信息罪等。

（5）侵犯财产类犯罪，如诈骗罪、侵占罪、挪用资金罪、拒不支付劳动报酬罪。

（6）妨害社会管理秩序类犯罪，如妨害公务罪，煽动群众暴力抗拒法律、行政法规实施罪，伪造、变造、买卖或者盗窃、抢夺、毁灭国家机关公文、证件、印章罪，伪造公司、企业、事业单位、人民团体印章罪，伪造、变造、买卖身份证件罪，非法侵入计算机信息系统罪，非法利用信息网络罪，组织、领导或参加黑社会性质组织罪，开设赌场罪等。

（7）妨害司法类犯罪，如拒不执行判决或裁定罪、非法处置查封或扣押或冻结的财产罪等。

（8）破坏环境资源保护类犯罪，如污染环境罪、擅自进口固体废物罪、破坏性采矿罪、非法占用农用地罪等。

（9）贪污贿赂类犯罪，如行贿罪、对单位行贿罪、介绍贿赂罪、单位行贿罪等。

第二节 创业法律争议解决机制

一、民事争议解决机制

民事争议是平等主体之间发生的、以民事权利义务为内容的争议，创业者或创业组织在创业过程中难免与交易对象发生不同类型的民事争议，那么，创业者面对创业民事法律争议又如何解决呢？按照创业者或创业组织所能依赖的争议解决主体为标准，可以将创业民事争议解决机制划分为自力救济、社会救济和公力救济三类。

（一）自力救济

自力救济，俗称"私了"，顾名思义，即依靠自己的力量解决民事争议，创业者或创业组织在民事争议发生后，可以通过与合作对象或交易对象进行协商、和解等方式自行解决争议,自力救济是创业民事法律争议解决的有效途径,可以高效、平和地解决创业过程中发生的争议。创业实践中,本着诚信、互谅互让的原则,大部分纠纷可以通过创业者与交易对方自行协商解决。当然,自力救济要建立在创业民事争议主体尚能相互信任、有效沟通的基础上,且自力救济必须以现行法律框架为基础,超出法律允许的幅度进行自力救济,如,采用欺诈、暴力威胁、非法拘禁等方式解决创业民事法律争议则在法律禁止之列,违法的自力救济方式不仅于事无补,还可能造成更为严重的法律后果,可能要承担相应的违法责任。

(二)社会救济

社会救济,即创业者或创业组织借助于社会力量解决创业民事法律争议,但争议解决所借助的社会力量不包括国家公权力的介入。一般而言,社会救济主要包括作为社会第三方参与的调解和仲裁等。

1. 调解

就调解而言,包括一般社会第三方调解、人民调解、律师调解、行政机关调解等,争议当事人可以将创业民事争议提交有关社会主体居中斡旋和调处,调解成功并履行,则争议解决,调解不成功,则可以寻求其他纠纷解决主体解决。需要注意的是,利用调解方式解决创业民事法律争议,创业者需要知悉调解机制可能产生的效力和风险。一般情况下,创业者选择在创业园区、创业组织所在地人民调解组织、律师、行政机关等主体主持下调解创业争议,若能够达成调解协议并履行的,则创业争议不复存在;如果未能达成调解协议,或不愿意选择调解,则只能选择诉讼或其他纠纷解决方式解决创业争议;还有一种情况,创业者虽能够与交易对象达成调解协议,但无法及时履行,则仍然存在纠纷不能解决的风险,此时,创业者可以选择与交易对象协商,在调解协议达成以后的1个月内向人民法院申请调解协议司法确认,若调解协议经人民法院审查,符合合法、自愿等原则的,则人民法院可以作出调解协议司法确认的裁定书,裁定书可以作为申请人民法院强制执行的依据,一方拒绝履行,另一方可以申请人民法院强制执行。

2. 仲裁

按照现行法律规定,仲裁可以分为三类,第一类是商事仲裁,第二类是劳动争议仲裁,第三类是农村土地承包经营纠纷调解仲裁。对于创业者而言,创业过程中可能会产生不同的争议,不同争议可以选择不同的争议解决机制予以解决。

(1)商事仲裁。依据《中华人民共和国仲裁法》的规定,商事仲裁与民事诉讼之间的关系为"或裁或审",如果创业争议是合同争议或其他财产争议,则该类争议属于商事仲裁解决的范畴,纠纷发生前或纠纷发生后,创业者可以选择与交易对象达成商事仲裁协议,排除法院对该类纠纷的司法管辖权,将创业纠纷提交商事仲裁机构调解或裁决。商事仲裁机构作出调解书或裁决书,则一裁终局,一方不履行调解书或裁决书,对方可选择向人民法院申请强制执行。商事仲裁作为商人解决商事争议的机制,具有经济、专业、高效、保密等特征,符合创业者快速、高效解决创业争议的现实需求。创业者有权利选择请求人民法院撤销仲裁裁决,如果仲裁裁决被撤销,则创业法律纠纷回到原始起点,视为自始未解决,此时,创业者可以选择重新达成仲裁协议申请仲裁,也可以放弃社会救济,向人民法院提起民事诉讼,寻求公力救济解决创业法律争议。

(2)劳动争议仲裁。创业者创业过程中,其创业组织必然会与劳动者产生劳动合同法律关系,无论是书面劳动合同关系,还是事实劳动关系,一旦劳动者与创业组织之间因劳动合同法律关系发生争议,若协商解决不能,则可能选择第三方解决。依据《中华人民共和国劳动争议调解仲裁法》,劳动争议纠纷解决实行"一裁两审终局"制度,劳动争议发生后,若协商或调解不能,则创业组织或劳动者必须先行向劳动争议仲裁委员会申请仲裁,劳动争议仲裁委员会作出仲裁裁决后,若双方均认同,则法定起诉期限届满,劳动争议仲裁裁决书生效,一方不履行,另一方可以申请人民法院强制执行;若一方或双方不认同劳动争议仲裁委员会作出的仲裁裁决,除特殊情形外,双方均可自收到裁决书之日起30日内向人民法院提起民事诉讼解决劳动争议,但需要注意的是,未经劳动争议仲裁委员会仲裁的劳动争议,创业者或劳动者均不能向人民法院提起民事诉讼。

(3)农村土地承包经营纠纷仲裁。创业者涉农创业过程中也可能发生农村土地承包经营争议,依据《中华人民共和国农村土地承包经营纠纷调解仲裁法》的规定,农村土地承包经营争议仲裁与民事诉讼之间的关系较为松散,因此,创业者如果在涉农创业过程中发生农村土地承包经营争议,可以选择农村土地承包经营纠纷仲裁委员会仲裁,对仲裁裁决不服,可以自收到裁决书之日起30日内向人民法院起诉,逾期不起诉,裁决书即发生法律效力,一方不履行,则对方可以申请人民法院强制执行;当然,创业者也可以选择不向农村土地承包经营纠纷仲裁委员会申请仲裁,而直接向人民法院提起民事诉讼解决争议。

（三）公力救济

公力救济是借助国家公权力、按照法定的程序解决平等主体之间民事争议的纠纷解决机制，一般而言，民事争议公力救济主要包括行政裁决和民事诉讼等。

1. 行政裁决

行政裁决是指行政机关或法定授权的组织，依照法律授权，对当事人之间发生的、与行政管理活动密切相关的、与合同无关的民事纠纷进行审查，并作出裁决的具体行政行为。行政裁决作为特殊的纠纷解决机制，常见的主要包括三类，即自然资源权属争议、专利强制许可使用费争议和劳动工资及经济赔偿补偿争议。创业实践中，创业主体难免发生与自然资源、专利、劳动争议等相关纠纷，针对创业争议，创业者即可以选择行政裁决机制予以解决。

（1）自然资源权属争议。创业者在创业过程中，可能就土地、矿藏、水流、山岭、草原、荒地、滩涂、海域等自然资源的所有权或使用权与他人发生争议，该类争议由当事人协商解决，协商不成，创业者可以申请人民政府通过行政裁决方式处理。

（2）专利强制许可使用费争议。创业者在创业过程中，可能就其所享有的专利权与取得实施强制许可的主体针对专利使用费发生争议，也可能作为取得强制实施专利许可的人与专利所有权人发生使用费争议，争议发生后，双方可以协商解决，协商不成的，可将争议提交国家知识产权局进行行政裁决。

（3）劳动工资、经济赔偿、补偿争议。创业主体创业过程中，不可能回避劳动争议，如果劳动者认为创业主体克扣或者无故拖欠劳动者工资、拒不支付劳动者延长工作时间工资报酬、低于当地最低工资标准支付劳动者工资，或者解除劳动合同后未依法给予劳动者经济补偿，则创业主体与劳动之间就发生了劳动工资、经济赔偿、补偿争议，此时，劳动行政部门会责令创业者支付劳动者的工资报酬、经济补偿，并可以责令支付赔偿金，创业者遭遇类似争议，需要劳动行政部门介入处理。

2. 民事诉讼

创业者在创业过程中，无论是创业准备阶段，还是创业运营期间，都不可避免地要与同为平等主体的自然人、法人、其他组织发生经济或其他交易，产生广义上的民事法律关系。一旦创业主体与交易对象发生民事争议又不能通过自力救济或社会救济方式解决时，按照民事争议"司法最终解决"原则,当事人可以选择向人民法院提起民事诉讼解决创业法律争议。人民法院按照民事诉讼程序,做出民事裁判,或通过调解方式解决创业民事法律争议。民事诉讼实行两审终审,民事裁判生效即具有强制执行力,创业者胜诉后,对方当事人不履行生效裁判,则创业者可以申请人民法院强制执行。

3. 民事非诉

创业者在创业过程中,与交易对象发生民事争议,可以通过民事诉讼方式解决,同时,对于没有争议但法律关系处于不确定状态的事项,也可以通过民事非诉程序予以解决,如,担保物权人可以通过向人民法院申请启动实现担保物权程序,经人民法院审查可以裁定拍卖担保物以实现其担保物权;再如,对于创业过程中发生的民事争议,若经人民调解委员会调解达成协议,则纠纷双方可以申请人民法院启动人民调解协议司法确认程序,若经人民法院审查,调解协议符合自愿、合法原则,则人民法院可以裁定确认人民调解协议合法有效,之后任何一方不履行确认裁定,则对方可以申请人民法院强制执行生效裁定。

随着科技进步,特别是网络科技的发展,无论是自力救济、社会救济,还是公力救济,在纠纷解决载体上,都可以借助科技手段采用在线纠纷解决方式解决创业民事法律争议。目前,在线争议解决方式较为成熟的是网络仲裁和网络诉讼,国内部分仲裁机构已经具备在线仲裁的条件,人民法院也在探索互联网审判,除在北京、杭州等地设立互联网法院,专司互联网争议审判职能外,全国普通法院也在推进法院信息化工作,借助互联网技术、人工智能、大数据推进在线审判和智慧司法。创业者在遭遇创业民事法律争议时,也可以充分利用在线争议解决机制高效、快捷的解决争议,维护自身合法权益。

二、行政争议解决机制

行政争议是行政主体在行政管理过程中就行政管理行为与行政相对人所发生的争议。创业的过程是市场主体创设、运营甚至消亡的过程,所有过程都离不开行政主体的监管或服务,行政监管或服务几乎贯穿于创业全部过程,一旦创业主体认为行政主体的管理行为侵害其合法权益,双方就会发生行政法律争议。行政争议的救济途径,主要包括行政复议和行政诉讼两类。

(一)行政复议

创业者创业过程必须遵守行政法律法规,接受行政监管,行政执法机关对创业活动进行监管,若发现创业者违反行政监管法律法规,则会对创业者做出行政处罚等行政行为。创业者对行政执法机关的具体行政行为不服,可以依据《行政复议法》向设立行政机关的政府或行政机关的上一级机关申请行政复议,请求复议机关撤销或变更行政行为,维护创业主体的合法权益。创业者创业过程中,基于不同的创业类型,可能与市场监管、税务、生态环保、交通运输、海关、商务、文化旅游、劳动社会保障、金融监管机关、安全监督等几乎所有的行政监管机关产生行政监管与被监管法律关系,如果创业者认为行政执法机关的行政许可、行政处罚、行政强制、行政给付、行政征收、行政征用、行政确认、行政不作为等具体行政行为违法或不当,有权依据《行政复议法》及相关部门行政法的规定提起行政复议寻求救济。

(二)行政诉讼

创业自然人、法人或其他组织对于行政主体的行政行为不服,有权向人民法院提起行政诉讼,请求法院对行政主体的行政行为进行审查,判决撤销、确认、变更或履行行政行为,以维护其合法权益。行政诉讼的原告是认为行政主体的具体行政行为侵害其合法权利的自然人、法人或其他组织。行政诉讼的被告,一般是做出行政行为的行政机关、法律法规或规章授权的组织、委托行政行为的委托组织、组建临时行政机构的组建机关等,在自由选择行政复议和复议前置的情况下,如果复议机关改变复议结果,则复议机关为被告,复议机关维持具体行政行为的,则原机关和复议机关为行政诉讼被告,如果复议机关未实质审理,则对复议机关不服,复议机关为被告,对原行政行为不服,以原行政机关为行政诉讼被告。广义上,行政诉讼的受案范围主要包括具体行政行为、行政合同和部分抽象行政行为,具体行政行为的可受案范围包括行政处罚案件、行政强制案件、行政许可案件、行政确权案件、行政征收和征用案件、不履行法定职责案件、侵犯经营自主权案件、侵犯农村土地承包经营权和农村土地经营权案件、侵犯公民公平竞争权案件、违法要求履行义务案件、行政给付案件、反倾销和反补贴案件、政府信息公开案件等;行政合同可作为行政诉讼案件受案范围[①],具体包括特许经营合同、

[①] 关于行政合同是否必然属于行政诉讼受案范围,实务中存在一定的争议,如,国有土地使用权出让合同争议,部分法院按照行政诉讼案件处理,部分法院则按照民事合同争议进行处理,在约定仲裁的情形,也有商事仲裁机构通过仲裁裁决解决的情形。

房屋或土地征收补偿合同、治安处罚担保协议、行政强制执行和解协议、国家委托科研合同、国有土地使用权出让合同、公共工程承包合同、国家订货合同、管理型行政协议等；创业者在对具体行政行为或行政合同提起行政诉讼的同时，还可以一并要求人民法院对行政行为所依据的、除行政法规和规章之外的其他规范性文件进行抽象行政行为的附带审查。创业主体若对行政主体的具体行政行为、行政合同或部分抽象性行政行为不服，则可在行政复议后或直接以相应的行政主体为被告，提起行政诉讼，维护其合法权益。

三、刑事责任追诉机制

创业者创业过程中，如果严重违法，可能存在着刑事犯罪的风险，同时，创业者如果缺乏必要的法律风险意识，也可能面临被刑事侵害的风险。因此，创业者知悉刑事责任追诉机制，不仅有助于防止自身刑事风险的发生，同时也有助于在遭受刑事侵害后通过诉诸法律程序追究侵害者的法律责任，及时维护创业主体的合法权益。刑事责任追诉的途径主要包括自诉和公诉两种。

（一）自诉

根据《中华人民共和国刑事诉讼法》规定，自诉案件包括以下三类：

（1）对于侮辱、诽谤、暴力伤害婚姻自由、虐待、侵占等案件，被害人及其法定代理人或近亲属可以直接向人民法院提起刑事自诉要求追究被告人的刑事责任。

（2）对于故意伤害（轻伤害）、非法侵入他人住宅、妨害通信自由、重婚、遗弃、生产销售伪劣商品（严重危害社会秩序和国家利益的除外）、侵犯知识产权等可能判处3年以下有期徒刑以下刑罚的轻微刑事案件，被害人有证据证明的，可以提起自诉。

（3）被害人有证据证明对被告人侵犯自己人身、财产权利的行为应当依法追究刑事责任，而公安司法机关不予追究的案件。创业者在创业活动中，一方面要合法经营，坚决禁止发生生产销售伪劣商品、侵犯知识产权、侵害他人人身或财产权利等违法犯罪行为的发生，防范创业刑事犯罪风险，另一方面，对于创业过程中可能出现的被他人侵害财产权利或人身权利的轻微犯罪，创业者可以依据刑事诉讼法规定，借助自身力量，及时有效地向人民法院提起刑事自诉，请求人民法院追究被告人的刑事责任，以维护自身合法权益。

(二)公诉

公诉是依法享有刑事起诉权的国家机关代表国家向法院提起诉讼,要求法院通过审判确定被告人犯有被指控的罪行并给予相应刑事处罚的诉讼活动。根据《中华人民共和国刑事诉讼法》的规定,除了自诉案件外,刑事犯罪均按照公诉程序追诉,即,先由公安等侦查机关立案侦查,侦查机关侦查终结认为构成犯罪需要追究刑事责任的,移送检察机关审查起诉,最终由人民法院通过审判程序确定是否构成犯罪并决定给予何种处罚。创业过程中,创业者同样需要通过了解刑事追诉程序以防范刑事法律风险,同时,创业主体在遭遇诸如合同诈骗、串通投标、知识产权被侵害、集资诈骗等权益受损案件时,可以通过相应的刑事追诉程序,向刑事追诉机关寻求刑事司法救济,以维护创业主体的合法权益。

第三节 创业法律争议解决实务指引

创业者的创业过程,本质即为创业法律的运行过程,从创业组织的成立,到经营活动的运营,甚至到创业的终结,无不需要创业法律的支撑。创业者创业的过程中,可能会因为创业组织设立、融资、交易、聘用员工等民商事活动与其他民商事主体发生民商事争议,也可能会因为行政机关的行政管理和服务与行政管理机关发生行政争议,还可能因为创业活动的合规问题引发刑事犯罪,或因为其他主体的刑事犯罪行为而遭受侵害。无论是创业过程中的民事争议,还是行政争议,抑或刑事案件的解决,都需要依据法律规定的程序依法需求救济。因此,对于创业者而言,掌握各类争议解决的基本法律程序和一般操作流程,有助于创业者在创业过程中预防和解决创业法律争议,维护创业者和创业组织的合法权益,保障创业活动的顺利进行。

一、创业民事法律争议解决实务

民商事争议是私权争议,当事人可以根据争议情况和争议解决实际,按照法律规定的争议解决程序自行选择调解、仲裁、诉讼等争议解决方式。

(一)创业法律争议调解实务

调解是争议双方在第三方的主持下,本着互谅互让、平等协商原则,在遵守法律、行政法规及公序良俗的基础上,自愿达成协议,解决民事争议的活动。此处所讲的调解,区别于司法调解、仲裁调解等具有强制执行力的调解,主要指居委会、村委会、乡镇、街道以及社会团体或企事业单位设立的人民调解委员会的调解,也包括律师调解、委托调解等不具有强制执行力的第三方调解。创业者创业过程中发生民事争议,可以通过自行协商解决,若协商不成,可以依据《人民调解法》等法律的规定,寻求调解组织平等、高效、和谐地解决争议。在调解协议达成后,为了避免因调解协议无强制执行效力而发生违反调解协议或不履行调解协议的情形发生,调解双方还可以申请人民法院对调解协议进行司法确认,经人民法院司法确认后的调解书即具有了强制执行效力,一方当事人不履行,对方当事人可以申请人民法院通过强制执行方式实现调解协议的内容。具体而言,通过调解方式解决创业过程中发生的民事争议,应当注意以下三个方面的实务操作要点。

1. 调解组织选择实务操作要点

创业民事争议发生以后,若协商不成,创业者即可选择调解方式解决创业民事法律争议。依据《人民调解法》的规定,创业者可以选择所在地的居委会、村委会、乡镇、街道以及社会团体或企事业单位设立的人民调解委员会进行调解。此外,创业者也可以选择律师进行调解,可以选择争议管辖法院委托的调解组织进行调解,还可以申请区域性、行业性的人民调解委员会调解,人民调解委员会也可以主动介入创业民事争议的调解。创业者申请上述人民调解委员会调解民间纠纷,无需缴纳任何费用,调解员还需要保持中立,平和地调解争议,也不得向当事人索取、收受财物或者牟取其他不正当利益,更不得泄露当事人的个人隐私和商业秘密,调解组织的上述特点也是创业者选择调解解决创业法律争议的最大优势。

2. 调解程序运行实务操作要点

(1)启动调解程序。创业法律争议发生后,争议双方协商不成,可以就近向人民调解委员会申请调解,人民调解委员会也可以主动调解,但只要有一方明确拒绝调解的,则不得强制调解。

(2)调解人员的组成。争议进入调解程序后,人民调解委员会可以指定一名或者数名调解员进行调解,也可以由当事人选择一名或者数名调解员进行调解;在征得当事人同意后,还可邀请当事人的亲属、邻里、同事等参与调解,也可邀请具有专门知识、特定经验的人或有关社会组织的人员参与调解。当事人认为调解员与案件有利害关系或与另一方当事人有近亲属等关系可能影响公正调解的,有权申请调解员回避。

(3) 调解的进行。调解员组织当事人调解,应当坚持原则,释法析理,主持公道,调解可以采用面对面或背靠背的方式进行,调解过程中要充分听取当事人陈述,讲解法律、法规和国家政策,在当事人平等协商、互谅互让的基础上提出纠纷解决方案,帮助当事人自愿达成调解协议;对于当事人达不成协议或协议违反法律、法规或政策的,应当告知当事人可以依法通过仲裁、行政、司法等途径解决。

(4) 调解协议书的制作。调解达成协议的,可以制作调解协议书,当事人认为无需制作调解协议书的,可以采取口头协议方式,调解员应当记录协议内容。调解协议书格式示例如下:

人民调解协议书

编号:××民调〔年份〕……号

申请人:自然人姓名、性别、年龄、民族、职业、单位或住址;法人及社会组织的名称、地址、法定代表人姓名和职务。

申请人:自然人姓名、性别、年龄、民族、职业、单位或住址;法人及社会组织的名称、地址、法定代表人姓名和职务。

纠纷事实及争议事项:××××××,经多次协商未果,向本调委会提出申请,请求对该争议进行调解。经调解,双方自愿达成如下协议:

1. _____。
2. _____。
3. 协议履行方式、地点、期限:
   1) _____。
   2) _____。

本协议一式____份,当事人、人民调解委员会各持一份。

当事人(签名、盖章或摁指印):_____ 调解员(签名):_____

当事人(签名、盖章或摁指印):_____ 记录人(签名):_____

(人民调解委员会印)

____年____月____日

---

3. 调解协议履行实务操作要点

(1) 人民调解协议的效力。人民调解协议达成后,具有合同效力,但一方反悔或不履行,或经申请人民调解协议司法确认,但被人民法院驳回的,该协议不具有强制执行效力,另一方当事人可以向人民法院提起民事诉讼解决。

(2)人民调解协议的司法确认。人民调解协议达成后,双方当事人认为有必要,可以自调解协议生效之日起 30 日内共同向调解组织所在地基层人民法院申请司法确认,若经人民法院确认并制发确认裁定书,则人民调解协议被赋予了强制执行效力,一方当事人拒绝履行或者未全部履行的,对方当事人可以向人民法院申请强制执行。申请司法确认调解协议的申请书格式示例如下①:

申请书(调解协议司法确认)

申请人:×××,男/女,××××年××月××日出生,×族,……(写明工作单位和职务或者职业),住……。联系方式:……。

法定代理人/指定代理人:×××,……。

委托诉讼代理人:×××,……。

申请人:×××,男/女,××××年××月××日出生,×族,……(写明工作单位和职务或者职业),住……。联系方式:……。

法定代理人/指定代理人:×××,……。

委托诉讼代理人:×××,……。

(以上写明申请人和其他诉讼参加人的姓名或者名称等基本信息)

请求事项:

确认申请人×××与×××于××××年××月××日达成的……(写明调解协议名称)有效。

事实和理由:

××××年××月××日,申请人×××与×××经……(写明调解组织名称)主持调解,达成了如下调解协议:……(写明调解协议内容)。

申请人出于解决纠纷的目的自愿达成协议,没有恶意串通、规避法律的行为;如果因为该协议内容而给国家、集体或他人造成损害的,愿意承担相应的民事责任和其他法律责任。

此致

××××人民法院

附:调解协议及调解组织主持调解的证明等材料

申请人(签名或者盖章)

××年××月××日

---

①沈德咏:《民事诉讼文书样式(上)》,人民法院出版社,2016 年版,第 1252 页。

(二)创业法律争议商事仲裁实务[①]

商事仲裁是发生民商事争议的双方当事人根据其在争议发生前或争议发生后达成的协议,自愿将争议提交中立的商事仲裁机构进行裁决的争议解决方式。创业过程中,创业者与交易对方发生合同争议或其他财产争议,可以自愿选择通过商事仲裁方式解决争议。区别于司法、行政等救济途径,商事仲裁的自愿性、专业性、灵活性、保密性、快捷性、经济性和独立性决定了商事仲裁是解决创业民商事法律争议的最优途径之一。具体而言,通过商事仲裁方式解决创业过程中发生的民商事争议,应当注意以下四个方面的实务操作要点。

1. 商事仲裁协议实务操作要点

(1)商事仲裁的范围。依据《中华人民共和国仲裁法》,平等主体的公民、法人和其他组织之间发生的合同纠纷和其他财产权益纠纷,具有可仲裁性,可以通过商事仲裁方式解决,但婚姻、收养、监护、扶养、继承纠纷,以及依法应当由行政机关处理的行政争议,不能通过商事仲裁方式解决。此外,劳动争议和农业集体经济组织内部的农业承包合同纠纷的仲裁,不能通过商事仲裁方式解决,只能通过劳动争议仲裁和农业承包合同争议仲裁方式解决。

(2)商事仲裁机构。商事仲裁机构的设置,不是按照行政区划层层设置,仅在部分设区的市和省、自治区直辖市人民政府所在地的市设置,目前全国共设有商事仲裁机构250余家,其性质为民间纠纷解决机构[②]。商事案件仲裁实行"一裁终局"制度,管辖不受地域和标的额的限制,创业者创业中发生民商事争议,只要在仲裁协议中约定了明确的仲裁机构,仲裁机构即基于当事人的授权取得案件管辖权。

(3)商事仲裁协议。商事仲裁管辖权来源于当事人在仲裁协议中的授权,有效的仲裁协议,既可以是合同中的仲裁条款,也可以在合同之外另行

[①] 鉴于国内仲裁机构均有各自的仲裁规则,且仲裁规则存在部分差异,商事仲裁操作实务也存在着一定的差异,本部分关于商事仲裁操作实务的内容,以《中华人民共和国仲裁法》和《最高人民法院关于适用〈中华人民共和国仲裁法〉若干问题的解释》为基础,综合参考了北京仲裁委、广州仲裁委等仲裁机构的仲裁实务参考文献,主要对商事仲裁实务操作的一般程序和操作方法进行阐释,涉及具体案件的操作,应按照案件仲裁管辖原则,遵照受理案件仲裁机构的仲裁规则和实操要求执行。

[②] 北京仲裁委、北京国际仲裁中心:《中国商事争议解决年度观察(2017)》,中国法制出版社,2017年版,第4页。

达成仲裁条款,还可以是在纠纷发生之后基于双方的意思表示达成的将纠纷提交仲裁机构仲裁的书面意思表示。创业实践中,创业者签订合同时,仲裁条款可签订为"凡因本合同引起的或与本合同有关的一切争议,均提请××仲裁委员会按照其仲裁规则进行仲裁";如果创业者在签订合同时未签订仲裁条款,也可在纠纷发生后签订补充仲裁协议,具体条款和格式可以参照如下示范文本进行签订:

仲裁补充协议

根据《仲裁法》的规定,经双方协商一致,愿就××年××月××日签订的《××》合同第×条约定的仲裁事项,达成以下补充协议:

第×条 凡因本合同引起的或与本合同有关的一切争议,均提请××仲裁委员会按照其仲裁规则进行仲裁。

当事人: 当事人:

签字(盖章): 签字(盖章):

日期:××年××月××日 日期:××年××月××日

---

2. 商事仲裁立案实务操作要点

(1)提交仲裁申请材料。创业者发生创业法律争议,符合仲裁条件的,可撰写仲裁申请书并提交当事人身份证明文件、证据材料清单及证据、授权委托书等相关材料,向有管辖权的仲裁机构申请仲裁。仲裁申请书应当写明当事人情况、仲裁请求、事实及理由等事项,仲裁申请书格式可以参照如下示范文本撰写:

仲裁申请书

申请人:×××,男/女,××××年××月××日出生,×族,……(写明工作单位和职务或者职业),住……。联系方式:……。

委托代理人:×××,……。

被申请人:×××,男/女,××××年××月××日出生,×族,……(写明工作单位和职务或者职业),住……。联系方式:……。

委托代理人:×××,……。

(以上写明申请人和其他参加人的姓名或者名称等基本信息)

仲裁请求:

1._____。

2._____。

> 事实和理由:
> _____。
>
> 此致
>
>   ××××仲裁委员会
>   申请人:×××(签名或盖章)
>   法定代表人(负责人):
>   ××年××月××日
>
> 附:1.仲裁申请书副本×份;
>   2.证据材料×份×页。

（2）审查仲裁案件范围。商事仲裁机构可仲裁案件的范围为合同争议及其他财产争议,故立案审查需要明确争议的可仲裁性后方可仲裁立案。

（3）审查仲裁协议。商事仲裁管辖权以有效的仲裁协议为要件,故商事仲裁立案必须审查仲裁协议有无及仲裁协议的有效性;仲裁协议无效或不明确,或无仲裁协议,仲裁机构不得立案,但当事人补充仲裁协议并有效的,仍可立案。

（4）财产保全的处理。创业者认为对方当事人有转移、隐匿或毁损财产,可能会导致生效裁决书无法执行的,可在申请仲裁的同时向仲裁机构申请财产保全,鉴于仲裁机构无权采取财产保全措施,仲裁机构接到申请后,会将当事人的财产保全申请转交人民法院,由人民法院依法裁定和实施保全措施。仲裁财产保全申请书格式可以参照如下示范文本撰写:

> **财产保全申请书**
>
> 申请人:(自然人)××,性别,×年×月×日出生、民族、职业,住址××,户籍地××,联系方式×××。或(单位):××公司,住所地××,法定代表人××及职务。
>
> 法定代表人:××
>
> 委托代理人:××,××律师事务所律师。
>
> 被申请人:(自然人)××,性别,×年×月×日出生、民族、职业,住址××,户籍地××,联系方式××。或(单位):××公司,住所地××,法定代表人××及职务。
>
> 请求事项:请求查封、扣押或冻结被申请人××名下价值××的财产。

> 事实与理由:××(写明申请财产保全的事实和理由)。
> 担保方式:××
> 保全财产线索:××(如请求冻结存款账户的,写明存款户名××;开户银行:××;账号:××)
> 此致
> ××仲裁委员会　　　转交××人民法院
> 　　　　　　　　　　申请人:×××(签名或盖章)
> 　　　　　　　　　　法定代表人(负责人):
> 　　　　　　　　　　××年××月××日

(5)仲裁案件受理费用。创业者申请仲裁机构解决创业法律争议,需要按照仲裁机构仲裁规则的规定,缴纳仲裁案件受理费用,案件方可受理,当事人接到仲裁机构缴纳仲裁费用的通知后,未按照通知缴纳费用的,则仲裁机构不予受理仲裁案件。

3. 商事仲裁审理实务操作要点

(1)商事仲裁员选任。商事仲裁案件立案后,允许当事人按照自己的意愿选任仲裁员,在机构仲裁情况下,当事人选任仲裁员的范围一般为仲裁机构仲裁员名册所确定的仲裁员,在临时仲裁的个别情况下,当事人可以按照自己的意愿选任仲裁员。对于简易程序审理的仲裁案件,由双方当事人按照仲裁规则规定的时间共同选定一名仲裁员独任审理,当事人未选定仲裁员、未达成一致或未委托仲裁机构负责人指定仲裁员的,可以由仲裁机构负责人指定仲裁员审理案件;对于普通程序审理的仲裁案件,由双方当事人共同选定或者共同委托仲裁机构负责人指定首席仲裁员,双方当事人分别选定或者委托仲裁机构负责人指定一名仲裁员,共同组成仲裁庭审理案件,当事人未选定或者委托指定首席仲裁员和仲裁员的,由仲裁机构负责人指定首席仲裁员和仲裁员组成仲裁庭审理案件。仲裁员如有影响案件公正处理的事由,应主动披露和自行回避,当事人也可以在庭前准备阶段或庭审中申请仲裁员回避。

(2)商事仲裁庭前准备。仲裁庭组成以后,仲裁机构要运行仲裁庭前准备工作,创业法律争议当事人要配合仲裁机构开展庭前准备工作,主要包括:仲裁机构依据仲裁规则向当事人双方送达仲裁文书,当事人要积极配合签收;当事人要根据案件证明责任收集并提交支持己方主张的证据;当事人根据仲裁程序提交反请求或答辩意见;当事人协商确定或由仲裁机构指定举证时限,当事人未按举证时限提交证据,则可能证据失权,所提交的证据材料不能在庭审中出示并质证;对于案件涉及专门性问题需要鉴定的,当事人可以约定鉴定部门鉴定或由仲裁机构指定鉴定部门鉴定,提出鉴定申请的当事人应当预交鉴定费用,否则可能视为未申请鉴定,甚至承担不利的事实认定后果。

(3)商事仲裁调解。商事仲裁尊重当事人意思自治,创业者将法律争议提交仲裁机构仲裁,可以在仲裁庭主持下,本着查明事实、分清是非、互谅互让、解决争议的原则,达成调解协议解决争议。调解可以在庭前准备阶段进行,也可以在庭审前、庭审中或庭审后进行,若双方达成调解协议,经仲裁庭审查不违反法律、行政法规规定,不恶意串通损害第三方利益的,仲裁庭可以出具仲裁调解书。仲裁调解书经当事人双方签收即生效,与仲裁裁决书具有同样的法律效力,对方不履行,一方可以申请人民法院强制执行。

(4)商事仲裁庭审。商事仲裁案件庭审程序大体分为庭前准备、庭审调查、庭审辩论、最后陈述、评议裁决五个阶段。庭前准备主要为送达文书、审核出庭资质、告知当事人权利义务等;庭审调查阶段主要包括申请人陈述申请书、被申请人陈述答辩意见、仲裁庭总结案件争点、当事人举证与质证等;庭审辩论阶段主要包括双方当事人发表辩论意见、相互辩论等;最后陈述阶段则是在仲裁庭主持下,双方就案件事实主张、法律适用等发表最后陈述意见;评议阶段,仲裁庭就案件的事实认定、法律适用、裁决等问题进行评议;裁决阶段,仲裁庭经评议,按照多数仲裁员意见作出仲裁裁决,区别于法院判决,仲裁庭经评议未能形成多数意见,则应当按照首席仲裁员的意见作出仲裁裁决。

另外,从实务操作层面讲,为保障商事仲裁庭审效果,创业者参加仲裁庭审活动,应当注意以下几个方面的细节:

第一,参加庭审应携带证据原件出庭,确有不便携带的,应当通过拍照、录制视频资料等方式提供。

第二,如己方申请证人出庭作证,应当在举证期限届满前向仲裁庭提出书面申请,避免因证人贸然出庭而被仲裁庭拒绝。

第三,如果案件涉及技术性问题,或者需要对技术鉴定意见进行质证,而创业者又不了解相关领域的技术问题,出庭前可以申请专家辅助人出庭代为陈述技术事实和对技术事实进行辩论、质证。

第四,为防止无目的、无准备参加仲裁庭审,提升庭审质量和效率,创业者可在庭审前梳理质证要点或辩论要点,并打印成电子稿向仲裁庭提交。

第五,商事仲裁活动是非常专业的纠纷解决过程,创业者除自身加强学习提高法律风险防控和法律争议解决能力外,涉及创业民事法律争议,还可以借助外聘律师的力量,协助创业者解决创业民事法律争议。

4.商事仲裁执行实务操作要点

商事仲裁裁决或仲裁调解书生效后,即具有强制执行效力,当事人应当履行。创业民事争议的仲裁裁决或仲裁调解书生效后,如债务人不履行,作为债权人,可以依据《中华人民共和国民事诉讼法》的规定,自仲裁裁决或仲裁调解书生效之日起2年内向被执行人住所地或者被执行的财产所在地人民法院申请执行。作为债务人,创业民事争议的仲裁裁决书或仲裁调解书生效后,若能提出证据证明生效仲裁裁决有下列情形之一的,则可以申请人民法院裁定不予执行:当事人在合同中没有订有仲裁条款或者事后没有达成书面仲裁协议;裁决的事项不属于仲裁协议的范围或者仲裁机构无权仲裁;仲裁庭的组成或者仲裁的程序违反法定程序;裁决所根据的证据系伪造;对方当事人向仲裁机构隐瞒了足以影响公正裁决的证据;仲裁员在仲裁该案时有贪污受贿,徇私舞弊,枉法裁决行为等①。若仲裁裁决被人民法院裁定不予执行的,当事人可以根据双方达成的书面仲裁协议重新申请仲裁,也可以向人民法院起诉。

(三)创业法律争议劳动仲裁实务

创业者创业,无法绕开员工聘用与管理问题,一旦创业者或创业企业与员工因签订、履行、解除劳动合同等事项发生劳动争议,若协商不能,则需要依据《劳动争议调解仲裁法》《劳动法》《劳动合同法》等法律,借助劳动争议解决机制化解劳动争议。一般而言,除法律另有规定的外,劳动争议遵行"一裁两审终局"制度,即劳动争议必须先通过劳动争议仲裁委员会仲裁,若对仲裁裁决不服,则还可以在法定期间内向人民法院提起民事诉讼解决争议。② 具体而言,通过劳动争议调解仲裁方式解决创业过程中发生的劳动争议,应当注意以下三个方面的实务操作要点。

1.劳动争议仲裁申请实务要点

(1)劳动争议仲裁案件适用范围。创业实践中,哪些争议可以通过劳动争议仲裁程序进行仲裁呢?依据《劳动争议调解仲裁法》之规定,创业主体

---

①参见《中华人民共和国民事诉讼法》第237条之规定。
②鉴于本书后文专门就民事诉讼实务操作进行阐述,劳动争议诉讼实务与其他民事案件诉讼程序几无差别,故本部分暂不涉及劳动争议诉讼实务操作的相关内容。

与劳动者发生如下争议,可以申请劳动争议仲裁:因确认劳动关系的争议;因订立、履行、变更、解除和终止劳动合同的争议;除名、辞退和辞职、离职发生的争议;因工作时间、休息休假、社会保险、福利、培训以及劳动保护发生的争议;因劳动报酬、工伤医疗费、经济补偿或者赔偿金等发生的争议以及法律、法规规定的其他劳动争议。可见,创业者在创业实践中,无论是创业企业,还是个体经济组织,抑或民办非企业单位,只要与劳动者发生上述劳动争议,在自行协商或调解不成的情况下,即可通过劳动争议仲裁方式予以解决。

(2)劳动争议仲裁案件管辖确定。创业劳动争议发生后,选择什么地方的劳动争议仲裁机构申请仲裁呢?依据《劳动争议调解仲裁法》之规定,劳动争议由劳动合同履行地或者用人单位所在地的劳动争议仲裁委员会管辖。当然,创业劳动争议发生后,创业企业与劳动者分别向劳动合同履行地和用人单位所在地的劳动争议仲裁委员会申请仲裁的,则由劳动合同履行地的劳动争议仲裁委员会管辖。

(3)劳动争议仲裁案件申请程序。劳动争议发生后,创业者或创业企业应当在什么时间、通过什么方式申请劳动争议仲裁呢?依据《劳动争议调解仲裁法》之规定,应当自当事人知道或者应当知道其权利被侵害之日起1年内申请仲裁。申请劳动争议仲裁,应当提交仲裁申请书。当然,劳动争议仲裁的申请人一般为劳动者,劳动争议仲裁申请书应写明当事人情况、仲裁请求、事实及理由等事项,仲裁申请书格式可参照如下示范文本撰写:

劳动争议仲裁申请书

申请人:×××,男/女,××××年××月××日出生,×族,……(写明工作单位和职务或者职业),住……。联系方式:……。

委托代理人:×××,……。

被申请人:×××公司,住所地×××,法定代表人×××及职务。

委托代理人:×××,……。

(以上写明申请人和其他参加人的姓名或者名称等基本信息)

仲裁请求:

1. _____。

2. _____。

事实和理由:_____

```
        此致
        ××市劳动争议仲裁委员会
                                  申请人：×××（签名或摁指印）
                                  ××年××月××日
        附：1. 仲裁申请书副本×份；
            2. 证据材料×份×页。
```

(4) 劳动争议仲裁案件证明责任。创业劳动争议仲裁过程中，当事人双方如何承担证明责任呢？依据《劳动争议调解仲裁法》之规定，当事人对自己提出的主张，有责任提供证据，与争议事项有关的证据属于用人单位掌握管理的，用人单位应当提供，用人单位不提供的，应当承担不利后果。由此可见，当事人双方要对自己的主张提供证据加以证明，但劳动争议仲裁案件的证明责任由用人单位承担，即当事实真伪不明时，用人单位要承担不利后果，法律关于证明责任的规定，就要求创业主体从劳动者招聘、到签订劳动合同，再到劳动合同履行，甚至劳动关系解除等全过程，都要严格遵守劳动法律和法规，并注意留存劳动用工方面的所有证据，否则在劳动争议发生后即可能因不能举证而承担法律上的不利后果，给创业活动造成影响。

(5) 劳动争议仲裁案件受理程序。创业劳动争议仲裁申请书提交后，创业主体如何应对劳动争议仲裁案件呢？依据《劳动争议调解仲裁法》之规定，劳动争议仲裁委员会收到仲裁申请之日起5日内，对符合仲裁条件的案件予以受理，对不符合受理条件的会书面通知申请人不予受理。劳动争议仲裁案件受理后，创业主体会在5日内收到劳动争议仲裁委员会送达的仲裁申请书副本，创业主体收到上述材料后，应当在10日内向劳动争议仲裁委员会提交答辩书。当然，按照法律规定，用人单位不答辩不影响案件仲裁，但从劳动争议仲裁实务操作层面讲，创业主体应当积极答辩，实践中故意不签收仲裁文书、不答辩等行为，符合送达程序即均视为送达，不答辩则视为用人单位放弃答辩权利，且可能会对创业者产生不利的后果，因此，劳动争议仲裁案件受理程序运行中，创业者要积极应对劳动争议仲裁案件的所有流程，保护自身合法权益。劳动争议仲裁答辩书应当写明答辩人情况、答辩内容等事项，劳动争议仲裁答辩书格式范文如下所示：

第十一章　创业争议解决法律实务

劳动争议仲裁答辩书

答辩人：×××公司，住所地×××，法定代表人×××及职务。

委托代理人：×××，……。

贵会____号通知书收悉，答辩人对××劳动争议仲裁一案提出答辩意见如下：

1. _____。
2. _____。

以上答辩意见，请××劳动争议仲裁委员会充分考虑，驳回申请人提出的仲裁请求。

此致

××市劳动争议仲裁委员会

答辩人：××公司（盖章）

××年××月××日

附：1. 仲裁答辩书副本×份；
　　2. 证据材料×份×页。

2. 劳动争议仲裁审理实务要点

劳动争议仲裁审理实务要注意如下几个方面：

(1) 劳动争议仲裁审理组织。劳动争议由三名仲裁员组成仲裁庭审理，简单劳动争议案件也可以由一名仲裁员独任仲裁。裁决应当按照多数仲裁员的意见作出，少数仲裁员的不同意见应当记入笔录。仲裁庭不能形成多数意见时，裁决应当按照首席仲裁员的意见作出。

(2) 劳动争议仲裁审理庭前准备。仲裁庭应当在开庭五日前，将开庭日期、地点书面通知双方当事人；当事人有正当理由的，可以在开庭三日前请求延期开庭；是否延期，由劳动争议仲裁委员会决定。庭前准备阶段，仲裁庭应当告知当事人有权申请仲裁员回避，仲裁员存在是本案当事人或者当事人及代理人的近亲属、与本案有利害关系、本案当事人及代理人有其他关系可能影响公正裁决、私自会见当事人及代理人、接受当事人及代理人请客送礼等情形的，当事人有权申请仲裁员回避，仲裁员也有主动回避的义务。劳动争议仲裁案件涉及专门性问题的，当事人可以约定鉴定机构鉴定，没有约定或者无法达成约定的，由仲裁庭指定的鉴定机构鉴定；需要鉴定人出庭接受质证的，鉴定人应当出庭。

(3)劳动争议仲裁调解。仲裁庭可以主持劳动争议仲裁调解,调解可以在庭前准备阶段进行,也可以在庭审前、庭审中或庭审后进行,若能达成合法的调解协议,则仲裁庭可以出具仲裁调解书,调解书经双方当事人签收即发生法律效力。

(4)劳动争议仲裁案件庭审程序。劳动争议仲裁庭审程序大体分为庭前准备、庭审调查、庭审辩论、最后陈述、评议裁决五个阶段。庭前准备主要为送达文书、审核出庭资质、告知当事人权利义务等;庭审调查阶段主要包括申请人陈述申请书、被申请人陈述答辩意见、仲裁庭总结案件争点、当事人举证与质证等;庭审辩论阶段主要包括双方当事人发表辩论意见、相互辩论等;最后陈述阶段则是在仲裁庭主持下,双方就案件事实主张、法律适用等发表最后陈述意见;评议裁决阶段,仲裁庭就案件的事实认定、法律适用、裁决等问题进行评议并作出裁决。

另外,从实务操作层面讲,创业主体参与劳动争议仲裁庭审,应当注意以下几个方面的问题:

第一,创业者收到仲裁机构的仲裁文书,应当积极应对,而不能置之不理,否则会被视为放弃答辩权、质证权、抗辩权等权利,同时可能产生证据法上的不利后果。

第二,创业者收到仲裁机构送达的文书,包括通过邮政快递方式送达的文书,应当签收并积极应对,拒签或置之不理都不是正确的方法,不仅于事无补,还可能被视为放弃权利,甚至招致不利后果的产生。

第三,仲裁机构通知开庭而拒不出庭,会被视为放弃权利,仲裁庭可以缺席裁决,同样会导致不利后果发生;在仲裁过程中,创业者出庭,但对对方主张的于己不利的事实拒绝表态,或对证据拒绝质证,经仲裁庭询问仍不做肯定或否定表示的,将被视为默示自认,产生对己方不利的后果。

第四,基于劳动争议证明责任倒置的原因,创业者要在劳动关系处理过程中做到依法、规范,要有证据意识,对劳动关系处理过程中的相关证据进行妥当保存,以免在劳动争议仲裁中因不能举证而导置不利后果产生。

第五,经劳动争议仲裁机构作出的生效调解书、裁决书,当事人应当依照规定的期限履行;一方当事人逾期不履行的,另一方当事人有权依照民事诉讼法规定向人民法院申请强制执行。

3.劳动争议仲裁救济实务要点

如前所述,劳动争议仲裁实行一般情形下的"一裁两审终局"和特殊情形下的区分当事人的"一裁终局"制度,因此,创业过程中发生的劳动者争议

仲裁裁决的救济,主要分为两种方式:

(1)向人民法院提起劳动争议诉讼。一般情况下,劳动争议仲裁实行"一裁两审终局"制,劳动者和创业主体对劳动争议案件的仲裁裁决不服的,均可以自收到仲裁裁决书之日起15日内向人民法院提起诉讼,期满不起诉的,裁决书发生法律效力。

(2)区别对待的救济方式。特殊情形下,对劳动争议仲裁裁决实行区别对待的"一裁终局"。

第一,对于劳动者而言,如果就追索劳动报酬、工伤医疗费、经济补偿或者赔偿金,不超过当地月最低工资标准12个月金额的争议,以及因执行国家的劳动标准在工作时间、休息休假、社会保险等方面发生的争议申请劳动争议仲裁,劳动者如果对仲裁裁决不服,有权自收到仲裁裁决书之日起15日内向人民法院提起诉讼进行救济。

第二,对于作为创业主体的用人单位而言,上述案件的仲裁裁决为终局裁决,裁决书自作出之日起发生法律效力,不能通过向人民法院提起诉讼的方式进行救济;但为了保障劳动者和用人单位的权利,《劳动争议调解仲裁法》在对用人单位进行诉权限制的同时,规定了劳动争议仲裁裁决的司法监督制度,允许用人单位在仲裁裁决存在适用法律法规确有错误的、劳动争议仲裁委员会无管辖权、违反法定程序、裁决所根据的证据系伪造、对方当事人隐瞒了足以影响公正裁决的证据及仲裁员有索贿受贿、徇私舞弊、枉法裁决行为时,自收到仲裁裁决书之日起30日内向劳动争议仲裁委员会所在地的中级人民法院申请撤销裁决。仲裁裁决被人民法院裁定撤销的,当事人可以自收到裁定书之日起15日内就该劳动争议事项向人民法院提起诉讼。

(四)创业法律争议民事诉讼实务

依据民事争议"司法最终解决"的原则,创业者发生创业民事法律争议,在通过诉讼外纠纷解决机制未能得以解决或不愿意选择诉讼外纠纷解决机制解决创业民事法律争议时,可以通过民事诉讼方式予以解决。民事诉讼是解决创业民事法律争议、定纷止争的有效方式,民事诉讼除特殊案件外,实行"两审终审",经过正当程序所作出的有效判决、裁定或调解书,债务人应当履行,否则债权人有权申请人民法院强制执行。具体而言,民事诉讼方式解决创业过程中发生的民事争议,应当注意以下七个方面的实务操作要点。

1. 民事诉讼案件起诉实务操作要点

创业者发生民事争议,可以通过向人民法院提起民事诉讼方式解决,而起诉则是提起民事诉讼的起点。创业者提起民事诉讼，主要包括如下实务操作要点：

（1）收集证据。打官司就是打证据，因此，创业民事争议发生后，通过民事诉讼解决争议的前提是收集必要的证据，如果认为证据可以支撑诉讼主张，则可以起诉，相反，若证据根本不足以支撑诉讼主张，则需要充分评估诉讼风险后决定是否起诉。起诉前收集的证据，可以是创业民事行为发生发展过程中形成的证据，也可以是争议发生后按照一定的程序收集的证据，但无论如何，证据要想被人民法院采信，必须同时具备客观性、关联性和合法性等属性，任何虚假的、与案件主要事实无关的，以及违法的证据都不可能被人民法院采信。按照《民事诉讼法》的规定，证据主要有当事人陈述、证人证言、书证、物证、视听资料、电子数据、鉴定意见、勘验笔录等八种类型，符合上述八种形式要求的证据，即有可能作为诉讼证据被人民法院采信。实践中，创业者一方面需要增强证据意识，在创业法律行为发生、发展过程中务必严格按照法定要件或交易习惯留存相关证据，如保存交易合同原件、留存原始视频资料等，另一方面，在事后、起诉前收集证据时，除了必须考虑证据的真实性、关联性外，需要特别注重证据的合法性，证据收集主体必须合法，证据内容必须合法，证据收集方法必须合法，证据材料转化为证据的质证程序必须合法，特别是取证方法上，以侵害他人合法权益取得的证据或者违反法律禁止性规定的方法取得的证据，不具有合法性，不能为法院所采信。

除此之外，在具体取证方法上，如果起诉前确实搜集不到的证据，可以在起诉后借助于法院的公权力实现搜集证据的目标，具体而言，对于当事人确实搜集不到，且对案件主要事实认定具有关键作用的证据，可以申请人民法院调取，还可以在委托律师代理案件后，申请人民法院向律师签发律师调查令，由律师代为调取；对于一方当事人有证据证明对己有利而对对方不利，且为对方掌握的用于证明案件主要事实的证据，如果对方不予提交，则一方当事人可以向人民法院申请文书提出命令，人民法院经审查向持有证据一方签发文书提出命令后，持有证据一方当事人拒不提交的，人民法院除了可以对持有证据一方当事人予以拘留、罚款等处罚外，还可以依据证明妨害原理，作出对持有证据一方当事人不利的事实认定，直接认定一方主张的对对方不利的事实成立。根据2020年5月1日起实施的《最高人民法院关于民事诉讼证据的若干规定》的规定，当事人申请文书提出命令的证据不仅仅对书证可以使用，其同样可以适用于电子数据和视听资料。

（2）准备起诉状等起诉材料。起诉材料主要包括起诉状及其副本、证据清单及证据材料、当事人身份证明、诉讼代理人代理文件等。一般情况下，除当事人确实不能书写民事起诉状，可以口头向人民法院起诉并由法院工作人员制作笔录外，民事诉讼都需要以书面民事起诉书的方式向人民法院提起诉讼，才可能启动民事诉讼程序。民事起诉状主要包括首部、诉讼请求、事实和理由、尾部四个部分，具体书写格式可参考如下示范文本：

民事起诉状

原告：×××，男/女，××××年××月××日出生，×族，……（写明工作单位和职务或者职业），住……。联系方式：……。或：×××公司，住所地×××，法定代表人×××及职务。

委托代理人：×××，……。

被告：×××，男/女，××××年××月××日出生，×族，……（写明工作单位和职务或者职业），住……。联系方式：……。或：×××公司，住所地×××，法定代表人×××及职务。

委托代理人：×××，……。

案　由：××纠纷

诉讼请求：

1. 判决＿＿＿＿＿＿＿＿＿＿＿＿＿＿＿＿＿＿＿＿＿＿＿＿＿＿＿。

2. 判决＿＿＿＿＿＿＿＿＿＿＿＿＿＿＿＿＿＿＿＿＿＿＿＿＿＿＿。

事实与理由：

＿＿＿＿＿＿＿＿＿＿＿＿＿＿＿＿＿＿＿＿＿＿＿＿＿＿＿＿＿＿＿。

此致

　　　　　　　　　　　　　　××市××区人民法院

　　　　　　　　　　　　　　起诉人：（签名或盖章）

　　　　　　　　　　　　　　××××年××月××日

附件：1. 起诉状副本×份；

　　　2. 证据清单及证据×份。

除按照"被告人数+1"的数量提供民事起诉书副本外，原告起诉还需要提供相应的证据材料并制作证据清单，证据材料的排序最好按照待证对象的证明顺序排列，证据数量较多时，可以按照待证对象的内容分为若干组，每组包括若干个证据材料；起诉还需要提供当事人身份证明文件，如身份证复印件、法人组织机构代码证、法定代表人证明书等；如果案件有代理人，则需要提供授权委托书、律师执业证复印件、律师事务所公函、法定代理人身份证明等证明代理关系的文件。

(3)诉讼保全。诉讼保全包括财产保全、行为保全和证据保全,申请保全需要按照法定的程序进行实务操作。

第一,关于财产保全和行为保全的实务操作要点:在民事诉讼诉前或诉讼中,如果一方主体认为对方可能会转移、隐匿、毁损财产,或者有侵害权利的行为,导致将来生效裁判无法执行,或造成更大的损失,则可以向人民法院申请财产保全或行为保全。申请保全,需要提交书面申请书,诉前保全的,必须提供担保,如果申请错误,则要用担保财产对由此而给被保全人造成的损失进行赔偿;诉中保全的,是否提供担保,由人民法院视情况而定。担保的提供,可以提供财产进行担保,也可以在保险公司购买诉讼保全保险进行担保。对于情况紧急的,人民法院应当在收到保全申请的48小时内作出裁定并交付执行。诉前保全裁定作出后,利害关系人在30天内没提起诉讼的,人民法院应当解除保全。当然,基于案件审理需要,人民法院在诉中也可以依职权决定财产保全,保全错误,则需要按照国家赔偿程序予以赔偿。

第二,关于证据保全的实务操作要点:证据保全是指在证据可能灭失或者以后难以取得的情况下,由法院或者公证机关根据当事人的申请或者依职权主动采取一定措施对证据予以提取、保存或者封存的行为。证据保全的情形主要有两种:一是情况紧急,证据有可能灭失的,如证人生命垂危,或作为证据的物易腐及可能变质等;二是证据在有可能难以取得的,如易于灭失的痕迹。证据保全的启动,可依当事人申请启动,也可依法院职权启动,但诉前证据保全必须由利害关系人申请启动,诉中证据保全的申请,必须在举证期限届满前提出。人民法院对于证据保全申请,可以要求申请人提供担保,以解决申请错误的赔偿问题。

(4)选择管辖法院。创业主体必须向有管辖权的人民法院提起民事诉讼,案件才可能被法院受理。

第一,民事诉讼案件的管辖,首先必须确定级别管辖。一般情况下,民事案件由基层人民法院管辖,只有符合最高人民法院规定的较大标的额的案件或知识产权、海事海商案件等特殊案件,才由中级以上的人民法院管辖。

第二,民事案件的管辖,还需要确定地域管辖。一般情况下,民事案件地域管辖的确定遵循"原告就被告"的原则,即由被告住所地或经常居住地人民法院管辖,特殊情况下,按照与案件有密切联系地的人民法院管辖,如,合同纠纷由合同履行地或被告住所地法院管辖,侵权案件由侵权行为地或被告住所地人民法院管辖,保险合同纠纷由被告住所地或者保险标的物所在地人民法院管辖,票据纠纷由票据支付地或被告住所地人民法院管辖,运输合同纠纷由运输始发地、目的地或被告住所地人民法院,因公司设立、确认股东资格、分配利润、解散等纠纷提起的诉讼,由公司住所地人民法院管辖。

第三,在法定管辖不能确定案件的具体管辖法院时,仍然需要借助于灵活的裁定管辖制度确定创业法律争议的管辖法院。具体而言,如果法院受理案件且认为管辖错误,可以按照移送管辖的要求,将案件移送给其认为有管辖权的人民法院管辖,受移送的人民法院不得退回案件,也不得再次移送,若仍有争议,可由共同上级法院指定管辖;如果有权管辖的法院因集体回避、重大自然灾害等原因不能行使管辖权,则可以报请上级法院指定管辖;如果两个以上法院对创业民事法律争议均有管辖权,则当事人可以选择其中一个法院管辖案件。

(5)案件起诉与受理。在做好前期准备工作的情况下,即可向人民法院提起民事诉讼。按照《诉讼费用交纳办法》的规定,提起民事诉讼,需要交纳案件受理费,案件受理费的交纳,一般是以标的额为标准,适用超额累退费率收取,具体收费标准及计算方法如下表所示:

涉及财产案件诉讼费收费速算办法

级别	标的额	费率	速算增加额
1	不超过1万元	50元	0
2	超过1万元至10万元	2.5%	−200元
3	超过10万元至20万元	2%	+300元
4	超过20万元至50万元	1.5%	+1300元
5	超过50万元至100万元	1%	+3800元
6	超过100万元至200万元	0.9%	+4800元
7	超过200万元至500万元	0.8%	+6800元
8	超过200万元至1000万元	0.7%	+11 800元
9	超过1000万元至2000万元	0.6%	+21 800元
10	超过2000万元	0.5%	+41 800元

除财产案件需要交纳受理费外,非财产案件一般是按件交纳受理费,如,侵害姓名权、名称权、肖像权、名誉权、荣誉权以及其他人格权的案件,每件交纳100元至500元,涉及损害赔偿,赔偿金额不超过5万元的,不另行交纳,超过5万元至10万元的部分,按照1%交纳,超过10万元的部分,按照0.5%交纳;知识产权民事案件,没有争议金额或者价额的,每件交纳500元至1000元,有争议金额或者价额的,按照财产案件的标准交纳;劳动争议案件每件交纳10元;当事人提出案件管辖权异议,异议不成立的,每件交纳50元至100元。

民事案件起诉后,人民法院审查立案的时间为7天。经审查,符合法定条件的,立案并通知当事人,不符合法定条件的,应当在7日内裁定不予受理。起诉人对裁定不服的,可以在裁定送达之日起10日内提起上诉。

2.民事诉讼庭前准备实务操作要点

人民法院受理民事案件后,需要经过庭前准备阶段才能进入庭审程序。庭前准备程序主要包括如下事项:

(1)送达相关诉讼文书。人民法院受理案件后,应当向原告、被告送达案件受理通知书、应诉通知书和举证通知书,并在立案后5日内将起诉状副本发送给被告。同时,人民法院应当在合议庭组成后3日内告知当事人合议庭组成方式及当事人的权利义务。

(2)答辩及反诉。被告收到起诉状副本后,可以在15日内向人民法院递交答辩状,对起诉事项提出答辩意见,当然,被告不答辩,法院将视为放弃答辩权,不影响案件审理,如果创业者被诉后,不应当回避,而应当积极答辩,提出抗辩意见。此外,在答辩期内,被告如果认为案件不应当由受诉法院管辖,还可以就案件的管辖权问题提出管辖权异议;如果被告认为符合反诉条件,还可以在答辩期内对原告提出反诉,以吞并或抵销原告的诉讼请求。反诉状可参考如下示范文本撰写:

民事反诉状

反诉人:×××,男/女,××××年××月××日出生,×族,……(写明工作单位和职务或者职业),住……。联系方式:……。或:×××公司,住所地×××,法定代表人×××及职务。

委托代理人:×××,……。

被反诉人:×××,男/女,××××年××月××日出生,×族,……(写明工作单位和职务或者职业),住……。联系方式:……。或:×××公司,住所地×××,法定代表人×××及职务。

委托代理人:×××,……。

案由:××纠纷

反诉请求:

1.请求法院判决_____。

2.请求法院判决_____。

事实与理由:

_____。

```
    此致
                              ××市××区人民法院
                              反诉人:(签名或盖章)
                              ××××年××月××日
    附件:1.反诉状副本×份;
         2.证据清单及证据×份。
```

(3)举证时限与庭前会议。案件受理后,经当事人协商确定举证时限并由人民法院准许;人民法院指定举证期限,适用第一审普通程序审理的案件不得少于15日,当事人提供新的证据的第二审案件不得少于10日,适用简易程序审理的案件不得超过15日,小额诉讼案件的举证期限一般不得超过7日。当事人超过举证时限提供证据,由人民法院视案件情况决定是否失权,对于人民法院决定失权的案件,不得进入庭审程序和作为案件裁判的依据。审前准备阶段,人民法院可以视情况召开庭前会议,庭前会议主要明确原告诉讼请求和被告的答辩意见,审查处理当事人增加、变更诉讼请求的申请和反诉,决定调查收集证据,处理委托鉴定、勘验、证据保全等事宜,必要时组织交换证据,归纳争议焦点,为集中审理创造条件。在庭前会议中,法官还可以主持双方当事人进行案件调解。

3. 民事诉讼一审开庭实务操作要点

民事案件开庭程序主要包括以下五个要点:

(1)庭审准备。告知当事人及诉讼参与人出庭日期,法院发布开庭公告。

(2)宣布开庭。书记员查明当事人及诉讼参与人是否到庭;审判长宣布开庭,核对当事人身份,宣布案由和审判人员、书记员名单;告知当事人权利义务并询问是否申请回避,提出回避申请的,依法处理。

(3)法庭调查。该阶段,当事人陈述后,合议庭总结争点,之后组织质证,一般按照证人出庭作证、出示书证、物证、视听资料、电子数据、宣读鉴定意见、宣读勘验笔录等顺序进行证据出示和质证。

(4)法庭辩论。法庭辩论阶段,双方当事人在法官组织下,围绕案件争议事实、案件的法律适用、案件的程序等问题展开辩论,辩论结束后,由双方当事人作最后陈述。法庭辩论后,法院一般会依职权或依当事人申请启动调解程序,调解成功,则纠纷解决,调解不成,则应当依法判决。

(5)评议和宣判。庭审结束后,合议庭及时对案件进行评议,评议一般按照少数服从多数人的原则作出评议结论。判决作出后,当庭宣判的,法院会在10日内向当事人发送判决书,定期宣判的,宣判后即向当事人发送判决书。创业民事争议诉讼解决的过程中,一旦起诉或被诉,创业者在参加庭审前需要做好充分的准备,需要委托律师等专业人员参与,则可委托律师参与,庭审中,要如实陈述案件事实,避免虚假陈述带来的不利后果,要熟悉庭审流程,对庭审中的陈述一定要明确其法律后果,避免带来不利的后果。

4.民事诉讼二审裁判实务操作要点

一审裁判做出后,当事人不服的,可以向上一级人民法院提起上诉进行救济。民事诉讼二审程序主要包括如下要点:

(1)上诉时间。一审判决的上诉时间为15日,一审裁定的上诉时间为10日,超过上诉期,则一审裁判生效。

(2)上诉主体。能够提起上诉的主体,主要是一审案件当事人,一审中的第三人,如果裁判确认其承担义务的,则亦可以提起上诉。

(3)上诉事由。当事人对一审裁判确认的事实、适用的法律、一审程序等有异议,即可提起上诉,提起上诉时,上诉事由不必然需要提供证据,但要获得二审法院的支持,则必须提供证据证明上诉请求成立。

(4)上诉程序。当事人对一审裁判有异议,可以向上一级人民法院提起上诉。上诉应当提交民事上诉状等材料,上诉状应当通过原审人民法院提出,当事人直接向第二审人民法院上诉的,二审法院应当在5日内将上诉状移交原审人民法院;原审人民法院收到上诉状,应当在5日内将上诉状副本送达对方当事人,对方当事人在收到之日起15日内提出答辩状;人民法院应当在收到答辩状之日起5日内将副本送达上诉人;对方当事人不提出答辩状的,不影响人民法院审理;原审人民法院收到上诉状、答辩状,应当在5日内连同全部案卷和证据,报送第二审人民法院。上诉状的撰写,可以参照如下示范文本:

民事上诉状

上诉人(原审原告或原审被告等):×××,男/女,××××年××月××日出生,×族,……(写明工作单位和职务或者职业),住……。联系方式:……。或:×××公司,住所地×××,法定代表人×××及职务。

委托代理人:×××,……。

被上诉人(原审原告或原审被告等):×××,男/女,××××年××月××日出生,×族,……(写明工作单位和职务或者职业),住……。联系方式:……。或:×××公司,住所地×××,法定代表人×××及职务。

上诉人×××因与被上诉人×××……(写明案由)一案,不服××××人民法院××××年××月××日作出的(××××)……民初……号判决或裁定,现提起上诉。

上诉请求:

1. 请求法院撤销＿＿＿＿＿＿＿＿＿＿＿＿＿＿＿＿＿＿＿＿＿＿。

2. 请求法院判决＿＿＿＿＿＿＿＿＿＿＿＿＿＿＿＿＿＿＿＿＿＿。

上诉理由:

＿＿＿＿＿＿＿＿＿＿＿＿＿＿＿＿＿＿＿＿＿＿＿＿＿＿＿＿＿。

此致

××××人民法院

上诉人:(签名或盖章)

××××年××月××日

附件:1.上诉状副本×份;

2.证据清单及证据×份。

(5)上诉案件审理方式。上诉案件审理包括开庭审理和不开庭审理两种方式,二审法院对上诉案件应当组成合议庭,开庭审理;经过阅卷、调查和询问当事人,对没有提出新的事实、证据或者理由,合议庭认为不需要开庭审理的,可以不开庭审理;上诉案件开庭审理程序基本等同于一审案件普通审理程序。

(6)上诉案件裁判。上诉经过审理,按照下列情形,分别处理:原判决、裁定认定事实清楚,适用法律正确的,以判决、裁定方式驳回上诉,维持原判决、裁定;原判决、裁定认定事实错误或者适用法律错误的,以判决、裁定方式依法改判、撤销或者变更;原判决认定基本事实不清的,裁定撤销原判决,发回原审人民法院重审,或者查清事实后改判;原判决遗漏当事人或者违法缺席判决等严重违反法定程序的,裁定撤销原判决,发回原审人民法院重审。

5. 民事生效裁判救济实务操作要点

民事判决、裁定和调解书生效后,若有证据证明错误,则可以通过再审程序进行救济。再审程序实务操作主要包括如下要点:

(1)再审启动主体。再审案件的启动,可以通过当事人申请再审、人民法院决定再审或人民检察院抗诉三种方式启动。具体而言,当事人有证据证明生效裁判、调解书有错误,可以向作出生效裁判的上一级人民法院申请再审,当事人一方人数众多或者当事人双方为公民的案件,也可以向原审人民法院申请再审;各级人民法院院长对本院已经发生法律效力的判决、裁定、调解书,发现确有错误,认为需要再审的,应当提交审判委员会讨论决定;人民检察院对下级人民法院已经发生法律效力的判决、裁定,发现错误的,或者发现调解书损害国家利益、社会公共利益的,应当提出抗诉。

(2)再审启动事由。具备下列事由之一的,可以启动再审程序:有新的证据,足以推翻原判决、裁定的;原判决、裁定认定的基本事实缺乏证据证明的;原判决、裁定认定事实的主要证据是伪造的;原判决、裁定认定事实的主要证据未经质证的;对审理案件需要的主要证据,当事人因客观原因不能自行收集,书面申请人民法院调查收集,人民法院未调查收集的;原判决、裁定适用法律确有错误的;审判组织的组成不合法或者依法应当回避的审判人员没有回避的;无诉讼行为能力人未经法定代理人代为诉讼或者应当参加诉讼的当事人,因不能归责于本人或者其诉讼代理人的事由,未参加诉讼的;违反法律规定,剥夺当事人辩论权利的;未经传票传唤,缺席判决的;原判决、裁定遗漏或者超出诉讼请求的;据以作出原判决、裁定的法律文书被撤销或者变更的;审判人员审理该案件时有贪污受贿,徇私舞弊,枉法裁判行为的。

(3)再审审理程序。生效裁判或调解书由第一审法院作出的,按照第一审程序审理,所作的判决、裁定,当事人可以上诉;生效裁判或调解书是由第二审法院作出的,按照第二审程序审理,所作的判决、裁定,是发生法律效力的判决、裁定;上级人民法院按照审判监督程序提审的,按照第二审程序审理,所作的判决、裁定是发生法律效力的判决、裁定;人民法院审理再审案件,应当另行组成合议庭。创业者若对创业民事法律争议的生效裁判或调解书有异议,在有证据证明的前提下,可以按照上述方式申请启动再审程序进行权利救济。

除此之外,《民事诉讼法》规定了第三人撤销之诉,允许民事诉讼第三人因不能归责于本人的事由未参加诉讼,但有证据证明发生法律效力的判决、裁定、调解书的部分或者全部内容错误,损害其民事权益的,可以自知道或者应当知道其民事权益受到损害之日起6个月内,向作出该判决、裁定、调解书的人民法院提起诉讼;人民法院经审理,诉讼请求成立的,应当改变或者撤销原判决、裁定、调解书;诉讼请求不成立的,驳回诉讼请求。创业主体如果遭遇因不能归责于本人的事由未参诉但权利受损的情形,可以依法提起第三人撤销诉讼,进行权利救济。

6.民事生效裁判执行实务操作要点

创业民事争议经法院审理后作出的生效判决、裁定和调解书,具有强制执行力,如果执行债务人不履行,执行债权人可以申请人民法院强制执行。民事生效裁判执行包括如下实务操作要点:

(1)执行依据。人民法院制作的民事判决书、裁定书、调解书和支付令,也包括刑事和行政裁判中的财产部分;公证机关制作的依法赋予强制执行力的债权文书、仲裁机构制作的生效仲裁裁决和调解书、行政机关依法做出并由人民法院强制执行的行政处理决定、承认外国法院判决或仲裁裁决的裁定书等。

(2)执行管辖。人民法院制作的民事判决书、裁定书、调解书和支付令,由第一审人民法院或与一审人民法院同级的被执行财产所在地法院执行;其他文书,由被执行人住所地或被执行财产所在地人民法院执行。

(3)执行启动。除个别由人民法院移送执行的案件外,执行债务人不履行执行债务,执行债权人可在执行依据生效后的两年内,以书面申请书方式向人民法院申请强制执行。

(4)执行措施。人民法院强制执行,可依法采取的措施主要包括:扣押、冻结、划拨、变价被执行人的金融资产,扣留、提取被执行人的收入,查封、扣押、拍卖、变卖被执行人的财产,强制被执行人交付法律文书指定的财产或票证,强制被执行人迁出房屋或推出土地,强制被执行人履行法律文书指定的行为等。同时,为保障强制执行措施的实施,人民法院还可以查询被执行人的身份信息和财产信息、搜查被执行人的财产、强制被执行人支付迟延履行期间债务利息及迟延履行金、办理财产权证照转移手续、报告财产、限制出境、纳入失信名单、在媒体公布不履行义务信息、限制被执行人消费等。

(5)执行和解与执行担保。生效法律文书执行过程中,执行债权人和执行债务人可以自愿达成执行和解协议,和解协议履行后则债权债务归于消灭,若不执行和解协议,则执行债权人可以申请恢复对生效法律文书的执行。同时,在执行过程中,经执行债务人申请且经执行债权人同意,执行债务人或第三人向人民法院提供担保,则人民法院可以决定暂缓执行,以解决执行中的特殊权利保障问题。创业主体在创业过程中发生民事争议,可以利用执行担保制度实现特殊权益的保障。

二、行政争议解决实务

创业者的创业活动要接受行政机关的服务,受到行政机关的监管,在监管或服务过程中,难免与行政机关之间产生行政争议。行政争议产生后,创业者可以通过行政复议或行政诉讼方式维权。

(一)行政复议实务

依据《行政复议法》的规定,创业者或创业组织对于行政主体做出的具体行政行为不服,有权向行政复议机关申请复议,行政复议申请实务操作包括如下要点。

1. 行政复议案件范围确定实务操作要点

依据2023年9月1日第十四届全国人大常务委员会第五次会议修订的《行政复议法》第11条之规定,创业者在下列情形下有权申请行政复议:①对行政机关作出的行政处罚决定不服;②对行政机关作出的行政强制措施、行政强制执行决定不服;③申请行政许可,行政机关拒绝或者在法定期限内不予答复,或者对行政机关作出的有关行政许可的其他决定不服;④对行政机关作出的确认自然资源的所有权或者使用权的决定不服;⑤对行政机关作出的征收征用决定及其补偿决定不服;⑥对行政机关作出的赔偿决定或者不予赔偿决定不服;⑦对行政机关作出的不予受理工伤认定申请的决定或者工伤认定结论不服;⑧认为行政机关侵犯其经营自主权或者农村土地承包经营权、农村土地经营权;⑨认为行政机关滥用行政权力排除或者限制竞争;⑩认为行政机关违法集资、摊派费用或者违法要求履行其他义务;⑪申请行政机关履行保护人身权利、财产权利、受教育权利等合法权益的法定职责,行政机关拒绝履行、未依法履行或者不予答复;⑫申请行政机关依法给付抚恤金、社会保险待遇或者最低生活保障等社会保障,行政机关没有依法给付;⑬认为行政机关不依法订立、不依法履行、未按约定履行或者违法变更、解除政府特许经营协议、土地房屋征收补偿协议等行政协议;⑭认为行政机关在政府信息公开工作中侵犯其合法权益;⑮认为行政机关的其他行政行为侵犯其合法权益。

2. 行政复议申请实务操作要点

(1)申请行政复议的时间。一般情况下,创业者认为具体行政行为侵犯其合法权益的,可以自知道该具体行政行为之日起60日内提出行政复议申请,但法律另有规定的除外。

(2)确定行政复议的当事人。一般而言,对具体行政行为不服的公民、法人或者其他组织是行政复议申请人,作出具体行政行为的行政机关是被申请人。特殊情况下,申请人的确定有特殊规定,如,有权申请行政复议的公民死亡的,其近亲属可以申请行政复议;有权申请行政复议的公民为无民事行为能力人或者限制民事行为能力人的,其法定代理人可以代为申请行政复议;有权申请行政复议的法人或者其他组织终止的,承受其权利的法人或者其他组织可以申请行政复议。

(3)申请行政复议的形式。申请人申请行政复议,可以书面申请,也可以口头申请;口头申请的,行政复议机关应当当场记录申请人的基本情况、行政复议请求、申请行政复议的主要事实、理由和时间。行政复议申请书的书写,可参照如下格式:

行政复议申请书

申请人:×××,男/女,××××年××月××日出生,×族,……(写明工作单位和职务或者职业),住……。联系方式:……。或:×××公司,住所地×××,法定代表人×××及职务。

委托代理人:×××,……。

被申请人:×××机关,住所地×××,法定代表人×××及职务。

申请人因不服被申请人＿＿＿＿年＿＿月＿＿日作出的＿＿＿＿具体行政行为,向＿＿＿＿机关提出复议申请,要求＿＿＿＿。

事实及理由:＿＿＿＿＿＿＿＿＿＿＿＿＿＿＿＿＿＿＿＿＿＿＿＿＿＿。

此致
受理复议申请的行政机关

申请人:(签名或盖章)
××××年××月××日

附件:1.申请书副本×份;
　　　2.证据清单及证据×份。

---

(4)行政复议案件的管辖。对县级以上地方各级人民政府工作部门的具体行政行为不服的,由申请人选择,可以向该部门的本级人民政府申请行政复议,也可以向上一级主管部门申请行政复议;对海关、金融、国税、外汇管理等实行垂直领导的行政机关和国家安全机关的具体行政行为不服的,向上一级主管部门申请行政复议;对地方各级人民政府的具体行政行为不服的,向上一级地方人民政府申请行政复议;对省、自治区人民政府依法设立的派出机关所属的县级地方人民政府的具体行政行为不服的,向该派出

机关申请行政复议。特殊情况下,行政复议案件的管辖,按照下列规则确定:对县级以上地方人民政府依法设立的派出机关的具体行政行为不服的,向设立该派出机关的人民政府申请行政复议;对政府工作部门依法设立的派出机构依照法律、法规或者规章规定,以自己的名义作出的具体行政行为不服的,向设立该派出机构的部门或者该部门的本级地方人民政府申请行政复议;对法律、法规授权的组织的具体行政行为不服的,分别向直接管理该组织的地方人民政府、地方人民政府工作部门或者国务院部门申请行政复议;对两个或者两个以上行政机关以共同的名义作出的具体行政行为不服的,向其共同上一级行政机关申请行政复议;对被撤销的行政机关在撤销前所作出的具体行政行为不服的,向继续行使其职权的行政机关的上一级行政机关申请行政复议。

3. 行政复议案件审理实务操作要点

行政复议机关审理行政复议案件,应当遵守如下规则:

(1)案件受理。行政复议机关收到行政复议申请后,应当在5日内进行审查,符合受理条件的,予以受理,反之,书面通知不予受理。行政复议机关决定不予受理或者受理后超过行政复议期限不作答复的,创业者可以自收到不予受理决定书之日起或行政复议期满之日起15日内,依法向人民法院提起行政诉讼。

(2)复议不停止执行。行政复议期间具体行政行为不停止执行,但被申请人认为需要停止执行、行政复议机关认为需要停止执行、申请人申请停止执行且行政复议机关认为其要求合理决定停止执行、法律规定停止执行等情形,可以停止执行。

(3)复议案件处理程序。行政复议原则上采取书面审查的办法,但必要时也可以向有关组织和人员调查情况,听取申请人、被申请人和第三人的意见,还可以组织双方当事人听证。行政复议机关应当自行政复议申请受理之日起7日内,将行政复议申请书副本发送被申请人,被申请人应当自收到申请书副本之日起10日内,提出书面答复,并提交当初作出具体行政行为的证据、依据和其他有关材料。在行政复议过程中,被申请人不得自行向申请人和其他有关组织或者个人收集证据。

(4)行政复议决定的作出。行政复议机关经过审理,可以区别不同情形作出处理决定:具体行政行为认定事实清楚,证据确凿,适用依据正确,程序合法,内容适当的,决定维持;被申请人不履行法定职责的,决定其在一定期限内履行;具体行政行为具备认定事实不清、证据不足、适用依据错误、违反法定程序、超越或者滥用职权、具体行政行为明显不当等情形之一的,行政复议机关决定撤销、变更或者确认该具体行政行为违法,决定撤销或者确认该具体行政行为违法的,可以责令被申请人在一定期限内重新作出具体行政行为。

(二)行政诉讼实务

依据《行政诉讼法》的规定,创业者对行政主体的具体行政行为不服,对于行政复议前置的案件,可在行政复议后向人民法院提起行政诉讼,对于其他案件,可选择在行政复议后提起行政诉讼,也可以直接向人民法院提起行政诉讼以维护权益。行政诉讼实务操作包括如下要点。

1. 行政诉讼案件范围确定实务操作要点

依据《行政诉讼法》第 12 条之规定,人民法院受理公民、法人或者其他组织提起的下列诉讼:①对行政拘留、暂扣或者吊销许可证和执照、责令停产停业、没收违法所得、没收非法财物、罚款、警告等行政处罚不服的;②对限制人身自由或者对财产的查封、扣押、冻结等行政强制措施和行政强制执行不服的;③申请行政许可,行政机关拒绝或者在法定期限内不予答复,或者对行政机关作出的有关行政许可的其他决定不服的;④对行政机关作出的关于确认土地、矿藏、水流、森林、山岭、草原、荒地、滩涂、海域等自然资源的所有权或者使用权的决定不服的;⑤对征收、征用决定及其补偿决定不服的;⑥申请行政机关履行保护人身权、财产权等合法权益的法定职责,行政机关拒绝履行或者不予答复的;⑦认为行政机关侵犯其经营自主权或者农村土地承包经营权、农村土地经营权的;⑧认为行政机关滥用行政权力排除或者限制竞争的;⑨认为行政机关违法集资、摊派费用或者违法要求履行其他义务的;⑩认为行政机关没有依法支付抚恤金、最低生活保障待遇或者社会保险待遇的;⑪认为行政机关不依法履行、未按照约定履行或者违法变更、解除政府特许经营协议、土地房屋征收补偿协议等协议的;⑫认为行政机关侵犯其他人身权、财产权等合法权益的。但是,对于国防、外交等国家行为,行政法规、规章或者行政机关制定、发布的具有普遍约束力的决定、命令,行政机关对行政机关工作人员的奖惩、任免等决定,法律规定由行政机关最终裁决的行政行为,不能提起行政诉讼。

2. 行政诉讼启动实务操作要点

(1)行政诉讼提起的时效。除法律另有规定外,创业者不服行政复议决定的,可以在收到复议决定书之日起 15 日内向人民法院提起诉讼;复议机关逾期不作决定的,申请人可以在复议期满之日起 15 日内向人民法院提起诉讼;创业者直接向人民法院提起诉讼的,应当自知道或者应当知道作出行政行为之日起6个月内提出;因不动产提起诉讼的案件自行政行为作出之日起超过20年,其他案件自行政行为作出之日起超过5年提起诉讼的,人民法院不予受理。

(2)行政诉讼案件管辖法院的确定。从级别管辖上看,一般由基层人民法院管辖,特殊案件由中级人民法院以上的人民法院管辖。从地域上看,行政案件由最初作出行政行为的行政机关所在地人民法院管辖;经复议的案件,也可以由复议机关所在地人民法院管辖;对限制人身自由的行政强制措施不服提起的诉讼,由被告所在地或者原告所在地人民法院管辖;因不动产提起的行政诉讼,由不动产所在地人民法院管辖。

(3)行政诉讼当事人的确定。创业活动中引发的行政诉讼争议,原告为行政行为的相对人,创业者死亡或创业组织消灭的,其继承人或有关组织承继者可以作为原告提起行政诉讼。创业行政诉讼中,作出行政行为的行政机关是被告;经复议的案件,复议机关决定维持原行政行为的,作出原行政行为的行政机关和复议机关是共同被告,复议机关改变原行政行为的,复议机关是被告;复议机关在法定期限内未作出复议决定,创业者起诉原行政行为的,作出原行政行为的行政机关是被告,起诉复议机关不作为的,复议机关是被告;两个以上行政机关作出同一行政行为的,共同作出行政行为的行政机关是共同被告;行政机关委托的组织所作的行政行为,委托的行政机关是被告;行政机关被撤销或者职权变更的,继续行使其职权的行政机关是被告。

3.行政诉讼裁判实务操作要点

(1)行政诉讼举证责任的承担。行政诉讼证据包括书证、物证、视听资料、电子数据、证人证言、当事人的陈述、鉴定意见、勘验笔录和现场笔录。从行政诉讼的证明责任看,实行举证责任倒置,被告对作出的行政行为负有举证责任,应当提供作出该行政行为的证据和所依据的规范性文件,否则就要承担不利后果。

(2)行政诉讼一审裁判。经过审理,人民法院依据不同情形,对行政诉讼案件作出如下裁判:行政行为证据确凿,适用法律、法规正确,符合法定程序的,或者原告申请被告履行法定职责或者给付义务理由不成立的,人民法院判决驳回原告的诉讼请求。存在如下情形之一的,人民法院判决撤销或者部分撤销,并可以判决被告重新作出行政行为:主要证据不足、适用法律或法规错误、违反法定程序、超越职权、滥用职权、明显不当等。人民法院经过审理,查明被告不履行法定职责的,判决被告在一定期限内履行。人民法院经过审理,查明被告依法负有给付义务的,判决被告履行给付义务。行政行为有实施主体不具有行政主体资格或者没有依据等重大且明显违法情形,原告申请确认行政行为无效的,人民法院判决确认无效。行政处罚明显不当,或者其他行政行为涉及对款额的确定、认定确有错误的,人民法院可以判决变更,但不得加重原告的义务或者减损原告的权益。

(3)行政诉讼案件的上诉与处理。当事人不服人民法院第一审判决的,有权在判决书送达之日起15日内、裁定书送达之日起10日内提起上诉,逾期不提起上诉的,人民法院的第一审判决或者裁定发生法律效力。人民法院对二审案件审理后,根据案件不同情形,作出不同的处理:原判决、裁定认定事实清楚,适用法律、法规正确的,判决或者裁定驳回上诉,维持原判决、裁定;原判决、裁定认定事实错误或者适用法律、法规错误的,依法改判、撤销或者变更;原判决认定基本事实不清、证据不足的,发回原审人民法院重审,或者查清事实后改判;原判决遗漏当事人或者违法缺席判决等严重违反法定程序的,裁定撤销原判决,发回原审人民法院重审。

三、刑事责任追诉操作指引

创业者或创业组织在创业实践中,可能会遭受刑事侵害,导致权利受损。创业者或创业组织在遭受刑事侵害后,有权利向有关刑事追诉机关提起追诉请求,要求追诉侵害人的法律责任。具体而言,包括向人民法院直接提起刑事自诉、向有关刑事追诉机关控告要求追究刑事责任,同时,还可以就刑事侵害所造成的民事损失,提起刑事附带民事诉讼,请求侵权人承担民事赔偿责任。

(一)刑事自诉程序操作实务要点

1. 自诉案件的范围确定

按照《刑事诉讼法》规定,自诉案件包括下列案件:告诉才处理的案件;被害人有证据证明的轻微刑事案件;被害人有证据证明对被告人侵犯自己人身、财产权利的行为应当依法追究刑事责任,而公安机关或者人民检察院不予追究被告人刑事责任的案件。

2. 自诉案件的起诉程序

对于自诉案件,被害人有权向人民法院直接起诉,被害人死亡或者丧失行为能力的,被害人的法定代理人、近亲属有权向人民法院起诉,人民法院应当依法受理。自诉人应当采用书面自诉状形式向人民法院提起自诉,并向犯罪地人民法院提交相关证据。刑事自诉状可参考如下范本书写:

刑事自诉状

自诉人：姓名，性别，年龄，民族，籍贯，文化程度，职业或职务，单位，住址。

委托代理人：姓名，××律师事务所律师。

被告人：姓名，性别，年龄，民族，籍贯，文化程度，职业或职务，单位，住址。

案由和诉讼请求：

1.请求法院依法追究共同被告人某某罪的刑事责任。

2.请求法院依法判决被告人承担民事赔偿责任，赔偿自诉人医疗费、误工费、交通费等共计_____元。

事实与理由：_____。

证据和证据来源：_____。

此致

××××人民法院

自诉人：_____

年　月　日

附件：

1.自诉状副本____份；

2.物证_____（名称）____件；

3.书证_____（名称）____件。

3.自诉案件的裁判规则

(1)自诉案件的举证责任。自诉案件中被告人有罪的举证责任由自诉人承担，自诉人不能证明被告人有罪的，法院判决被告人无罪。因此，创业者在遭受刑事侵害时，应当注意收集和保存相关证据。

(2)自诉案件的调解。人民法院对自诉案件，可以进行调解；自诉人在宣告判决前，可以同被告人自行和解或者撤回自诉，但被害人有证据证明的轻微刑事案件；被害人有证据证明对被告人侵犯自己人身、财产权利的行为应当依法追究刑事责任，而公安机关或者人民检察院不予追究被告人刑事责任的案件，不适用调解。

(3)自诉案件的反诉。自诉案件的被告人在诉讼过程中，可以对自诉人提起反诉。

(4) 自诉案件的处理。人民法院对于自诉案件进行审查后,按照下列情形分别处理:犯罪事实清楚,有足够证据的案件,应当开庭审判;缺乏罪证的自诉案件,如果自诉人提不出补充证据,应当说服自诉人撤回自诉,或者裁定驳回;自诉人经两次依法传唤,无正当理由拒不到庭的,或者未经法庭许可中途退庭的,按撤诉处理。

(二)刑事公诉程序操作实务要点

从刑事公诉案件的追诉程序看,主要包括侦查机关立案、侦查机关侦查、检察机关审查起诉、人民法院审判、刑事执行机关执行刑事判决等程序。刑事追诉主要涉及公安司法机关依法追究犯罪嫌疑人、被害人刑事责任的公法程序。创业过程中,创业者在遭遇诸如合同诈骗、串通投标、知识产权被侵害、集资诈骗等权益受损案件时,只要按照《刑事诉讼法》的规定,向有关机关进行控告或举报,启动刑事案件即可,刑事追诉机关按照刑事追诉程序依法追诉被告人的刑事责任,创业者按照刑事追诉机关的要求做好配合取证、追诉等工作。同时,创业者对于刑事追诉机关的追诉行为有异议或不服,可以按照刑事诉讼程序进行救济,以维护创业主体的合法权益。

(三)刑事附带民事程序操作实务要点

被害人由于被告人的犯罪行为而遭受物质损失的,在刑事诉讼过程中,有权提起附带民事诉讼,被害人死亡或者丧失行为能力的,被害人的法定代理人、近亲属有权提起附带民事诉讼。作为被害人的创业者或创业组织提起刑事附带民事诉讼,应当书写刑事附带民事诉讼起诉状,起诉状的形式,可以参考上文刑事自诉状的格式书写。刑事附带民事诉讼原告人可以依据民事诉讼法的规定,申请人民法院采取保全措施。人民法院审理附带民事诉讼案件,可以进行调解,或者根据物质损失情况作出判决、裁定。附带民事诉讼应当同刑事案件一并审判,只有为了防止刑事案件审判的过分迟延,才可以在刑事案件审判后,由同一审判组织继续审理附带民事诉讼。当事人拒不执行刑事附带民事诉讼判决,受害人可以申请人民法院按照民事执行程序强制执行。

【项目训练】

民事诉讼模拟审判项目

基本案情: 原告陈某某诉称,李某某、金某某、江某某合伙开业"正前生活超市"。2017年10月,因该超市进行股东重置,经协商,由李某某代表李某某、金某某、江某某与陈某某签订了一份《正前生活超市股东协议》,根据协议,陈某某出资100万元购得超市25%的股份(另25%技术股除外),双方共同经营、共负盈亏,如经营一年后因经营不善股东们一致通过宣布不再经营,出售正前生活超市,双方各自承担50%亏损金额,但陈某某只能分得25%出卖金额。此后,在经营期间,由于超市资金周转困难,双方陆陆续续追加投资,其中李某某、金某某、江某某追加投资299万元,陈某某追加投资220万元。2018年5月,因超市亏损较大,经双方协商,终止合伙,出售超市设备等。至此,超市尚余资金136.7万元,设备等以130万元转让他人。两笔款项共计266.7万元,均由李某某、金某某、江某某持有。为此,陈某某多次要求李某某、金某某、江某某依"协议"的约定进行分割,而李某某、金某某、江某某总以各种理由加以拖延。现陈某某向法院提出诉讼,请求判令李某某、金某某、江某某共同返还合伙期间余款28.85万元及出售设备等所得32.5万元并赔偿利息损失(损失按中国人民银行同期同类贷款基准利率以61.35万为基数,从起诉之日计算至履行完毕之日止)。

被告李某某答辩称,首先,李某某受金某某、江某某委托与陈某某签订的协议所称"正前生活超市"全称应为"正前百货有限公司","正前生活超市"实为"正前百货有限公司"的别称,双方签订的协议系股份转让协议而非合伙协议,目前公司法人主体仍然存在,且公司变卖所得款项在公司账户上,陈某某向李某某、金某某、江某某主张权利,属诉讼主体错误;正前百货有限公司经营亏损,尚未清算,陈某某无权主张对余值进行分配。其次,2018年5月,正前生活超市由金某某经手转让给刘某某,转让金额为130万元,转让时余留现金136.7万元,但后来支付员工工资、律师费、水电费等十几万元,上述款项在正前百货有限公司账户上,具体余值应通过清算确认;公司向房东租赁房屋为300万每年,租期6年,现转租给受让人为270万每年,亏损180万元,该亏损亦应由陈某某按股份比例承担,要求驳回陈某某的起诉。

法院查明,2017年10月14日,李某某受金某某、江某某委托,与陈某某签订《正前生活超市股东协议》一份,载明:正前生活超市因经营问题进行股东重置,双方股东代表为李某某、陈某某。现将原公司资产(含固定资产、流动资产)估值400万元整,新股东陈某某出资100万元占股25%,公司再赠送25%的技术股,陈永明合计占50%股份,盈亏也承担50%;如经营一年后因经营不善股东们一致通过宣布不再经营,出售正前生活超市,双方各自承担50%亏损金额,但陈永明只能分得25%出卖金额,如能正常经营两年以上,双方各占资产和权益分红50%。后双方陆续追加投资,其中李某某、金某某、江某某追加投资299万元,陈某某追加投资220万元。

2018年5月,正前生活超市因经营不善,由金某某经手转让给刘某某,转让金额为130万元,转让时余留现金136.7万元。

项目训练要求: 请按照本案案情,分组进行模拟审判,要求参与实训学生分立案庭成员、合议庭成员、书记员、原告及其代理人、被告及其代理人、法警等角色进行前期准备,撰写本案诉讼文书,设计模拟庭审程序,开展模拟法庭活动,并在模拟法庭结束后,按照律师卷、法院正卷等方式整理提交本案诉讼案卷材料。

参考文献

[1] 邓辉. 创业法学[M]. 上海:复旦大学出版社,2015.

[2] 吴晓义. 创业基础理论、案例与实训[M]. 北京:中国人民大学出版社,2014.

[3] 李家华. 创业基础[M]. 2版. 北京:清华大学出版社,2015.

[4] 苏瑜. 创业不可不防的法律风险[M]. 北京:化学工业出版社,2010.

[5] 孙祥和. 创业法律实务[M]. 北京:中国人民大学出版社,2013.

[6] 叶虹. 大学生创业法律实务(第2版)[M]. 北京:清华大学出版社,2015.

[7] 庞开山. 大学生就业与创业法律实务[M]. 北京:中国科学技术大学出版社,2011.

[8] 杨春岭,夏桂颖. 企业法律顾问实战业务手记[M]. 北京:中国法制出版社,2015.

[9] 谢薇. 创业法律基础[M]. 北京:武汉理工大学出版社,2013.

[10] 吕明瑜. 竞争法制度研究[M]. 郑州:郑州大学出版社,2004.

[11] 杨紫烜. 经济法[M]. 北京:北京大学出版社、高等教育出版社,1999.

[12] 北京市高级人民法院知识产权庭课题组.《反不正当竞争法》修改后商业秘密司法审判调研报告[J]. 电子知识产权,2019(11):65-68.

[13] 龙俊. 商业诋毁构成要件研究:兼评新《反不正当竞争法》第11条[J]. 河北法学,2019(4):130-144.

[14] 陈健淋. 论商业诋毁诉讼中的误导性信息[J]. 电子知识产权,2018(1):95-102.

[15] 郑云瑞. 公司法学[M]. 北京:北京大学出版社,2016.

[16]张晓飞.公司法实训教程[M].北京:法律出版社,2017.

[17]吴长波.公司司法解散制度研究[M].北京:知识产权出版社,2010.

[18]云闯.公司法司法实务与办案指引[M].北京:法律出版社,2016.

[19]刘敏.公司解散清算制度[M].北京:北京大学出版社,2012.

[20]游福兴.电网企业法律风险防范[M].北京:中国电力出版社,2018.

[21]吴英姿.民事诉讼法:原理与实训[M].南京:南京大学出版社,2014.

[22]沈德咏.民事诉讼文书样式(上)[M].北京:人民法院出版社,2016.

[23]北京仲裁委员会,北京国际仲裁中心.中国商事争议解决年度观察(2017)[M].北京:中国法制出版社,2017.

[24]杨春宝,程强.公司全程法律风险防控实务操作与案例评析[M].北京:中国法制出版社,2019.

[25]范健.商法学[M].北京:高等教育出版社,2019.

[26]赵旭东.商法学[M].3版.北京:高等教育出版社,2015.

[27]甘培忠.企业与公司法学[M].北京:北京大学出版社,2021.

[28]虞政平.公司法案例教学(上册)[M].北京:人民法院出版社,2018.

后 记

高校创业教育应当为学生种下创业的种子,同时应当让学生掌握创业相关知识和技能,提升学生对创业理念的认知,提振学生的创业信心,增强学生的创业实践能力。为适应高校学生创业法律教育需要,我们组织高校教师和律师事务所律师共同编写了《创业法律实务》一书。本书是一本普及性的创业教育用书,内容主要包括创业法律环境、创业法律风险、创业组织、创业融资、创业合同、创业财务税收、创业知识产权、创业市场监管、创业人力资源管理、电子商务创业、创业退出、创业争议解决等,旨在为高校学生创业教育提供必要的法律知识和技能支持,一方面让具有创业意愿的学生了解和掌握创业必备的法律知识,另一方面通过项目化训练,让学生掌握创业不同阶段相关法律事务的实际操作,为学生创业及法律风险防控奠定坚实的理论基础和实务操作基础,为学生未来的安全、有效创业保驾护航。

《创业法律实务》编写人员及分工如下:宋汉林(安阳师范学院法学院教授,博士),编写第十一章;魏思婧(安阳师范学院法学院副教授,博士),编写第五章;谷景志(安阳师范学院法学院讲师,硕士),编写第三章;王振生(安阳师范学院法学院教授,硕士),编写第一章第一节;梁燕婷(安阳师范学院法学院副教授,硕士),编写第二章;魏晓立(安阳师范学院法学院讲师,博士),编写第一章第二节、第四章;李曙衢[盈科(郑州)律师事务所主任,二级律师],编写第六章;李慧峰(河南兴邺律师事务所主任,二级律师),编写第六章;李东宝(大沧海律师事务所律师),编写第七章;李旭明(安阳师范学院法学院讲师,硕士),编写第八章;胡伟(安阳师范学院法学院副教授,博士),编写第九章;姬蕾蕾(安阳师范学院法学院讲师,博士),编写第十章。

后记

　　本书适用于除法学专业以外所有专业学生的创业教育,也可供创业者参考。本书在编写过程中参考了一些专家学者的论著,还参阅了部分相关案例材料,在此一并致谢!由于编者水平有限,本书内容难免会有错漏,恳请读者多提宝贵意见。